Manuel De La Messe Ou Explication Des Prières Et Des Cérénomies Du Saint-sacrifice...

François-Joseph Le Courtier

MANUEL

DE LA MESSE

APPROBATION.

HYACINTHE–LOUIS DE QUELEN, par la miséricorde divine et la grâce du Saint-Siége apostolique, Archevêque de Paris, etc.

M. LE COURTIER, Curé de la Paroisse des Missions-Etrangères, à Paris, ayant soumis à notre examen un ouvrage qu'il a composé, et qui a pour titre : MANUEL DE LA MESSE, OU EXPLICATION DES PRIÈRES ET DES CÉRÉMONIES DU SAINT SACRIFICE, nous l'avons approuvé et approuvons volontiers par ces présentes ; jugeant ce livre très-utile aux fidèles, par la manière solide et instructive dont l'estimable Auteur a traité cette matière si importante, ainsi que par le sentiment de piété et par l'onction qui règnent dans tout l'ouvrage.

Donné à Paris, sous notre seing, le sceau de nos armes, et le contre-seing de notre Secrétaire, le dix février mil huit cent trente-cinq.

† HYACINTHE, *Archevêque de Paris.*

Par Mandement de Monseigneur l'Archevêque de Paris.

MOLINIER, *Chan. Secr.*

Cet ouvrage a encore été honoré de l'approbation de Messeigneurs les Archevêques et Evêques de Rouen, Auch, Lyon, Tours, Besançon, Arras, Strasbourg, Nancy, Soissons, Grenoble, Fréjus, Meaux, Beauvais, Versailles, Tarbes, Ajaccio, Langres, Montpellier.

PARIS. — IMP. ADRIEN LE CLERE, RUE CASSETTE, 29.

MANUEL
DE LA MESSE

OU

EXPLICATION DES PRIÈRES

ET DES

CÉRÉMONIES DU SAINT SACRIFICE

PAR

Mgr F.-J. LE COURTIER

ÉVÊQUE DE MONTPELLIER.

> J'entrerai jusqu'à l'autel de Dieu......
> Votre lumière, Seigneur, et votre vé-
> rité m'ont conduit à votre montagne
> sainte, et dans vos tabernacles. (Ps. 42.)

QUATRIÈME ÉDITION

REVUE ET CORRIGÉE.

LIBRAIRIE D'ADRIEN LE CLERE ET Cie

IMPRIMEURS DE N. S. P. LE PAPE ET DE L'ARCHEVÊCHÉ DE PARIS
Rue Cassette, 29, près Saint-Sulpice.

1864

PRÉFACE.

La Messe est l'acte public et solennel de religion le plus en usage parmi les fidèles ; outre les dimanches et les fêtes d'obligation, qui imposent le précepte rigoureux d'assister au saint sacrifice, la piété conduit au pied des autels le chrétien zélé, toutes les fois qu'il a le bonheur de communier, dans les solennités de dévotion, dans les jours anniversaires des grâces signalées qu'il a reçues, dans tout le temps du Carême et de la quinzaine pascale. La ferveur vient-elle à animer une conduite sagement réglée, l'on trouvera presque toujours, sans nuire aux devoirs de son état, le moyen de consacrer, par l'oblation du corps et du sang de Jésus-Christ, les travaux et les peines de chaque journée ; et dans une position plus libre de soins et d'inquiétudes, plus comblée des bénédictions du ciel et des faveurs de la terre, l'on comprendra qu'il y aurait ingratitude et lâcheté à ne pas se faire une règle d'offrir à Dieu tous les jours la grande Victime *d'action de grâces*.

1

Cet usage si excellent d'assister à la messe n'est pas seulement cher à la piété et à la ferveur; le commun des chrétiens aime encore dans mille circonstances à se presser autour de l'autel du sacrifice : c'est au renouvellement de l'année, pour sanctifier et féconder les vœux de cette époque; à certaines fêtes, pour resserrer les liens de la famille et de la piété filiale; à la solennité des Morts, pour rattacher les regrets du passé aux espérances d'une vie meilleure; c'est pour la réussite d'une entreprise, pour la bénédiction d'un établissement, pour la santé d'une personne qui nous est chère; c'est pour appeler la grâce de Dieu sur l'union des époux, pour offrir au Seigneur l'enfant qui vient de naître et la mère qui l'a mis au jour, pour accompagner à l'autel la dépouille mortelle de nos frères avant de la déposer dans le tombeau; enfin la Messe est la consécration et la sanctification de tous les moments graves, solennels et importants de la vie.

Il est donc bien à désirer qu'un acte de religion si fréquent dans la pratique, si précieux dans ses grâces, si consolant dans ses fruits, soit connu par une instruction plus approfondie, expliqué dans tout le mystérieux de ses dogmes et de la morale qui en découle, compris jusque dans les moindres détails de ses cérémonies et de ses prières, afin que la Messe, qui est le centre du culte catholique, réveille tout sentiment de religion et de piété; que ses paroles sacrées ne soient plus sans onction et sans goût, ses rites (1) muets et inaperçus; que chaque action et chaque mouvement du prêtre, chaque mot qu'il prononce, rappellent à l'esprit et au cœur qu'un Dieu s'immole pour nous, que nous devons nous immoler avec lui et pour lui, et que l'indifférence et l'ennui, la dissipation et le scandale, bannis loin du sanctuaire, fassent place à des adorateurs *en esprit et en vérité* (2).

Le Seigneur qui les cherche, ces vrais adorateurs, n'exige pas, il est vrai, de tous une instruction profonde et détaillée; à ses yeux la simplicité de la foi supplée à la science que l'on n'a pu acquérir, et il ne rejettera jamais *le sacrifice d'un cœur contrit et humilié* (3). Que toute âme pénétrée de la douleur de ses fautes s'approche avec confiance de ce trône de la grâce, s'unissant à Jésus-Christ victime et à l'intention de l'Église, dans la personne du prêtre

---

(1) *Rit,* en latin *ritus,* usage, cérémonie selon un ordre prescrit; on dit *rite* ou *recte,* pour exprimer ce qui est bien fait, ce qui est fait selon l'ordre.

(2) Jean, IV.

(3) Ps. L.

et par son ministère, elle aura apporté au sacrifice les dispositions essentielles et suffisantes pour en profiter. Mais il n'est personne qui ne sente combien les fidèles recueilleraient d'avantages spirituels d'une connaissance plus intime de la sainte Messe, de l'explication littérale de ses prières et de ses cérémonies. Les pasteurs les plus attentifs au soin de leur troupeau ont eu à cœur de distribuer ce pain d'une parole si féconde ; et les fidèles en les écoutant semblaient pénétrer le secret du sanctuaire : un nouvel ordre de choses se déroulait à leurs yeux, et la piété de toute une paroisse y gagnait en solidité, en esprit et en vie.

Le zèle du ministère n'a peut-être pas assez compris tout le besoin de notre époque ; épouvanté des ravages de l'incrédulité et des progrès alarmants de l'indifférence en matière de religion, encouragé par le mouvement général des esprits qui éprouvent le désir inquiet de se rapprocher de Dieu et de la vérité, il a multiplié ses efforts et centuplé son courage pour aller chercher la brebis errante qui périt loin des pâturages ; mais peut-être a-t-il laissé trop longtemps au bercail et trop à lui-même le troupeau fidèle, et cru que sa fidélité seule le garantirait de toute défaillance dans la piété. Or, l'expé-

rience apprend qu'elle se perd tous les jours,
même dans ceux qui fréquentent nos églises,
cette science du salut qui n'est plus entretenue
qu'au prix des sueurs et des travaux d'un trop
petit nombre d'ouvriers évangéliques; et qu'elle
se perd encore plus, cette intelligence de notre
culte public, si nécessaire pour nourrir une
solide et véritable dévotion; que les fidèles n'y
entendant presque plus rien en retirent l'ennui,
le dégoût et l'inconstance, et que ceux que l'on
ramène au bercail voudraient que l'on retran-
chât des exercices de la religion tout ce qu'ils
ne comprennent pas dans ses rites, et qu'ils
sont tentés de regarder comme inutile, ou au
moins comme un tribut assez pénible payé à
des usages anciens. De là le malaise assez
inexplicable de tant de chrétiens, d'ailleurs
fidèles, au milieu de la pompe majestueuse de
nos plus touchantes solennités; et si le zèle leur
fait surmonter ce dégoût aux jours les plus
saints, qu'il est triste de voir par là nos temples
plus souvent déserts que remplis, et de penser
que les fêtes religieuses les plus chères et les
plus vénérées deviennent ainsi des journées de
fatigue et de résignation, que l'on voit arriver
avec une certaine inquiétude d'esprit! C'est à
ce mal, dont les progrès sont de jour en jour

plus affligeants, que nous voudrions essayer de remédier en partie, malgré notre faiblesse et la juste défiance qu'elle nous inspire ; ce sont les avantages bien réels que les chrétiens retirent de la connaissance de notre culte, qui nous portent à donner l'*explication des prières et des cérémonies de la Messe;* trop heureux si, d'une main peu assurée, nous posions quelques pierres sur les murs de Jérusalem, tandis que, d'une main habile, nos frères manient le glaive de la parole sainte pour veiller à sa défense.

En cette matière, que nous nous sommes proposée, nous avons des ouvrages excellents; et l'on peut citer, entre autres, celui du *P. Lebrun* (1); mais son livre, qui n'a pas besoin de nos éloges, et qui mérite seulement ici l'hommage de notre reconnaissance, puisqu'il a été la source où nous avons toujours puisé, est trop volumineux et trop scientifique pour la plupart des fidèles; c'est un dépôt précieux de la tradition antique et des usages vénérables des différentes Églises; c'est une mine riche et féconde qu'il faut savoir exploiter, qui devient plus utile à la science de celui qui enseigne,

_____

(1) *Explication littérale, historique et dogmatique des prières et des cérémonies de la Messe,* par le P. Pierre Lebrun, prêtre de l'Oratoire, 4 vol. in-8. Paris, 1777.

qu'à la simplicité de celui qui est enseigné ; et, malgré son mérite incontestable, nous ne pensons pas que cet ouvrage puisse jamais devenir le *Manuel de la Messe* que nous avons en vue. M. Badoire, curé de Saint-Roch, décédé en 1849, et M. Cochin, curé de Saint-Jacques du Haut-Pas, mort en 1783, avaient senti tout à la fois et la difficulté de mettre le livre du P. Lebrun entre les mains des fidèles, et le grand fruit que l'on en pouvait tirer par une exploitation lumineuse, solide et édifiante, lorsqu'ils composèrent tous deux pour le troupeau dont ils étaient respectivement chargés, un *Cours de prônes et d'instructions sur la Messe* (1), qui n'est, surtout dans M. Badoire, qu'un heureux choix et un abrégé utile du P. Lebrun. Il ne nous appartient pas de comparer ces deux ouvrages, encore moins de les juger ; mais, en leur payant aussi le tribut de notre reconnaissance et de notre admiration, nous dirons qu'ils sont des livres d'instruction et de piété, dont on peut se servir avec le plus grand fruit, mais qu'il leur manque quelque chose pour être le *Manuel des fidèles à la Messe*, et pour réduire en pratique familière ce qu'ils enseignent si admirablement.

(1) M. Badoire, 3 vol. in-12 ; M. Cochin, un fort. vol. in-12.

Reste donc entre les mains des catholiques à l'Eglise, l'*Ordinaire de la Messe*, dans toute sa simplicité pleine de majesté et de mystères. Serons-nous téméraire et injuste, en disant que cette grave et solennelle *liturgie* (1) est un livre qui ne dit presque rien au cœur, parce que l'esprit n'en a pas pénétré le sens et sondé toutes les richesses, et que cette prière par excellence est peut-être celle qui semble la plus froide à beaucoup de chrétiens? Sans doute les instructions des pasteurs peuvent obvier à ce grave inconvénient; plusieurs, fidèles à l'injonction du saint concile de Trente (2), expliquent aux peuples qui leur sont confiés *quelque chose du mystère de ce très-saint sacrifice.* M. Badoire et M. Cochin ont laissé sur ce point, comme sur bien d'autres, de beaux exemples à suivre, et l'Eglise a été réjouie plus d'une fois par l'écho de leur zèle et de leur sage sollicitude; mais ces instructions et ces explications, d'ailleurs trop rares, passent trop vite, s'effacent trop tôt, et le bien qu'elles produisent, circonscrit dans le cercle étroit d'une portion de quelques pa-

(1) *Liturgie* veut dire littéralement *action publique*, service divin. On a appliqué ce mot à l'ordre du service divin dans le mystère de la sainte Messe; il exprime l'ordre des prières et des rites qu'on y emploie.

(2) Sess. XII, c. 8.

roisses, s'étendrait au loin à l'aide d'un livre qui pourrait le perpétuer et le rendre plus général.

Nous ne dissimulerons pas que le zèle a voulu vivifier pour les fidèles ces belles prières de la Messe, trop peu comprises, par des prières ferventes composées pour les diverses parties du sacrifice, et connues sous la dénomination de *Prières pendant la Messe*; mais ces prières et ces accents d'une âme pleine des hautes pensées de la foi, seront-elles davantage comprises du plus grand nombre? Parlent-elles de ces cérémonies dont le langage est si pénétrant pour les simples, et qui sont souvent la seule instruction qui les frappe? Mais tout en respectant le zèle et les intentions, nous ne pouvons nous empêcher de dire que ces prières sont plutôt un palliatif qu'un remède; qu'il est pénible que l'on soit ainsi obligé d'abandonner le beau texte de la liturgie, et que si c'était là le seul remède à apporter, bientôt nos offices *publics* deviendraient des offices *très-particuliers*, auxquels le peuple ne s'unirait qu'à l'aide de certaines paraphrases plus ou moins éloignées du texte, qu'il faudrait même des cantiques et des motets à la place des psaumes et des hymnes, et que de plus en plus le goût des prières de l'Église, l'esprit de ses cérémonies, se per-

draient et s'éteindraient, au grand détriment de
la piété. Nous ajouterons que ces livres de piété
ne sont pas du goût des *hommes*, cette portion
si intéressante du troupeau, qu'il faudrait
savoir attirer dans nos églises ; qu'ils les regardent comme des livres ascétiques plus convenables aux cloîtres qu'aux gens du monde, et
qu'un grand nombre de femmes religieuses
partagent ce préjugé et cette antipathie. Pour
celles mêmes qui usent de ces prières avec
quelque succès, ce semble, nous dirons encore
que ces méthodes ne laissent rien à faire à la
méditation ; que c'est un suc épuisé difficile à
saisir, tandis que la prière liturgique est une
source féconde et toujours nouvelle de réflexions pieuses et de sentiments religieux, qui
intéressent bien autrement la piété, parce que
l'âme se réjouit de ses découvertes et des richesses spirituelles qu'elle y trouve sans cesse ;
que dans ces *prières* le sentiment religieux est
si fort développé, qu'il est voisin d'un état languissant, tandis qu'il faut le faire germer et
éclore du fonds inépuisable des prières publiques, mais qu'alors aussi il se développe avec
la fraîcheur de son parfum et dans toute la
vivacité de son éclat ; enfin que ces livres sont
l'expression de la ferveur d'un auteur particu-

lier, tandis que la liturgie est le suc de la piété de tous les siècles chrétiens recueilli et élaboré par l'autorité de l'Eglise universelle ; que souvent l'âme peu disposée et abattue ne peut suivre ces élans d'une foi vive ; qu'elle se traîne haletante à la suite de l'auteur, et que trop souvent, ici comme ailleurs, la richesse peut engendrer le dégoût.

Il faut donc, pour *Manuel de la Messe*, un livre moins étendu et moins scientifique que ceux dont nous avons parlé, un livre qui conserve le texte de la liturgie, qui en développe le sens littéral, qui en explique les cérémonies, et qui aide les fidèles à goûter par eux-mêmes le sens de la prière publique, à en aimer la majestueuse simplicité, et à en faire jaillir tous les sentiments qu'elle renferme : tel est le but que nous nous sommes proposé en tremblant, et, pour y atteindre de notre mieux, voici le plan que nous avons adopté. Nous donnons d'abord des instructions générales sur la Messe, sur les prières et les rites qui l'accompagnent. Nous montrons en peu de mots la grandeur du sacrifice de la loi nouvelle, et ses rapports avec tout le culte public ; son existence et sa nature, sa valeur et ses fruits. Un coup d'œil rapide sur la tradition de tous les siècles apprendra comment la sainte liturgié a été célébrée depuis Jésus-Christ jusqu'à nos jours ; enfin nous donnons une idée de tout le matériel employé dans ce service divin, des immenses préparations qui le précèdent, et des sentiments que l'Eglise demande du prêtre qui célèbre et des fidèles qui assistent.

Ensuite nous reprenons, mot pour mot, rit par rit, tout ce que renferme l'*Ordinaire de la Messe*, pour en donner l'explication propre à instruire les fidèles en même temps qu'à nourrir leur piété. Nous avons cherché à bien faire saisir le rapprochement des prières et des cérémonies de l'autel d'ici-bas, avec ce qui se passa au Cénacle et au Calvaire, et ce qui se passe à l'autel sublime du ciel. Ces explications sont tout simplement le résumé des instructions que nous avons données dans une paroisse qui nous est chère à plus d'un titre ; les fidèles confiés à nos soins nous ont exprimé quelquefois le désir de pouvoir conserver ce qu'ils avaient remarqué dans cette matière de solide et d'édifiant ; nous nous réjouissons de leur offrir en ce mement un faible gage de tendresse et un souvenir de la joie que nous causait leur zèle pour la parole de Dieu.

Si nous avons quelque vœu à former pour

le succès de cet ouvrage, c'est qu'il devienne
utile aux chrétiens ; ce but que nous nous
sommes proposé, nous prions Dieu de le bénir ; et si nous étions assez heureux pour avoir
fait naître à quelques pasteurs le désir de
donner à leurs paroisses une suite d'instructions sur la Messe, si notre mince travail servait à ménager un peu le temps qu'ils em-
ploient si utilement à la conduite du troupeau
de Jésus-Christ, la bénédiction divine aurait
dépassé notre attente, et notre gloire serait
d'avoir présenté des matériaux à des ouvriers
évangéliques, dont nous honorons le talent et
les vertus.

INSTRUCTIONS PRÉLIMINAIRES

SUR LE SAINT SACRIFICE DE LA MESSE,

SUR LES PRIÈRES ET LES CÉRÉMONIES QUI L'ACCOMPAGNENT.

CHAPITRE PREMIER.

—

De la grandeur du sacrifice de la Messe, et de ses rapports avec toute la religion et avec le culte dont il est le centre.

L'Église catholique n'a rien de plus grand et de plus central dans son culte que l'oblation du corps et du sang de Jésus-Christ, sous les espèces du pain et du vin, qui constitue le sacrifice de la Messe. Car non-seulement nous immolons *au Dieu éternel vivant et véritable,* que la révélation nous a appris à connaître et à adorer parfaitement; mais nous avons encore dans ce sacrifice un Dieu pour prêtre et un Dieu pour victime. Toutes les grandeurs de la personne de Jésus-Christ s'y trouvent réunies : sa puissance comme Dieu, son état d'immolation comme homme; toujours vivant pour intercéder en notre faveur, toujours sous des symboles de mort pour nous appliquer le prix de ses souffrances; pontife saint et sans tache plus élevé que les cieux, agneau égorgé dès l'origine du monde, dont le sang coulera pour effacer les péchés jusqu'à la consommation des siècles; prêtre selon l'ordre de Melchisédeh avec un sacerdoce éternel, oblation pure offerte dans toutes les nations depuis le couchant jusqu'à l'aurore : c'est bien là le pontife et la victime qui convenaient à la vérité et à la sainteté de Dieu.

Ce sacrifice, déjà si grand par celui qui l'offre et qui y est offert, renouvelle tous les prodiges de la vie du Sauveur, et devient chaque jour un cours solennel de ses mystères et de sa doctrine. La foi contemple le Fils de Dieu à l'autel, engendré dans le secret du sanctuaire par la même puissance que dans les splendeurs de l'éternité; incarné par sa parole féconde entre les mains du prêtre comme dans le sein de Marie; renouvelant l'obéissance et les vertus de sa vie cachée, sa miséricorde et toute la bonté de son ministère public; appliquant aux fidèles le prix de sa mort et de son sang répandu, la gloire et la vie nouvelle de sa résurrection par l'offrande de son corps immortel, la bénédiction de son ascension en s'élevant de l'autel de la terre jusqu'à l'autel sublime du ciel, les grâces de l'effusion de son Esprit en répandant dans nos cœurs la lumière, la force et la sainteté; traçant déjà les premiers mots de la sentence du dernier jour par la séparation anticipée du fidèle et de l'infidèle; présentant un pain qui donne la vie éternelle au juste, et qui fait manger au pécheur son jugement et sa condamnation : c'est donc bien ici qu'en donnant une nourriture divine à ceux qui le craignent, *le Seigneur plein de miséricorde et de bonté a fait un souvenir de toutes ses merveilles* (1).

Enfin nous trouvons dans ce sacrifice, avec le prêtre le plus saint et la victime la plus digne, avec le re-

(1) Ps. cx.

nouvellement de tous les mystères et la continuelle
prédication de la doctrine de Jésus-Christ, le plus
parfait abrégé de la morale évangélique, et la plus
haute leçon de la sainteté convenable à un chrétien.
A la messe, je vois un Dieu infiniment adorable à qui
le sacrifice est dû, et j'ai du Seigneur l'idée la plus
juste qu'on puisse concevoir, par l'excellence du don
qui lui est présenté; j'y trouve un prêtre infiniment
agréable à la majesté trois fois sainte, qui porte dans
ses mains une hostie toute-puissante, et je suis certain d'adorer en esprit et en vérité par le culte le
plus parfait. Le secret de quatre mille ans de promesses, de figures et de prophéties se révèle à mes
yeux, la vérité succède à l'ombre, la plénitude du·
temps se déroule avec l'abondance de la grâce, une
source pure jaillissant de la croix jusqu'à la vie éternelle donne naissance et résurrection, force et nourriture, guérison et sainteté aux chrétiens de tous les
âges : cette source reflue de la croix jusqu'aux premiers jours du monde pour sanctifier tous les élus,
et coule de la croix jusqu'à la consommation des siècles pour sauver tous les enfants de Dieu. Ce sacrifice,
qui est moins un repas de religion, dit Tertullien,
qu'une école de toutes les vertus, présente aux fidèles,
et le grand exemple de l'immolation continuelle d'un
Dieu pour les animer à tous les devoirs, les encourager à tous les sacrifices, et la participation à la victime qu'ils s'incorporent par la communion, pour
les leur faire pratiquer. Nous trouvons donc à cet
autel, *d'où nous pouvons manger* (1), l'union la plus
intime avec Dieu sur la terre, puisque nous y sommes

---

(1) Hébr. XIII.

nourris de Dieu même, et l'union la plus désirable des hommes entre eux, puisque tous, sans distinction, peuvent s'asseoir à la même table comme enfants du même père.

Or quel sacrifice plus grand que celui où un Dieu est offert à un Dieu par un prêtre-Dieu, où chaque acte d'oblation rappelle et la doctrine d'un Dieu, et la sainteté qu'il exige, et la religion de ce Dieu dans toute son étendue et dans tous ses moyens de sanctification ! La Messe est donc en réalité cette échelle mystérieuse que Jacob vit en songe (1) : une de ses extrémités touche la terre, l'autre est appuyée dans e ciel ; les anges montent et descendent, et surtout le Saint de Dieu, l'Ange de Dieu par excellence, le Médiateur suprême, pour porter au Seigneur nos vœux et nos sacrifices, et pour nous rapporter sa grâce et sa bénédiction. Bien plus, la Messe est une image anticipée du ciel : c'est le même Dieu qu'on y adore, c'est la même réunion de ses enfants qui se pressent dans son sanctuaire ; comme au ciel, des prières, des chants et des parfums, des anges qui environnent, des saints qui supportent l'autel, toute l'Église, toute la cité de Dieu offerte par Jésus-Christ et s'unissant à son chef ; en un mot, Dieu présent sous des voiles, le même que nous verrons face à face ; Dieu devenu nourriture sous l'apparence d'un pain qui n'est plus, le même qui nous rassasiera éternellement de sa gloire par la vérité et le bonheur.

Ne nous étonnons donc pas que la Messe, qui embrasse tous les rapports de la religion, soit devenue le centre de son culte, le point d'arrivée auquel se

1) Gen. XXVIII.

rallie, comme à la croix, l'homme avec ses destinées
glorieuses; le point de départ d'où nous vient,
comme de la croix, la grâce avec tous les moyens de
salut. Voyez-vous ces temples que le christianisme
a bâtis? C'est pour offrir son sacrifice; cette croix qui
les surmonte, c'est le signe de l'immolation qu'elle
y perpétue; ces autels qu'elle élève, c'est pour y déposer sa victime. Tout dans les églises a le même
rapport et le même but. La réunion solennelle de ses
enfants est un rendez-vous autour de l'autel; et de
toute l'observance du jour du Seigneur, la Messe est
le seul acte de religion spécialement et rigoureusement déterminé. L'eau bénite, les fonts du baptême,
les tribunaux de la pénitence, rappellent qu'il faut
laver ses mains avec les justes (1) pour pénétrer dans le
sanctuaire; la chaire sacrée instruit et exhorte au
sacrifice de l'esprit et du cœur; la table sainte est
dressée pour participer à l'hostie du salut; les voiles
de l'autel, les vêtements des ministres, les lumières
qui brillent, l'encens qui s'exhale, le chant qui accompagne l'action, les rites qui l'expriment plus vivement à la faiblesse de nos sens, tout parle de sacrifice, tout est pour le sacrifice.

Le *Baptême* donne le droit d'assister à l'assemblée
sainte et de s'asseoir à la table du Seigneur, comme
un jour à l'assemblée et à la table du ciel; la *Pénitence*
répare ce droit perdu ou affaibli; l'*Eucharistie* se consacre et se distribue à la messe; la *Confirmation* fortifie pour cette union mystérieuse et pour l'immolation morale et continuelle du chrétien; c'est au
milieu de la solennité des divins mystères que l'*Huile*

_____

(1) Ps. xxv.

sainte est bénite pour le malade et pour les diverses
onctions, que le sacrement de l'*Ordre* perpétue le sacerdoce, et que le *Mariage* des chrétiens reçoit sa ratification et sa bénédiction particulière.

L'instruction évangélique est une partie préparatoire de la Messe : le pasteur arrête la marche de
l'oblation pour annoncer la parole sainte, et le symbole de la foi y est professé solennellement ; l'esprit de
prière attire l'Esprit de grâce sur l'assemblée, et vient
concentrer tous les sentiments religieux dans la récitation grave et publique de l'Oraison dominicale ;
l'Office de la nuit est la préparation éloignée au sacrifice, celui du matin sert de préparation immédiate,
et celui du soir de conclusion et d'action de grâces :
enfin tout se rapporte et se lie à cette grande oblation, et de même qu'elle réunit les merveilles et les
grâces de Dieu, de même l'Eglise rattache à ce centre
commun tout le but et le fruit de ses assemblées de
religion.

Elle est donc bien digne de la sagesse d'en haut,
cette décision du saint concile de Trente qui ordonne
aux pasteurs d'expliquer fréquemment quelque chose
de ce qu'on lit à la messe, et entre autres le mystère
de ce très-saint sacrifice. Puisse notre obéissance à
cet ordre important mériter à notre travail la bénédiction de Dieu, inspirer aux fidèles le goût des choses
saintes, et nous diriger heureusement dans les détails
qui vont servir de développement à ce que nous n'a-
vons fait qu'indiquer en esquissant la grandeur du
sacrifice de la Messe !

CHAPITRE II.

—

Du sacrifice en général et de sa nécessité.

La religion est le second lien qui unit librement le cœur de l'homme à son Dieu ; le premier lien est nécessaire et sans mérite, c'est celui qui rattache l'effet à la cause, le Créateur à son ouvrage: les animaux, les astres, les plantes, le ciel et la terre, sont unis à Dieu en cette manière et publient nécessairement sa sagesse, sa puissance et sa bonté. L'homme a de plus que toutes les créatures un cœur libre, dont il doit au Seigneur l'hommage par l'oblation volontaire de ses pensées et de sa volonté ; ces sentiments de foi et d'obéissance, d'adoration et d'amour, de reconnaissance pour les bienfaits et de repentir après avoir péché, qui s'élèvent librement du cœur de l'homme, voilà la religion en elle-même ; l'expression de tous ces sentiments forme le culte, et s'il est nécessaire à une créature intelligente d'éprouver pour son Dieu, son Père et son Maître, ces sentiments de religion, il ne l'est pas moins à cette intelligence servie par des organes, de les exprimer par le culte divin. Or cette expression religieuse se manifeste surtout par le *sacrifice*, dont l'essentiel est d'être *intérieur ;* car Dieu est esprit et veut être adoré en esprit, de sorte que ce soit ici le cœur qui offre et qui s'immole à la fois, qui devienne prêtre et victime tout ensemble. Mais le sacrifice doit aussi être *extérieur*, parce que l'homme composé d'un corps et d'une âme doit également faire l'hommage de ce corps qu'il a reçu des mains de son Créateur, et donner des marques visibles de ses dispositions intérieures envers la divine majesté. Après tout, ce sacrifice extérieur du corps ou des biens que la Providence a mis à notre disposition, n'est que le signe sensible de l'oblation intime de nous-mêmes ; il est vide et inutile sans les sentiments de l'âme qui y sont essentiels, comme aussi est-il presque impossible, à cause de l'étroite union de l'âme et du corps, que l'esprit soit pénétré d'adoration, le cœur de reconnaissance, sans que le corps n'éprouve quelque chose de cet anéantissement intérieur devant Dieu, et ne cherche à offrir quelque marque visible de sa gratitude et de sa dépendance. Enfin dans l'état de société, la religion n'a jamais existé sans ce sacrifice intérieur et extérieur joints dans une même *action publique*, parce que son but est encore de réunir les hommes dans les témoignages qu'ils donnent à Dieu, au nom de la société, de leur servitude et de leur amour.

Le sacrifice pris rigoureusement peut donc se définir : l'oblation extérieure d'une chose sensible, faite à Dieu seul, par un ministre légitime, avec destruction, consommation ou changement de la chose offerte, pour reconnaître son souverain domaine , et pour les autres fins du sacrifice. C'est-à-dire qu'*un ministre légitime*, député du peuple auprès de Dieu et député de Dieu auprès des hommes pour leur servir d'intermédiaire, *fait à Dieu*, à qui seul est due l'adoration d'entière dépendance, *l'oblation*, ou l'acte de renonciation au domaine de jouissance sur telle ou telle chose créée pour notre usage, *avec destruction, consommation ou changement de la matière offerte*, comme l'immolation d'un animal, l'effusion d'une liqueur, l'évaporation d'un parfum ; *pour reconnaître*, attester et publier, par ce renoncement extérieur au domaine d'usage, *le souverain domaine de Dieu*, à qui seul appartient la propriété réelle. Par cette destruction ou ce changement de la victime, nous reconnaissons le droit de vie et de mort que le Seigneur a sur nous, la mort que nous avons méritée par le péché, et l'obligation de nous immoler et de nous dévouer entièrement à son amour et à son service. Cet hommage de parfaite dépendance est la fin première de toute oblation qui, sous ce rapport, s'appelle sacrifice d'adoration ou de *latrie*. Mais on offre encore pour *d'autres fins* secondaires et d'une haute utilité : c'est pour remercier Dieu de ses bienfaits, pour solliciter le pardon de nos péchés, pour demander les grâces dont nous avons besoin, et, sous ces rapports divers, le sacrifice est à la fois *eucharistique* ou d'action de grâces, *propitiatoire* et *impétratoire*.

Voilà l'idée précise du sacrifice ; c'est par extension que l'on donne ce nom aux prières, à l'aumône, à l'obéissance, aux bonnes œuvres, à la douleur du cœur après le péché, parce que dans un certain sens nous nous offrons à Dieu par tous ces actes de religion ; et c'est ainsi qu'il faut entendre ces expressions de l'Ecriture : *Sacrifiez au Seigneur un sacrifice de justice* (1). *Immolez à Dieu un sacrifice de louange, et rendez-lui vos vœux* (2). *Un cœur brisé de repentir est*

(1) Ps. iv.
(2) *Ibid.* xlix.

le sacrifice qui plaît au Seigneur, et qu'il ne rejettera pas (1) *C'est un sacrifice salutaire d'être attentif aux commandements* (2). *L'obéissance est meilleure que les victimes des insensés* (3). *N'oubliez pas l'aumône et la bienfaisance, car c'est par de telles hosties que Dieu est apaisé* (4).

(1) Ps L.
(2) Eccli. xxxv.
(3) *Ibid.* iv.
(4) Hébr. xiii.

CHAPITRE III.

—

Des sacrifices anciens sous les patriarches, sous la loi mosaïque, et des sacrifices des païens.

Au sortir des mains du Créateur, le devoir religieux de l'homme, qui ne doit vivre que pour Dieu seul, consistait : 1° à lui faire hommage d'adoration comme à l'Être souverain, et, autant que possible, hommage d'adoration éternelle et infinie, comme à l'être infini et éternel ; 2° à lui payer tribut de reconnaissance comme à son Créateur et à l'auteur de tous ces biens, et parce que Dieu les lui conserve à chaque instant et que tous les jours il ajoute de nouveaux bienfaits, sa vie devait être une perpétuelle action de grâces ; 3° à solliciter des grâces et des secours par une prière humble, fervente et persévérante. Tels étaient les exercices ordinaires de l'homme dans l'état d'innocence, et si notre premier père eût conservé pour lui et pour ses descendants la justice originelle, *les hommes*, dit saint Augustin, *qui eussent été sans souillure de péché se fussent offerts à Dieu comme des victimes sans tache* (1); le cœur de l'homme eût été le temple, l'autel, la victime et le prêtre d'un sacrifice agréable au Seigneur. Mais depuis le péché qui nous a dépouillés de nos priviléges, il a été nécessaire d'ajouter à ces grandes obligations

(1) *Cité de Dieu*, l. II, c. XXVI.

2

religieuses celle d'apaiser la justice divine irritée par
notre orgueil et notre ingratitude, de sentir plus
profondément notre misère et la continuelle dépendance du secours d'en haut dans tous nos besoins
spirituels et temporels. Voilà donc, depuis la chute
de l'homme, les quatre fins du sacrifice bien mar-
quées : l'adoration, l'action de grâces, la rémission
des offenses, et la demande qui sollicite la bénédiction de Dieu. Dans cet état de dégradation et de misère, le cœur humain, incapable de réparer le péché
malgré sa pénitence et ses satisfactions, ne pouvait
plus servir d'autel et de victime; il fallut demander
à la nature un temple, ou en bâtir, quand l'ordre
suprême en fut donné : une pierre froide et sans ornements était moins indigne que ce cœur de suppor-
ter l'hostie de propitiation; les faibles éléments d'une
vie matérielle, le sang des animaux grossiers devaient remplacer extérieurement dans l'holocauste
les pensées et les affections de l'homme coupable, et
tirer leur mérite de la grande Victime du monde
qu'ils figuraient, et de la foi des sacrificateurs élevée
jusqu'à l'espérance de l'Agneau de Dieu : intermédiaire d'hosties inefficaces par elles-mêmes, souvenir
perpétuel d'impuissance et de nullité de la part de
l'homme, imposé, dit saint Paul, jusqu'au temps
fixé pour le grand rétablissement et aboli dans la
plénitude des siècles, quand Jésus-Christ parut,
s'offrant lui-même en sacrifice, donnant à l'homme
le droit de s'unir à Dieu, non plus seulement par un
cœur pur comme au jour de l'innocence, mais par
un cœur racheté qui présente un Dieu pour victime
d'adoration, d'expiation et d'action de grâces.

En conséquence de cette dégradation de l'homme,

qui ne peut plus offrir son cœur sur l'autel qu'en l'unissant à des symboles grossiers et impuissants, jusqu'à ce que vienne l'Agneau de Dieu *immolé* en promesses et en figures (1) *dès l'origine du monde*, Abel offre ce qu'il a de plus excellent dans ses troupeaux; Caïn, les fruits de la terre qu'il cultive; Noé, des oiseaux et des animaux à la sortie de l'arche; Melchisédech, prêtre et roi de justice et de paix, présente au Seigneur du pain et du vin sur l'autel du Dieu des combats, pour les distribuer ensuite à des soldats victorieux; Abraham et les patriarches immolent des hosties solennelles au nom des familles et des tribus : et pour montrer une fois jusqu'où va le droit de Dieu dans les sacrifices qu'il exige de ses créatures, et jusqu'où irait un jour la miséricorde divine, le Seigneur ordonne au père des croyants d'immoler son fils unique sur une montagne, bien qu'il dût se contenter de l'obéissance du saint patriarche et agréer l'immolation d'un bélier à la place d'Isaac.

Les générations qui oublièrent la connaissance de Dieu, de sa foi et de son culte, pour prostituer leurs cœurs à l'idolâtrie, retinrent toujours et partout, comme un dogme primitif, l'obligation d'offrir des sacrifices. Si les enfants des hommes se trompèrent sur l'unité et la nature de Dieu, ils ne se trompaient pas sur ce point de religion; si leurs divinités mensongères exigeaient avec orgueil et profusion des victimes, dit saint Augustin, c'est que le démon savait qu'on en devait au vrai Dieu; et si les immolations des gentils ont été étranges et barbares, c'est qu'on

_____

(1) **Apoc.** XIII.

avait besoin de les accommoder aux extravagances et aux désordres de la théologie païenne. Dans le vrai, le sacrifice de l'homme *physique*, que le paganisme a si souvent réclamé, eût été la conséquence rigoureuse des droits d'un Dieu offensé, sans qu'on pût encore par là apaiser sa justice ; et l'idolâtrie, qui avait perdu la foi et l'espérance d'un Rédempteur, avait quelque raison de presser ainsi le droit du souverain Maître ; mais en vertu de la mort de l'Homme-Dieu, agneau immolé, comme le chante l'Église, pour racheter les brebis, Dieu se contente de l'immolation de l'homme *moral* et de ses passions, il l'accepte même avec miséricorde, quand elle est unie au sacrifice d'un Dieu.

Lorsque le Seigneur choisit pour son peuple les enfants d'Israël, et qu'il les sépara des nations idolâtres pour conserver son alliance et ses promesses, il régla par ses ordonnances dictées à Moïse la succession et la perpétuité du sacerdoce d'Aaron, la forme de son tabernacle et l'emplacement de son temple, le nombre des victimes et les rites de chaque oblation. Au moment de secouer le joug de l'Egypte et de marcher par le désert à la conquête de la terre de Chanaan, promise à la postérité d'Abraham, le peuple juif reçoit l'ordre d'immoler un agneau par famille et dans chaque maison, de le manger avec des cérémonies mystérieuses, de marquer ses demeures du sang de l'agneau pascal, et de renouveler d'âge en âge cette immolation solennelle. Ce rit devait persévérer jusqu'à cette dernière pâque que Jésus-Christ mangea avec ses disciples, et à laquelle il substitua le véritable agneau pascal, c'est-à-dire son corps et son sang, dont l'application faite à nos âmes

nous préserve de l'ange exterminateur, nous délivre
de l'esclavage du péché; et nous fait obtenir le ciel,
véritable terre promise aux enfants de Dieu. Après
ce sacrifice général de toute la nation, commence
l'exercice du sacerdoce dans la tribu de Lévi; à cause
de l'imperfection des victimes, Dieu ordonne de les
multiplier pour remplir autant que possible les fins
du sacrifice, et pour figurer les mérites surabondants
de l'Hostie unique qui devait les remplacer.

Dans cette grande variété des sacrifices de la loi
mosaïque, les sacrifices sanglants étaient : 1° l'*holocauste;* dans cette immolation la victime était entièrement consumée par le feu, l'on reconnaissait par
là le souverain domaine de Dieu, et on lui rendait le
culte de latrie, ou d'adoration et de dépendance;
2° l'*hostie des pacifiques;* par ce dernier mot, l'on entendait la vie, la santé, la paix, toute espèce de biens
et de perfections; cette hostie était ou eucharistique
ou impétratoire, c'est-à-dire qu'elle était offerte ou
pour remercier Dieu de ses bienfaits, ou pour lui demander des grâces ; 3° le *sacrifice pour le péché* institué
pour l'expiation des fautes ou pour en obtenir le pardon. On l'offrait ou pour les particuliers, ou pour
les prêtres, ou pour tout le peuple; et dans le sacrifice annuel que l'on faisait pour la nation entière, le
sang des victimes était porté non-seulement dans le
Saint sur l'autel des parfums et des holocaustes, mais
jusque dans le *Saint des saints,* pour figurer que le
sang de Jésus-Christ serait présenté jusque dans le
ciel et nous en ouvrirait l'entrée. Au reste, chacune
de ces oblations avait ses cérémonies particulières,
toutes pleines de mystères et d'espérance. — Les sacrifices non sanglants étaient : 4° l'offrande de la *fleur*

de farine mêlée d'huile et d'encens que l'on brûlait sur l'autel des holocaustes ; 2° le sacrifice du *bouc émissaire :* au jour de l'expiation solennelle, le peuple présentait deux boucs, dont l'un était égorgé devant le Seigneur et l'autre offert vivant ; le grand-prêtre plaçait ses deux mains sur la tête de la victime, confessait les iniquités de toute la nation, en chargeait l'animal immonde et le faisait chasser ensuite dans le désert ; 3° le sacrifice du *passereau* mis en liberté : pour purifier une maison infectée de la lèpre, entre autres cérémonies, on prenait deux passereaux : l'un était immolé sur un vase plein d'eau vive dans lequel on laissait couler le sang ; l'autre était trempé vivant dans cette eau teinte de sang, avec du bois de cèdre, de l'hysope et de l'écarlate ; puis on faisait aspersion, et l'on laissait envoler le second passereau.

On comprend facilement que tous ces sacrifices et les autres cérémonies de la loi de Moïse étaient de vives figures, des types multipliés du sacrifice de Jésus-Christ et des fruits abondants qu'il devait procurer aux hommes pour leur délivrance et leur salut. Mais ces diverses oblations étaient bien imparfaites, et ne tiraient leur vertu que de l'obéissance à l'ordre divin qui les avait prescrites, de la foi de ceux qui offraient, de leurs dispositions intérieures, et surtout de l'attente de l'Hostie meilleure *qui efface les péchés du monde* (1). Aussi le Seigneur avait il le plus grand soin de soutenir cette foi et cette espérance au sacrifice futur de son Fils, par les figures fortes et expressives du sacrifice d'Isaac, de Melchi-

_____

(1) Jean, I.

sédech, de l'Agneau pascal, du bouc émissaire sur lequel on décharge les iniquités de tous, du passereau dont le sang donne la liberté à un autre passereau, par la suite des prophètes qui annonçaient de siècle en siècle la grande Victime d'une voix éclatante et solennelle, et qui réclamaient sans cesse contre l'impuissance des hosties figuratives. Nos prêtres, disait David, sont selon l'ordre d'Aaron, ils se succèdent et se remplacent parce que la mort les enlève ; mais il viendra un autre Pontife, c'est mon Seigneur, à qui le Seigneur a dit : *Vous êtes prêtre éternel selon l'ordre de Melchisédeck* (1). Ecoute, Israel, et comprends ce que dit d'avance ce pontife excellent par la bouche de ses envoyés : Quoique vous les ayez commandés, Seigneur, *les holocaustes ne sauraient vous plaire* par eux-mêmes ; *mais vous m'avez donné un corps que je puis vous offrir, et j'ai dit : Me voici* (2). *En tête* et comme but principal *du livre* de votre loi, *il est écrit de moi* que seul je puis accomplir votre volonté et la satisfaire pleinement (3). Aussi *la gloire du second temple effacera-t-elle la splendeur* de celui qu'a bâti Salomon, parce que j'y paraîtrai pour commencer mon sacrifice (4). Enfin, *je ne recevrai plus de victime de vos mains ;* mon nom ne sera pas seulement connu dans la Judée, il sera grand parmi tous les peuples de la terre : car voici que *du couchant à l'aurore, et en tout lieu, on sacrifie et on offre à mon nom une oblation pure.* Je la vois déjà, ce semble, cette oblation, dit Malachie : et les temps ne sont pas éloignés.

(1) Ps. cix. — (2) *Ibid.* xxxix. — (3) Agg. ii.
(4) Malach. i.

CHAPITRE V.

—

Du sacrifice de la loi nouvelle, institué et offert par Jésus-Christ.

Dans la plénitude du temps, c'est-à-dire lorsque fut remplie la mesure d'attente et de préparation que Dieu avait fixée pour opérer le salut des hommes; après quatre mille ans de promesses, de figures et de prophéties, la terre entendit enfin cette heureuse parole : *Voici l'Agneau de Dieu qui efface les péchés du monde* (1).

On peut dire que le sacrifice de la loi nouvelle a commencé dès le premier moment de l'Incarnation ; c'est la pensée de saint Paul (2), que Jésus-Christ *entrant dans le monde* s'appliqua les paroles du psaume xxxixe, et dit à Dieu son Père : Les holocaustes ne vous ont point été agréables; mais vous avez uni à ma nature divine un corps dans lequel je puis souffrir et m'immoler à votre volonté sainte qui demande une telle victime ; et j'ai dit : Me voici, je viens accomplir cette grande volonté, qui n'est plus seulement écrite en tête du livre de votre alliance, mais qui dès ce moment est gravée au milieu de mon cœur.

A la naissance de l'Homme-Dieu, hostie déjà dévouée à notre salut, l'anéantissement où il est réduit, les privations qu'il endure, les larmes qu'il verse sont

(1) Jean, I. — (2) Hébr. x.

les préludes de son sacrifice ; que dis-je ? l'étable de Bethléem eût pu servir de temple, la crèche d'autel, et les pleurs de ce Dieu enfant auraient été l'oblation suffisante pour sauver l'univers, si ce qui suffisait au prix de notre rançon avait pu suffire à la charité et à la miséricorde de notre Dieu. Huit jours après cette bienheureuse naissance, Jésus-Christ reçoit le nom de Sauveur ; il en commence les fonctions aux yeux des hommes, et, répandant les premières gouttes de son sang, il s'engage par ses sacrées prémices à le verser avec abondance sur l'autel de la croix. Voyez-le porté au temple sur les bras de Marie ; c'est là qu'il se place sur l'autel du vrai Dieu, et qu'il renouvelle le solennel engagement de mourir pour le salut du monde : c'est l'*offrande* du sacrifice dont l'*immolation* se fera au Calvaire, et la *participation* au Cénacle et à la Messe. Toute la vie du Sauveur, dans l'obscurité de Nazareth comme dans l'éclat de son ministère public, a été une suite de cette oblation commencée ; les soupirs de son cœur appelaient sans cesse la consécration de la victime, se sentaient pressés et suffoqués jusqu'à ce que s'accomplisse le baptême de douleur et de sang dans lequel il devait être plongé : ses désirs invoquaient avec ardeur le feu sacré, qu'il avait apporté avec lui sur la terre pour consumer l'holocauste et embraser les âmes qui viendraient s'unir à son sacrifice ; et lorsque l'heure tant désirée est venue de passer de ce monde à son Père, Jésus-Christ semble respirer, et déclare à ses apôtres *qu'il a désiré d'un désir extrême de manger cette Pâque avec eux, avant de souffrir* (1).

_____

(1) Luc, xii.

parce qu'elle devait être la dernière pâque d'Israël selon la chair, et que le véritable Agneau pascal allait y être substitué pour les vrais enfants d'Abraham.

Arriva donc enfin ce jour à jamais béni, où le Christ fut livré pour notre amour, où il nous aima jusqu'à la fin et jusqu'à l'excès. Le soir qui précéda cette mémorable journée, étant à table avec ses disciples, il observe pleinement le repas légal ordonné par Moïse, et lorsque tout est accompli de ce qui regarde l'ancienne alliance, le Seigneur se lève : demeurons attentifs et remplis d'une crainte respectueuse, quelque chose de grand et de mystérieux se prépare ; le sacrifice de la loi nouvelle va être institué ! Le lavement des pieds en est la préparation prochaine et publique, les paroles de Jésus-Christ pleines de tendresse et d'effusion sont l'instruction qui le précède. Il prend en ses mains saintes et vénérables du pain et du vin ; voilà l'offrande. Il bénit ce pain et ce vin, il rend grâces ; et au milieu de ces bénédictions eucharistiques, entendez-vous ces paroles qui sortent de la bouche de celui qui a créé le ciel et la terre : *Ceci est mon corps*, mon corps donné, livré, brisé pour vous ; *ceci est mon sang*, le sang de la nouvelle alliance répandu pour la rémission des péchés : voilà la règle de la consécration. Prenez et mangez, prenez et buvez; il rompt le pain de la vie éternelle et le distribue, il présente le calice du salut, et le fait partager entre ses apôtres; voilà la communion au sacrifice. *Faites ceci en mémoire de moi* (1) : par ces paroles, le même pouvoir est transmis, l'ordre du sacerdoce nouveau est établi et fondé , et Jésus-

(1) Luc, XII.

Christ entonne l'hymne d'action de grâces après tant de merveilles et de bienfaits. Admirable providence de mon Dieu ! vous avez voulu, pour soutenir la foi de vos enfants éblouis des prodiges de votre amour, que le sacrifice du cénacle sous les espèces du pain et du vin précédât l'oblation sanglante de la croix, comme le sacrifice de la Messe devait suivre et perpétuer l'immolation du Calvaire, pour montrer qu'après comme avant c'était bien votre même et unique sacrifice, *institué* au cénacle, *consommé* au Calvaire, *continué* sur nos autels !

Quelques heures après cette divine institution commence l'oblation de la croix, dont nous verrons bientôt les détails. Ici tout est sensible et frappant, le choix de la victime, son offrande à Dieu par les mains du prêtre éternel, son immolation sanglante. Ici se trouvent et l'holocauste d'adoration, et l'hostie des pacifiques, et l'expiation pour le péché. Nous voyons la vérité des anciennes figures, le passereau mis à mort pour donner la liberté au passereau teint de son sang, le bouc émissaire chassé hors de Jérusalem emportant les prévarications de tout le peuple, le sang de l'hostie porté jusque dans le ciel, véritable Saint des saints qui n'est pas fait de la main des hommes ; et à la place des victimes légales qui ne pouvaient que signifier le salut sans jamais le donner, nous avons sur la croix l'oblation unique d'un Dieu, *qui consomme pour toujours la sanctification des hommes* (1), par la source précieuse qui en découle jusqu'à la fin des siècles. D'où il faut conclure, avec l'Apôtre, qu'il n'est plus nécessaire que Jésus-Christ réitère son sa-

(1) Hébr. x.

crifice sanglant pour la rémission des péchés, comme
on réitérait les sacrifices de la loi mosaïque, mais qu'il
faut seulement que les actes répétés de cette même
et unique oblation, continuée à la messe, en appliquent le prix et les mérites à chaque fidèle en particulier. C'est ce que nous enseigne clairement le
Concile de Trente appuyé sur la doctrine de saint
Paul (1) : « Quoique Notre-Seigneur ne dût s'offrir
» qu'une fois à Dieu son Père en mourant sur l'autel
» de la croix pour y opérer la rédemption éternelle,
» néanmoins pour laisser à son Eglise un sacrifice
» visible, tel que la nature des hommes le requérait,
» par lequel la vertu de ce sacrifice sanglant, qui de-
» vait s'accomplir une fois sur la croix, fût appliquée
» d'âge en âge pour la rémission des péchés, dans
» la dernière cène, la nuit même qu'il fut livré, se
» déclarant prêtre établi pour l'éternité selon
» l'ordre de Melchisédech, il offrit à Dieu le Père son
» corps et son sang sous les espèces du pain et du
» vin, les donna à prendre à ses apôtres qu'il établis-
» sait alors prêtres du nouveau testament, et par ces
» paroles : Faites ceci en mémoire de moi, leur or-
» donna à eux et à leurs successeurs dans le sacer-
» doce d'offrir la même hostie. »

Le sacrifice de la Messe est donc institué pour nous
appliquer le prix du sang répandu sur la croix, pour
rendre efficace et profitable à chacun de nous l'oblation unique de Jésus-Christ, et pour nous communiquer par sa propre vertu le mérite général et sur-
abondant de la foi et de la pénitence qui conduisent
aux sacrements, où s'achève la justification que la
grâce de l'autel a commencée.

(1) Sess. xxii, 1.

CHAPITRE V.

De la manière dont on a célébré la Messe depuis son institution jusqu'à nos jours.

Bien que le Fils de Dieu soit prêtre de toute éternité par le décret auquel il avait souscrit de s'offrir un jour comme victime pour les hommes, et pour toute l'éternité parce qu'il est établi à jamais pontife de la nouvelle et éternelle alliance ; bien qu'à proprement parler, son sacrifice ait commencé avec le premier battement de son cœur dans l'incarnation, pour s'accomplir à la cène et au Calvaire, et recevoir sa perfection des mystères de la résurrection, de l'ascension et de l'effusion de l'Esprit-Saint ; on peut et on doit dire que la première Messe a été célébrée au cénacle, la veille de la mort du Sauveur, ainsi que s'en exprime l'Église dans la préface du jeudi saint : « Jésus-Christ, le pontife véritable et éternel, le seul » prêtre pur et sans tache , en établissant, dans le » dernier repas qu'il fit avec ses apôtres, son sacri- » fice durable et permanent, s'offrit lui-même le » premier comme victime, et enseigna le premier à » ses apôtres à l'offrir eux-mêmes. » Voici donc l'idée que l'on peut se former de cette première Messe.

Jésus-Christ, accompagné de ses disciples, vient au cénacle où est dressée d'avance la table du sacrifice et de la communion, comme le prêtre précédé de ses ministres vient à l'autel, où tout est préparé. Jésus-

3

Christ descend de la table après la cène légale, s'humilie jusqu'à laver les pieds de ses apôtres, leur enjoint de se les laver mutuellement, et remonte à la place qu'il occupait, comme le prêtre descend au bas de l'autel, purifié, il est vrai, des fautes graves ; mais, pour se laver de plus en plus, fait la confession mutuelle avec les assistants, et remonte à l'autel. Jésus-Christ, s'étant remis à la table eucharistique, instruit ses apôtres et leur donne le sommaire de toute sa doctrine en disant : *Je vous ai donné l'exemple, afin que vous fassiez comme j'ai fait moi-même* (1) ; le pretre à l'autel fait l'instruction publique et préparatoire, dont tout le but est le développement de cette parole profonde de saint Justin (2) : *Celui-là seul peut participer à l'Eucharistie* qui croit notre doctrine véritable, qui a reçu la rémission des péchés, *et qui vit comme Jésus-Christ l'a enseigné.* Le Sauveur prit du pain et du vin dans une coupe ; il les bénit : voilà l'oblation, les prières et les bénédictions qui l'accompagnent. Il rendit grâces, les yeux levés vers le ciel. Si les évangélistes ne nous ont pas conservé les paroles dont Jésus-Christ se servit dans cette action de grâces, il paraît, en jugeant par la tradition qui a fait comme le Maître et qui tenait ce rit des apôtres, que le Seigneur énuméra les bienfaits de la création, de la providence et de la rédemption, qui allaient être concentrés dans cette Victime adorable ; il rompit ensuite le pain, le donna à ses disciples en disant : Ceci est mon corps ; leur donna de même le calice en disant : Ceci est mon sang ; voilà le canon de la Messe ou la règle de la consécration. Prenez

(1) Jean, XIII. — (2) Apol. II.

et mangez, prenez et buvez : c'est la communion du
cénacle et de l'autel. Enfin Jésus-Christ ne quitta pas
cette cène mystérieuse sans réciter l'hymne de la
reconnaissance, comme le prêtre termine le sacrifice
par l'action de grâces.

Les apôtres sortirent du cénacle avec leur Maître
pour être témoins du renouvellement et de la consom-
·mation de ce grand sacrifice sur la croix. Jésus-Christ
se rend avec eux au jardin des Olives, comme le prêtre accompagné du ministre et des fidèles arrive au
sanctuaire. Jésus-Christ prie la face prosternée contre terre ; le prêtre au bas de l'autel récite le *Confiteor* dans une posture humiliée. Jésus-Christ chargé
de liens monte à Jérusalem ; le prêtre lié par tous les
vêtements sacrés monte à l'autel. Jésus-Christ va de
tribunaux en tribunaux, instruisant le peuple, ses
accusateurs et ses juges ; le prêtre passe d'un côté de
l'autel à l'autre pour multiplier et répandre l'instruction préparatoire. Jésus-Christ condamné est dépouillé de ses vêtements et offre son corps à la flagel-
lation, qui était le prélude de l'exécution à mort ; le
prêtre découvre les oblations et fait l'offrande du
pain et du vin qui vont être consacrés et dont la substance sera détruite. Jésus-Christ est attaché à la
croix comme il est fixé sur l'autel par les paroles de
la consécration ; il est élevé entre le ciel et la terre
comme à l'élévation de la Messe ; il expire, et le prêtre
fait le signe extérieur de cette mort par la fraction de l'hostie ; il est mis au sépulcre, comme il est
déposé dans le cœur du sacrificateur et des chrétiens ;
il ressuscite glorieux, et l'on demande l'effet de cette
vie nouvelle par les prières de la postcommunion ;
il monte au ciel en bénissant son Église, et le prêtre

congédie l'assemblée et la bénit ; enfin il envoie son
esprit dans le cœur des disciples, et le début de l'Evangile de saint Jean proclamé à la fin de la Messe nous
exhorte *à devenir les enfants de Dieu* (1), par conséquent à être dirigés et mus par son esprit, suivant cette
parole de l'Apôtre : *Ceux qui sont conduits par l'esprit
de Dieu sont les enfants de Dieu* (2). Voilà les deux
premières messes célébrées par le Sauveur, et dont il.
a renouvelé l'oblation avec ses disciples pendant les
quarante jours qui précédèrent son retour dans les
cieux ; c'est ce que l'on peut inférer de l'histoire des
disciples d'Emmaüs et des diverses apparitions où le
Seigneur était *reconnu à la fraction du pain* (3). Jésus-
Christ, comme on le voit, a donc institué et réglé l'essentiel des prières et des cérémonies de la Messe ; les
apôtres, les hommes apostoliques et l'Église ont ajouté
ce qui convenait à l'accessoire et à la dignité de ce
sacrifice, sans rien changer à la substance de l'institution divine ; et encore dans les prières et les rites accessoires a-t-on copié, autant que possible, les détails
du cénacle et du Calvaire, et conservé soigneusement
ce que les heureux témoins de cette douce scène en
avaient appris et laissé par tradition. En cela les apôtres et l'Église ont agi comme pour les sacrements.
Dans le baptême, par exemple, le Seigneur a ordonné simplement de baptiser avec de l'eau au nom
du Père, et du Fils, et du Saint-Esprit ; pour les prières accessoires qui en sont la préparation et le fruit,
pour les cérémonies explicatives qui en expriment
les effets et les obligations, elles nous viennent de la
tradition et de la piété de tous les siècles.

(1) Jean, i. — (2) Rom. viii. — (3) Luc, xxiv.

Depuis l'ascension, les apôtres célébraient les saints mystères, comme on en peut juger par plusieurs passages de leurs actes écrits par saint Luc. Les chrétiens, y est-il dit, persévéraient dans la doctrine des apôtres, dans la communion *de la fraction du pain* et dans la prière (1). Tandis qu'ils faisaient le *service public* du Seigneur (2)... (Le mot grec est plus fort encore que l'expression latine, et indique positivement la liturgie sacrée.) Le premier jour après le sabbat, qui répond au dimanche et que saint Jean avait déjà ainsi nommé (3), comme nous étions assemblés, dit saint Paul, *pour rompre le pain* (4)... Or, voici l'idée qu'on peut se former de la Messe et de la liturgie dans les temps apostoliques. 1° Le premier jour de la semaine surtout, et le plus souvent que l'on pouvait, les fidèles, sous la conduite des apôtres ou des pasteurs qu'ils avaient établis, se réunissaient, tantôt dans la maison de quelque chrétien, tantôt dans les lieux les plus cachés, à cause de la persécution des Juifs et des Gentils. 2° On ouvrait l'assemblée par la lecture des prophètes, des épîtres des apôtres, des lettres des Eglises aux apôtres, et même de celles que les différentes Eglises s'écrivaient mutuellement. 3° Il est très-probable que, dès que l'Evangile fut rédigé, on le lut dans les assemblées chrétiennes, surtout pour prémunir contre cette multitude d'évangiles apocryphes que chacun s'empressait d'écrire. Déjà les lectures étaient suivies de l'instruction et de l'explication : car on lit de saint Jean (5) que dans une vieillesse avancée on le portait à grande

(1) Act. ii. — (2) *Ibid.* xiii. — (3) Apoc. i. — (4) Act. xx. — (5) S. Jérôme.

peine à l'église d'Ephèse, et que, ne pouvant plus faire de discours aux fidèles, il se bornait dans la réunion à cette courte exhortation digne du disciple bien-aimé : « Mes petits enfants, aimez-vous les uns les autres. 4° On bénissait le pain et le vin; cette offrande était suivie de prières, de demandes pour tous les hommes, pour les besoins publics et particuliers, et d'actions de grâces. 5° Au moment le plus solennel de ces actions de grâces, on consacrait le pain et le vin par les paroles mêmes dont Jésus-Christ s'était servi. 6° Venait ensuite l'Oraison dominicale et le baiser de paix qne l'on se donnait mutuellement : les dons consacrés étaient rompus pour la communion, après laquelle on s'engageait par serment à éviter tout crime, à fuir tout péché, à mourir avec Jésus-Christ et pour la foi de Jésus-Christ; enfin l'assemblée était congédiée par le salut de la paix de Dieu et de la grâce de Notre-Seigneur.

Les évangélistes, dans le récit aussi simple que sublime de l'institution du sacrifice eucharistique, n'ont pas marqué comment Jésus-Christ avait béni et rendu grâces : les apôtres qui ont été, dit saint Epiphane, les ordonnateurs des saints mystères, saint Paul lui-même qui devait régler tout l'accessoire de l'oblation, quand il viendrait à l'Église de Corinthe, n'ont rien laissé sur ce point par écrit, et le corps de prières, de bénédictions et d'actions de grâces qui forme, avec les paroles sacramentelles, le canon ou la règle de la consécration, ne s'est conservé que par tradition, et n'a été écrit, comme le Symbole, qu'au commencement du cinquième siècle. Jusque-là, il faut recueillir dans les lettres des hommes apostoliques, dans les apologistes chrétiens, et dans les écrits des premiers Pères, les traits épars de la sainte liturgie.

Saint Ignace, troisième évêque d'Antioche, qui avait succédé dans ce siége à saint Pierre et à Evodius, qui avait été contemporain des apôtres et qui déclare avoir vu Jésus-Christ de ses propres yeux après la résurrection, donne quelques détails sur l'oblation de l'Eucharistie, dans sa première lettre adressée aux chrétiens de Smyrne. Au milieu du second siècle, quelques années seulement après la mort du dernier des apôtres, saint Justin, célèbre philosophe païen, converti à l'âge de trente ans, prêtre et martyr, contemporain de Siméon qui avait entendu le Seigneur, d'Ignace qui l'avait vu ressuscité, de Clément aide de saint Paul dans la prédication, de Polycarpe disciple de saint Jean, de Pothin et d'Irénée disciples de Polycarpe, adressa à Antonin le Pieux une apologie pour justifier aux yeux de cet empereur les assemblées chrétiennes, et voici comme il parle dans cet antique et précieux monument de la tradition des premiers siècles (1) :

« Le jour appelé le jour du soleil (2), tous les fidèles
» des villes et des campagnes se rassemblent dans un
» même lieu : dans toutes les oblations que nous
» faisons, nous bénissons et nous louons le Créateur
» de toutes choses par Jésus-Christ son Fils et par le
» Saint-Esprit. On lit les écrits des prophètes et les

(1) Apol. II.
(2) Le premier jour de la semaine, qui répond à notre jour de *dimanche*, c'est-à-dire au jour du Seigneur, *dies dominica*, s'appelait chez les anciens le jour du soleil, *dies solis* : comme le second jour, le lundi, s'appelait le jour de la lune, *dies lunæ*.

» commentaires des apôtres, et quand le lecteur a
» cessé de se faire entendre, le président de l'assem-
» blée fait un discours dans lequel il instruit le
» peuple et l'exhorte à l'imitation de si belles choses.
» Ensuite nous nous levons tous, on fait des prières,
» et, lorsqu'elles sont achevées, on offre du pain, du
» vin et de l'eau. Le chef de la réunion exprime de
» tous ses efforts des prières et des *actions de grâces*,
» auxquelles le peuple s'unit par l'acclamation *Amen*.
» On distribue les dons offerts, on communie à cette
» offrande sur laquelle on a prononcé l'action de
» grâces, et cette communion est portée aux absents
» par des diacres. Ceux qui ont quelque fortune
» donnent selon leur bon plaisir ; la collecte est dé-
» posée chez le président qui soulage par là les
» orphelins, les veuves, les prisonniers et les étran-
» gers, car il a le soin et la charge de toutes les
» misères. Nous tenons nos assemblées le jour du
» soleil, parce que c'est le premier jour de la création
» dans lequel Dieu a séparé la lumière d'avec les
» ténèbres, et parce que c'est le jour où Jésus-Christ
» Notre-Seigneur est ressuscité d'entre les morts. »

Il est facile de voir dans ce récit, qui compte près
de dix-sept siècles d'antiquité, les principaux traits du
service divin, tel que nous l'avons aujourd'hui et
que nous le pratiquons dans nos églises. Et si nous
joignons à ce foyer déjà si lumineux les rayons épars
dans les écrits des Irénée, des Clément, des Tertullien, des Origène, des Cyrille, des Cyprien et des
Augustin, l'ordre de la liturgie brille d'assez d'éclat
pour en juger clairement, malgré les expressions
mystérieuses que la loi du secret avait consacrées
pour parler de l'Eucharistie, à cause des persécutions

et du danger d'exposer les saints mystères aux calomnies et aux insultes des païens.

Jusqu'à la paix rendue à l'Eglise par l'empereur
Constantin, il y avait peu de prières et de cérémonies dans le sacrifice de la Messe ; la difficulté des
temps l'exigeait ainsi ; mais on devait les observer re-
ligieusement et avec d'autant plus de soin que, toutes
sacrées qu'elles étaient, ce n'était que des traditions
orales confiées à la mémoire et à une pratique rigoureuse et solennelle. Le nombre des prières et la majesté du culte augmenta dès qu'on put bâtir de vastes
basiliques, et officier publiquement avec grand concours de peuple. Aussi, vers la fin du quatrième
siècle et au commencement du cinquième, on rédige
le corps des traditions liturgiques ; on voit paraître,
sous le nom de saint Jacques apôtre, la liturgie de
Jérusalem, que cette Eglise avait apprise et conservée
de son premier évêque ; sous le nom de saint Marc,
la liturgie d'Alexandrie, dont cet évangéliste avait
laissé la tradition sur le siége de cette ville ; on écrit
les constitutions apostoliques, et on les attribue au
pape saint Clément Ier ; mais les auteurs de ces différents ouvrages, composés au cinquième siècle,
n'ont été que les témoins et les rédacteurs des usages
vénérables des plus anciennes Eglises. En Orient, la
liturgie est rédigée par saint Basile, et sous le nom
de saint Jean Chrysostome : les Grecs s'en servent
encore aujourd'hui. En Occident, elle est mise en
ordre par saint Ambroise et d'autres écrivains ; mais
chez les Latins il y eut beaucoup de variété dans les
prières accessoires et dans les cérémonies non essentielles. Au milieu de cette diversité de rites et d'u-
sages, se fait remarquer, au sixième siècle, le fameux

Sacramentaire de saint Grégoire, où l'on trouve déjà des introïts, le *Kyrie eleison*, et le *Gloria in excelsis*, que l'évêque seul pouvait réciter, des collectes, le sujet fixé de l'épître et de l'évangile, des prières sur les oblations, la préface commune, et le canon jusqu'à l'*Agnus Dei*, tel que nous le récitons aujourd'hui. Comme chaque province avait de saints et de savants évêques qui ajoutaient quelque chose à cet accessoire du sacrifice, on respecta longtemps cette variété à cause de l'antiquité des prières et de la sainteté des auteurs : de là les différents missels et sacramentaires de l'Eglise romaine et des Eglises particulières d'Occident. Mais l'essentiel du sacrifice pour l'oblation, la consécration et la communion, était rigoureux et invariable dans tout le monde chrétien, et la règle secondaire de la liturgie persévéra dans sa respectable variété jusqu'au treizième siècle. A cette époque, l'*Ordinaire* de la Messe fut fixé tel que nous l'avons entre les mains; quant au *Propre* du Missel, on a laissé et on laisse encore quelques variantes adoptées par les différents diocèses; ainsi, par exemple, l'antienne et le psaume de l'introït ou de l'entrée à l'autel n'est pas le même dans le rit romain que dans le rit de Paris ou de quelques autres Eglises; mais cette différence, tolérée d'ailleurs par l'autorité ecclésiastique, ne nuit en rien à l'unité principale de la liturgie.

Du treizième au quinzième siècle, l'ordre de la Messe demeura encore entre les mains du clergé, qui en conservait seul les manuscrits, jusqu'à l'invention de l'imprimerie qui permit de le répandre au milieu des fidèles. D'ailleurs, si pendant plus de trois cents ans l'Eglise avait soigneusement caché au monde

persécuteur le secret de ses divins mystères ; si, dans
les douze siècles qui suivirent, elle avait voilé son
sanctuaire pour inspirer à ses enfants un respect
plus religieux, et pour leur apprendre à se tenir
dans le temple comme les séraphins qui se couvrent
de leurs ailes en présence de la divine Majesté, le
temps était venu de parler et de donner à ses rites
la plus auguste publicité, à cause des hérésies de
Luther et de Calvin, qui calomniaient si étrange-
ment son divin sacrifice. En conséquence, au seizième
siècle, les versions de la Messe en langue vulgaire
sont entre les mains des fidèles, le concile de Trente
ordonne d'en expliquer au peuple toute la liturgie,
et depuis ce temps jusqu'à nos jours, texte, traduc-
tions, éclaircissements, tout a été mis à la portée des
chrétiens.

Voilà donc la suite de la tradition du sacrifice de
Jésus-Christ, tel qu'il a passé d'âge en âge et que
nous l'avons reçu des apôtres, des saints docteurs et
de nos pères dans la foi ; or, qu'y a-t-il de changé à
l'essentiel? Jésus prit du pain et du vin, nous prenons la même matière d'oblation : il la bénit, nous
bénissons : il rendit grâces, nous rendons grâces : il
consacra par les paroles toutes-puissantes que l'E-
vangile a citées, nous répétons les mêmes paroles
par son ordre, en union avec lui et en mémoire de
lui. L'accessoire que les apôtres et l'Eglise ont ajouté
et fixé ne change rien à cette action de notre Dieu.
En effet, qu'on ait établi une préparation publique
à cette prière par excellence ; que, pour tenir lieu de
cette préparation assez détaillée, on ait mis dans la
bouche de tout le peuple un passage des psaumes et
ces paroles simples et énergiques : *Seigneur, ayez*

pitié; qu'on entonne sur l'autel l'hymne de la rédemption chantée par les anges sur le berceau d'un Dieu; que l'on fasse précéder et suivre les lectures de prières et de réflexions; que l'hymne des séraphins retentisse au moment où la Victime va ouvrir le ciel; que l'Agneau de Dieu soit invoqué par trois fois avec sa miséricorde et sa paix au moment où il va nous en donner le gage par la communion; que des signes extérieurs d'humiliation et d'espérance, de respect et d'amour accompagnent les accents sacrés, et ainsi du reste : de bonne foi peut-on dire que la Messe en soit changée? n'avons-nous pas déjà remarqué ses mille et un rapports avec la cène du Cénacle et du Calvaire? n'est-ce pas toujours le sacrifice de Jésus-Christ, environné seulement des sentiments et des rites que la piété a dû faire naître et exprimer à la vue d'une si grande merveille? Et quand on pense que l'Eglise les a recueillies, ces prières et ces cérémonies de la Messe, des souvenirs apostoliques et de la plus haute tradition du temps, des usages établis par saint Jean, témoin de la double immolation de la cène et de la croix, des ordonnances et des dispositions de saint Paul, instruit de ce mystère par Jésus-Christ lui-même; quand on réfléchit qu'elle a tiré ses accents religieux du cœur embrasé d'un Augustin, des lèvres d'une *Bouche-d'or,* de l'onction inspirée d'un Ambroise, d'un Basile et d'un Grégoire, qu'elle a réuni pendant treize siècles tout ce qu'ont produit la science et la piété de ses pontifes et de ses docteurs, et qu'après avoir donné à cette belle collection la maturité parfaite, elle en a fait le plus heureux choix pour régler définitivement sa liturgie, dont presque tous les termes ne sont qu'une application merveilleuse de la sainte Ecriture, qui ne serait saisi en la lisant de vénération et de respect? N'est-ce pas là cette reine debout à la droite du trône de Dieu, dont le vêtement, tissu de l'or le plus pur, est relevé par la variété des plus riches couleurs (1)? Comment n'aurait-elle pas pu et dû régler ses temples, ses autels, ses vases, ses vêtements et ses linges pour le sacrifice, chaque mouvement du corps, des yeux et des mains de son sacrificateur? Et comment ne pas reconnaître dans la Messe, telle qu'on la célèbre aujourd'hui, la simplicité sublime de l'action de Jésus-Christ, environnée de la piété, de la science et de la majesté des siècles chrétiens?

Il est à propos, en terminant cet aperçu historique de la célébration du sacrifice de nos autels, de dire un mot des diverses langues employées dans la liturgie. L'Eglise n'a jamais enseigné qu'on dût faire le service divin dans un langage inintelligible au peuple; mais aussi elle n'a pas cru que ses offices dussent être célébrés en langue vulgaire, ni voulu qu'ils en subissent toutes les vicissitudes. Les assemblées chrétiennes ont observé généralement et avec le plus grand soin de ne pas assujettir la langue des saints mystères aux changements du langage commun, à cause du grave inconvénient des erreurs qui auraient pu se glisser, à travers toutes ces mutations, dans la prière publique où sont consignés la plupart de nos dogmes. Dès les temps apostoliques, on célébra en syriaque que l'on parlait alors à Jérusalem, en grec et en latin qui étaient les deux

(1) Ps. XLIV.

langues les plus répandues à cette époque; mais on
conserva ces trois premières langues liturgiques quand
elles cessèrent d'être vulgaires; l'Eglise d'Orient
se sert encore, non du grec moderne, mais du grec
ancien, tel que le parlaient saint Luc et saint Jean
Chrysostome. L'Eglise d'Occident adopta le latin qui
était le langage le plus usuel, et qui est encore
aujourd'hui répandu dans le monde entier: Si l'on
se servait de langues vivantes pour le sacrifice, qui
ne comprend qu'il faudrait multiplier les livres
sacrés, non-seulement pour chaque peuple, mais
pour chaque idiome de chaque nation, mais pour
tous les dialectes de chaque pays; qu'il faudrait
en changer les mots à mesure qu'ils vieilliraient
ou deviendraient ridicules et inconvenants; que
l'expression de la doctrine s'altérerait infaillible-
ment au milieu de toutes ces corrections; que,
dans cette hypothèse même, les fidèles qui passe-
raient d'une province à une autre retomberaient
dans l'inconvénient de ne plus rien entendre; et
que si l'on s'attachait aux langues modernes, sans
les soumettre au changement et à tous les dangers
du changement, la difficulté que l'on prétend détruire reparaîtrait bientôt tout entière, comme le
prouve la traduction française des *Psaumes* par Ma-
rot, admise dans le culte protestant, et qui est
presque aussi inintelligible aujourd'hui que le latin.
C'est donc une haute sagesse de l'Eglise catholique
de conserver dans ses offices son antique langage
devenu invariable; et les fidèles qui ont entre les
mains la traduction, qui en reçoivent les explications en langue vulgaire, et que l'habitude parvient
à familiariser avec le texte sacré, se plaindraient à

tort de n'y rien entendre. Ajoutons que le culte divin y perdrait quelque chose de sa mystérieuse dignité, et le schisme, qui a voulu attirer les simples par la célébration de la Messe en langue vulgaire, qui a fait parade de nationalité par des mots, n'a pas réussi à fixer, même par cette innovation, la foule des curieux et des oisifs.

CHAPITRE VI.

—

Des différents noms et de la division de la Messe.

Jésus-Christ n'a donné aucun nom spécial à son sacrifice ; il a dit seulement : « Faites ceci en mémoire de moi. » La tradition l'a nommé *synaxe* ou assemblée, *collecte* ou réunion, *sacrifice*, *oblation*, *supplication* , *Eucharistie* ou action de grâces, parce qu'il s'opère au milieu de l'action de grâces solennelle que Jésus-Christ rendit à Dieu son Père, parce qu'on y fait mémoire de tous les bienfaits qui y sont concentrés, et de toutes les grâces qui en découlent. On a encore appelé ce sacrifice *les offices des divins sacrements*, *les saints*, *les redoutables mystères ;* mais depuis quatorze cents ans environ, l'Eglise grecque s'est fixée au nom de *liturgie* ou service public, et l'Eglise latine au nom de *messe*, que nous avons expliqué.

Messe vient du mot latin *missa* ou *missio*, qui signifie *renvoi*, parce que dans cette divine action on renvoyait les infidèles, les catéchumènes et les pénitents, après l'instruction de l'Evangile. Au sixième siècle, on disait : *Messes*, au pluriel, *Missarum solemnia*, à cause du double renvoi des catéchumènes avant l'oblation, et des fidèles après le sacrifice consommé.

Ces renvois avaient quelque chose de bien grave

et de bien imposant. Après l'Evangile expliqué, le diacre disait à haute voix : Retirez-vous, les choses saintes sont pour les saints ; et après la participation à la Victime : Allez, la Messe est dite, l'oblation est parfaite, l'hostie chargée de vos vœux vient de monter de cet autel au trône de la miséricorde, allez, c'est le renvoi : *Sancta Sanctis, Ite, Missa est.* Le peuple, qui donne presque toujours le nom aux choses, frappé de l'impression que ce congé faisait sur lui, appela le sacrifice de l'autel, la *Messe* ou le *renvoi*. Et quelle haute idée ne donne pas ce terme de l'oblation des chrétiens ! le renvoi ! c'est-à-dire l'action religieuse où l'on renvoie, où tout le monde n'est pas admis indifféremment, à laquelle on ne peut assister sans les plus sévères dispositions ! Ah ! si aujourd'hui l'indulgence de la discipline y souffre les pécheurs, qu'ils pensent au moins en allant à la Messe qu'ils vont au renvoi, que ce nom excite en eux l'humiliation de l'esprit, la douleur du cœur et la résolution de recourir aux sources de la grâce, pour que Dieu ne les rejette pas de son sanctuaire éternel, quand l'Eglise les admet à l'autel de la terre.

La Messe est *solennelle* quand elle se célèbre avec toute la pompe des cérémonies ; et cette Messe est ou *pontificale* ou *ordinaire* selon qu'elle est dite solennellement ou par un évêque ou par un simple prêtre; la Messe est appelée *petite*, si on n'y emploie que l'appareil commun et rigoureusement exigé. La messe *chantée, haute* et *grande* est celle qui se dit avec chant ; la Messe *basse* est celle qui n'est pas accompagnée par le chœur. On distingue encore la Messe *paroissiale* et la Messe *privée :* la première est accompagnée de la bénédiction de l'eau et du pain, des prières, des annonces et de l'instruction du prône; elle est célébrée dans la paroisse, et ordinairement par le propre pasteur et à l'intention de ses paroissiens ; et c'est à cause de ces grâces si précieuses et de l'édification qui résulte de cette légitime réunion des fidèles, que l'Eglise de tout temps a insisté avec force sur l'obligation d'assister à cette Messe les dimanches et des fêtes. La seconde se dit hors de la paroisse ou dans la paroisse, mais pour des intentions libres et particulières, et sans la solennité de bénédictions, d'instructions et d'annonces.

On divisait autrefois la Messe en deux parties : *la Messe des catéchumènes* jusqu'à l'oblation, et la *Messe des fidèles* depuis l'oblation jusqu'à la fin ; mais aujourd'hui que tous assistent indistinctement au sacrifice, nous divisons la messe en six parties : 1° la *préparation publique*, depuis l'entrée du prêtre à l'autel jusqu'à la collecte ; 2° l'*instruction*, depuis la collecte jusqu'après le *Credo* ; 3° l'*oblation*, depuis le *Credo* jusqu'à la préface ; 4° le *canon* ou la règle de la *consécration*, depuis la préface jusqu'à l'Oraison dominicale ; 5° la *communion*, depuis sa préparation par le *Pater* jusqu'aux dernières oraisons ; 6° l'*action de grâces*, depuis la postcommunion jusqu'à la fin du dernier évangile.

CHAPITRE VII.

—

De la nature et de l'existence du sacrifice de la Messe.

Il est temps de fixer enfin la définition du sacrifice de nos autels ; et l'idée que nous allons en donner est la récapitulation et le développement des principes déjà posés.

La Messe est donc *le sacrifice du corps et du sang de Jésus-Christ*, immolé dès l'origine du monde par la promesse que Dieu en a faite et par la foi des justes qui s'en appliquaient par avance les fruits ; figuré sous la loi de nature par les offrandes d'Abel, d'Abraham et de Melchisédech ; et sous la loi de Moïse par l'agneau pascal, par la variété de tant de sacrifices auxquels il a succédé et dont il a concentré les différents buts dans une immolation unique, mais d'une valeur infinie ; annoncé par les prophètes, commencé dès l'incarnation et la présentation au temple, institué la veille de la mort de l'Homme-Dieu, consommé sur le Calvaire d'une manière sanglante, et continué sur nos autels pour être jusqu'à la fin des temps l'unique et vrai sacrifice, pour nous appliquer personnellement le prix du sang divin répandu sur la croix, et pour offrir à jamais un Dieu à un Dieu par le ministère des prêtres légitimes auxquels le Seigneur a confié ce pouvoir. Ce sacrifice du corps et du sang de Jésus-Christ est *offert sous les espèces du pain et du vin,* sous les apparences, comme la couleur, la figure et le goût, qui demeurent après que la substance du pain et du vin a été changée réellement au corps et au sang du Sauveur. Le pain est le fondement de la vie, dit l'Ecriture (1); le vin est l'emblème de tout ce qui charme et réjouit le cœur de l'homme; et Jésus-Christ, en en faisant la matière de son sacrifice, a voulu nous apprendre à immoler avec lui et en lui notre vie et tout ce qu'il y a de cher et d'agréable dans cette existence. Aucuns symboles n'étaient plus propres à nous donner une juste idée du Dieu qui se sacrifie : c'est l'auteur de nos biens, le conservateur de notre être, le maître de la vie et de la mort, le dispensateur des joies et des peines : et nul signe ne pouvait mieux inspirer une haute pensée de l'immolation de l'homme, qui doit s'unir à cette victime, être au Seigneur à la vie et à la mort, et ne rien désirer au ciel et sur la terre que le Dieu de son cœur redevenu son partage pour l'éternité. Aussi l'instinct moral de l'homme dans le sacrifice l'a-t-il toujours porté à prélever sur sa nourriture ordinaire la matière de son offrande; parce que les aliments que Dieu accorde étant le soutien indispensable de la vie, en consacrer au Seigneur les meilleures prémices, c'est reconnaître extérieurement que notre existence lui appartient, et qu'il est le maître absolu de nos jours. Aussi avons-nous vu Abel présenter le plus pur lait de ses troupeaux; Caïn les fruits de la terre; après le déluge, Noé et ses descendants sacrifier des animaux, dès qu'il fut permis de s'en nourrir;

(1) **Ps.** c111.

Melchisédech, type vivant du Sauveur, offrir du pain et du vin pour exprimer la reconnaissance des soldats préservés des hasards de la guerre ; les païens eux-mêmes offrir des libations à leurs idoles en commençant les festins de religion. Nous voyons, au milieu des victimes sanglantes de la loi, la fleur de farine, le vin, le sel et l'huile consumés sur l'autel judaïque, les prémices de la récolte portées dans le temple avec solennité, et Jésus-Christ enfin choisir le pain et le vin pour matière préexistante de son sacrifice, et vouloir à cette fin en conserver les apparences, après même que le mystérieux changement s'est opéré. Que dirons-nous de plus ? L'Eucharistie devait être à la fois sacrifice et nourriture sacramentelle, gage d'union de l'homme avec son Dieu, et des hommes entre eux ; quelle plus heureuse image de cet aliment spirituel et de cette union ineffable, que la participation à la Victime sous les espèces du pain et du vin !

Cette Messe, telle que nous venons de la définir, est-elle réellement un sacrifice, et ce sacrifice existe-t-il dans l'Eglise par l'institution de Jésus-Christ ?

Oui ; la célébration et la consécration de l'Eucharistie, que nous appelons vulgairement la *Messe*, est le sacrifice vrai, réel et proprement dit de la loi nouvelle.

Nous y trouvons en effet toutes les conditions du sacrifice : c'est l'oblation d'une chose sensible, du corps et du sang de Jésus-Christ sous les espèces du pain et du vin, lesquelles espèces tombent sous nos sens. Il y a consécration de la victime par des rites mystérieux, par ces paroles de l'institution : « Ceci

est mon corps, ceci est mon sang. » La chose offerte
est en quelque manière détruite et changée, puisque
le pain et le vin, qui sont la matière préexistante du
sacrifice, sont changés au corps et au sang d'un Dieu,
et qu'il y a destruction réelle de leur substance, en
ce que la parole sacramentelle qui prononce d'abord
sur le pain, Ceci est mon corps; ensuite sur le calice, Ceci est mon sang, tend par sa force naturelle
à séparer le corps d'avec le sang de Jésus-Christ ;
qu'elle les sépare mystiquement et autant qu'il est
possible à l'égard de l'humanité sainte qui a repris
une vie glorieuse, et qu'elle les séparerait effectivement sans cette vie que Jésus-Christ ne quitte plus
depuis sa résurrection; puisqu'enfin Jésus-Christ est
rendu présent sur l'autel dans un état de mort, sans
mouvement, sans aucune opération vitale et extérieure, qu'il n'a rien d'un corps animé, et que l'être
sacramentel, que sa puissance lui donne dans l'Eucharistie, tend à se détruire et à cesser par la consomption de la victime et par l'altération entière des
espèces sacrées. L'oblation de la Messe est faite à Dieu
seul ; le dogme catholique est formel sur ce point, et
nous aurons plus d'une fois l'occasion de le dévelop-
per : elle est faite par un ministre légitime, par Jésus-Christ, pontife suprême, qui y parle lui-même et
en son nom, et par le prêtre canoniquement ordonné, qui parle au nom de Jésus-Christ, qui n'est
que son organe et qui lui prête le ministère qu'il a
reçu de sa toute-puissance ; ministre légitime à l'é-
gard du Sauveur qu'il représente, et à l'égard de
l'Eglise entière dont il est le vrai député et l'ambassadeur accrédité pour offrir le sacrifice au nom de
tous. En dernier lieu, la Messe est célébrée pour

remplir toutes les fins de l'oblation. C'est un *holo-caste* qui rend à Dieu le culte de latrie ou d'adora-tion suprême et d'entière dépendance, par lequel nous adorons le Seigneur, en lui offrant les adorations d'un Dieu; par lequel nous publions son souverain domaine en lui présentant la mort d'un Dieu, unis-sant le culte de notre esprit et le sacrifice de notre cœur aux adorations d'un Dieu prêtre et à la mort d'un Dieu victime. C'est une *eucharistie* ou action de grâce (le nom lui en est demeuré spécialement), par laquelle nous faisons remonter jusqu'à Dieu non-seulement les dons que nous avons reçus de la pléni-tude de sa miséricorde, mais encore Jésus-Christ lui-même, source de cette plénitude de grâces : voilà ce que la Messe nous fait rendre au Seigneur, pour tous les biens que nous recevons de sa bonté. C'est une *hostie de propitiation pour le péché*, où nous offrons à Dieu, pour fléchir son courroux et désarmer sa jus-tice, l'immolation d'un Dieu qui a daigné prendre sur lui toutes nos iniquités, et réunir notre trop froide et insuffisante douleur à ses satisfactions infi-nies. C'est enfin un sacrifice d'*impétration,* par lequel nous demandons et nous obtenons tous les biens né-cessaires au salut de l'âme et du corps. Et ici, remar-quons bien cette différence de la prière de la Messe avec les autres prières : ce n'est pas nous qui prions, qui demandons ; ce n'est pas notre instance, notre ferveur qui obtient : c'est un Dieu qui demande et qui est exaucé ; nous ne faisons qu'y joindre notre faiblesse ; c'est par ce médiateur que notre prière pénètre les cieux, obtient accès auprès du Père cé-leste et est exaucée favorablement. Car comment Dieu, qui nous a donné son Fils pour être l'offrande de notre sacrifice, ne nous donnerait-il pas tous les biens, dit saint Paul, après nous avoir accordé ce don si excellent?

La Messe est donc un véritable sacrifice ; de plus elle est le sacrifice établi par Jésus-Christ dans la loi nouvelle : en voici quelques preuves.

Le prophète Malachie annonce : 1° l'abrogation des sacrifices anciens : *Je ne recevrai plus*, dit le Seigneur au peuple juif, *d'oblations de vos mains* ; 2° la substitution d'un sacrifice nouveau et plus excellent : *En tout lieu on offre en sacrifice à mon nom une hostie pure :* c'est-à-dire on offrira, car dans le style prophétique l'avenir s'énonce comme présent. Or cette victime pure offerte à Dieu en tout lieu, ne peut être que l'oblation de l'Eucharistie à la Messe. Ce n'est ni le sacrifice des païens dont l'autel impur et souillé servait de table aux démons , ni les victimes légales que Dieu rejette ici pour leur substituer une hostie meilleure, ni l'immolation de la croix qui n'a été faite que sur le Calvaire et non en tout lieu, ni le sacrifice spirituel de l'esprit et du cœur, de la louange et des bonnes œuvres ; car le texte de la prophétie exprime un sacrifice extérieur proprement dit, le sens indique visiblement un sacrifice nouveau, et le sacrifice spirituel et intérieur avait toujours été pratiqué et avait toujours dû se joindre à l'oblation sensible, d'où il faut conclure ou que cette prophétie est mensongère et alors rejeter les livres saints, ou qu'elle n'est pas encore accomplie et dire quand elle pourra l'être ; ou enfin, ce qui est juste et raisonnable, que Dieu a prédit par Malachie, et qu'il a établi dans la loi nouvelle la Messe, ou le sacrifice pur d'un Dieu-Victime offert à la grandeur de son nom parmi tous

les peuples. Et pour l'accomplissement de cette promesse solennelle, écoutons les évangélistes et saint
Paul. *Dans la nuit où il fut livré* (1), après avoir terminé avec ses disciples la cène de la pâque antique
qui allait être abolie avec tous les sacrifices de la loi,
pour être remplacée par l'oblation pure et universelle du véritable Agneau pascal, *le Seigneur Jésus
prit du pain, le bénit, rendit grâces, le rompit et le
donna à ses apôtres, en disant : Prenez et mangez :
ceci est mon corps, qui est livré, donné, rompu pour
vous : faites ceci en mémoire de moi. Il prit de même
le calice, et, ayant rendu grâces, il le bénit et le distribua à ses apôtres en disant : Prenez et buvez : ceci
est mon sang, le calice de mon sang, le sang de la nouvelle alliance, qui est répandu pour vous, qui est versé
pour la rémission des péchés. Faites ceci en mémoire de
moi toutes les fois que vous le boirez. Car toutes les
fois que vous mangerez ce pain et que vous boirez ce
calice, vous annoncerez la mort du Seigneur, jusqu'à
ce qu'il vienne :* et vous la représenterez ainsi jusqu'à la
fin des temps. Or, pour bien prouver que Jésus-Christ
a fait au cénacle ce qui se fait à la Messe, et que l'on
fait à la Messe ce qu'il a fait au cénacle, et par conséquent que l'on offre sur nos autels le vrai sacrifice
qui a été institué dans la dernière cène, il faut établir
deux grandes et importantes vérités : la première,
que dans cette action Jésus-Christ a donné réellement
à ses apôtres son corps et son sang sous les espèces
du pain et du vin, avec le pouvoir à eux et à leurs
successeurs légitimes d'en faire autant dans son
Eglise : la seconde, que dans cette même action

(1) Matth. XXVI. — Marc, XIV. — Luc, XXII. — I Cor. XI.

4

Jésus-Christ a offert réellement son corps et son sang en sacrifice sous les apparences du pain et du vin, avec le pouvoir, à eux et à leurs successeurs dans le même sacerdoce, d'offrir la même oblation jusqu'à la fin des siècles : et conséquemment que c'est ce double pouvoir de la consécration et de l'offrande du corps et du sang d'un Dieu qui s'exerce tous les jours à la Messe.

Et d'abord, supposons que Jésus-Christ ait voulu changer du pain et du vin en son corps et en son sang et laisser à son Eglise le pouvoir d'opérer la même merveille, aurait-il pu, dans cette hypothèse bien admissible, parler plus clairement qu'il ne l'a fait ? Pouvez-vous imaginer quelque chose de plus formel, trouver des termes plus forts, plus énergiques dans leur simplicité, plus expressifs dans leur sens que ceux dont il s'est servi : *Ceci est mon corps, ceci est mon sang ; faites ceci ?* Comment ne trouver ici que la signification d'une figure, d'un souvenir, d'une image nue ? Si ces mots veulent dire simplement : Je vous donne la figure de mon corps, l'image de mon sang, faites la mémoire de ce que j'ai fait, dans quelle langue et dans quel dictionnaire ira-t-on puiser des termes plus forts et plus clairs, quand on voudra exprimer la réalité ? Ces paroles de Jésus-Christ sont donc absolument décisives ; et quand on pense que c'est un Dieu qui parle, un Dieu qui a toute puissance au ciel et sur la terre, qui a dit : *Que la lumière soit faite* (1), et la lumière fut créée ; on reconnaît le même Dieu à ce langage simple et sublime : *Ceci est mon corps*, et l'on croit sans hésiter. Saint Jean est le

(1) Gen. I.

seul évangéliste qui ne rapporte pas les paroles de l'institution de l'Eucharistie ; mais le seul mot qu'il en a dit est une preuve bien forte qu'il a puisée dans le cœur de Jésus-Christ à la dernière cène, de sorte que les autres écrivains sacrés témoignent de ce que Jésus-Christ a fait extérieurement, et le disciple bien-aimé des sentiments et de la volonté du Maître qui dirigeaient cette action extérieure. *Jésus*, dit cet apôtre, *ayant aimé les siens, les a aimés jusqu'à la fin* (1), et l'on peut ajouter qu'il les aima jusqu'à l'excès. Voilà tout ce qu'il nous dit de l'Eucharistie ; mais quelle profondeur de parole ! Jésus dans la cène a aimé les siens jusqu'à l'excès ; un Dieu tout-puissant leur a donné la plus grande marque de son amour ; et vous viendrez nous dire que cet excès de la charité et de la toute-puissance d'un Dieu aboutit à un peu de pain bénit qui sera pour nous l'image de son corps, à un peu de vin bénit qui sera pour nous le mémorial de son sang ; que le pouvoir étonnant, que le ministère redoutable aux esprits célestes qu'il aura laissé à des hommes dispensateurs de ses mystères, sera de distribuer ce modeste gage de son souvenir ! J'aimerais mieux ne rien croire que d'avoir une si faible idée de la bonté et de la puissance de mon Dieu. Quoi ! les hommes dans leur faiblesse laissent après eux de vastes possessions, des charges honorables, des dotations charitables, des asiles au malheur et à la souffrance, leurs vêtements au moins que l'on peut conserver, leur corps réel que les parfums de la terre peuvent maintenir dans son intégrité pendant des siècles ; Elie a laissé son manteau à son disciple ; Jo-

(1) Jean, xiii.

seph, ses ossements à ses frères ; l'amour du cœur de l'homme, tout impuissant qu'il est, peut laisser après lui des lignes tracées de sa main et même de son sang, ses traits auxquels l'art sait donner une espèce de vie et d'immortalité, son cœur que l'on peut garder dans le marbre et dans l'or ; la folie de la passion a été une fois jusqu'à mêler au breuvage les cendres de la personne aimée pour se l'incorporer presque réellement : et un Dieu tout-puissant, nous aimant de l'amour d'un Dieu, n'aurait marqué son passage sur la terre qu'en laissant un peu de pain pour toute ressemblance et pour tout souvenir de lui-même ! Le Dieu créateur qui couvre nos campagnes de moissons abondantes, dont la providence accorde quelquefois d'assez amples possessions pour nourrir des provinces entières, qui enrichit nos coteaux des vins les plus délicieux, qui n'a qu'à ouvrir la main pour remplir de biens tout ce qui respire, depuis l'homme jusqu'au moucheron ; ce Dieu abaissant la hauteur des cieux pour descendre sur cette terre, voulant y laisser des marques visibles et incontestables de son passage, n'aurait déployé la force de son bras et les richesses de sa bonté que pour nous donner en souvenir unique un peu de pain et un peu de vin ! Puissance et amour de mon Dieu, si c'est là l'abrégé et la consommation de vos merveilles, permettez-nous au moins de dire, contrairement à votre parole, que la manne qui tombait dans le désert était bien plutôt le pain du ciel que ce pain de la terre que vous nous avez laissé pour héritage. Mais non, et mille fois non, tel n'est pas le testament de celui qui a bien fait toutes choses, et qui a passé en faisant du bien. Croire que Dieu n'a laissé aux hommes pour souvenir qu'un peu de pain, c'est *contre ma raison*, parce que c'est *au-dessous de ma raison*, parce que c'est une pensée de Dieu très-inférieure à celle que je puis concevoir en bonté et en générosité, parce que ma faiblesse seule irait plus loin et qu'elle sent qu'un Dieu peut et doit faire davantage, s'il a décrété d'agir et s'il me déclare qu'il a agi : tandis que croire qu'un Dieu a laissé réellement son corps et son sang sous de faibles apparences de nourriture, est, à la vérité, *au-dessus de ma raison*, mais, après tout, *conforme à ma raison ;* parce que je sens, encore que je ne le comprenne pas, que Dieu a pu et dû faire au delà de ce que je puis comprendre, et que c'est l'œuvre d'un Dieu, précisément parce que je comprends que ce ne peut pas être l'action d'un homme. Il faut donc ou attaquer la vérité du récit évangélique, ou avouer que Jésus-Christ a donné réellement à ses apôtres son corps et son sang à la dernière cène, avec le pouvoir à eux et à leurs successeurs de consacrer le pain et le vin, faisant en mémoire de lui ce qu'il a fait lui-même.

Seconde vérité : Jésus-Christ, dans l'action du cénacle, a réellement offert à Dieu son corps et son sang en sacrifice, sous les apparences du pain et du vin, et a donné le pouvoir de faire la même oblation et de la renouveler jusqu'à la fin des siècles. C'est ce qu'il est important de bien retenir : car les fidèles, même instruits, s'habituent insensiblement et sans le vouloir à ne voir dans la Messe que Jésus-Christ présent et Jésus-Christ reçu en communion : tandis qu'ils doivent se pénétrer et ne perdre jamais de vue qu'il y a présence du Sauveur comme victime immolée, offrant par des actes multipliés d'oblation la même immolation qui s'est accomplie une fois sur le

Calvaire, et que l'on s'incorpore par la communion cette hostie de la croix avec tous les fruits de son sacrifice et tout le prix de son sang répandu. Quand un Dieu, déclaré prêtre éternel et victime du monde, prend du pain et du vin, le bénit, et, rendant grâces, les change en son corps et en son sang par des paroles solennelles, les distribue en disant : Prenez, mangez et buvez ; je vois, dans la simplicité de cette action, et le sacrificateur et l'hostie, et le sacrifice avec toutes ses parties essentielles, l'oblation, le changement de la matière et la participation ; mais examinons plus en détail. S'il ne s'agissait que de donner son corps eu nourriture, Jésus-Christ dirait : Ceci est mon corps *qui vous est donné ;* et il dit expressément : Qui est donné, livré, brisé *pour vous ;* s'il ne s'agissait que d'un souvenir d'oblation qui préparât à la grande immolation du Calvaire, il dirait : Qui *sera* brisé pour vous, ceci est mon sang qui *sera* répandu pour vous ; mais le texte grec porte toujours, qui *est* donné, qui *est* versé, c'est une action opérée et complète dans le moment où Jésus-Christ parle ; et si l'on veut s'en tenir au futur, comme dans le texte latin, cela marque seulement l'identité et le rapport du sacrifice du cénacle avec celui de la croix. D'ailleurs, ce corps brisé comme on brisait le pain dans les sacrifices antiques, cette coupe répandue, comme on répandait les libations sur l'autel ; ce sang versé pour établir la nouvelle alliance, comme le sang des victimes égorgées fut versé sur le peuple pour fonder l'alliance ancienne ; ce corps déjà brisé par nos crimes, ce sang déjà répandu pour la rémission des péchés, en quoi consiste la fin et le but des immolations, tout ne révèle-t-il pas l'idée d'un sa-

crifice véritable? Il faut donc admettre une vraie et
réelle oblation dans cette action du Seigneur, ou traiter ce récit de fable et d'invention humaine. Mais
alors l'esprit humain est confondu, obligé qu'il est
d'admettre deux choses plus incroyables encore : la
première, que des pêcheurs grossiers et ignorants,
attirés par un homme extraordinaire, ont appris de
cet homme, de ce sage si vous le voulez, une invention religieuse qui surpasse toute conception humaine; qu'ils ont saisi et exécuté un plan de culte,
que ni la science de l'Egypte, ni la sagesse de la
Grèce, ni la politique de Rome, ni la subtilité de la
Chine n'ont pu même deviner ou entrevoir: un Dieu
offert à un Dieu par un Dieu, des mortels adorant,
remerciant, fléchissant, implorant Dieu à l'aide d'un
Dieu-Victime remis entre leurs mains ! Idée si grandiose, si parfaite, que tous les siècles réunis ne pourraient y rien ajouter en grandeur et en perfection,
et dont l'invention par des hommes serait mille fois
plus inconcevable que le fait ayant Dieu pour auteur.
La seconde difficulté à subir est que ces nouveaux
apôtres proposent ce culte, son institution, sa fin et
ses rites, avec tant de netteté, de simplicité et de sublimité, qu'ils en parlent comme naturellement,
qu'ils en écrivent comme du sujet le plus facile et le
plus ordinaire, et qu'ils aient réussi à le faire adopter
partout, dans tous les siècles, et à avoir pour disciples et les Justin et les Pascal. Encore une fois, non;
la chose est impossible, et ce plan vient de Dieu :
Dieu seul a pu le concevoir, en dicter les détails avec
l'assurance d'un maître, en imposer la doctrine au
monde; et s'il pouvait y avoir erreur, avouons que
ce serait le piége le mieux dressé, qu'il était inévi-

table de n'y être pas pris, tant il est environné de majesté et d'éclat, de suite et d'enchaînemeut, de can-
deur et de force : disons encore mieux, que, s'il y
avait erreur, ce serait Dieu lui-même qui nous aurait
trompés.

Enfin, Jésus-Christ a donné à ses apôtres et à leurs
successeurs le pouvoir d'offrir le sacrifice qu'il a institué au cénacle, par ces paroles si claires qu'il leur
adresse en terminant : *Faites ceci en mémoire de moi,*
c'est-à-dire, ne faites pas seulement la mémoire et la
simple représentation de ce que j'ai fait, mais faites
ceci, ce que j'ai fait moi- même, autant que j'ai fait,
et comme je l'ai fait. Ne célébrez pas un sacrifice
nouveau, distinct ou isolé de mon oblation : mais
faites le même que celui que j'ai offert, et buvez le
calice que j'ai bu. Que ce soit en mémoire de moi,
que vous appelez avec raison votre Maître et votre
Dieu ; en souvenir de l'autorité et du pouvoir que je
confère à mon Eglise, en souvenir de mes souffrances
et de ma mort, que vous renouvellerez réellement
toutes fois que vous ferez ces choses ; en mémoire de
la nouvelle alliance que je fais avec les hommes, répandant ici mon sang, et par conséquent l'offrant en
sacrifice (car les liqueurs ont coutume d'être sacri-
fiées par l'effusion qu'on en fait) ; cette effusion ou
oblation de mon sang, mystérieuse sur cette table et
dans peu sensible sur la croix, confirme le testament
nouveau, assure aux hommes ma nouvelle et irrévocable volonté de leur léguer les grâces du salut et
l'héritage du ciel, à la condition de s'attacher à mes
préceptes et à mon amour et d'user des sacrements
que j'aurai établis poùr la rémission des péchés. Faites
donc en mémoire de moi, de ma mort et de mon

alliance, ce que je fais ici ; j'ai pris du pain et du vin,
prenez cette matière et ces symboles d'oblation ;
j'ai béni, bénissez ; j'ai rendu grâces, faites de même ;
j'ai rompu le pain, rompez-le ; j'ai dit : Ceci est mon
corps, dites : Ceci est mon corps ; je vous l'ai donné
et vous l'avez reçu, prenez et donnez-le, *Hoc facite.*
Et encore faites cela, non pas pour un temps, pour
quelques années que vous avez à passer sur la terre,
mais renouvelez ainsi l'offrande de ma passion et de
ma mort, de mon corps immolé et de mon sang
répandu, jusqu'à ce que je vienne juger les vivants
et les morts ; par conséquent cette parole s'adresse,
ce pouvoir passe à vos successeurs, héritiers du même
sacerdoce, *et je suis avec vous* (1), non-seulement
enseignant, baptisant, gouvernant l'Eglise, mais avec
vous offrant et consacrant *tous les jours jusqu'à la
consommation des siècles.*

Voilà ce pouvoir réel et perpétuel d'offrir et de
consacrer qui s'exerce tous les jours à la Messe, où
l'on fait, à n'en pouvoir douter, ce que Jésus-Christ
a fait une fois au cénacle et au Calvaire. La Messe
est donc *la table du Seigneur* (2), *l'autel d'où nous
avons le pouvoir de manger* (3), *le trône où l'Agneau
est debout et à la fois comme égorgé* (4), et l'on continue sur nos autels le vrai sacrifice fondé par Jésus-
Christ. Si les Actes des apôtres et les Pères de l'E-
glise en parlent dans les termes assez couverts de
liturgie et de *fraction du pain*, c'est que les chrétiens,
obligés au secret du mystère eucharistique, à cause
des païens et des Juifs, pouvaient s'entendre à demi-
mot, comme nous nous entendons très-bien aujour-

(1) Matth. XXVIII.—(2) I Cor. X.—(3) Hébr. XIII.—(4) Apoc. V.

d'hui par le nom de *messe* ou *renvoi*, qui a encore moins de rapport avec l'action de Jésus-Christ. Mais quant au dogme du divin sacrifice, la tradition des hommes apostoliques, des Pères, des conciles et des docteurs, est expresse, formelle et positive ; tout ce qu'ils disent de la sublimité de cette oblation, de la grandeur du sacerdoce évangélique, deviendrait inexplicable et par trop outré si Jésus-Christ n'avait laissé à ses enfants que du pain à bénir et à manger. Le peu que nous avons rapporté de cette tradition, au chapitre V°, peut suffire à la foi des chrétiens, et leur indiquer les sources où la science du salut va puiser sa force et sa consolation dans la clarté et la perpétuité des témoignages.

CHAPITRE VIII.

—

De la valeur et des fruits du sacrifice de la Messe.

La Messe n'étant pas seulement la commémoration et la représentation de la cène du Calvaire, mais encore le renouvellement et la continuation du sacrifice de la croix répété sur nos autels, son prix est d'une valeur infinie, puisqu'on y offre le corps et le sang d'un Dieu. Il n'y a de différence que dans la manière d'offrir : au Calvaire l'immolation était vivante et sanglante, à la Messe l'immolation est non sanglante et sacramentelle ; et s'il y a d'un côté quelque chose de moins, comme chante l'Eglise, *Sur la croix la divinité seule était voilée, ici l'humanité même est de plus cachée à nos sens* (1) ; d'un autre côté, la Messe possède le bienfait de la manducation de la victime, qui manquait au sacrifice du Calvaire. La messe est donc absolument le même sacrifice que celui de la croix, parce que dans l'un et l'autre cas c'est le même sacrificateur, la même victime et la même immolation.

Et d'abord, c'est le même sacrificateur, Jésus-Christ, qui agit et qui parle : le prêtre ne lui sert que d'organe. A ce pontife suprême vient se joindre l'Eglise universelle, toute la société des fidèles qui offre

(1) Hymne du Saint-Sacrement : *Adoro te.*

le divin Médiateur et qui s'offre avec lui, par les mains d'un député, qui est l'évêque ou le prêtre, ministres légitimes de cette oblation. Ainsi la Messe est offerte par Jésus-Christ, par toute l'Eglise, par le prêtre qui célèbre, et par chaque chrétien, dont les uns offrent d'une manière actuelle, quand ils y assistent et y participent, les autres d'une manière plus précieuse encore, quand ils font offrir cette victime pour eux et en leur nom ; tous enfin d'une manière habituelle, par cela seul qu'unis à Jésus-Christ par la charité et à l'Eglise par la foi, ils ne font qu'un même corps, sont tous réciproquement membres les uns des autres et participent aux avantages généraux du corps entier. — A l'autel comme au Calvaire, c'est la même victime ou matière prochaine du sacrifice, le corps et le sang de Jésus-Christ ; les espèces du pain et du vin, qui sont la matière éloignée et préexistante, ne servant qu'à rendre sensible la présence de la victime. — Enfin, c'est la même immolation ; mais ce dernier trait de parité a besoin d'un ample développement.

On distingue deux sortes d'immolation : l'une *mystique*, qui consiste dans la séparation mystérieuse du corps d'avec le sang, dans un état apparent de mort, et dans la tendance de l'être sacramentel à se détruire ou plutôt à cesser par la consomption des saintes espèces (1) : c'est cette immolation qui rappelle et représente le sacrifice de la croix. L'autre *réelle*, qui consiste en ce qu'il n'y ait qu'un seul et même acte d'immolation, bien que cette immolation soit répétée et continuée par différents actes d'obla-

(1) *Voyez* chap. vii.

tion. Or, cette immolation réelle a lieu à chaque messe et dans toutes les messes sans multiplier le sacrifice : c'est ce qu'il faut bien établir.

Il y a sacrifice toutes les fois qu'il y a oblation d'une victime immolée ; par conséquent, il y a même sacrifice toutes les fois qu'il y a oblation de la même victime immolée. Peu importe que l'immolation doive suivre comme dans l'oblation du cénacle, qu'elle soit actuelle et présente comme dans l'oblation du Calvaire, ou déjà passée et accomplie comme dans l'oblation de la Messe. Supposez-vous dans la loi de nature : prenez un agneau pour l'égorger en sacrifice ; offrez-le d'abord à Dieu, avec relation de vos sentiments et rapport de votre cœur à cette mort que vous allez lui donner. Si dans ce profond anéantissement de votre être, qui médite devant le Seigneur les droits du souverain Maître sur la créature ingrate et rebelle, vous veniez à vous oublier saintement, et que le jour suivant vous retrouvât dans la même posture humiliée, en présence de l'autel et de votre hostie qui attend toujours le coup de la mort, penseriez-vous n'avoir point offert la veille un véritable sacrifice ? Sorti de cette extase d'adoration, vous immolez enfin la victime, le sang coule et vous offrez ce sang répandu ; il y a certainement sacrifice dans ce second acte d'oblation. Mais voilà que le sentiment religieux vous suggère d'attendre au soir pour mettre le feu à l'holocauste ; le soir venu, vous prenez de nouveau sur l'autel cet agneau égorgé le matin, vos mains l'élèvent encore vers le Seigneur avant de consumer l'hostie : direz-vous que cet acte dernier n'est pas un sacrifice, et ne penserez-vous pas que vous avez offert un seul et même sacrifice, quoiqu'il y

ait eu trois actes distincts d'oblation renouvelée?
L'immolation *actuelle* n'est donc pas nécessaire pour
que l'immolation soit *réelle* dans le sacrifice, et il n'y
a d'essentiel que l'oblation d'une victime immolée
avec rapport et relation au temps où elle s'immole.
Aussi Jésus-Christ a-t-il voulu instituer le sacrifice
de son corps et de son sang la veille de sa mort, et
non pas à l'instant même où il mourut, pour bien
établir la vérité et l'identité du même sacrifice, lorsqu'il serait offert après sa passion et jusqu'à la fin
des temps (1). Mais si, au lieu de l'instituer la veille
de sa mort, il l'eût fait un an avant de mourir, qui
oserait dire qu'à cause de cet intervalle il n'y a plus
le même sacrifice qu'au Calvaire ? Donc en réitérant
l'oblation de la croix le lendemain, un an après, mille
ans après, et jusqu'au dernier jour du monde, on
offre absolument le même sacrifice, et les messes ne
sont que des actes d'oblation répétée de l'immolation
unique de Jésus-Christ. Il n'est même pas nécessaire
à l'unité de sacrifice qu'il y ait union *physique* entre
l'immolation et l'oblation de l'hostie immolée ; il suffit
d'une union *morale* entre ces deux actions, d'un
rapport moral, d'une relation morale au temps de
l'immolation. On peut égorger un agneau, ne l'offrir
qu'un jour ou plusieurs jours après, et ce sera le
même sacrifice, si vous n'avez donné la mort à la
victime que pour l'offrir ensuite, et si vous ne l'offrez
ensuite qu'en considération de la mort que vous lui
avez donnée. Aussi Jésus-Christ offre-t-il à la cène sa
mort future, au Calvaire sa mort présente, au ciel et
à l'autel sa mort passée, par le même acte de la

(1) *Voyez* chap. IV.

même volonté de s'offrir : l'oblation qu'il en fait est multipliée par des actes distincts, mais l'immolation est une et le sacrifice est unique.

Saint Paul va appuyer et confirmer ces principes que nous posons : il déclare (1) que, dès son entrée au monde, Jésus-Christ a exprimé la volonté de s'offrir à Dieu en holocauste ; que par cette seule expression de volonté il a abrogé les sacrifices anciens pour substituer le sien en leur place, *aufert primum, ut sequens statuat ;* que par cette seule volonté qu'il a conçue dès l'incarnation, et qu'il n'a effectivement accomplie que sur la croix, nous avons été sanctifiés par l'oblation *unique* du corps de Jésus-Christ ; qu'il ne s'est pas contenté de verser son sang sur la croix pour la rémission des péchés (2), mais que dans l'unité du même sacrifice, il a recueilli ce sang et l'a porté dans le Saint des saints, non pas dans celui du temple judaïque qui n'était qu'un exemplaire et une figure, mais dans le ciel même, pour paraître maintenant devant Dieu en notre faveur, comme médiateur et comme pontife (3). Ce n'est pas tout : Jésus-Christ est médiateur d'une alliance plus excellente que l'ancienne sous tout rapport, et surtout par sa durée ; étant immortel dans la nature humaine qu'il a prise, et établi prêtre pour l'éternité, son sacerdoce est sans fin : il a sur la terre, pour continuer son œuvre, des vicaires et des ministres qui ont et qui auront des successeurs, mais lui n'a personne qui lui succède : il peut sauver en tout temps ceux qui s'approchent de Dieu par son entremise, parce qu'il est toujours vivant pour intercéder en notre faveur ; et

(1) Hébr. x. — (2) *Ibid.* ix. — (3) *Ibid.* vii.

l'Eglise chante le jour de son entrée dans les cieux, qu'il montre et qu'il offre sans cesse à son Père les blessures qu'il a souffertes pour nos iniquités, et que, par cette offrande continuelle, il nous obtient de pouvoir toujours entrer dans l'alliance de sa paix. Voilà des oblations bien multipliées, dont la volonté efficace se manifeste dès l'incarnation, se constitue sous des symboles au cénacle, s'exécute sur la croix, se perpétue dans le ciel, et cependant il n'y a qu'une immolation unique de Jésus-Christ ; car ce Dieu sauveur, dit l'Apôtre (1), n'est mort qu'une fois pour expier les péchés de tous les hommes, et il ne meurt plus, et la mort n'aura jamais d'empire sur lui après la victoire qu'il a remportée sur elle (2).

Jésus-Christ donc a offert par une même volonté, depuis l'incarnation jusqu'au Calvaire, le sacrifice unique de la croix ; et, par la même volonté, il offre ce sacrifice unique depuis la croix jusque dans le ciel, où il renouvelle sans cesse par des oblations mille fois répétées son immolation déjà consommée et accomplie. C'est le résumé de l'admirable doctrine de saint Paul. Or, à la Messe, par les paroles de la consécration, Jésus-Christ est constitué présent sur l'autel, non-seulement sous des symboles de mort et dans un état d'immolation apparente, mais tel qu'il est à la droite de Dieu son Père, prêtre éternel, pontife suprême, médiateur de notre alliance et gage de notre paix ; apparaissant maintenant même, et dans l'instant où la Messe se célèbre, devant la face du Seigneur, toujours vivant et intercédant pour nous, offrant actuellement ses plaies qui ont sauvé le monde,

(1) Hébr. IX. — (2) Rom. VI.

et perpétuant son sacrifice unique sans interruption. Donc à la Messe, par cela seul qu'on y rend présent Jésus-Christ offrant sa mort, cette présence constitue par elle-même l'oblation véritable de son immolation réelle, et la rigoureuse continuation du sacrifice de la croix; les actes d'oblation sont actuels, distincts et multipliés, mais c'est toujours l'oblation de la même victime du Calvaire et la même immolation de cette victime. Un exemple achèvera d'éclaicir ce principe, dont la conséquence est si propre à nourrir la foi et la piété.

Supposons que Dieu ait voulu établir un sacrifice très-solennel pour l'installation et l'entrée en possession de son peuple dans la terre promise, et qu'il ait déclaré que ce sacrifice unique en son genre ne serait point offert par les enfants d'Aaron au nom de leurs frères, mais par chaque Israélite à son tour de tribu et de famille; enfin qu'il n'y aurait qu'un seul agneau pour victime, par conséquent une seule immolation, et que cette immolation serait renouvelée par chaque acte personnel et individuel. Moïse, avant de donner possession au delà du Jourdain aux tribus de Gad et de Ruben et à la moitié de la tribu de Manassé, aurait choisi l'agneau destiné au sacrifice; cet agneau vivant et conservé avec le plus grand soin est placé chaque jour sur l'autel en état d'hostie et en manière de sacrifice; les tribus dont les possessions sont déjà fixées passent devant l'autel, et, défilant par ordre, présentent, par les mains de chaque individu, cet agneau qui doit être immolé. Moïse, sur le point de mourir, l'offre à son tour, mais d'une façon plus solennelle encore. Au temps venu, Josué, son successeur dans la conduite du peuple de Dieu, égorge l'agneau qui demeure sur l'autel où son sang coule. Le reste des tribus d'Israël, avant de passer le Jourdain, défile devant l'autel, et chaque individu offre ce sang qui est déjà versé. Lorsque le passage et l'offrande de tout le peuple sont achevés, le sang de l'agneau est porté dans le tabernacle pour y être conservé : désormais chaque jour et plusieurs fois le jour, les lévites l'en tireront pour l'offrir à Dieu au nom de tout le peuple, et ce rit sera gardé dans toutes les générations. Dans cette hypothèse toute gratuite, mais assez sensible, n'est-il pas vrai de dire que, quoique les oblations aient été très-multipliées et qu'elles aient duré un temps fort considérable, il n'y a eu cependant pour tous qu'un seul et même sacrifice, et que sa continuation, tant que subsistera le peuple de Dieu, n'altérera en rien son identité et son unité? Voilà l'image frappante et la vive figure du sacrifice de la croix, que le cénacle a vu anticiper, et que la Messe continue jusqu'à la consommation des siècles : Les justes, avant Jésus-Christ et pendant plus de quatre mille ans, ont passé devant son autel pour l'offrir par la foi ; et depuis la consommation du sacrifice, toutes les tribus de la terre passent devant ce même autel, offrant dans la réalité le même Jésus-Christ immolé, rendant présent, par l'institution et l'autorité divines, le même Dieu du Calvaire, avec son corps qu'il offre, avec son sang qu'il verse sans cesse pour la rémission des péchés. La Messe est donc réellement, sous le rapport du prêtre, de la victime et de l'immolation, le même sacrifice que celui de la croix ; son prix est donc d'une valeur infinie comme le prix de la mort du Sauveur : et voilà, entre autres conséquences, celle que l'on peut tirer dans la pratique de ce sentiment catholique que nous venons d'exposer et de prouver.

Les fidèles nous pardonneront la longueur de ces développements, en considération de la clarté qu'il fallait répandre sur une matière aussi relevée, et de l'importance à insister sur ce point à cause du fruit que la piété en doit recueillir. Car on entend dire et on répète journellement que la Messe est le même sacrifice que celui de la croix, qu'on doit y assister comme à la scène du Calvaire ; mais faute de bien saisir l'identité de sacrifice, la conséquence glisse sur le cœur, parce que le principe n'a fait qu'effleurer l'intelligence. Mais maintenant que nous pouvons mieux entendre cette haute théologie de saint Paul, quel respect plus profond, quelle confiance plus vive, quelle plénitude de foi et d'amour nous devons apporter à l'autel ! Si nous eussions assisté à l'oblation de l'immolation du Calvaire, quels eussent été nos sentiments ? Nous nous serions fortement unis à Jésus-Christ, nous eussions recueilli avec empressement chaque goutte de son sang, chaque soupir de son cœur, chaque parole de sa bouche ; nous eussions dit mille fois avec ferveur : *Souvenez-vous de moi, Seigneur : Memento mei, Domine* (1) ; on nous aurait vus, quittant ce spectacle adorable, nous frapper la poitrine de douleur et de repentir, répéter avec l'élan de la foi et de la reconnaissance : Cet homme est vraiment le Fils de Dieu , *Vere Filius Dei erat iste* (2); et vouloir aider à préparer les parfums, à disposer la sépulture du Dieu victime, et surtout désirer que notre cœur lui servît de tombeau. Or voilà consé-

(1) Luc. XXIII. — (2) Matth. XXVII.

quemment les sentiments que nous devons apporter
à la Messe. Si, transportés en esprit comme l'apôtre
saint Jean (1), nous assistions à l'autel sublime du ciel
où Jésus-Christ officie sans cesse, où il s'offre par
lui-même sans organe et sans représentant, et que
nous vîssions sur le trône de Dieu cet Agneau debout
et comme égorgé, ouvrant le livre de la liturgie éternelle pour y lire le nom de ceux qui profitent de son
sang, pour presser les hommes de se faire inscrire
sur ces pages de vie, d'après lesquelles se conclura à
la fin des temps la *messe* définitive et le *renvoi* irrévocable ; si nous entendions retentir d'avance dans le
ciel ces paroles terribles : Les choses saintes sont
pour les saints, le bonheur et la bénédiction pour les
enfants de Dieu, la messe éternelle pour l'innocence
ou le repentir : *Sancta sanctis ;* nous nous proster-
nerions devant l'Agneau par l'adoration d'un cœur
contrit et humilié, nous remplirions les fioles d'or de
l'encens de la plus pure prière, et, chantant le cantique nouveau, nous dirions : Vous êtes mort, Seigneur, vous nous avez rachetés par votre sang, vous
nous avez établis prêtres de l'alliance nouvelle et héritiers de votre royaume : à celui donc qui est assis
sur le trône, et à l'Agneau, honneur, gloire, action
de grâces et puissance, dans les siècles des siècles ;
et à nous, pardon, bénédiction, grâce et salut, maintenant et pour toute l'éternité. Or, puisque la Messe
continue sur la terre le même sacrifice qui est continué dans le ciel, et que la même victime monte d'un
autel à l'autre chargée de nos vœux, et redescend
chargée de bénédictions, les mêmes sentiments doi-

_____

(1) Apoc. v.

vent nous accompagner quand nous nous présentons au saint Sacrifice. La valeur de la Messe est donc infinie, mais voici en quel sens : *infinie* sous le rapport du Dieu victime, de la suffisance du trésor de ses mérites qui, offerts par un Dieu-prêtre, seront toujours acceptés du Seigneur comme dignes de sa majesté et de sa justice ; *finie*, quant à l'exercice du prêtre secondaire, qui n'est qu'un homme revêtu des pouvoirs divins, et quant à l'application que le Seigneur nous fait des mérites de son Fils, en proportion de notre foi, de notre pénitence et de notre ferveur.

Par rapport aux fruits du sacrifice de nos autels, l'Eglise enseigne que la Messe opère par *elle-même et par sa propre vertu* la rémission des péchés ; mais elle l'opère d'une manière *médiate*, c'est-à-dire que par l'acte même du sacrifice, et sans aucun moyen ultérieur, elle obtient au pécheur la grâce de se convertir et de recevoir dans le sacrement de pénitence la rémission de ses fautes. Une personne, par exemple, en dehors du Sacrifice, demandera à Dieu la grâce de changer de vie et de se confesser ; elle ne l'obtiendra qu'en vertu de sa ferveur et de ses instances, et il sera toujours douteux si elle l'a obtenue ; tandis qu'à la Messe entendue à ce dessein, elle obtiendra cette faveur sûrement et efficacement, pourvu seulement qu'elle n'y apporte pas d'obstacles, indépendamment des dispositions de celui qui célèbre et de la ferveur de celui qui assiste ; et de même pour les autres grâces du salut, ou dans l'ordre du salut. Mais si la Messe produit la grâce et l'application des mérites du sang et de la mort de Jésus-Christ, en quoi donc, dira-t-on, diffère-t-elle des sacrements ? En ce qu'elle ne produit la grâce, comme nous ve-

nons de le dire, que médiatement, et que les sacrements la confèrent immédiatement ; en ce qu'elle est
la voie certaine qui conduit à la vie, et que les sacrements sont la vie elle-même dans toute son efficacité ;
d'où il faut conclure qu'une excellente disposition à
la justification est d'entendre la Messe, la Messe étant,
s'il est permis de parler ainsi, le tribunal de miséricorde en première instance, d'où l'on passe au tribunal de réconciliation en dernier ressort. Il est encore une autre différence qui est tout à l'avantage du
sacrifice : c'est que les sacrements n'appliquent le
sang de Jésus-Christ qu'à ceux qui en sont dignes,
et que la Messe le répand à sa manière sur le juste et
le pécheur, sur celui qui le mérite et sur celui qui
n'est pas encore digne de le recevoir; c'est que
les sacrements n'agissent qu'à l'égard des vivants,
et que la Messe étend ses effets et ses fruits de
salut aux vivants et aux morts. En conséquence,
allons donc avec confiance au trône de la grâce (1),
pour obtenir miséricorde et y trouver le secours
dans nos besoins. Comprenons qu'elle est bien
précieuse la pratique des fidèles qui font célébrer
ou qui entendent la Messe toutes les fois qu'ils ont
quelque bénédiction à demander au Seigneur, et
plus précieuse encore la sainte habitude d'y assister
chaque jour, pour s'environner sans cesse et à coup
sûr de sa puissante protection. — Quant aux peines
temporelles dues au péché, après qu'il a été remis
par le sacrement, la Messe les remet d'une manière
immédiate à ceux qui vivent dans l'état de grâce, et

(1) Hébr. iv.

la piété est sûre de trouver ainsi le moyen facile d'ac-quitter ses dettes envers Dieu ; il en est de même par rapport aux justes du purgatoire dont elle expie im-médiatement les peines, bien qu'ils ne puissent plus mériter ni recourir à d'autres moyens. Mais à l'égard des uns et des autres, cette rémission de peines n'a lieu que dans la mesure des desseins et de la volonté de Dieu ; car l'Eglise n'a pas dit que la Messe opérât la délivrance des âmes souffrantes, elle a dit simple-ment qu'elles étaient surtout *aidées* par le sacrifice salutaire de l'autel (1) ; et de là l'usage des fidèles d'offrir fréquemment la Messe pour les défunts, à qui sans cela une seule oblation suffirait. Outre ce fruit efficace du sacrifice, il est un fruit secondaire, qui vient des dispositions ferventes qu'on y apporte. L'o-blation sainte, dit l'Ange de l'école, est utile à chacun *selon la quantité de sa dévotion :* et en ce sens, elle opère selon la sainteté et la ferveur de celui qui offre et de celui qui assiste. On ne saurait donc blâmer les fidèles qui trouvent plus de consolation à une Messe plutôt qu'à une autre, pourvu toutefois que l'ordre public soit gardé, que le motif de ces distinctions soit bien pur, et que cette conduite ne blesse en rien la charité particulière et l'édification commune.

La Messe ne s'offre qu'à Dieu, à qui seul est due l'adoration, le culte suprême et l'hommage de notre entière dépendance. Ces expressions, *Messe à la Vierge, Messe des morts,* ou sont erronées, si elles signifient pour l'ignorance, *sacrifice offert à la sainte Vierge, aux défunts ;* ou ne sont que des façons de

(1) Concile de Trente, sess. 25.

parler populaires, par lesquelles on entend que les
prières et les lectures qui précèdent le canon sont
disposées en mémoire des saints ou regardent les
fidèles trépassés. Car, quoique le sacrifice ne soit et
ne puisse être offert qu'à Dieu seul, on y exprime
toujours la mémoire des saints ; parce que la Messe
est le sacrifice de toute l'Eglise, et que Jésus-Christ
l'offre comme chef de l'Eglise entière. L'Eglise militante se joint donc à Jésus-Christ pour l'offrir, et par
la même raison elle se joint à l'Eglise triomphante
inséparablement unie à son chef, et ces deux grandes
fractions de la société des enfants de Dieu se réunissent pour implorer, par les mérites du Chef, la divine
miséricorde en faveur de l'Eglise qui souffre dans le
purgatoire. De plus, cette mémoire des saints à l'autel est établie pour les féliciter de leurs victoires,
pour remercier Dieu de leurs triomphes, pour nous
exciter à l'imitation de leurs sacrifices déjà consom-
més, et pour nous fortifier, comme le dit le canon de
la Messe, de leurs mérites et de leurs prières auprès
de Dieu et de Jésus-Christ, seul médiateur tout-puissant. Nous aurons occasion de revenir sur ce point de
doctrine dans la troisième partie de cet ouvrage (1).

On offre la Messe pour les vivants, justes ou pécheurs, et en général pour tous ceux qui font profession de la foi catholique. (L'usage de l'Eglise romaine est de ne prier *expressément* que le vendredi
saint pour les schismatiques, les hérétiques, les juifs
et les païens.) On l'offre pour les morts qui reposent
en Jésus-Christ, pour tous les fidèles du purgatoire,
et le sacrifice opère beaucoup, puisqu'ils n'y mettent

(1) Chap. III, § 2.

aucun obstacle. Mais les ornements funèbres et la liturgie pour les morts ne sont pas essentiels à leur soulagement ; les chrétiens doivent s'abstenir de demander ce rit accessoire dans les jours où l'Eglise défend de s'en servir, et même dans les jours libres ne pas exiger toujours des messes de *requiem*, dont la répétition trop fréquente pourrait épuiser la dévotion de celui qui célèbre.

Voilà ce qui regarde le dogme touchant le sacrifice de la Messe ; nous invitons à lire et à méditer souvent ces instructions préliminaires, pour se nourrir d'une foi pleine et d'une piété éclairée. Dans une matière aussi relevée et aussi importante, on ne tirerait aucun fruit d'une lecture vague et superficielle, et il faut que ce livre devienne un *Manuel*, si l'on veut y acquérir la science du plus auguste de nos mystères.

CHAPITRE IX.

DISPOSITIONS POUR OFFRIR LE SAINT SACRIFICE.

§ I. — Dispositions matérielles.

Ce que nous appelons ici *matériel* comprend les églises destinées au sacrifice et ce qu'elles renferment, les autels et tout ce qui y a rapport ; nous parlerons ailleurs, et selon l'occasion, des vases, des linges sacrés, des ornements, de l'encens et des autres objets du culte.

A proprement parler, le cénacle fut le premier temple du sacrifice de la Messe ; c'est là qu'il fut institué : et comme pour justifier dans la suite des temps la grandeur, la décoration et la richesse de nos églises, le Dieu qui naquit dans une étable, qui n'avait pas où reposer sa tête et qui mourut sur une croix, ordonna de choisir, pour la célébration de l'Eucharistie, un appartement *vaste et bien orné* (1). Le lieu élevé du Calvaire, placé hors de l'enceinte de Jérusalem, devint, quelques heures après, l'autel du monde entier ; puis on célébra encore dans le cénacle, comme dans le lieu consacré par le choix du

---

(1) Luc. XXII.

Seigneur. Pendant les siècles de persécution, la maison de quelques fidèles privilégiés, la solitude des forêts, le creux des rochers, les prisons, les catacombes et les cimetières donnèrent asile aux mystères sacrés. On construit quelques églises publiques sur la fin du règne des persécuteurs, et, à la faveur de la paix rendue à la société chrétienne, s'élèvent de toutes parts de vastes édifices en l'honneur du vrai Dieu ; la piété de chaque siècle et le progrès des arts ajoutent à leur magnificence, l'architecture gothique consacre au sanctuaire du Seigneur sa forme grandiose et sa coupe élancée, et le clocher du hameau, qui rompt avec grâce l'uniformité du paysage, annonce partout le tabernacle de Dieu avec les enfants des hommes.

Voici ce que l'antique tradition avait réglé par rapport à nos temples, selon le témoignage de l'auteur des *Constitutions apostoliques :* L'église sera de forme longue semblable à un vaisseau, de là le nom de *nef* qui est resté à la partie principale de l'enceinte sacrée ; le haut de l'église sera tourné à l'orient, et aura de chaque côté une chambre ou sacristie pour resserrer les objets du culte et servir de vestiaire aux ministres du Seigneur ; le siége de l'évêque sera au fond et au milieu, les siéges des prêtres à droite et à gauche du pontife. L'autel sera au milieu du sanctuaire, comme on le voit encore dans les églises *à la romaine :* et le sanctuaire sera fermé par une balustrade. Au milieu de la seconde partie du temple, destinée aux clercs inférieurs et aux laïques, s'élèvera un ambon ou tribune pour le lecteur et pour les chantres ; les hommes seront placés d'un côté et les femmes de l'autre, pour la convenance du baiser de paix ; après les fidèles, viendront par ordre les catéchumènes et les pénitents publics. Dans ces anciennes églises, il y avait ordinairement trois portes : la *grande porte* qui fermait tout l'édifice, la *belle porte* qui séparait les fidèles des catéchumènes et des pénitents, et la *porte sainte* qui fermait le sanctuaire et servait de balustre et de table pour la communion. Il est aisé de voir que nos églises modernes se rapprochent assez de ces anciennes dispositions, et que les changements partiels qu'elles ont subis sont commandés par les localités et par les usages de la discipline actuelle. La croix qui surmonte le portail ou le clocher indique le sacrifice que l'on renouvelle dans le temple chrétien ; les cloches, comme la voix du pasteur, appellent à l'assemblée et à la *collecte* ; l'eau bénite déposée sur le seuil du saint lieu fait souvenir de la pureté exigée pour l'oblation ; les tribunaux de pénitence offrent les moyens de la recouvrer, si elle était perdue ; la chaire évangélique et la croix placée en face instruisent les fidèles à unir le sacrifice de leur cœur à l'immolation de la grande Victime du monde ; un chœur de chant, des orgues et des instruments introduits dès le IXe siècle, célèbrent l'arrivée d'un Dieu au milieu de ses enfants. On peut remarquer encore parmi nous des siéges distingués pour le pasteur et pour les prêtres ; une balustrade au sanctuaire pour servir de table de communion ; des chapelles latérales pour la multiplicité des messes ; des reliquaires, des statues et des tableaux, qui rappellent le souvenir et la gloire de ceux qui ont déjà consommé leur sacrifice ; enfin et surtout l'autel, qui est le point central de nos églises.

L'autel (*altare*, du mot latin *altus*, élevé) s'appelle

chez les Grecs *thusiasterion*, lieu d'immolation. Dans les premiers siècles, il n'y avait point d'autels fixes, mais simplement une table mobile, *mensa Domini* (1); cette table servait et à l'oblation et au repas eucharistique. Après les persécutions, on construisit des autels solides, mais toujours en les regardant comme des tables ; de là l'expression qui a passé jusqu'à nous, *s'approcher de la table sainte*. L'autel du sacrifice, dit saint Grégoire de Nysse, est de pierres communes semblables à celles dont on bâtit les murailles; mais parce qu'il a été bénit et consacré, il est la sainte table et l'autel de Dieu. On élevait ces autels sur le tombeau des martyrs, on y déposait leurs ossements, et la forme extérieure était celle d'un sépulcre. Nous n'avons pas dressé un autel à Etienne, premier martyr, disait saint Augustin, mais à Dieu seul avec les restes de ce saint diacre. De là l'usage constant de mettre des reliques dans les pierres sacrées, et par cette religieuse coutume, non-seulement nous avons une image du ciel où saint Jean (2) vit sous l'autel les âmes des martyrs, mais la terre offre encore par là un spectacle digne des anges et des hommes, savoir : Jésus-Christ, victime universelle, offert à Dieu sur le corps de ses victimes, en présence de chrétiens qui s'animent au sacrifice de leur vie, ou du moins à l'immolation de l'*homme moral*. Quand toute la table de l'autel est consacrée, on l'appelle *autel fixe*, et quand il n'y a de consacré qu'une simple pierre au milieu, on l'appelle *autel portatif*. L'autel doit être élevé au-dessus du sol au moins par une marche, pour remplir la signification littérale et mys-

(1) I Cor. ii. — (2) Apoc. vi

térieuse de son nom : car de même que la prière est l'élévation de notre cœur vers Dieu, de même le sacrifice, qui est le signe public de la plus excellente prière, doit être offert sur un lieu élevé, qui nous avertisse de nous séparer de la terre, de nous élever vers le ciel, de nous approcher du Seigneur et de monter en esprit les degrés du trône de sa miséricorde. Au milieu de l'autel est un tabernacle, destiné à la réserve de l'Eucharistie pour la communion des fidèles et des malades, et pour l'hostie qu'on expose à l'adoration dans les offices publics ; à droite et à gauche sont des gradins ou degrés que l'on couvre de fleurs et de chandeliers avec des cierges ; deux au moins doivent brûler pendant l'oblation sainte, et on les multiplie selon la solennité des jours. La table est recouverte de trois nappes bénites ; on y place un missel ou livre de messe exhaussé sur un pupitre, et l'on y dispose trois cartons appelés *canons d'autel* : un au milieu, qui contient ce qui se récite au milieu de l'autel, dans les moments où le prêtre ne pourrait lire commodément dans le missel ; un à droite, contenant les prières de l'infusion du vin et de l'eau dans le calice, et le psaume pendant le lavement des mains ; le troisième à gauche, qui contient le dernier évangile selon saint Jean. Dans les messes solennelles et chantées, on place encore sur l'autel le livre des épîtres et des évangiles, et les instruments pour le baiser de paix.

Obligés de célébrer les saints mystères dans les lieux obscurs, au temps des persécutions, les fidèles allumaient par nécessité des flambeaux et des lampes pendant la liturgie ; de là l'usage des cierges allumés dans les églises, usage que l'on conserva après la paix rendue aux chrétiens, pour plusieurs raisons dont nous devons dire un mot. D'abord comme souvenir d'antiquité ; puis par relation au spectacle dont saint Jean fut témoin dans le ciel, quand il vit le Fils de l'homme au milieu de sept chandeliers d'or. Les anciens portaient par honneur des torches et des flambeaux devant les princes et les magistrats : l'Eglise a jugé convenable d'en porter au sacrifice devant Jésus-Christ, qui est la lumière véritable de tout homme ; devant son Evangile, qui est la lumière du monde ; devant le pontife et le prêtre qui, dans les augustes fonctions, représentent cette divine et évangélique clarté. Elle a voulu même qu'une lampe brûlât sans cesse en présence de Celui qui est continuellement présent et immolé dans nos tabernacles. Les cierges sont encore allumés en signe de joie spirituelle : c'est pour cela qu'on en augmente le nombre avec le degré des fêtes, et qu'on allume au temps pascal un flambeau tout particulier, parce que la résurrection de Jésus-Christ est la source et le fondement de la plus vive allégresse des chrétiens. Les cierges enfin sont le symbole et la marque de la foi dont les fidèles sont éclairés : Vous êtes tous, disait saint Pierre, les enfants de la lumière et du jour. Vous étiez autrefois ténèbres, disait saint Paul, mais maintenant vous êtes lumière dans le Seigneur ; marchez comme des enfants de la lumière. C'est ce que signifie le cierge que l'on donne au nouveau baptisé ; et, quand les chrétiens en portent à la main, comme à l'offrande de la Messe et au jour de la Présentation de Notre-Seigneur au temple, on veut nous faire entendre que nous devons nous consumer devant Dieu, et en union avec Jésus-Christ, comme se consume le flambeau que nous portons. Nous ne célébrons jamais la Messe sans lumière, dit en particulier le *Micrologue*, non plus pour chasser les ténèbres, puisqu'il fait grand jour, mais pour figurer et annoncer cette lumière éternelle et divine dont nous célébrons alors les sacrements et les glorieux mystères.

§ II. — Dispositions intérieures.

L'état de grâce est la disposition habituelle que le prêtre doit apporter au sacrifice, ne montant jamais à l'autel sans s'être éprouvé avant de manger ce pain et de boire ce calice, et faisant le discernement convenable du corps du Seigneur d'avec la nourriture grossière que la Providence accorde indistinctement aux pécheurs et aux justes.

De plus, celui qui veut célébrer les saints mystères doit ordinairement avoir récité au moins les Matines et les Laudes, qui sont la partie de l'Office de la nuit et du matin ; c'est la préparation éloignée, dont l'usage remonte à la plus haute antiquité ; car on voit au ive siècle que saint Athanase célébrait les vigiles dans l'église, quand il fut obligé de fuir en exil ; et la raison que l'on donne de la célébration de cet office public, est que le saint évêque devait y faire la *synaxe*, usage dont on conserve encore quelque reste dans certaines églises cathédrales, où celui qui doit célébrer la Messe solennelle, même l'évêque, est obligé d'assister et de présider à l'office de la veille et de la nuit. Mais ce n'est pas assez de cette prière publique ; il faut que le prêtre consacre quelque temps à l'oraison d'une manière plus prochaine ; qu'il considère de plus près, et la grandeur des mystères dont il va devenir le ministre, et son indignité profonde, et la responsabilité des vœux et des besoins qu'il va porter à l'autel; qu'il dirige son intention particulière dans l'offrande du saint Sacrifice, et qu'il apporte à ce trône de la miséricorde, dont il est appelé à franchir les degrés, une foi plus vive, une pureté plus scrupuleuse, un amour plus ardent que les simples fidèles.

On comprendra que nous ne nous étendions pas davantage sur ces dispositions spirituelles, parce qu'elles sont plus spéciales aux prêtres qu'au commun des chrétiens pour qui nous écrivons, et parce que chaque mot, chaque mouvement, pour ainsi dire, de la liturgie sacrée, rappelant l'obligation de pureté et de ferveur, les principes que nous n'avons fait que poser se trouveront établis dans toute la suite de l'explication des prières et des cérémonies de la Messe. Nous devons entrer au contraire dans plus de détails sur les dispositions extérieures, parce qu'il est bon que les fidèles soient familiarisés avec la connaissance de tout ce qui se prépare et s'emploie pour la célébration de la Messe, et que cette connaissance révèle de plus en plus à la foi la grandeur du sacrifice de nos autels.

§ III. — Dispositions extérieures.

Le prêtre se lave les mains à la sacristie, pour plus grande propreté, et pour se souvenir de la pureté qu'il doit avoir sur le point d'arriver au sanctuaire; c'est ce qu'exprime la prière qu'il récite alors : *Sei-*

gneur, *donnez la pureté à mes mains, afin que je puisse vous servir sans aucune souillure de l'âme et du corps.* Pendant ce temps, on prépare les *burettes*, petits vases qui contiennent séparément le vin et l'eau pour l'oblation ; on les porte au sauctuaire, à droite, hors de l'autel, et on allume les cierges qui doivent brûler pendant la Messe.

Le prêtre prépare ou fait préparer le calice : cette préparation consiste à disposer en ordre : 1º le *calice*, que l'on essuie : c'est une coupe d'argent doré, montée sur un pied, consacrée par l'évêque, et qui sert à la consécration du sang de Notre-Seigneur ; 2º le *purificatoire*, linge que l'on met sur le calice, et qui sert à essuyer et à purifier à l'autel les vases du sacrifice : c'est comme la serviette sacrée de cette table divine ; 3º la *patène*, platène ou platine, *patella, patina*, petit plat rond en argent doré, consacré comme le calice, servant à reposer le corps de Jésus-Christ : on la met d'abord sur le calice et le purificatoire ; 4º un pain appelé *hostie* ou victime, qui est la matière destinée à être changée au corps du Sauveur ; ce pain, de pure farine sans levain, de forme ronde et très-mince, se met au commencement sur la patène, et l'on recouvre cette patène et ce pain par la *palle*, ou linge bénit tendu sur un carton, dont l'usage est de couvrir le calice pendant la Messe, de peur qu'il ne tombe dans la coupe de la poussière ou quelque autre corps étranger : le mot de palle vient de *pallium*, manteau ou couverture ; les nappes qui couvrent l'autel étaient appelées pour cette raison *pallæ* ; 5º le *voile* qui couvre le tout et qui est de même étoffe et de même couleur que l'ornement ; 6º enfin la *bourse* que l'on place sur l'autel, un peu à gauche du calice, et qui renferme le linge sacré nommé *corporal*, du mot latin *corpus*, corps : c'est la quatrième nappe que l'on étend pour toucher et recevoir immédiatement le corps de Jésus-Christ et les parcelles qui pourraient se détacher de l'hostie consacrée.

En dernier lieu, le prêtre et ses ministres se revêtent des *ornements*. Si la société civile a des habits distincts pour les différentes fonctions de la magistrature, des armes, du barreau, des académies et des écoles publiques ; si la forme et la couleur de ses vêtements changent et varient selon ses jours de solennité, de réjouissance ou de deuil ; il n'est pas surprenant que la société chrétienne use d'ornements particuliers dans le plus saint des ministères ; la faiblesse de nos sens demande cet appareil, qui relève l'éclat extérieur des divines fonctions, sans rien ajouter à leur grandeur réelle. Cette distinction des habits de la Messe n'a eu lieu qu'après les temps de persécution. La dévotion seule en consacra d'abord l'usage ; depuis il a eu force de loi, et a été ordonné rigoureusement. La religion, disait déjà de son temps saint Jérôme, a un vêtement pour son ministère sacré, et un autre pour l'usage de la vie commune. Dans l'origine, ces habits étaient semblables aux vêtements ordinaires; on en a retenu la forme antique avec quelque modification. On les bénit avant de les employer au service divin, et l'on récite des prières analogues à leur signification mystérieuse chaque fois que l'on s'en revêt.

Ces ornements sont : l'*amict*, *amicire*, couvrir, linge introduit au viiie siècle pour couvrir le cou et conserver la voix : c'est un signe de retenue qui avertit le prêtre du recueillement plus profond dans lequel il doit entrer, et du silence plus rigoureux qu'il doit garder dès ce moment. 2° L'*aube, alba*, vêtement de lin long et blanc, que portaient dans l'empire romain les personnes de distinction ; l'Eglise a cru devoir le prendre pour la dignité de la maison de Dieu, et parce que sa blancheur indique l'entière pureté de ceux qui suivent l'Agneau au ciel et sur la terre. 3° La *ceinture* ou le cordon, dont on se servait pour retenir et relever l'habit long et ample des anciens ; la prière que l'on récite en se ceignant, avertit de demander au Seigneur la vertu propre des esprits célestes. 4° Le *manipule, mappula*, petite serviette ou mouchoir, *manus mappula*, serviette de main ; il est appelé aussi *sudarium*, linge à essuyer la sueur. Lorsque l'étole, dont nous allons parler, devint un ornement qui ne pouvait plus servir à essuyer le cou et le visage, on y substitua le manipule, linge long et étroit que l'on portait au bras et à la main gauche ; depuis le xiiᵉ siècle, ce linge est devenu lui-même un pur ornement d'étoffe comme l'étole, mais il conserve sa signification première, celle des travaux, des sueurs et des larmes évangéliques. 5° L'*étole* (*stola*, robe longue) s'appelait pendant les huit premiers siècles *orarium*, linge fin dont les personnes propres et riches se servaient pour le visage : il convenait à ceux qui se fatiguaient à parler en public (*orare, oratio*, discours) ; c'est pour cela encore que l'étole est portée par l'évêque, par le prêtre et par le diacre, et non par les ministres inférieurs qui n'ont pas le pouvoir d'annoncer la parole de Dieu. Dès le viᵉ siècle, elle était faite d'étoffe, en longue et étroite banderole comme aujourd'hui ; c'est un vêtement d'honneur et d'autorité spirituelle. 6° La *chasuble* (*casula*, *petite maison*), manteau tout rond, dans lequel le prêtre était comme enfermé, et qui n'avait qu'une seule ouverture pour passer la tête. Lorsqu'on avait à agir, on le relevait et le repliait sur les bras ; alors il drapait sur les côtés, descendait devant et derrière, et avait à peu près la forme de nos chasubles modernes, dont on a échancré ce qui se repliait sur les bras. Avec ce manteau, on ne pouvait prendre le manipule qu'au moment de monter à l'autel, parce qu'on ne le relevait qu'alors pour monter les degrés ; de là l'usage conservé par les évêques de ne recevoir le manipule sur le bras qu'après la confession des péchés. On était obligé de soutenir ce lourd manteau à l'encensement, à l'oblation, à l'élévation ; c'est pour cela qu'on soulève encore la chasuble à ces divers moments du sacrifice. Enfin ce manteau était l'habit long des hommes jusqu'au viiie siècle. Les Grecs ont conservé l'ancienne forme dans son ampleur, et les Latins en ont retranché tout ce qui gêne la liberté des mouvements. Il représente la charité qui doit couvrir tout le prêtre, et le joug aimable de Jésus-Christ, que le sacrificateur doit porter avec grâce et avec joie, y est désigné par la croix qui se trouve en France derrière l'ornement, en Italie sur le devant de la chasuble, et que l'on voyait autrefois en Allemagne devant et derrière, comme le témoigne l'auteur de l'*Imitation* (1).

(Le diacre, *serviteur* du prêtre à l'autel, porte l'amict, l'aube, la ceinture, le manipule, l'étole posée en travers sur l'épaule gauche, et la *dalmatique* ou

(1) Lib. IV, c. v.

habit de la Dalmatie propre aux serviteurs ; chez les Romains les principaux ministres des tables portaient une serviette d'honneur sur l'épaule gauche. Le sous-diacre, *sous-serviteur*, est habillé comme le diacre, excepté qu'il ne porte pas l'étole, et qu'il est revêtu d'une *tunique*, vêtement des simples serviteurs.)

Voilà donc le prêtre *revêtu*, comme le désire l'Eglise, *de la justice* (1), c'est-à-dire de l'ensemble des vertus convenables à son ministère : mais les dispositions intérieures des fidèles doivent se rapprocher en partie de ces vertus propres au sacrifice qu'ils offrent avec Jésus-Christ et son représentant. L'amict doit leur rappeler la décence des habits, le recueillement et le silence dans la maison de Dieu ; l'aube et la ceinture, la pureté et la modestie ; le manipule, la bonne vie et les œuvres de la foi qu'ils doivent unir à la victime sainte ; l'étole, la dignité de leur vocation qni les appelle à sacrifier sur la terre et à régner dans le ciel ; la chasuble, le joug de la foi et de la loi qu'ils doivent subir à l'autel, et remporter au milieu du monde dans tous les détails de la vie ; enfin cet appareil extérieur doit parler aux yeux, mais encore plus à l'âme, pour relever la grandeur du sacrifice, la longue suite de sa préparation et l'abondance des fruits qu'il faut y recueillir.

Il ne reste qu'un mot à dire sur les différentes couleurs des ornements sacrés. A la paix de l'Eglise, au commencement du iv⁰ siècle, la couleur des vêtements de l'autel était le blanc ; on se servit bientôt du rouge pour le deuil, mais très-peu de temps

_____

(1) Ps. cxxxi.

après on adopta le noir. A la fin du XII° siècle, on voit dans l'Eglise latine les cinq couleurs employées aujourd'hui : le *blanc*, pour les mystères joyeux et glorieux de Jésus-Christ, pour les fêtes de la Vierge et de la plupart des saints ; cette couleur désigne la joie, l'éclat et la pureté. Le *rouge*, pour le jeudi saint, la Pentecôte, la fête des Apôtres et des Martyrs ; il indique l'esprit de sacrifice, l'effusion du sang, l'ardeur de la charité. Le *vert*, pour les Pontifes, pour les dimanches ordinaires depuis la Trinité jusqu'à l'Avent ; c'est l'emblème de la fécondité des champs et de la richesse des travaux spirituels. Le *violet*, couleur sombre, symbole de pénitence, pour les temps de l'Avent, de la Septuagésime et du Carême. Le noir, pour le deuil de l'Eglise et de ses enfants, au temps de la Passion et dans les messes des morts. Toutefois cette désignation n'est pas fixée d'une manière tellement rigoureuse, que l'Eglise n'ait laissé aux évêques quelque latitude sur ce point ; ainsi, dans le diocèse de Paris, on se sert du *rouge* pour les dimanches après la Pentecôte, de la couleur *cendrée* pendant le carême, et de *noir mêlé de rouge* au temps de la Passion.

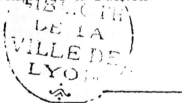

CHAPITRE X.

DE LA BÉNÉDICTION ET ASPERSION DE L'EAU, DES PROCESSIONS, ET DE L'ARRIVÉE DU PRÊTRE A L'AUTEL.

§ I.—Bénédiction et aspersion de l'eau.

Les dimanches, avant la Messe paroissiale, le célébrant, revêtu des ornements sacrés, excepté de la
chasuble qu'il ne prend qu'au moment d'aller à l'autel pour le sacrifice, bénit de l'eau pour en faire ensuite l'aspersion sur l'assemblée. Saint Basile met
cette bénédiction au nombre des traditions apostoliques, et les plus anciens Pères de l'Eglise nous parlent de cette eau *purifiée et sanctifie par le prêtre*,
dont le but, en la répandant sur les fidèles, est de les
purifier et de les préparer à la sainte oblation. On
prend de l'eau et du sel : de l'eau qui a la vertu de
laver, du sel qui a la propriété de préserver de la corruption, et en prenant ces symboles communs de
pureté et de salubrité, l'Eglise les *exorcise*, c'est-à-
dire qu'elle leur commande de la part de Dieu, et
par les mérites de la croix de Jésus-Christ, de ne pas
nuire aux hommes par l'abus que le démon pourrait
en faire, et de devenir au contraire utiles à leur salut.
Elle les *bénit*, c'est-à-dire, qu'elle les sépare de tout
usage ordinaire et profane, pour n'être plus em-
ployés dans le service divin qu'à attirer les grâces du

Ciel; voilà ce que signifient ces mots, *exorcisme, bénédiction*.

Elle mêle le sel avec l'eau pour y joindre le double effet de purifier et de préserver de corruption, et bénit encore le tout, en nous apprenant les avantages de cette eau reçue, prise et conservée avec foi. On asperge l'autel et le sanctuaire, pour éloigner tout ce qui pourrait troubler le recueillement des ministres ; le peuple assemblé, pour le disposer au sacrifice et pour exciter dans tous les cœurs les sentiments de pénitence exprimés par le Ps. *Miserere* que l'on récite pendant l'aspersion. On porte de cette eau dans les maisons des fidèles ; dans la semaine, quand on en prend à l'entrée du temple avant la Messe, on doit s'animer aux dispositions que l'Eglise vient de nous indiquer ; et c'est une sainte coutume d'en conserver chez soi pour s'en servir dans les dangers et les tentations, en se couchant et à son réveil : mais soit qu'on prenne cette eau sainte à l'église ou dans sa demeure, il faut toujours le faire avec foi, respect confiance et douleur du péché.

§ II. — Procession avant la Messe.

Le mot de *procession* vient du latin *procedere,* qui signifie marcher, s'avancer ; c'est une marche que le clergé et le peuple font en prière, pour quelque objet religieux, ayant à leur tête la croix de Jésus-Christ, qui est la *voie* et le guide des fidèles. Les dimanches, les fêtes solennelles de l'année, et dans quelques jours de supplications plus spéciales, on fait une procession avant la grand'messe. Cet usage se trouve déjà établi au vi° siècle : on allait célébrer

des messes de station aux tombeaux des saints martyrs, ou en pèlerinage à quelques lieux de dévotion;
on allait encore bénir les cimetières et les lieux voisins
de l'église. C'est pour cela que l'on porte toujours
le bénitier à ces processions, et que le jour des morts
le célébrant asperge pendant tout le temps les sépul-
tures des défunts : de sorte que l'on faisait en marche
réglée et religieuse l'aspersion de l'eau en dedans et
au dehors de l'église. Le but des processions avant la
Messe est de bénir les chemins et les demeures par
l'eau sanctifiée, et surtout par la présence de Jésus-
Christ même, comme aux processions solennelles de
la Fête-Dieu. A cette Fête, et dans quelques circonstances, on porte le corps du Sauveur exposé dans
un vase bénit où il peut être vu, et ce vase s'appelle
ostensoir (*ostendere*, montrer); *soleil*, à cause de sa
forme, ou simplement le *saint-sacrement*, quand
l'hostie consacrée y est déposée. Le but des autres
processions est d'honorer quelque mystère, comme
l'entrée de Notre-Seigneur au temple, son triomphe
à Jérusalem le jour des Rameaux, son ascension
dans les cieux ; de faire quelque station, ou en l'honneur des saints, ou comme pénitence publique, ou
pour attirer la bénédiction de Dieu sur les biens de
la terre, comme aux jours de saint Marc et des Ro-
gations; enfin, de nous montrer que nous n'avons pas
ici-bas de demeure permanente, que nous sommes à
la recherche de notre demeure future, que le chrétien est voyageur et exilé sur la terre, que le ciel est
la véritable patrie où il tend sous la conduite de Jésus-Christ, à l'ombre de la protection de la sainte
Vierge et des saints patrons dont on porte les éten-
dards, guidé par la lumière de la foi, par l'exercice

de la prière et de la pénitence, pour arriver ainsi à l'autel visible, et de là à l'autel du ciel où est le vrai repos et le bonheur éternel : c'est dans ces pieux sentiments que les fidèles doivent suivre et considérer les processions.

Le clergé y est ordinairement revêtu de *chapes ;* la chape, *cappa*, était un manteau long, garni d'un capuchon dont on se servait dans les temps de pluie; aussi était-elle appelée autrefois *pluviale :* c'était pour obvier aux inconvénients du mauvais temps dans ces marches extérieures. Aujourd'hui la chape n'est plus qu'un ornement d'étoffe de couleur convenable à la fête; la forme du capuchon n'est plus qu'indiquée par derrière, et l'on s'en sert comme d'une espèce de chasuble aux processions et aux bénédictions solennelles. Le *prêtre assistant*, qui se tient auprès du célébrant à la Messe, en est revêtu, et l'on en porte à l'encensement des Matines, de l'office de Tierce le jour de la Pentecôte, du cantique évangélique des Laudes et des Vêpres. On chante pendant les processions des hymnes, des psaumes, des antiennes, des litanies, et le plus souvent des répons; tout se termine par une oraison générale que récite celui qui préside.

§ III. — Arrivée du prêtre à l'autel.

Tout ce qui doit précéder l'oblation du saint Sacrifice à certains jours étant terminé, le prêtre achève de se revêtir des ornements en prenant la chasuble; en ce moment donc il est comme investi de toutes les vertus propres à la plus sainte des fonctions, comme lié et attaché au plus redoutable ministère : il est revêtu des armes de la lumière, et de la lumière elle-même qui lui sert de manteau (1). Il salue avec respect la croix placée dans la sacristie, prenant comme un ambassadeur les dernières instructions et le congé du puissant Maître qui l'envoie ; le signe de la croix qu'il porte sur les épaules lui rappelle Jésus-Christ montant au Calvaire chargé de ce bois ; et s'avançant, il le suit en esprit comme le sacrificateur principal dont il n'est que le faible organe et l'indigne représentant. Le prêtre va de la sacristie à l'autel, et dans cette marche il représente le Sauveur entrant dans ce monde, manifestant la volonté de s'offrir, et commençant son sacrifice dès l'incarnation. Aussi remarquons que, pour rendre plus vivement ce personnage divin et ce rôle sublime, le ministre de Dieu, dans les messes solennelles, est précédé des *acolytes* ou suivants, qui portent des cierges allumés, symboles de la lumière qui éclaire tout homme venant en ce monde, et qui brilla pour ceux qui étaient assis dans les ténèbres et l'ombre de la mort ; de l'étendard de la croix, dont le sacrifice a occupé toute la vie d'un Dieu fait homme ; de l'encens, qui indique le parfum de la doctrine et des vertus qu'il est venu apprendre au monde ; des ministres inférieurs, qui représentent la longue suite des prophètes ; du sous-diacre et du diacre, qui sont comme les apôtres de la loi nouvelle et de l'Evangile. Il ne vient qu'à la suite de ce cortége imposant, portant dans ses mains la croix dont il va renouveler l'oblation et continuer le sacrifice. Il marche d'un pas grave et modeste, comme il sied au représentant

(1) Ps. CII.

d'un Dieu et au dispensateur des mystères sacrés, et s'il est suivi d'un prêtre en chape que l'on nomme assistant, ce n'est que pour le remplacer au sacrifice si par hasard il ne pouvait l'achever, et dans tous les cas pour l'aider et le servir de plus près pendant la longue liturgie des messes solennelles. Dans les messes les plus simples, l'Eglise ne veut pas que son ministre marche seul à cause de sa dignité, ni qu'il célèbre seul, parce que les fidèles qui s'unissent au sacrifice de toute l'Eglise doivent avoir un représentant.

Cette immense suite de préparations qui précède le sacrifice est sans doute principalement instituée pour relever la grandeur et la majesté de l'oblation divine, et plus particulièrement établie pour rappeler au prêtre sa dignité et l'honneur insigne que Dieu lui confère ; mais les fidèles attentifs sauront y trouver leur part de dispositions intérieures et d'utiles méditations. Le ministre de Dieu n'a pas encore parlé, il ne fait que paraître, et déjà la lumière réveille la foi du peuple, le parfum de l'encens son esprit de prière et de piété, la croix ses sentiments de sacrifice et d'immolation. Le silence et le recueillement du prêtre commandent le respect ; on se prosterne enfin d'un mouvement unanime, et l'action la plus auguste et la plus étonnante va commencer.

DES

DISPOSITIONS POUR ASSISTER A LA MESSE

ET DE LA MANIÈRE DE L'ENTENDRE.

Tout chrétien, comme membre de Jésus-Christ, participe au sacerdoce dont le chef possède la plénitude : il offre un Dieu par les mains du prêtre, son député ; il y joint l'offrande spirituelle de ses bonnes œuvres et de ses vertus, et se trouve ainsi incorporé à la nation sainte et au sacerdoce royal. Le chrétien est à la fois prêtre et victime avec Jésus-Christ ; il doit s'offrir tout entier, et, à ce double titre, apporter à l'autel les dispositions qui conviennent à sa fonction de sacrificateur et à l'immolation de son être qu'il vient présenter à Dieu comme une hostie vivante, sainte et agréable.

Préparons donc notre âme avant cette divine prière du sacrifice : d'abord par la bonne vie ; c'est le vrai moyen que le changement du cœur et la destruction du péché, qui doivent être l'effet de la Messe entendue, se trouvent déjà préparés et commencés par nos dispositions habituelles. — Excitons un ardent désir d'aller dans la maison dn Seigneur, de contracter l'heureuse habitude d'entendre la Messe tous les jours, de regarder cet exercice comme une juste reconnaissance de la liberté que Dieu nous laisse, suivant en cela l'exemple de la mère d'Augustin, dont il est dit qu'*elle ne manqua aucun jour d'assister à l'autel.* — Gémissons auparavant de nos mi-

sères, et, confus de notre indignité, entrons dans
le temple comme le publicain, qui n'osait lever les
yeux au ciel et qui se frappait la poitrine; ce recueillement produira la componction, le respect et la modestie. — L'eau bénite que nous prendrons au seuil de
l'église, ou que nous recevrons avant que le sacrifice
commence, nous rappellera la pureté de conscience
que nous devrions y apporter, ou du moins que nous
venons chercher et obtenir par notre douleur unie à
l'effusion du sang de Jésus-Christ. — La disposition
surtout de nous offrir avec le Dieu victime est essentielle à la préparation : c'est par là que nous entrons
dans l'esprit et dans la vérité du sacrifice ; mais en
même temps méritons d'être offerts sur l'autel, en
demandant à Dieu que, dans l'holocauste, le feu sacré purifie ce qu'il y a en nous d'affections coupables
et terrestres. — Et si nos dispositions à cet égard
sont encore incertaines et pleines de fragilité, ne lais-
sons pas d'aller avec douleur et confiance au trône de
la grâce ; car c'est Dieu lui-même qui va adorer, remercier, solliciter pardon et secours ; il n'exige, pour
tout accorder, que la coopération d'une volonté
bonne et généreuse.

Il suffit sans doute pour entendre la Messe de s'u-
nir généralement à l'intention de l'Église et aux prières du prêtre, puisque aux grand'messes le *Kyrie*,
l'offertoire, le *Sanctus*, l'*Agnus Dei* occupent les fidèles pendant la plus grande partie de l'action sainte,
et qu'il est bon de chanter avec le chœur ces invocations communes et générales ; mais il est avantageux
de pouvoir s'unir d'une manière spéciale à tout ce
qui se fait et se dit, surtout aux paroles et aux actions du servant de messe, qui est le représentant

des fidèles; en un mot, de suivre d'esprit et de cœur tous les rites et toutes les paroles de l'oblation : et c'est pour aider les chrétiens dans cette union si intime avec le prêtre que cet ouvrage a été composé.

Il est des cérémonies que les assistants doivent pratiquer, le signe de la croix, par exemple, toutes les fois que le prêtre le fait sur lui-même ou sur le peuple, et de l'exprimer sur le front, sur la bouche et sur le cœur au premier et au dernier évangile. On doit encore se frapper la poitrine, se lever, s'incliner, se prosterner, ainsi que nous l'indiquerons dans les explications des rubriques de la messe. — Quant à la posture que l'on doit tenir, la voici : à la messe basse, il convient d'être à genoux, excepté pendant les évangiles et le *Credo ;* si la faiblesse de la santé ne le permet pas, on peut se lever et s'asseoir, principalement depuis l'introït jusqu'à l'évangile, depuis le *Credo* jusqu'à la préface, depuis la communion jusqu'à la bénédiction du prêtre. — Pendant les grand'messes, il faut suivre les usages reçus et approuvés dans les diverses églises ; mais il convient de s'agenouiller jusqu'à ce que le prêtre soit monté à l'autel, de se lever à l'invocation du *Gloria in excelsis,* à la prière qui termine les proses, à l'évangile, à ces paroles du Symbole : *Et homo factus est*, à la bénédiction du pain offert au nom de tous les paroissiens, et à la dernière réponse de la préface ; enfin de se mettre à genoux depuis le *Sanctus* jusqu'au *Pater* et pendant la communion, de se lever à l'*Ite, missa est,* et de s'incliner à la bénédiction. Il est même à désirer que ces mouvements extérieurs qui expriment et doivent exprimer les sentiments de l'âme, se fassent

7

avec ensemble et harmonie, pour qu'il en résulte et l'ordre dans la maison de Dieu, et l'édification générale et particulière (1).

(1) Nous avons suivi pour les rubriques de la messe le *Missel de Paris;* les différences peu considérables qui se rencontrent au romain et dans les rites de quelques diocèses, seront facilement aperçues, et les explications que nous donnerons dans la troisième partie, aideront les fidèles à se rendre compte de ces variantes.

EXPLICATION

DES PRIÈRES ET DES CÉRÉMONIES DU SAINT SACRIFICE DE LA MESSE.

—

CHAPITRE PREMIER.

DE LA PRÉPARATION PUBLIQUE AU SACRIFICE, ET DE L'ENTRÉE A L'AUTEL.

CETTE préparation comprend le signe de la croix, le psaume *Judica*, la confession mutuelle des péchés, des prières pour en obtenir la rémission et pour demander la grâce de monter à l'autel avec pureté. — L'entrée à l'autel comprend l'encensement aux messes solennelles, l'Introït, le *Kyrie*, et le *Gloria in excelsis* quand on doit le réciter.

ARTICLE PREMIER.

Préparation publique au Sacrifice.

Lorsque tout est préparé à l'autel, la croix qui doit être élevée au milieu, les lumières qui doivent briller pendant l'oblation, les linges sacrés qui couvrent la table du sacrifice, le Missel qui contient les prières ordinaires et propres à chaque messe, et quelques *cartons* ou *tableaux d'autel* placés à des endroits fixes et destinés à aider la mémoire du sacrificateur pendant l'action; le prêtre arrive au sanctuaire, précédé d'un ou de deux servants, si la messe est dite sans appareil ; accompagné de tous les ministres, si elle se célèbre avec solennité. Cette arrivée du prêtre à l'autel représente, ainsi que nous l'avons vu, l'entrée de Jésus-Christ au monde par l'incarnation. Ce prêtre, qui n'est qu'un homme et un pécheur, représente à merveille les anéantissements du Verbe fait chair qui s'est chargé de nos iniquités ; à la messe basse, l'humiliation et l'anéantissement du Sauveur paraissent encore mieux dans la marche simple et modeste de son ministre.

Il ne faut pas oublier, pour entendre les cérémonies dans leurs moindres détails, que le prêtre remplit à l'autel plusieurs personnages : celui de représentant de Dieu et de dispensateur de ses mystères ; celui de ministre de l'Église et de député du peuple chrétien ; enfin, celui d'homme et de pécheur, qui le confond, sous ce rapport, avec les assistants, et qui exige davantage de sa faiblesse parce qu'elle s'approche plus près de la force divine ; et il faut s'appliquer à distinguer dans les rites ce qui convient à ces divers personnages. Ainsi le prêtre comme ministre de Dieu ne peut pas quitter le sanctuaire, c'est la place du sacrificateur ; mais comme homme, il s'arrête au plus bas des degrés de l'autel ; comme député des fidèles auprès du Seigneur, il occupe le milieu ; comme pécheur, cendre et poussière, il s'incline profondément, ou même se prosterne devant une si haute majesté. Comme prêtre, il se relève et se tient debout ; mais, à l'exemple du publicain, *a longe stans* (1), il se tient éloigné de l'autel le plus

_____

(1) Luc, xviii.

possible et autant que son ministère le lui permet.

Or, dans cette attitude où se nuancent et se con-
fondent la dignité et la misère, la responsabilité envers Dieu et la médiation vis-à-vis des hommes,
l'humanité et le sacerdoce, la sainteté du ministère
et la faiblesse de la nature, le prêtre baise avec respect le livre de l'Évangile qui lui est présenté par le
sous-diacre. Au moment où l'homme-prêtre se relève en présence de son Dieu, où ses pas mal affer-
mis doivent chanceler de frayeur et de respect, le
livre sacré vient ranimer son courage et sa confiance
pour commencer le sacrifice : car c'est le livre qui
renferme ses droits à l'oblation, ses titres au sacerdoce, la source de ses pouvoirs, la grandeur de sa
mission ; c'est le livre où éclate la bonté de Celui qui
est venu appeler les pécheurs, sa patience à suppor-
ter les défauts de ses apôtres, sa miséricorde qui a
confié la charge pastorale à l'amour repentant. Dans
la marche triomphale des empereurs romains, il fallait qu'un héraut les suivît pour leur rappeler qu'ils
étaient des hommes ; dans la marche du prêtre vers
l'autel, quelle que soit la pompe de ses vêtements et
de son cortége, il faut qu'un des ministres rappelle à
cet homme anéanti devant Dieu qu'il est prêtre du
Très-Haut et médiateur d'une alliance divine : c'est
ce que fait le sous-diacre en présentant le livre de
l'Évangile à celui qui va célébrer ; ce sont ces sentiments de courage modeste et de noble confiance que
puise le prêtre en imprimant ses lèvres et en attachant son cœur au texte sacré. A la messe basse, un
simple regard sur la croix qui est placée devant lui,
peut donner au sacrificateur la même force et lui
inspirer les mêmes souvenirs.

La prostration profonde du prêtre avant de commencer la messe représente non-seulement l'union du Verbe avec la nature humaine, mais encore tous les degrés d'abaissement du Verbe fait chair dans cette union : la pauvreté de la naissance du Sauveur, l'obscurité de sa vie, les humiliations de son ministère public, et surtout le début de la scène de la Passion au jardin des Olives, où Jésus se rendit accompagné de ses disciples, où, après s'être éloigné, il pria le visage contre terre et accepta le calice de ses souffrances. En un mot, c'est dans cette posture, dans ces sentiments, et avec tous ces grands souvenirs, que le prêtre commence la préparation publique au bas de l'autel.

Son âme s'est déjà préparée de loin au sacrifice par la sainteté de sa vie et par le recueillement habituel, par la ferveur de la prière et de la méditation, par le souvenir des vertus que Dieu exige de son représentant et que lui rappellent les ornements sacrés dont il s'est revêtu ; mais il faut encore une préparation *publique*, et pour la dignité de l'action qui va se passer à l'autel, et pour les fidèles qui ne doivent pas y prendre part sans s'y être préparés. Aussi, ces prières préparatoires regardent-elles également les assistants ; et, sans discuter ici à quel moment précis on doit arriver à la messe pour l'entendre, il est certain que l'esprit de l'Eglise presse les chrétiens de s'y trouver dès le commencement, de préparer leurs âmes avant la prière par excellence, et de participer au dialogue sublime qu'elle établit au pied de l'autel entre le prêtre et les fidèles.

Toutefois cette préparation publique ne date que du neuvième siècle, et encore ne se faisait-elle pas

toujours à l'autel ; le plus souvent c'était à la sacristie, ou dans un lieu voisin du sanctuaire, qu'on la
récitait. Pendant ce temps le chœur chantait le
psaume de l'introït ou de l'entrée, et le peuple s'y
unissait ensuite par l'invocation multipliée du *Kyrie
eleison*. Depuis le treizième siècle, où, à quelques
rares exceptions près, elle a été faite en public et en
commun, le peuple aux messes solennelles s'y unit
encore de la même manière générale, et celui qui
célèbre semble réitérer cette préparation par la récitation du psaume de l'entrée, comme nous l'expliquerons bientôt.

§ I. — Du signe de la croix, et de l'antienne *Introibo*.

Le prêtre s'est donc relevé, et, étant debout au
milieu de l'autel, il fait sur lui le signe de la croix
que les assistants doivent exprimer également.

L'usage du signe de la croix remonte aux temps
apostoliques ; Tertullien en parle comme du signe
et du symbole habituel des chrétiens, qui le pratiquaient au commencement et à la fin des principales actions, qui exprimaient par là l'abrégé sensible de leur foi aux mystères d'un Dieu en trois
personnes, d'un Dieu fait homme, et d'un Dieu
mort sur la croix. On le faisait sur le front pour
apprendre à ne pas rougir de l'Évangile, sur la
bouche pour s'encourager à le professer, sur le
cœur pour témoigner de son attachement inviolable
aux préceptes de Jésus-Christ. L'on renfermait ces
divers signes dans le signe plus étendu que l'on faisait depuis le front jusqu'au cœur, tel que le prêtre
le fait ici et dans plusieurs endroits de la messe. Du

reste, l'expression du signe de la croix est consignée littéralement dans l'Évangile : *Au nom du Père, et du Fils, et du Saint-Esprit* (1).

Il était donc bien juste que l'Eglise plaçât ce signe au commencement d'une action aussi grande que le sacrifice, et qu'elle en fît comme la dédicace et le prologue d'une scène qui renouvelle l'oblation de la mort d'un Dieu. L'on peut dire que Jésus-Christ a commencé ainsi le sacrifice sanglant de la croix, puisqu'en son nom et par sa puissance, il s'est offert au nom et à la gloire de son Père, par le nom et l'opération de l'Esprit-Saint. De même à la messe, qui est la continuation de la scène du Calvaire, le prêtre dédie l'oblation à Dieu *le Père* qui a envoyé son Fils, à Dieu *le Fils* qui s'est livré à la mort pour nous, à Dieu *le Saint-Esprit* dont l'amour éternel a été le feu qui a consumé la victime, et dont le souffle divin pousse les flots du sang du Sauveur jusque dans nos âmes.

Ce n'est pas en notre nom que nous faisons le sacrifice, car ce serait au nom de la faiblesse et du péché : c'est par la puissance du Père, du Fils et du Saint-Esprit ; c'est par le droit que la croix et le baptême nous ont donné d'être les enfants du Père, les frères du Fils, les temples du Saint-Esprit, que nous offrons cette oblation sainte et que nous y assistons. En un mot, cette invocation de l'adorable Trinité est la dédicace de l'œuvre magnifique qui va se conclure entre Dieu et les hommes ; c'est le début le plus noble et le plus consolant : car il doit exciter dans nos cœurs une foi vive,

----

(1) Matth. xxviii.

une adoration profonde ; il doit relever toute l'espérance des enfants de Dieu. Nous agissons ici *au
nom du Père* qui nous donne le plus beau droit, *au
nom du Fils* qui nous donne la plus grande preuve
de son amour, *au nom du Saint-Esprit* qui nous
applique le prix des grâces les plus précieuses ; nous
agissons au nom du Père *à qui* nous offrons, au nom
du Fils *que* nous offrons, au nom du Saint-Esprit
par qui nous offrons.

Ainsi soit-il, *Amen*. Ce mot hébreu a une double
application dans la liturgie : à la fin des prières,
il signifie : *Que cela soit ainsi* que nous l'avons demandé, c'est une union de désir et d'attente ; à la
fin des professions de foi étendues ou abrégées, comme
à la fin du *Credo* et après le signe de la croix, il
signifie : *Cela est ainsi* que nous l'avons exprimé ; c'est
une union de foi et une ratification de croyance.
L'Eglise, dans sa liturgie latine, a conservé ce mot,
ainsi que quelques autres tirés de la langue hébraï-
que et de la langue grecque, pour ne pas en affaiblir la force originale, et par respect pour la sainte
antiquité des langues grecque et syriaque, consacrées
du temps des apôtres à la célébration des saints
mystères.

Le prêtre joint les mains, les tient liées, pour ainsi
dire, comme il sied à un accusé qui paraît devant
son juge. Ce geste naturel et éloquent convient à
celui qui va discuter sa cause, non pour établir son
innocence, mais pour mériter l'indulgence par son
repentir. Dans cette posture, le prêtre récite d'une
voix intelligible l'antienne : *J'entrerai jusqu'à l'autel
de Dieu*.

Antienne, *antiphona*, est un mot grec qui signifie

récitation réciproque, chant alternatif. Le but de l'antienne est : 1° d'annoncer un chant ou une récitation à deux chœurs ; c'est pour cela que les psaumes de l'Office sont toujours précédés au moins des premiers mots de l'antienne qui les suit ; 2° elle a pour objet de faire l'application du psaume à un sujet déterminé ; ainsi, au premier coup d'œil, il semble extraordinaire que l'Eglise ait désigné pour un des psaumes de la fête de Noël le *De profundis*, qu'elle consacre d'ailleurs à la tristesse de l'Office des Morts ; mais l'antienne qu'elle en a tirée : *Le Seigneur est plein de miséricorde, et sa rédemption est abondante,* en fixe à merveille le sens et l'application à la joie de la naissance d'un Dieu.

L'antienne donc que le prêtre impose ici annonce la récitation alternative et l'application que fait l'Eglise du psaume 42ᵉ au sacrifice de la messe et à sa préparation. Nous aurons occasion de confirmer cette remarque aux psaumes de l'Introït, du Graduel, de l'Offertoire et de la Communion. Voici cette antienne tirée du psaume *Judica : J'entrerai jusqu'à l'autel de Dieu.* O homme, voilà bien ton âme tout entière ! En toi, le désir pétille et éclate d'abord ; viennent après les craintes de ne pas réussir, et l'espérance de trouver les moyens d'arriver. J'entrerai, dis-tu ; je pénétrerai jusqu'à l'autel, jusque dans le véritable Saint des saints, jusqu'à l'autel de Dieu même à qui je vais sacrifier ; je porterai le sang de Jésus-Christ jusque dans le ciel ; je rapporterai du ciel toutes les grâces qu'on peut obtenir avec ce prix infini : *Introibo ad altare Dei !* O homme, ô prêtre, quelle grande idée de ce que tu vas faire ! Comme cet élan de cœur doit presser dans ton âme

la foi et le désir, la crainte et la confiance ! Comme
ce début doit accabler les yeux de ton intelligence de toute la majesté de Dieu et de son sacrifice !

A la messe solennelle, tous les ministres qui accompagnent le prêtre se tiennent debout à ses côtés
(parce qu'ils participent plus ou moins aux fonctions
du sacerdoce), et achèvent l'antienne qu'il a commencée. A la messe basse, le peuple n'est représenté
que par un ou deux répondants ; très-souvent ces
servants de messe sont des laïques, plus souvent
encore de pauvres enfants ; dans ce dernier cas,
ils se tiennent à genoux, au plus bas du sanctuaire, mais les uns et les autres agissent, servent,
répondent au nom de l'Eglise et des assistants. Cette
représentation est établie pour éviter la confusion
et la multiplicité des voix ; et elle est tellement
exigée, que l'Eglise, dans les messe très-privées,
défend de célébrer, sans au moins une personne
qui réponde et qui représente l'assemblée des fidèles.

Mais comment, dira-t-on, s'élever assez haut par
les pensées de la foi, pour voir dans des laïques,
souvent peu recueillis, qui semblent avoir acquis
le droit de familiarité avec les choses saintes, les
représentants de l'Eglise de Dieu et les ministres
inférieurs d'une si auguste oblation ? Comment se
croire représenté à l'autel par des enfants dissipés,
dont la malpropreté révolte, au point que Dieu est le
plus souvent servi comme le moindre des hommes
ne voudrait pas l'être ? Ah ! sans doute, l'Eglise
ne voudrait voir approcher de l'autel, même de
loin, que ses clercs revêtus des insignes sacrés :
elle veut que les pasteurs fassent de ce point du

culte l'objet d'une vigilance attentive et d'une réforme salutaire ; elle veut qu'ils exigent des laïques qu'ils sont forcés d'employer, des enfants pauvres que la nécessité des temps force à rétribuer pour ce haut ministère, le respect, la décence et le recueillement en présence du Dieu trois fois saint. Mais enfin, si le pasteur ne peut pas toujours faire ce qu'il veut ; si, dans les campagnes surtout, il est réduit à faire servir à l'autel des enfants grossiers et à demi vêtus, dont il peut à peine vaincre la dissipation et l'ignorance : loin de nous scandaliser, gémissons avec l'Eglise et ses pasteurs ; élevons nos pensées plus haut, et fortifions notre foi par cela même qui semble l'ébranler. Si Jésus-Christ veut bien être représenté dans son sacrifice par un homme, quel qu'il soit, ce qui est toujours avoir pour représentant l'extrême misère ; nous qui sommes cette misère extrême, comprenons que, sous un rapport, nous sommes parfaitement représentés par cet enfant pauvre et dissipé. Il représente alors notre dissipation souvent plus criminelle, notre nudité spirituelle mille fois plus honteuse que des haillons ; et, rentrant en nous-mêmes, nous apporterons au pied du sanctuaire un cœur plus humilié et plus contrit.

Les ministres donc, ou les répondants de la messe, agissant au nom des fidèles qu'ils représentent, achèvent l'antienne imposée par le prêtre : *J'entrerai jusqu'à Dieu qui remplit ma jeunesse de joie.* C'est une gradation heureuse qui enchérit admirablement sur l'exposé du sujet, et qui se développe dans toute son étendue. Non-seulement, prêtre du Seigneur, vous entrerez par votre ministère jusqu'à cet autel où Dieu s'immole et renouvelle l'oblation de son corps et de son sang ; jusqu'à cet autel qui est le pont que Jésus-Christ, pontife plus élevé que les cieux, a jeté sur l'abîme immense que le péché avait creusé entre le Créateur et la créature ; mais unis et participant au même sacrifice que vous, nous passerons tous ensemble ce pont de la miséricorde de Dieu, et nous irons de son autel jusqu'à lui, jusqu'à ce Dieu qui s'est fait propitiation pour nous. Par le baptême et par la pénitence nous nous sommes dépouillés du vieil homme, notre jeunesse spirituelle a été renouvelée comme celle de l'aigle, nous avons repris toute vigueur ; mais maintenant que nous avons recouvré nos force, ce Dieu, dans le sein duquel nous pouvons pénétrer, va combler de joie nos âmes rajeunies et retrempés dans les eaux du baptême et de la pénitence : *Ad Deum qui lætificat juventutem meam.*

Ainsi, cette courte antienne rappelle au prêtre et aux assistants, tout à la fois la grandeur du sacrifice, ses fruits admirables, ses effets consolants ; c'est l'autel où Dieu s'immole, c'est le point de départ pour arriver sûrement jusqu'à Dieu, c'est la source de la joie véritable sur la terre et dans le ciel. Ne soyons donc point surpris que l'Eglise fasse répéter trois fois cette exposition d'une scène si féconde en merveilles : 1° avant le psaume ; 2° dans le cours des versets : 3° après le *Gloria Patri.* C'est une triple acclamation de bonheur et d'espérance qui doit fixer, au pied de l'autel, notre foi et notre recueillement.

§ II. — Du psaume 42ᵉ, *Judica me, Deus*.

Ce psaume a été introduit dans la préparation publique au neuvième siècle ; mais déjà au septième,
on récitait le verset *Introibo* quelques moments avant
la préface. On omet ce psaume aux messes pour
les morts et au temps de la Passion, à cause de
ces paroles : *Mon âme, pourquoi êtes-vous triste?*
Car ce n'est plus une question à faire, quand,
revêtue des ornements de deuil, l'Église mêle ses
prières aux larmes de ses enfants, ou quand elle
célèbre le douloureux souvenir de la passion de son
époux. Cependant, comme il y a quelque joie à
monter à l'autel, et que dans le deuil et la peine
c'est là que se trouve la consolation véritable, l'E-
glise n'omet jamais le verset *Introibo* où cette consolation se trouve consignée. Le samedi saint, elle
reprend tout le psaume, parce qu'elle anticipe sur
la joie de la résurrection ; mais elle supprime encore
l'hymne de louange *Gloria Patri*, parce qu'elle ne
célèbre alors que la préparation au triomphe de Jésus-
Christ. Saint Ambroise témoigne que les fidèles nouvellement baptisés se rendaient des fonts sacrés à
l'autel du sacrifice et de la communion en chantant
ces belles paroles : *J'entrerai jusqu'à l'autel de Dieu,
jusqu'à Dieu qui remplit de joie ma jeunesse :* c'est
l'origine de l'application du psaume 42ᵉ au commencement de la messe. On le récite alternativement aujourd'hui, sans distinction de versets, parce
que tout y convient au prêtre et au peuple, la seule
distinction à établir est celle des sentiments qui y sont
exprimés.

Voici donc, après l'exposé du sujet, un dialogue qui

s'établit, et qui se poursuivra pendant toute la messe, entre le prêtre et les fidèles. Ici, le sacrificateur et le peuple vont s'animer mutuellement à entrer dans la profondeur du mystère et dans les dispositions qu'il exige.

L'antienne a été un cri de désir, premier élan naturel au cœur de l'homme qui soupire de suite après le bonheur qu'il entrevoit ; mais il est juste que sa faiblesse retombe aussitôt dans la crainte de ne pas posséder ce qu'il désire, que ce désir, joint à la défiance de lui-même, lui fasse rechercher hors de lui les moyens d'obtenir, et que ces moyens connus et enbrassés avec ardeur lui inspirent une modeste confiance ; telle est l'analyse du psaume *Judica*. Entrons maintenant dans le détail.

Ce psaume peut se diviser en trois parties, qui expriment divers sentiments.

1° Sentiments de crainte. *Jugez-moi, mon Dieu*, car je vais manger et boire la vie ou la mort, le jugement de miséricorde ou de condamnation. Jugez-moi, je suis devant vous comme un criminel qui attend sa sentence, je viens faire le discernement de votre corps et de votre sang Jugez-moi, mon Dieu, vous qui connaissez toutes choses et jusqu'aux plus secrets replis de nos cœurs. Hélas ! je devrais plutôt dire : Seigneur, n'entrez pas en jugement avec moi, ne discutez pas ma cause dans votre colère ; ayez plutôt pitié de moi, parce que je suis faible ; guérissez-moi, parce que mes os sont tout agités, et mon âme toute troublée de votre parole qui retentit en ce moment comme le tonnerre. Toutefois cette frayeur salutaire est tempérée à l'autel par un peu de confiance ; ce n'est pas aux hommes superficiels et méchants que nous nous en rapportons ; c'est le Seigneur seul qui nous juge ; c'est lui qui porte ici dans nos âmes le flambeau de sa justice et de sa vérité ; et quoiqu'il y ait tout à redouter pour notre faiblesse, elle doit espérer un peu, et se consoler de n'être justiciable que du Seigneur dont les jugements sont vrais et pleins d'équité.

Faites le discernement de ma cause, vous, ô mon Dieu, qui examinez le cœur de l'homme et non la superficie de ses actions ; discernez l'ensemble et l'étendue de ma cause *d'avec la nation qui n'est pas sainte.* Voyez, Seigneur, je vous appartiens par la foi et par le baptême, je suis membre de votre nation sainte, honoré de votre sacerdoce royal, je suis votre enfant, le frère de Jésus-Christ, le temple de l'Esprit sanctificateur ; discernez-moi favorablement. Mais il ne suffit pas que ma cause soit séparée de celle de l'infidèle et de l'incrédule, *délivrez-moi* encore *de l'homme injuste et trompeur ;* délivrez-moi de l'iniquité et de toute illusion dans la justice ; que cet état de grâce après lequel je soupire en votre présence ne soit pas trompeur dans ses résultats, ou trompé dans son attente. Pour cela, ôtez de mon cœur la vaine complaisance, la sécurité pharisaïque dans ma propre justification, le mépris du prochain et toute comparaison injurieuse avec sa conduite ; que je quitte plutôt votre autel que d'y apporter un cœur fumant de haine et de vengeance, un cœur qui ne voudrait pas réparer l'offense ou se réconcilier ; et si je puis dire avec l'Apôtre que ma conscience ne me reproche rien, parce que vous m'avez pardonné, que j'ajoute en même temps avec lui, qu'en cela même je ne suis pas sans crainte, et ne me crois pas pour cela justifié.

Je trouve deux hommes en moi : l'un qui veut la justice et la droiture, l'autre qui est injuste et qui aime à se tromper ; c'est de ce dernier, Seigneur, de cet *homme injuste et trompeur* que je vous conjure de me délivrer au pied de votre autel.

Puisque vous êtes ma force, ô mon Dieu, pourquoi donc suis-je si faible ? puisque je suis de votre nation sainte, pourquoi cette guerre intestine du péché et de l'illusion ? Guerre cruelle, qui m'expose à mille hasards, et dont l'issue toujours incertaine me force à marcher la tête basse et le cœur abattu, comme un vaincu devant un vainqueur fier et insultant. Puisque votre autel est mon asile, ô mon Dieu, *pourquoi m'avez-vous repoussé* par la crainte que m'inspirent vos jugements ? *Pourquoi me vois-je réduit à marcher dans la tristesse,* quand je m'approche de vous, qui êtes la vie ? Pourquoi tant d'abattement *devant mon ennemi qui m'afflige,* comme si vous ne m'aviez pas préparé une table où je prends des forces contre ceux qui m'accablent ?

2° Sentiments de désir. *Envoyez votre lumière et votre vérité.* Sans l'esprit et la vie de la foi ajoutés à l'habitude de cette vertu surnaturelle, ce temple qui réunit les fidèles n'est qu'un édifice d'une forme plutôt que d'une autre ; l'autel n'est qu'une table ordinaire plus pauvrement servie que celle où la Providence nous fait asseoir pour les besoins de la vie ; le sacrificateur n'est qu'un homme, les vêtements qu'il porte sont un reste d'antiquité qui paraît bizarre ; la lumière qui brille ne frappe que mes yeux, l'encens qui s'exhale n'affecte que mes sens. Quant à l'essentiel du sacrifice, je ne vois que du pain et du vin sans aucun changement qui frappe ma vue ; c'est

un repas des plus communs et une bien mince oblation ; tandis que ce qui n'est que symbole et accessoire à l'autel, richesse des vases, somptuosité des linges et des ornements, frappe plus mes regards et mon
esprit que la vérité et la grandeur du sacrifice. Mais
envoyez votre lumière qui dissipe les ténèbres et les
ombres, *et votre vérité* qui éclaire ces figures et ces
symboles : *elles me conduiront* jusqu'à la foi vive qui
brille dans les cierges du sanctuaire, jusqu'à l'esprit
de prière et de sacrifice qui s'élève avec la vapeur de
l'encens, jusqu'à la toute-puissante faiblesse du prêtre
révélée par la signification mystérieuse de ses vêtements ; elles me conduiront surtout jusqu'au delà des
espèces du pain et du vin, dont la substance n'est
plus et a fait place à la vérité et à la réalité du corps
et du sang de Jésus-Christ.

Bien plus, cette lumière et cette vérité *me feront
arriver à votre montagne sainte et à vos tabernacles.*
Cette foi vive me fait monter plus haut : à l'aide de
son flambeau sacré, je m'élève de l'autel grossier de
la terre jusqu'à l'autel sublime du ciel, de ce tabernacle fait de la main des hommes jusqu'au tabernacle éternel que Dieu lui-même a construit. Je vois
le ciel uni à la terre, et les grandes fractions de la société de l'Eglise ne faisant qu'un seul tout aux pieds
de la Victime universelle. Je passe de ce repas mystérieux et caché au rassasiement et à l'enivrement
de la table céleste ; et quoique retenue captive sur
cette terre, mon âme s'approche déjà de la vraie
montagne de Sion, de la cité du Dieu vivant, de la
Jérusalem d'en haut, du Dieu juge suprême, et de
Jésus-Christ le Médiateur de la nouvelle et éternelle
alliance.

Investis de cette lumière et de cette vérité qui nous donnent le désir et les moyens de nous élever jusqu'à Dieu, répétons donc avec plus de confiance et en comprenant mieux maintenant les fruits du sacrifice : *Oui, j'entrerai jusqu'à l'autel de Dieu, jusqu'à Dieu même* que je vais posséder, et *qui remplit de joie ma jeunesse.* Déjà il donne à mon âme renouvelée par la foi, la crainte et le repentir, dépouillée de la vieillesse du péché, revêtue de la jeunesse de la grâce, toute la joie que je puis goûter ici-bas, et le gage de la joie pleine que je savourerai dans le ciel.

3° Sentiments d'espérance, qui succèdent à la crainte salutaire et au désir généreux. *Je vous louerai sur la harpe, ô Dieu, qui êtes mon Dieu.* Ici, cette expression ne doit pas être prise littéralement ; on nous permettra donc l'application d'un sens accommodatif qui peut contribuer à l'édification de la piété. Cette harpe que nous prenons à l'autel, c'est le corps de Jésus-Christ victime, instrument doux et sonore à l'oreille de Dieu, et dont les accents pénètrent jusqu'au ciel ; les cordes de cette harpe, ce sont les fibres de notre cœur, les puissances de notre âme appliquées au sacrifice ; de cette union de notre cœur avec Jésus-Christ dans l'oblation, résulte le son majestueux de l'adoration, le son délicieux de l'action de grâces, le son perçant de la demande, le son grave du repentir ; et l'ensemble de cette divine exécution produit une harmonie céleste qui s'unit aux chœurs des anges, aux accents de ces harpes d'or que saint Jean a entendues résonner autour de l'autel du ciel ; forme une mélodie ravissante qui charme le cœur de Dieu, apaise sa colère, et réveille sa miséricorde et sa bonté. Voilà, bien mieux que David, comment je vous louerai sur la harpe, ô Dieu, qui êtes mon Dieu, et qui avez daigné vous faire l'*instrument* de mon salut.

Maintenant, *pourquoi es-tu triste, ô mon âme ?* Si tu étais seule, ce cœur ne rendrait que des sons impuissants ; mais ce cœur va s'unir à son Dieu. Relève ton courage, le Seigneur est avec toi comme un guerrier fort et puissant. *Et pourquoi me troubles-tu* encore au souvenir de ma faiblesse ? Tu dois prendre confiance désormais ; ceux qui te persécutent tomberont et seront pour toujours affaiblis ; ce Dieu, qui est ton Dieu, est bon ; il fortifie au jour du combat, et n'oublie pas ceux qui espèrent en lui.

Oui, *espère en Dieu : car*, après tant de misères, *je le louerai encore* de ce qu'il m'a arraché à la mort, de ce qu'il me donne dans cette oblation le moyen de réparer la vie. Mon visage était abattu comme celui d'un criminel devant son juge, mais c'est Dieu *qui est mon salut*, c'est lui qui rend la sérénité à mes traits par l'assurance du pardon. Je ne suis pas seulement devant un tribunal, j'assisterai à la table du Dieu dont je suis la créature et l'enfant : *il est mon Dieu*, et il va tendre un bras secourable à l'ouvrage de ses mains, pour me faire monter à cette table divine et me donner le pain des enfants.

Gloire au Père, et au Fils, et au Saint-Esprit.

Chaque psaume est ordinairement suivi de ce verset de louange ; il est le résumé naturel de toute prière, qui doit tendre à la gloire de Dieu par notre sanctification. Quand on prononce ce verset final, on s'incline pour adorer la Trinité sainte, à l'exemple des vieillards de l'Apocalypse qui se prosternent devant Dieu, en disant : A celui qui est assis sur le trône, et à l'Agneau, gloire, bénédiction dans tous les siècles. Cette hymne exprime la distinction des trois personnes divines, et l'égalité parfaite de gloire et de puissance qu'elles possèdent dans l'unité de Dieu. Ici, nous rendons gloire à Dieu de cette crainte, de ce désir, de cette confiance que la récitation du psaume *Judica* vient de nous faire concevoir ; animés de ces sentiments, nous publions la gloire divine, *telle aujourd'hui qu'elle était au commencement et qu'elle sera toujours et dans tous les siècles des siècles.* Oui, la gloire appartient au Seigneur de toute éternité et pour toute l'éternité : notre cœur voudrait la concentrer tout entière, et réunir dans un seul acte les adorations du commencement, d'aujourd'hui, de toujours et de tous les siècles. Que cela soit ainsi, et bien plus que notre faiblesse ne peut faire et exprimer. *Ainsi soit-il !*

Après de si nobles élans, on répète une troisième et dernière fois l'antienne *Introibo :* c'est un cri de victoire complète et de triomphe achevé. C'en est fait, *j'entrerai jusqu'à l'autel de Dieu, jusqu'à Dieu qui remplit de joie ma jeunesse.* Et remarquons la gradation heureuse : avant le psaume, l'antienne avait de quoi confondre ; dans le cours du psaume, elle invitait à la confiance ; après le psaume, elle chante l'issue merveilleuse du combat et la joie du vainqueur.

Mais la faiblesse de l'homme a mille raisons d'être modeste dans le triomphe, et de craindre jusque dans le sein de la victoire. Etonnés du succès qui nous a rendus, comme Jacob, forts contre Dieu, nous sommes obligés de nous replier bien vite sur nous-mêmes, pour demander d'où nous vient cette force que nous ne saurions trouver dans notre propre fonds. Aussi le prêtre et le peuple, se rendant bientôt compte du changement merveilleux qui s'est opéré dans leurs cœurs abattus, renouvellent ensemble le signe de la croix qui a commencé le sacrifice. *Notre secours,* dit le ministre de l'autel, *est dans le nom du Seigneur ;* protestons à la gloire de Dieu, et selon la vérité de notre misère, que notre secours est uniquement dans la puissance de ce nom, dans l'espérance et la confiance qu'il nous inspire. C'est lui, ajoutent les assistants par l'organe du répondant, *qui a fait le ciel et la terre,* qui a tiré du néant l'ordre, la lumière, la richesse et tous les biens. Il a créé le ciel et la terre d'un seul acte de sa volonté puissante, il peut donc aussi créer en nous un cœur pur, renouveler l'esprit de droiture et d'innocence jusqu'au fond de nos entrailles, par les mérites du sacrifice de la croix et par l'application du sang d'un Dieu. Ce verset consolant précède toutes les bénédictions solennelles, pour montrer la puissance de celui qui bénit, et pour animer la confiance de ceux qui vont être comblés de grâces.

§ III. — Du *Confiteor,* ou de la Confession mutuelle des péchés.

L'homme n'est pas seulement faible et misérable, il est encore pécheur et chargé du poids de son iniquité ; c'est pour cela qu'aux débats de la faiblesse exprimés par le psaume *Judica,* succèdent aussitôt les combats du repentir par la confession mutuelle des péchés. Un des grands buts du sacrifice est d'en obtenir la rémission ; mais ce pardon ne s'obtient que par l'aveu, la douleur et le ferme propos unis aux mérites du sang de Jésus-Christ.

Avant le sacrifice, l'homme doit donc s'avouer coupable ; on le pratiquait ainsi dans les sacrifices de l'ancienne loi offerts pour les particuliers ; la confession même, comme le rapporte un célèbre rabbin (1), était détaillée ; dans le sacrifice général pour toute sa nation, le grand prêtre, les mains étendues sur la tête du bouc émissaire, confessait ses iniquités et celles de tout le peuple. Aussi la confession, faite d'une manière générale avant la messe, est-elle de la plus haute antiquité, quoique la formule ait varié et n'ait été fixée telle que nous l'avons qu'au treizième siècle. Cet aveu public est le moyen puissant que Dieu ne rejette pas un sacrifice offert par des cœurs contrits et humiliés ; mais cette accusation générale est bien distincte de l'aveu circonstancié qui se fait dans le sacrement de pénitence, sacrement auquel on doit toujours recourir avant le sacrifice et la communion, si la conscience *privée* était chargée de quelque faute mortelle. Cette confession faite au pied de l'autel ne sert qu'à purifier de plus en plus la conscience *publique* de l'assemblée, et à en effacer les fragilités légères, si elle est accompagnée d'une douleur réelle. On peut dire de la récitation religieuse du *Confiteor* ce que Jésus-Christ disait du lavement des pieds avant la cène eucharistique : que le prêtre et les communiants doivent être déjà purs, qu'ils n'ont besoin que de se laver les pieds, c'est-à-dire

---

(1) Maimonides, *Traité du sacrifice.*

les souillures inévitables à ceux qui foulent la poussière de ce monde, et que cette ablution spirituelle est utile pour avoir une part plus abondante à la table du Seigneur.

Le prêtre commencera à s'acquitter de ce saint devoir, parce que sa responsabilité est plus grande à l'autel, et parce qu'il doit, dit saint Paul, offrir d'abord pour ses péchés, ensuite pour ceux du peuple. Quoique humilié et dans la posture d'un accusé devant son juge, il se tenait encore debout pendant le psaume ; mais en ce moment, il se considère comme un coupable convaincu, et il s'incline très-profondément pour s'accuser et obtenir son pardon. Cette humble posture est celle de l'enfant prodigue qui a péché contre le ciel et contre son père, du publicain qui, loin du sanctuaire, se frappait la poitrine et n'osait lever les yeux ; elle est surtout celle de Jésus-Christ au jardin des Olives. Le Sauveur commença son sacrifice, comme le prêtre commence la messe, par éprouver la crainte et l'ennui, jusqu'à dire à ses disciples, comme le prêtre à ses assistants : Mon âme est triste jusqu'à la mort ; puis il tomba le visage prosterné contre terre, accusant, non le péché formel qui est inconciliable avec la sainteté de Dieu, mais toutes les iniquités des hommes dont la bonté divine avait assumé la dette et le poids. Le prêtre et les fidèles à leur tour se prosternent accablés sous le poids de la majesté de Dieu, de sa justice, de ses bienfaits et de leurs fautes ; ce fardeau pèse sur leurs têtes, et devrait les tenir à jamais écrasés, si les mérites de la rédemption ne venaient ranimer leur espérance ; par ce divin secours, la prière de celui qui s'humilie pénètre les cieux, et il ne quittera cette posture de suppliant que lorsque le Très-Haut l'aura regardé d'un œil favorable.

Voici maintenant la formule d'aveu que nous devons tous réciter dans les sentiments que l'on vient d'indiquer.

Je confesse, je déclare et j'avoue, car c'est le seul moyen que Dieu me remette mes fautes et me pardonne mon injustice : *à Dieu tout-puissant* qui manifeste surtout son pouvoir en épargnant la faiblesse et en ayant pitié de la misère ; *à la bienheureuse Marie toujours Vierge,* qui n'a jamais connu le péché et qui est le refuge des pécheurs pénitents ; *au bienheureux archange saint Michel,* qui est resté fidèle à Dieu dans l'épreuve ; *au bienheureux Jean-Baptiste,* qui a été sanctifié dès le sein de sa mère ; *aux saints apôtres Pierre et Paul,* qui ont reçu le pouvoir de lier et de délier les pécheurs ; *à tous les saints,* qui jugeront le monde et le convaincront de péché sans excuse ; *et à vous, mes frères,* avec qui je dois me confondre comme coupable, quoique élevé au-dessus de vous par mon ministère ; je confesse donc devant Dieu et devant toute l'Église du ciel et de la terre, *que j'ai beaucoup péché,* que j'ai *trop* péché, *nimis,* mille fois *trop,* eu égard à tant de grâces et de secours, à tant de menaces et de bienfaits de la part du Seigneur. Et encore j'ai été rebelle, ingrat en mille manières, *par pensées* et par toutes les facultés de mon imagination et de mon esprit ; *par paroles,* qui par milliers ont été contraires à la loi de Dieu ; *par actions,* par tous mes sens et toutes mes forces, par mon indolence même et mes omissions coupables. Ah ! que puis-je faire en ce moment, sinon de me frapper la poitrine et le cœur comme le publicain de l'Évangile, comme ces Juifs convertis qui assistaient au spectacle du Calvaire? Je veux reconnaître par là que le cœur est le foyer du mal, que je désire le briser de douleur, le punir mille fois et obtenir un cœur nouveau. Oui, ce cœur a péché *par ma faute, par ma faute, par ma très-grande faute.* Pécheur sans excuse, pécheur à l'excès, pécheur sans ressources personnelles, j'ai besoin d'avocats étrangers : *c'est pourquoi je supplie* humblement *la bienheureuse Marie toujours Vierge,* que l'on n'invoque jamais en vain, et sous la protection de laquelle on ne doit jamais désespérer ; *le bienheureux archange saint Michel,* chargé de présenter nos âmes au Seigneur ; *le bienheureux Jean-Baptiste,* qui appelait les plus grands pécheurs à la pénitence ; *les saints apôtres Pierre et Paul,* dont le premier a reçu les clefs du royaume des cieux, dont le second a eu tant de miséricorde, ayant eu besoin lui-même d'une miséricorde abondante; *tous les saints,* qui, assurés de leur bonheur, conservent la sollicitude de notre salut ; *et vous, mes frères,* car l'apôtre saint Jacques nous engage à nous confesser ainsi mutuellement, car la prière assidue du juste le plus inconnu aux yeux des hommes est bien puissante devant Dieu : je vous conjure tous *de prier pour moi le Seigneur notre Dieu,* qui ne veut pas la mort du pécheur, qui a donné sa vie pour tous, et dont le sang, plus puissant que celui d'Abel, ne sollicite qu'indulgence et pardon.

Néanmoins, le prêtre demeure toujours dans la même posture humiliée, il attend qu'on le rassure, qu'on le fortifie dans cette lutte de sa misère avec la force de Dieu. Fidèles, vous avez tout intérêt que votre représentant soit très-agréable à Dieu, que

vos vœux soient portés à l'autel par des mains pures ;
vous devez reconnaissance et pitié à ceux qui se con-
sument pour votre sanctification, et qui se trouvent
dans la nécessité terrible d'offrir sans cesse pour vous ;
tournez donc votre cœur vers ce prêtre dont la responsabilité est si accablante, demandez qu'il ne se
perde point en travaillant à l'œuvre de votre salut,
et dites avec toute la ferveur possible : *Que le Dieu
tout-puissant*, dont vous venez d'invoquer le pouvoir
créateur, *ait pitié de vous ;* qu'il se souvienne qu'il a
confié son sacerdoce à de faibles mortels ; *et qu'après
avoir pardonné vos péchés*, dont vous venez de faire
un aveu plein de repentir, *il vous conduise à la vie
éternelle*, dont l'autel de la terre est le plus sûr degré.

Le prêtre répond : *Ainsi soit-il*, que Dieu vous
entende et vous exauce ; puis il se relève avec quelque confiance, reprenant en partie sa dignité et son
état de médiateur entre Dieu et les hommes.

Maintenant, c'est au peuple à faire cette purification de la *conscience publique* par l'organe de son
représentant. Les fidèles s'inclinent à leur tour, récitent la formule de confession dans les mêmes sentiments et avec les mêmes rites : excepté qu'ils s'a-
dressent au prêtre en disant : *Et à vous, mon Père....
et vous, mon Père, de prier...* car le ministre de
Dieu a repris sa tenue de chef de l'assemblée sainte.
Pour répondre à cette demande, le prêtre récite, sur
le peuple incliné, la prière : *Que le Seigneur Dieu
tout-puissant ait pitié de vous.....* que l'assemblée
ratifie par cette conclusion : *Ainsi soit-il*.

Quel concert lugubre, quel accord de gémissements
et de douleur, quel dialogue de misères et de fai-

blesses! Ces coups redoublés qui retentissent alternativement sur tous les cœurs, ces demandes de miséricorde, ces souhaits mutuels de pardon conviennent
bien au pied de l'autel de la terre ; mais qu'ils sont
différents de l'accord de bénédictions et de louanges
que nous entendrons un jour autour de l'autel du
ciel!

§ IV. — Des prières pour obtenir la rémission des péchés
et la grâce de monter à l'autel avec pureté.

En ce moment, il y a plus de confiance dans le
cœur des fidèles, plus d'autorité dans la voix du
prêtre ; aussi tous se sont relevés, et le signe de la
croix, que chacun exprime, va donner au pardon
que l'on sollicite une garantie de mérite et d'efficacité.

Que le Seigneur tout-puissant et miséricordieux, dit
le prêtre ; que le Seigneur qui par sa puissance va
jusqu'à donner à la liberté de l'homme un cœur
nouveau, qui par sa bonté veut que tous parviennent
au salut ; que le Seigneur, par ces deux attributs qui
sont l'auréole de sa croix dont nous exprimons le
signe sacré, *nous accorde*, à vous et à moi, à tous indistinctement (remarquons que ce n'est point ici un
jugement exact qui absout comme la parole sacramentelle de la pénitence, et que ce n'est qu'un vœu
fort et efficace qui attire la grâce), nous accorde
l'indulgence qui exige moins qu'il n'est dû, *l'absolution* qui règle et apure le compte des dettes, *et la
rémission de nos péchés* qui nous acquitte en toute
plénitude de bonté. •C'est ainsi que l'homme doit
parler à son Dieu ; sa confiance doit être timide, et

doit demander par degrés seulement l'allégement, l'arrêté et l'acquittement. Les assistants répondent avec ardeur : *Ainsi soit-il*, qu'il soit ainsi que vous le demandez, et que Dieu se laisse vaincre par nos vœux unanimes !

Malgré tout, il est écrit : Ne soyez pas sans crainte même pour le péché qui a été pardonné, mon péché est toujours devant moi ; et Jésus-Christ dans son agonie au jardin des Olives continuait sa prière, malgré le secours envoyé du ciel, et la renouvela jusqu'à deux et trois fois. Aussi le prêtre et le peuple s'appliquent-ils de nouveau à solliciter le pardon si désiré, et, s'inclinant devant le Seigneur, *ils* disent à l'envi dans un dialogue ardent et pressé : *O Dieu, si vous vous tournez vers nous, vous nous vivifierez.* Ce langage figuré est emprunté de ce qui se passe parmi les hommes : détourner le visage est un signe d'abandon, de mépris, d'indignation et de colère ; se tourner vers celui qui implore est un signe de grâce et de bienveillance qui rend l'espoir, la joie et la vie. C'est dans ce sens métaphorique que nous adressons à Dieu le verset déjà cité ; car quand Dieu détourne son visage, il n'y a que trouble, désolation et mort ; quand il regarde, au contraire, il s'opère une création nouvelle, et la face de la terre se trouve renouvelée. *Et vous ferez toute la joie de votre peuple*, vous accomplirez ainsi, ô mon Dieu, la promesse de nous inonder d'allégresse dans votre maison de prière, et de faire tressaillir de bonheur les cœurs qui s'humilient devant vous.

Mais, Seigneur, notre demande n'est-elle pas plus que téméraire ? Si, vous tournant à nos cris, vous alliez lancer sur nous ce regard d'indignation qui fait frémir et dessécher le pécheur impénitent, notre demande tournerait à notre perte, et vous ne nous auriez permis de monter à l'autel que pour nous briser de plus haut. Ah! *Seigneur*, si vous vous tournez, *faites paraître sur nous votre miséricorde ;* regardez d'abord la face de votre Christ, et vous serez touché de compassion à la vue de ses membres. *Donnez-nous votre assistance salutaire*, aidez notre trop juste timidité ; en sorte que nous n'arrivions jusqu'à vous qu'à la suite, et pour ainsi dire à l'ombre de Jésus-Christ que vous nous avez donné comme médiateur et pour salut.

· *Seigneur, exaucez ma prière*, exaucez ma crainte, mes désirs, ma confiance, ma douleur, mon espoir de pardon, en un mot tout ce que j'ai exprimé depuis que je suis au pied de votre sanctuaire. N'écoutez pas simplement mes vœux, mais exaucez favorablement mes efforts. *Et que mes cris s'élèvent jusqu'à vous :* je crie, il est vrai, du fond de l'abîme de la misère, à une distance infinie de mon Dieu, et le son pourrait se perdre dans l'espace ; mais ce cri impuissant est fortifié par celui que Jésus-Christ a jeté sur la croix. Le pontife plus élevé que les cieux a offert son sacrifice avec larmes et avec un grand cri qui a été exaucé : ce cri m'appartient en vertu de l'échange qu'il a daigné faire de sa force avec ma faiblesse ; qu'il parvienne donc jusqu'à vous, ô mon Dieu, et qu'il pénètre jusque dans votre cœur plein de miséricorde.

Un nouvel ordre de choses se prépare : le prêtre et le peuple ne vont plus être confondus au même niveau, sur le pavé du temple ; le sacrificateur va quitter la place qui lui convenait comme homme, il va monter à l'autel pour agir comme pontife. Avant de se séparer des fidèles, il leur doit, ce semble, un adieu, un salut, un souhait ; et tel est ici le sens de cette gracieuse parole de recommandation : *Que le Seigneur soit avec vous*. C'est comme si le prêtre disait : Je vais sur la montagne sainte lever les mains pour vous obtenir, par Jésus-Christ, la victoire sur Dieu lui-même ; vous allez demeurer dans la plaine ; pendant le sacrifice, vous allez combattre les combats du Seigneur ; soyez fidèles, et par votre recueillement et votre ferveur ne démentez pas un instant ce que je vais faire et dire en votre nom. Que le Seigneur soit aussi *avec votre esprit*, répond l'assemblée : nous vous rendons ce salut aimable et cet adieu touchant, nous serons attentifs à votre recommandation : prêtre du Seigneur, nos vœux vous suivent et vous accompagnent ; que votre esprit soit appliqué à votre ministère et à nos besoins, qu'il soit, pendant le sacrifice, toujours fervent, uni à Dieu et docile aux mouvements de l'Esprit-Saint.

Aussitôt le prêtre étend les mains, les élève et les rejoint en disant d'une voix intelligible : *Prions, Oremus*. Cet avertissement solennel précède toujours à la messe les prières collectives, et est toujours accompagné de l'élévation et de la réunion des mains du prêtre. Ces mains étendues et élevées sont le signal d'élever notre esprit et notre cœur vers Dieu ; quand on les réunit, elles indiquent naturellement l'expression de la prière et l'ardeur du désir. Le prêtre poursuit à voix basse, parce que la pureté qu'il va demander pour monter à l'autel le regarde particulièrement : mais les fidèles doivent s'unir à tout, puisqu'ils montent tous les degrés du sanctuaire dans la personne de leur représentant.

Le corps du prêtre, immobile jusqu'ici, comme devant un juge, ou incliné comme un coupable chargé de confusion, essaye enfin quelque mouvement ; son pied va franchir les limites les plus sacrées. Il monte, mais la frayeur l'environne à mesure qu'il avance ; il sent que cette terre est sainte, qu'elle tremble sous les pas du pécheur, que le lieu où il va arriver est terrible, et il s'écrie : *Nous vous supplions, Seigneur, d'ôter de nous nos iniquités,* et que ce poids énorme ne nous entraîne pas dans l'abîme. Nous avons reconnu en votre présence, ô mon Dieu, l'action de deux hommes opposés qui se font la guerre dans notre cœur, nous vous avons demandé de nous arracher à la violence de celui qui est inique et trompeur ; par l'aveu et la douleur, nous nous sommes dépouillés au bas de l'autel du vieil homme corrompu, nous avons désiré nous revêtir de l'homme nouveau créé dans la sainteté : qu'il n'y ait donc, Seigneur, que l'homme juste, sincère, spirituel et nouveau qui monte vers vous. Que l'iniquité ne s'attache point à nos pas ; ôtez-la, Seigneur, ôtez-la de nous ; et de même qu'un jour l'homme de péché devra rester sur la terre enseveli dans le sacrement de pénitence, et ne pas nous suivre au delà du tombeau : de même faites que nos iniquités ôtées de notre cœur par votre pardon ne nous suivent pas à l'autel, et que nous ne les reprenions jamais quand nous en descendrons. *Afin que nous nous approchions du Saint des saints avec un esprit pur.* Le Saint des saints où le grand prêtre de la loi antique entrait une fois l'année après mille purifications, n'était que l'ombre de votre sanctuaire, et du ciel le véritable Saint des saints ; la réalité exige donc plus de préparations encore, et notre esprit ne saurait être trop pur pour y être introduit : car pour monter au ciel, il ne faut pas plus de dispositions que pour monter à l'autel. Accordez-nous donc cette grâce de pureté, *par Jésus-Christ Notre-Seigneur. Ainsi soit-il.*

Aux messes solennelles, le prêtre est ici arrêté dans sa marche ; le sous-diacre sur les degrés lui présente la croix à baiser et à adorer : c'est comme l'ange du jardin des Olives qui vient fortifier sa faiblesse, et lui apprendre qu'il ne peut monter à l'autel qu'avec Jésus-Christ et par Jésus-Christ. Aux messes basses, la croix qui est toujours sous les yeux du sacrificateur doit lui inspirer, par un simple regard, les mêmes sentiments de crainte et de confiance.

Les degrés de l'autel sont franchis ; mais à mesure que le prêtre avance dans le Saint des saints, ses pas chancellent ; placé à cette hauteur, son esprit se trouble, la force semble lui manquer, il faut qu'il s'appuie sur Jésus-Christ et sur la médiation des saints dont il va réclamer les suffrages. Il s'incline sur l'autel à mains jointes, y colle ses lèvres et son cœur, comme ayant besoin de ne faire qu'un avec le Dieu qui s'immole, et avec ses serviteurs dont il a déjà agréé le sacrifice. *Nous vous prions, Seigneur, par les mérites des saints dont les reliques sont ici* déposées dans la pierre sacrée, sous cet autel qui conserve par tradition antique la forme de tombeau ; *et* par les mérites *de tous vos saints*, auxquels j'unis ma faiblesse et mon insuffisance, *de daigner me pardonner tous mes péchés*, ayant égard à la protection dont je

m'environne, aux avocats dont je m'entoure en votre
présence, au surcroît de courage et de sainte volonté
que je viens puiser dans leurs exemples et leur intercession. *Ainsi soit-il.*

Entrée à l'autel.

La préparation publique et l'entrée à l'autel ont
ensemble les plus grands rapports : nous ne les avons
divisés en deux articles que pour suivre pas à pas
les rites de la messe simple, sans chant et sans
appareil.

En effet, lorsque le prêtre faisait hors du sanctuaire les prières de la préparation publique, l'assemblée s'y unissait et y correspondait par l'introït, qui
supplée à tous les désirs exprimés dans le psaume
Judica, et par la répétition multipliée du *Kyrie, eleison*,
qui remplace l'aveu des fautes et la demande du pardon. Aujourd'hui même, aux messes solennelles, les
fidèles chantent l'*Introït* et le *Kyrie* pendant que
le ministre du Seigneur revêt les ornements et fait
la préparation au bas de l'autel : ils ne se retrouvent
dans la même prière qu'au *Gloria in excelsis* ou
même à la collecte. Ces deux parties préparatoires
sont donc corrélatives : autrement on ne peut expliquer ni la reprise faite par le prêtre du psaume de
'l'entrée, après que le sacrifice est déjà précédé de
supplications nombreuses, ni le signe de la croix
qu'il exprime en tête de ce psaume, et qui semble
indiquer un commencement d'action.

Voici donc l'ordre et l'esprit de cette entrée à l'autel. Pendant que le prêtre et les ministres se disposent à venir au sanctuaire, l'assemblée chante un psaume qui exprime toujours les désirs ardents de voir paraître la Victime du monde. Quand la fin du psaume est indiquée par le *Gloria Patri*, le prêtre paraît, comme Jésus-Christ, dans la plénitude des temps. A cette vue, l'assemblée répète une seconde fois le psaume d'entrée, pour marquer son redoublement de ferveur à l'approche du salut. Pendant le psaume *Judica*, la confession des péchés et les demandes qui suivent, le peuple, dont une grande partie ne pourrait suivre le détail minutieux de ces prières, s'unit à tout en chantant neuf fois cette invocation simple et abondante : *Seigneur, ayez pitié.* Le prêtre fait monter devant Dieu l'encens qu'il a bénit, pour montrer par ce symbole que tout se réunit, et ce qu'il a récité en particulier, et ce que le peuple a chanté en public, que c'est la même expression, le même parfum de prière. Puis il se presse de réciter le psaume déjà chanté, de se joindre à la simplicité touchante qui demande encore en ce moment pitié et miséricorde ; et tout se termine ensemble par l'intonation du *Gloria in excelsis Deo*, ou par le salut qu'il donne à l'assemblée, dans le cas où l'on doit omettre la récitation de l'hymne des anges.

§ I. — De l'encensement de l'autel.

Dès que l'on est entré à l'autel, le premier soin de l'Eglise, dans les fêtes solennelles, est de marquer l'union de tous les vœux, et de les faire remonter en présence du Seigneur par une image vive et sensible, qui est l'encensement. Car de même que les diverses exhalaisons de la terre s'élèvent de tous les points, se groupent pour former les nuages, se condensent et se purifient dans l'atmosphère, pour retomber en pluie féconde : ainsi toutes les prières de l'assemblée sainte se réunissent et se concentrent dans le symbole de l'encens qui s'évapore, s'élèvent comme un nuage devant Dieu, et redescendent sur nous en rosée de bénédiction. Le diacre présente donc au prêtre l'encens à bénir, et le lui présente au nom de tous les assistants : l'ange de l'autel de la terre exécute avec joie ce qui lui est demandé : Encens, dit-il, que je répands à plusieurs reprises pour indiquer le concert de nos demandes, *soyez béni* par la vertu de la croix et agréé *par celui en l'honneur duquel vous serez brûlé*. En ce moment la fumée de l'encens, qui est soutenue par les prières des fidèles, monte comme un nuage devant le trône de Dieu, et le prêtre semble lui donner la direction convenable ; c'est d'abord Jésus-Christ lui-même résidant dans nos tabernacles, ou bien la croix qui les surmonte, qu'il encense ; puis l'autel et toutes les parties du sanctuaire. Cette cérémonie est très-ancienne dans l'Eglise grecque ; il en est question dans les liturgies du quatrième et du cinquième siècle : dans l'Eglise latine elle ne date que de sept cents ans.

L'usage de se servir d'encens dans les réunions chrétiennes ne vient pas de la raison toute naturelle de purifier l'air, et de la nécessité qu'on avait de le faire dans les temps où l'on célébrait les saints mystères dans les catacombes : car nous ne voyons pas dans les trois premiers siècles cet usage établi, et c'est alors qu'il eût été plus indispensablement pratiqué. Au contraire, Tertullien dit clairement qu'on ne s'en servait pas du tout, et que les marchands de l'Arabie se plaignaient déjà du tort fait à leur commerce d'encens par les progrès immenses du Christianisme. On brûlait ce parfum au quatrième siècle dans les églises grecques, qui étaient spacieuses, sans vitres et en bois de cèdre : ce n'était donc pas pour chasser le mauvais air. Dans ce cas, il eût mieux valu placer çà et là des cassolettes, et l'on ne voit pas la nécessité de bénir ces parfums et de faire interrompre au prêtre la marche du sacrifice pour le répandre dans l'assemblée. Il est même probable que l'Église ne voulut point, dans le principe, user d'encens, de peur de calquer aux yeux des simples les cérémonies païennes : elle attendit que les temples profanes fussent renversés, pour rentrer en possession pleine et paisible de l'encens, qui n'est dû qu'au vrai Dieu, et elle le bénit pour le rendre à sa destination légitime et à sa mystérieuse signification.

L'encens brûle devant le Seigneur, 1° en signe de sacrifice, marquant ainsi que les créatures doivent être employées pour son service et consumées pour sa gloire, comme l'encens se détruit et s'anéantit par l'évaporation ; 2° en signe de la bonne odeur de Jésus-Christ, odeur qui se répand de l'autel dans l'âme des fidèles, et du cœur des fidèles dans tous les lieux. L'encens, dit saint Augustin, représente le corps de Jésus-Christ offert en holocauste, la vapeur du parfum représente sa grâce et ses mérites ; c'est pour cela qu'on encence dans l'église le saint tabernacle, la croix, l'autel, l'évangile, le temple ; les reliques et les images des saints qui sont les membres glorieux du Sauveur ; les évêques, le célébrant, les prêtres, qui représentent Dieu plus vivement ; les princes et les grands, qui sont les instruments plus particuliers de la Providence. Mais à l'égard des hommes, quelque élevés qu'ils soient, l'encensement n'est pas une adulation, c'est une leçon respectueuse et sévère, qui leur apprend que leur dignité dans l'ordre spirituel ou temporel les oblige à répandre plus abondamment et de plus haut la bonne odeur des vertus du christianisme. 3° L'encens est brûlé en signe de la prière qui s'élève vers Dieu, qui doit être produite par une âme pleine d'ardeur, qui doit consumer dans le cœur tout ce qu'il y a de terrestre, et répandre sur toutes nos actions un parfum de grâce et de suavité. C'est pour cette grande raison que l'Eglise offre l'encens dans ses assemblées de prière, et surtout pendant la prière par excellence; elle a disposé cette offrande de parfums dans les moments les plus précieux de sa liturgie, avant la collecte qui rassemble tous les vœux, à l'oblation qui commence le sacrifice, à la préface après l'avertissement d'élever les cœurs, au moment où la victime descend sur l'autel, avant la communion pour exciter la ferveur; dans les autres parties de ses offices publics, elle emploie surtout l'encens lorsque toute l'assemblée se lève pour chanter avec plus de zèle les cantiques tirés du saint Evangile. Telles sont les pensées religieuses dont on doit s'entretenir pendant les encensements; et quand l'Eglise n'a pas fixé de prières spéciales en les faisant, ce triple souvenir du culte de latrie, de la bonne odeur de Jésus-Christ et de la ferveur de la prière, peut suffire à la méditation d'une âme attentive aux choses de Dieu.

§ II. — De l'*Introit*, ou du psaume de l'entrée.

Dans les jours moins solennels, cette union étroite de tous les vœux de l'Eglise n'est pas indiquée par l'emblème de l'encensement, mais elle est au moins marquée par la reprise que fait le prêtre des prières que le peuple a chantées. A la messe basse, cet ensemble a moins besoin d'être signalé, puisque la liturgie marche de suite; dans tous les cas, la collecte tiendrait bientôt lieu de ce concert unanime.

Le prêtre, ayant baisé la pierre sacrée (et après avoir fait l'encensement et reçu l'encens, s'il y a lieu), s'avance à l'extrémité de l'autel du côté droit. On distingue à l'autel trois places: celle du côté droit au midi, celle du côté gauche au nord, et celle du milieu à l'orient; le célébrant va souvent du milieu à la droite et de la droite au milieu; il ne passe au côté gauche que pour lire les évangiles; nous en donnerons plus tard la raison. Quant à ces transitions réitérées du milieu au côté droit, on en donne une explication mystérieuse qui est arbitraire: la raison naturelle et simple est que, dans les églises bien orientées, la sacristie se trouvant à droite et au midi pour la conservation du linge et des ornements, le prêtre se trouve de ce côté plus à la portée des clercs inférieurs qui viennent de la sacristie à l'autel, qui en apportent la lumière, les vases, la matière du sacrifice, et se trouve placé plus commodément pour donner des ordres et pour veiller à ce que rien ne manque pendant l'oblation. C'est pour cela que l'on place à droite dans le sanctuaire le trône de l'évêque et le siége du célébrant; et comme il n'est pas absolument nécessaire

que ce qui précède l'offertoire soit récité à l'autel,
l'évêque, dans la messe pontificale, reste sur son trône
jusqu'à l'offrande, et le prêtre lui-même s'assied de ce
côté pendant que le chœur chante ce qu'il a simplement lu.

En commençant l'introït, le prêtre fait sur lui le
signe de la croix, que les fidèles doivent exprimer
aussi ; on disait même, dans quelques diocèses : **Au
nom du Père, et du Fils, et du Saint-Esprit, comme**
au début de l'Ordinaire de la messe, parce que l'introït était, et est encore pour le peuple dans les offices chantés la première prière publique en commençant le sacrifice. Aux messes des morts, on n'exprime
ce signe de croix que sur le missel sans toucher le livre :
cette différence vient sans doute du but général de
l'Eglise dans les rites pour les défunts, qui est d'en ôter
toute solennité, et de montrer que les âmes du purgatoire ne sont plus en voie d'être bénies sur la terre.

L'introït se dit d'une voix intelligible, comme tout
ce qui se chante et doit être entendu par le peuple ;
aux messes basses, il est bon d'en suivre la récitation ; aux messes hautes, le chant est institué en
partie pour donner le temps d'entrer dans le sens
des paroles et de les goûter ; si l'on s'occupait ainsi
pendant les grand'messes, il serait difficile de trouver de l'ennui et de la longueur à nos offices les plus
solennels.

Le mot *introït* signifie *entrée,* ou *antienne pour
l'entrée,* parce qu'on le chanté lorsque le prêtre entre
à l'autel. Autrefois c'était un psaume entier appliqué
à la circonstance, et que l'on terminait à l'ordinaire
par le *Gloria Patri* et par une antienne : à peu près
comme nous récitons les psaumes à vêpres, ou comme

nous récitons encore le psaume *Judica me*. Depuis près de huit cents ans,.on a pris quelques versets d'un psaume, ou un autre passage de l'Ecriture qui répond au sujet que l'Eglise se propose ; on y joint le premier verset du psaume dont l'antienne a déterminé l'application, avec *Gloria Patri* ; puis on reprend l'antienne que l'on a déjà chantée. Un exemple va éclaircir ce détail.

Le quinzième dimanche après la Pentecôte (1), l'Eglise, en lisant l'Evangile de la résurrection du fils de la veuve de Naïm, est tout occupée de la mort spirituelle des pécheurs, qu'elle voudrait mener à la rencontre de Jésus-Christ pour les rappeler à la vie de la grâce. En voyant le prêtre s'avancer vers l'autel, elle porte plus haut ses regards, elle contemple son Dieu s'approchant des portes de la cité céleste ; les pécheurs, qui vont à sa rencontre par le sacrifice, y sont comme portés en état de mort, sans mouvement et sans mérites. Or, dans *l'antienne de l'entrée* elle leur met à la bouche ces paroles tirées du psaume douzième : *Seigneur, éclairez mes yeux, de peur que je ne m'endorme pour jamais dans la mort.* Cette antienne détermine l'application et l'intonation du même psaume : *Jusqu'à quand, Seigneur, m'oublierez-vous toujours? jusqu'à quand détournerez-vous de moi votre visage?* Vous vous avancez vers moi dans la personne de votre ministre ; que dis-je ? vous allez paraître réellement sur cet autel : gloire vous soit rendue ! mais regardez-moi, Seigneur, ayez pitié de moi, que votre visage de bonté me rende à l'espérance et à la vie. Je le répète donc, *Seigneur, éclairez les*

(1) *Miss. Paris.*

yeux de mon âme, que je les ouvre sur ma conscience coupable, que je sorte de cet état par les mérites de votre sang, et *que je ne m'endorme pas à jamais dans la mort* du péché, que vous avez vaincu et détruit par le Calvaire. Ces simples réflexions pourront aider à méditer de cette sorte tous les introïts, et à y rechercher l'application que l'Eglise a eue en vue.

Mais parce que l'*entrée* du prêtre au sanctuaire représente trois circonstances de la vie de Jésus-Christ : son *entrée* au monde par l'incarnation, son *entrée* au cénacle pour l'institution de l'eucharistie, son *entrée* au jardin des Olives pour commencer son sacrifice sanglant : le but général de l'Eglise dans l'introït est une expression de désir de nous voir appliquer les fruits de la rédemption, et de nous faire soupirer après la grande régénération du cœur de l'homme. Tels sont les sentiments qui doivent nous animer pendant cette introduction ; ceux qui ne peuvent lire ou méditer ainsi, peuvent au moins s'unir de cœur aux vœux ardents de l'Eglise, et s'abandonner, dans toute la simplicité de la foi, au mouvement de l'Esprit-Saint, qui saura produire en eux des gémissements inénarrables.

§ III. — Du *Kyrie, eleison.*

Le prêtre, revenant au milieu de l'autel à la messe basse (ou demeurant au côté droit à la messe haute), dit neuf fois alternativement avec ses ministres : *Seigneur, ayez pitié ; Christ, ayez pitié.* Le chœur chante avec le peuple toutes ces invocations, si la messe est accompagnée du chant. On n'a pas toujours dit le *Kyrie* au milieu de l'autel : on le disait autrefois au coin de l'épître, ce qui s'observe encore aux grand'messes ; la raison du changement de place est venue de ce qu'on a cru convenable de réciter cette touchante prière en face de la croix.

Kyrie, *eleison*, sont deux mots de la langue grecque que l'Eglise latine a voulu conserver dans sa liturgie, ainsi que certains mots hébreux, pour les raisons que nous avons déjà rapportées (1). Par ce tribut d'hommages rendu aux langues des liturgies apostoliques, l'Eglise semble proclamer l'identité du sacrifice qu'elle offre aujourd'hui avec celui qui était offert dans les plus illustres Eglises fondées par les apôtres à Jérusalem, à Alexandrie, à Antioche, à Rome, à Ephèse, à Corinthe. On peut même dire que la consécration des trois langues de la messe date de plus loin, et qu'elle remonte au titre célèbre de la croix de Jésus-Christ, écrit en hébreu, en grec et en latin.

Cette parole, *Seigneur, ayez pitié*, se trouve souvent répétée dans l'Ecriture sainte : on la trouve, dans l'Evangile, sur les lèvres de l'aveugle de Jéricho, de la Chananéenne et des dix lépreux. C'est une prière courte mais bien expressive, simple mais énergique, abondante mais facile à la multitude. Aussi est-ce la prière la plus commune dans les anciens rites : toutes les fois que les fidèles étaient invités par le diacre à prier pour telle ou telle fin indiquée, l'assemblée répondait toujours par ce mot qui dit tout : *Seigneur, ayez pitié*.

Le nombre de ces invocations n'a pas été toujours déterminé : on les répétait autrefois tant que duraient les prières préparatoires et les encense-

(1) Art. 1, § 1, page 119.

ments; depuis, on a calculé largement le temps nécessaire, et on les a réduites à neuf. Cette répéti-tion a pour but d'enflammer le désir du pardon; et comme le désir et la confiance doivent aller toujours croissant, à l'exemple de l'aveugle de Jé-richo qui criait avec plus d'ardeur à mesure que la foule semblait vouloir étouffer sa voix, le chant du chœur va *crescendo*, pour exprimer la persévérance de la prière.

Les trois premières invocations sont adressées au Père, les trois secondes au Fils, les trois dernières au Saint-Esprit; même prière, pour professer l'unité de nature en Dieu; nombre distinct, pour professer la distinction des personnes divines; nom-bre égal, pour publier leur égalité parfaite dans les perfections infinies. Déjà quelle riche méditation pour la piété, dans cette prière si simple, et qui passe trop souvent inaperçue! — Ce n'est pas tout; adressons-nous successivement au Père, au Fils, au Saint-Esprit, et disons dans l'effusion de nos cœurs: *Seigneur* qui m'avez créé, *ayez pitié* de l'ouvrage de vos mains; *Seigneur* qui me conservez la vie, *ayez pitié* de ma santé, de mes travaux, de mes peines; *Seigneur* qui me jugerez, *ayez pitié* de ma fragilité et de mes misères. *Christ* qui m'avez racheté, *ayez pitié* de votre brebis qui périt malgré un salut si abon-dant; *Christ* qui êtes le prêtre du sacrifice, *ayez pitié* de mon cœur qui doit sacrifier avec vous; *Christ* qui êtes ma victime, *ayez pitié* de tout moi-même, que je dois unir à votre oblation. *Seigneur*, Esprit de lumière, *ayez pitié* de mes ténèbres; *Seigneur*, esprit de force, *ayez pitié* de ma faiblesse; *Seigneur*, esprit de sainteté, *ayez pitié* du peu de profit que je tire

de vos grâces; après cela qu'on vienne se plaindre
de la longueur des offices solennels, et que l'on dise si
le chant qui accompagne l'oblation sacrée, n'est pas
un secours merveilleux pour savourer de pareils
accents! — La messe basse vous laisse-t-elle moins de
temps pour exprimer le suc de ces paroles, au moins
ne vous lassez pas de les répéter avec ardeur ; jetez
bien vite *trois cris de pardon* dans le passé de votre
vie, *trois cris de secours* dans le présent de votre
existence, et *trois cris de miséricorde* dans l'avenir de
votre salut.

§ IV. — Du *Gloria in excelsis.*

Les accents de pardon que nous venons d'analyser,
rappellent les désirs de la venue du Libérateur ;
mais, comme les temps sont accomplis et le salut consommé, l'Eglise les fait suivre en tout temps de
l'hymne de la louange, excepté dans les jours consacrés à la pénitence ou à célébrer l'avénement du
Sauveur, et dans les offices dépouillés de toute solennité.

Autrefois, l'évêque seul pouvait dire cette hymne
à la messe, parce que le *salut* de gloire et de paix
qu'elle énonce ne devait être donné à l'assemblée
chrétienne que par le pontife, dont la dignité représente plus vivement la personne de Jésus-Christ.
Aussi, est-ce à cause de l'expression du *Gloria in
excelsis* qui publie la paix aux hommes de bonne volonté, que les évêques, auxquels était réservée dans
les premiers temps la célébration des saints mystères, saluaient le peuple par le souhait de la paix,
au lieu de dire : *Que le Seigneur soit avec vous;* ils
ont conservé l'usage de cette salutation distinguée,

toutes les fois qu'ils récitent le *Gloria in excelsis* à la messe. Depuis, on a permis aux prêtres de dire cette hymne le jour de Noël, ensuite le jour de Pâques et aux fêtes ; enfin, tout prêtre la récite aujourd'hui, à moins que les rubriques ne prescrivent de l'omettre. Mais pour conserver quelque vestige de l'ancien usage, le prêtre termine toujours le salut de l'assemblée par ces mots : *Que le Seigneur soit avec vous*, et l'évêque par ces mots : *Que la paix soit avec vous*.

Cette hymne est donc un *salut* plein de joie et très-détaillé, dont le *salut* direct du peuple n'est que la conclusion et le sommaire. Cette prière de louange est de la plus haute antiquité ; avant de la dire à la messe, on la récitait dans les prières particulières des fidèles, puis dans l'office de matines ; elle est tout entière dans les *Constitutions apostoliques*, sous le titre de *Prière du matin ;* c'était le réveil des fidèles, comme elle a été le réveil des bergers pour aller à Jésus-Christ. Les premières paroles du *Gloria in excelsis* ont été apportées du ciel par les anges, car la terre n'en a jamais pu proférer de semblables ; le reste est comme l'extension et le développement de ce grand début, et cette paraphrase a été composée par les docteurs ecclésiastiques. Les Grecs appellent cette hymne la grande *Doxologie*, ou parole de gloire, pour la distinguer de la petite, *Gloria Patri,* qui termine les psaumes.

Le *Gloria in excelsis* se récite au milieu de l'autel : le prêtre l'entonne comme le ciel en a chanté le début, et le chœur, avec l'Eglise de la terre, en continue le riche développement. A la messe basse, l'on se contente de réciter tout d'un trait. On élève les mains en commençant, pour indiquer d'élever les cœurs *jusqu'au plus haut des cieux*, et on les réunit aussitôt, comme pour saisir *la paix et la bonne volonté*. On s'incline là où la prière adore, rend grâces et rappelle le nom du Sauveur; l'assemblée se lève et se prosterne à ces mots : *Recevez notre très-humble demande*; et l'on termine par le signe de la croix.

L'hymne commence par un exorde pompeux et solennel qui expose le sujet, et indique la division avec noblesse et simplicité : *Gloire à Dieu au plus haut des cieux, et sur la terre paix aux hommes de bonne volonté.* Le péché avait ravi au Seigneur la gloire qu'une créature raisonnable lui doit rendre par son obéissance et son amour; l'homme plongé au fond de l'abîme ne pouvait plus rattacher de lui-même, jusqu'au plus haut des cieux, cette chaîne de dépendance qui l'unit au Créateur; le sang des victimes et le sien propre étaient impuissants pour venger cette gloire méprisée, et pour rendre aux désirs de l'homme la paix et le bonheur; mais par la rédemption Dieu a trouvé un adorateur digne de lui et une expiation suffisante : et par le sacrifice de la messe, qui continue l'œuvre de la rédemption, l'homme trouve la paix du ciel et tous les biens qui y conduisent. Que ce début est magnifique! comme il exprime parfaitement ce que Dieu a droit d'exiger de gloire, et ce que nous pouvons désirer de paix et de bonheur !

Les anges de la terre ont paraphrasé ce double sujet, et d'abord la *gloire rendue à Dieu* par Jésus-Christ immolé.

En conséquence, s'écrie l'Eglise, *nous vous louons*, Seigneur, comme le sujet inépuisable de notre admiration pour vos grandeurs infinies; *nous vous bénis-*

sons, comme la source de toute grâce, avec un cœur plein de reconnaissance ; *nous vous adorons*, pleins de respect et d'amour pour notre souverain bien ; *nous vous glorifions*, en souhaitant que tout ce qui est en nous et hors de nous soit employé à votre service ; *nous vous rendons grâces à cause de votre grande gloire*, vous remerciant humblement de l'auguste victime dont vous tirez une gloire infinie, et nous une paix surabondante. Où trouver des élans plus vifs, plus pressés, plus ardents en présence du Seigneur ? Et quelle liaison admirable dans ces expressions brûlantes ! La *louange* est l'acte de l'esprit pressé d'admiration, la *bénédiction* est l'effusion du cœur comblé de bienfaits, l'*adoration* est l'hommage réuni de l'esprit et du cœur pénétrés de respect et de reconnaissance. Mais l'homme ne pouvant trouver en lui-même tout ce qu'il veut et tout ce qu'il sent pour *glorifier* son Dieu, s'efforce d'y suppléer en appelant à son aide toutes les créatures : et parce qu'il ne trouve en lui et hors de lui qu'impuissance et imperfection, il *rend grâces* du moyen ineffable que l'incarnation lui a fourni pour s'acquitter de tous ces devoirs. Oui, c'est par ce Jésus-Christ, continue-t-il, que nous vous rendons louange, bénédiction, adoration, gloire et reconnaissance, *Seigneur Dieu*, *Roi du ciel*, devant qui nous ne sommes que poussière, *Dieu Père tout-puissant*, devant qui nous nous anéantissons de respect et d'amour.

Vient ensuite le détail de cette *paix rendue à la bonne volonté* des hommes, et qui est la fin secondaire de l'incarnation.

Seigneur, Fils unique, ô Jésus-Christ Seigneur Dieu, Agneau de Dieu, Fils du Père : voilà tous les titres de celui qui, égal à Dieu, lui a rendu une gloire digne de sa majesté, et qui, devenu Agneau de Dieu et des hommes, nous a rendu la paix. *Vous qui effacez les péchés du monde* comme prêtre et comme victime, *ayez pitié de nous,* de notre misère et de notre impuissance ; *vous qui effacez les péchés du monde* par l'effusion et l'application de votre sang, *recevez notre très-humble prière* au saint sacrifice, et obtenez-nous la paix la plus parfaite. Maintenant que *vous êtes assis à la droite du Père,* continuant d'offrir votre sang et d'intercéder pour nous comme médiateur, *ayez pitié de nous,* et appliquez à notre bonne volonté les fruits de votre mort. Le rang suprême que vous occupez, Seigneur, n'est pas seulement le motif de notre juste confiance, il est encore le sujet de nos louanges intarissables ; oui, c'est avec raison que vous êtes assis à la droite de Dieu ; c'est à bon titre que nous comptons sur votre médiation toute-puissante, *parce que vous êtes le seul saint,* le pontife innocent et sans tache, *le seul Seigneur,* à qui le Seigneur a dit : Asseyez-vous à ma droite ; *le seul très-haut,* plus élevé que les cieux par votre divinité et par votre humanité sainte.

Et voici la conclusion de cette belle prière, qui se termine avec le signe de la croix, par l'invocation de l'adorable Trinité : *ô Jésus-Christ,* vous partagez cette sainteté, cette souveraineté, cette grandeur infinie, *avec le Saint-Esprit dans la gloire de Dieu le Père. Ainsi soit-il.* L'Eglise, à la fin de cette première partie du sacrifice, ne pouvait pas nous amener plus heureusement à ce *salut* de paix, qui va ouvrir, par une effusion de vœux mutuels, l'instruction liturgique qu'elle donne à ses enfants.

CHAPITRE II.

—

DE L'INSTRUCTION PRÉPARATOIRE AU SAINT SACRIFICE.

Cette instruction comprend la collecte, l'épître, le graduel, l'*alleluïa*, le trait, la prose, l'évangile, le prône et le *Credo*.

Nous n'avons encore franchi que les marches de l'autel, sans entrer dans les puissants secrets du Seigneur et dans la profondeur de ses mystères ; et déjà cependant quelle haute idée nous avons dû concevoir de cette scène sublime, que de sentiments religieux se sont pressés dans notre cœur ! Nous devons cette grande impression aux prières de l'Eglise, si simples en apparence et si riches de fonds : avouons que si elles étaient ainsi connues et méditées, la foi serait plus vive, l'amour de Dieu plus ardent et plus généreux. L'instruction qui résulte du culte public bien compris est touchante et populaire ; elle parle à la fois aux yeux et au cœur ; elle est souvent unique pour l'habitant des campagnes, et elle est la dernière ressource de l'indifférent qui ne veut pas profiter de la parole de Dieu. Combien donc devient-il important d'approfondir ce cours public de religion que contient la messe, et d'apprendre enfin par là ce que Dieu a fait pour nous, et ce que nous devons faire pour lui.

La seconde partie de la messe, l'*instruction*, est de

la plus haute antiquité. Saint Justin, qui écrivait au commencement du deuxième siècle, parle très-clairement, et comme d'une coutume généralement établie, des prières que l'on faisait avant l'oblation, de l'épître, de l'évangile et du prône. La préparation publique n'a été introduite que successivement, mais toujours l'instruction a précédé et commencé le sacrifice. Elle dispose le prêtre et les fidèles à s'unir *moralement* à l'oblation ; elle doit servir à changer l'esprit et le cœur ; elle doit immoler d'avance dans le cœur de l'homme ce qui doit y être détruit, pour qu'il s'unisse plus dignement à la victime adorable. Ici, comme partout, l'Eglise procède par ordre, et l'intérêt va toujours croissant : d'abord c'est une lecture des écrits des prophètes ou des apôtres, qui est précédée de la prière et suivie d'une courte réflexion; puis une lecture puisée dans l'Evangile, et faite avec grande pompe de préparations et de cérémonies ; enfin, vient l'exhortation pastorale appelée *prône*, exhortation qui est faite du haut de la chaire, et suivie de la profession publique du symbole de la foi.

§ I. — De la Collecte précédée du salut de l'assemblée.

Que l'on ait dit ou non le *Gloria in excelsis*; que l'on ait développé tout le bien qu'un Dieu nous apporte par le renouvellement de sa Passion, ou que l'Eglise prescrive de supprimer ce magnifique développement, on en concentre toujours l'expression vive et abondante dans le *salut* de l'assemblée conçu en ces termes : *Que le Seigneur soit avec vous.* Ce salut d'honneur et d'affection que le prêtre fait aux fidèles avant de prier ou d'instruire, est le gracieux début de toutes les collectes et de toutes les exhortations ; et, si l'on veut méditer un instant cet avis qui revient si fréquemment dans les réunions chrétiennes, on sera saisi d'admiration en entendant une recommandation si noble et si pieuse. *Le Seigneur avec nous,* c'est toute la gloire du Seigneur s'élevant de nos âmes jusqu'au plus haut des cieux ; c'est toute la paix de Dieu descendant d'en haut jusqu'au plus profond de nos cœurs ; et Marie, au moment où elle fut choisie pour être la mère du Rédempteur, n'a pas reçu du ciel de plus grandes et de plus belles félicitations.

Si nous considérons maintenant ce *salut* dans les gestes qui l'accompagnent, il est précédé du baiser de paix puisé sur l'autel, recueilli pour ainsi dire de la bouche de Jésus-Christ ; il est donné en étendant ses bras vers les assistants comme pour leur ouvrir le sein de la miséricorde, et en refermant les bras comme pour les presser dans le sein de la charité ; il est rendu enfin avec cet accent de respect affectueux : *Et qu'il soit avec votre esprit,* que le Seigneur soit le lien d'union entre vous et nous ; que notre cause soit commune, et que notre docilité soit attentive à votre recommandation.

Ici, ce *salut* est l'annonce de l'instruction ; il y dispose d'une manière parfaite, en ne montrant dans celui qui instruit qu'une supériorité de tendresse et d'affection qui tempère la supériorité de mission et d'enseignement. Cette formule précédait toutes les lettres ou épîtres des apôtres : *Grâce et paix de la part de Notre-Seigneur,* comme elle précède encore aujourd'hui les lettres épiscopales : *Salut et bénédic-*

tion en Notre-Seigneur Jésus-Christ. Mais l'instruction doit être préparée et fécondée par la prière; c'est pour cela que le prêtre fait entendre aussitôt cette parole : *Oremus, prions,* réunissons-nous devant Dieu dans une seule âme et dans un même cœur.

A cet avertissement solennel, le prêtre s'est déjà rendu au côté droit de l'autel pour réciter la collecte, ou les collectes, si l'ordre de l'Office demande qu'on en récite plusieurs. C'est à cette place qu'il lira tout ce qui va suivre jusqu'à l'évangile, parce que cette partie de la liturgie était lue ou écoutée autrefois hors de l'autel.

Le mot *collecte* signifie assemblée, et cette prière de la messe est ainsi appelée parce qu'elle est faite sur les fidèles réunis, pour les fidèles réunis, et spécialement au nom des fidèles réunis. C'est en ce même sens que la messe est appelée par les anciens Pères *collecte* ou *synaxe,* comme si l'Eglise nous indiquait par ce seul mot son désir de voir ses enfants toujours réunis dans le culte public, et l'heureux effet de son sacrifice qui est offert pour tous les chrétiens, même dans les messes les plus privées. La *collecte* est l'assemblage, le recueil, le précis, le sommaire de toutes les demandes particulières, qui s'épurent, pour ainsi dire, dans ce foyer, et se prêtent mutuellement toute la force de l'union; aussi le prêtre qui officie est-il nommé dans certains auteurs : *celui qui fait le sommaire de la prière.* Ce que nous allons dire de la collecte s'applique à la secrète et à la postcommunion; nous n'aurons plus qu'à indiquer en temps et lieu ce que ces autres prières ont de spécial et de distinct.

A ne considérer les collectes que sous le rapport de leur antiquité et des auteurs ecclésiastiques qui les rédigèrent, elles se présentent environnées du respect et de la ferveur des temps apostoliques. Les plus anciennes sont celles que l'on récite en si grand nombre le Vendredi Saint ; celles de la plus grande partie des dimanches de l'année sont extraites des Sacramentaires de saint Ambroise et de saint Grégoire ; et encore ces deux grandes lumières de l'Eglise d'Occident nous avertissent qu'ils ont allumé le flambeau de la prière publique aux lampes des catacombes, et que leurs missels ne sont que la rédaction des traditions les plus vénérables. Ajoutez que le style des collectes est riche dans sa simplicité, précis dans son abondance, exact dans ses développements, admirable dans l'accord de la doctrine et de la morale ; son tour piquant et sentencieux se retient facilement, comme les maximes ; et l'accent de la voix de l'Eglise est ici tellement marqué, qu'il n'a pas été donné de l'imiter dans les prières les plus touchantes composées par les simples fidèles.

Voici comme on récitait la collecte et les oraisons dans les temps anciens. On donnait le sujet de la prière, et l'on avertissait par le mot d'ordre, *prions*, de s'y livrer en particulier ; l'assemblée se prosternait pour le faire, à ces paroles : *Fléchissons les genoux ;* après un intervalle donné, on se relevait à cette injonction : *Levez-vous ;* le célébrant récitait l'oraison collective qui devenait le précis de ce qu'on avait dû demander en secret, il la terminait par l'invocation du nom et des mérites de Notre-Seigneur, et le peuple ratifiait le tout par l'acclamation : *Amen, Ainsi soit-il.* La liturgie a conservé ce mode antique le Vendredi Saint ; en voici un exemple :

« Prions, mes très-chers frères, Dieu le Père tout-

» puissant, qu'il purifie le monde de toute erreur ;
» qu'il chasse les maladies et la famine ; qu'il brise
» les liens des prisonniers ; qu'il accorde le retour
» aux voyageurs, la santé aux malades, le port du
» salut à ceux qui sont sur mer... Fléchissons les
» genoux... Levez-vous... Dieu tout-puissant, éter-
» nel, force et consolation des malheureux, écoutez
» les prières de ceux qui crient vers vous dans toute
» tribulation, afin que tous se réjouissent d'avoir ob-
» tenu votre miséricorde dans leurs nécessités ; par
» Notre-Seigneur Jésus- Christ... Ainsi soit-il. » l'E-
glise emploie à peu près la même formule dans les
jours de pénitence solennelle, pour les oraisons qui
précèdent la lecture des prophètes.

Maintenant, dans les collectes ordinaires qui précèdent l'épître, on se contente de l'avertissement
Prions, auquel on joint l'élévation et la réunion des
mains comme symbole de prière et de ferveur. Cependant le prêtre tient encore les mains élevées en
récitant l'oraison, pour indiquer la direction persévérante que l'esprit et le cœur doivent prendre vers
le ciel, et pour copier l'attitude de Jésus-Christ
priant sur la croix. En terminant la collecte par l'invocation du nom du Sauveur, le prêtre rejoint les
mains, indice naturel d'un redoublement d'instances, et d'une modeste assurance de saisir les biens
qu'il demande par une si puissante médiation.

Les biens que l'on sollicite à la messe sont les biens
du ciel en général, la grâce d'un mystère ou la vertu
d'un saint particulier ; les faveurs temporelles ne sont
demandées qu'en passant et comme devant nous conduire aux joies éternelles. Or, il y a six choses à remarquer dans les collectes dont les détails ont toute

leur extension (nous allons appliquer un exemple pris de l'oraison du onzième dimanche après la Pentecôte). 1° Celui à qui on s'adresse, c'est Dieu le Père, de qui procède tout bien et tout don parfait : *Dieu tout-puissant et éternel ;* 2° le motif que l'on fait valoir pour obtenir : *Qui dans l'abondance de votre bonté dépassez les mérites et les demandes de ceux qui vous implorent* ; 3° la grâce que l'on sollicite nettement : *Répandez sur nous votre miséricorde ;* 4° le but où la prière veut en venir en dernier résultat : *Afin que vous pardonniez ce que redoute notre conscience, et que vous ajoutiez ce que notre prière n'ose pas vous demander ;* 5° la conclusion qui se termine toujours au nom et par les mérites du Sauveur : *Par Notre-Seigneur Jésus-Christ votre Fils, qui, étant Dieu, vit et règne avec vous en l'unité du Saint-Esprit, dans tous les siècles des siècles ;* 6° l'acclamation de l'assemblée qui ratifie tous les détails et tout l'esprit de la prière commune : *Ainsi soit-il, amen.*

Cet *amen* est donc un consentement donné solennellement à ce que la prière exprime ; mais prenons-y garde, il faut que le cœur et les dispositions ne démentent pas cette ratification. L'Eglise demande que la grâce nous convertisse : en disant *amen*, il faut vouloir se convertir ; elle demande que nous habitions d'esprit et de cœur dans le ciel : en disant *amen*, il faut vouloir y habiter ; que la foi, l'espérance et la charité s'augmentent : en disant *amen*, il faut vouloir cet accroissement. O mon Dieu, que sont au pied de votre autel les *amen* du sensuel, du mondain dissipé, de l'avare, de l'hypocrite, du vindicatif et de l'ambitieux ? sinon une témérité que le cœur condamne, une contradiction qui vous outrage, un endurcissement dont on ne s'aperçoit déjà plus, ou une routine de réponse qui naît et expire sur les lèvres. Pensons à ce que nous disons devant Dieu, et qu'à cette parole *ainsi soit-il*, si souvent répétée, nous entrions généreusement dans le sens de la prière, qu'elle change nos cœurs et améliore nos dispositions, et que le Seigneur lui-même, ratifiant cet *amen* de la terre, nous réponde à son tour qu'il nous soit fait ainsi que nous l'avons voulu.

§ II. — De l'Epître.

Les Juifs commençaient l'assemblée du sabbat dans leurs synagogues par des lectures tirées du livre de Moïse et des prophètes : les premiers chrétiens suivirent cet exemple dans la réunion du dimanche pour le sacrifice. On aurait pu sans doute s'en tenir à la lecture de l'Evangile dès qu'il fut rédigé ; mais il était important de montrer aux fidèles l'accord de l'ancien et du nouveau Testament, il convenait de faire précéder la parole de Dieu même par les écrits de ses envoyés. C'était, dans cet ordre de lectures, comme un abrégé de la suite de la religion, où Dieu, après avoir parlé en mille manières par ses prophètes, nous parla en dernier lieu par son Fils, qui est la splendeur de sa gloire.

Au commencement du second siècle, on trouve l'usage bien établi de commencer la réunion chrétienne par les écrits des prophètes et les commentaires des apôtres, que l'on lisait tant que l'heure le permettait ; mais on ne tarda pas longtemps à régler ces lectures pour la mesure et l'ordre. D'abord on lisait de suite les livres sacrés, s'arrêtant à cer-

taines divisions indiquées, et l'on n'intervertissait
cette suite que dans les fêtes, afin qu'il y eût plus de
rapport entre la lecture et la solennité : à peu près
comme il se pratique encore pour la lecture de l'E-
criture sainte dans l'office divin. Plus tard, tout fut
réglé dans les moindres détails, comme nous le voyons
aujourd'hui, pour la correspondance de l'épître et
de l'évangile avec le temps de l'année ou les fêtes
que l'on célèbre.

La première lecture de la messe est appelée *épître*,
lettre, ou *apôtre*, parce qu'elle est le plus souvent, et
presque tous les dimanches de l'année surtout, tirée
des lettres canoniques des apôtres. Elle conserve
cette dénomination générique même dans les messes
où elle est tirée des autres livres de l'ancien et du
nouveau Testament ; du reste, on ne lit plus rien
pour l'instruction liturgique qui ne soit pris de
l'Ecriture sainte, bien que dans les premiers temps
les apôtres aient permis d'emprunter ces lectures
aux lettres des Eglises ou des hommes apostoliques.

Le choix des épîtres a toujours rapport au mystère, à la fête, ou à l'évangile qui doit suivre : il suffit
pour s'en convaincre d'ouvrir le missel à première
vue. Ainsi le jour de l'Epiphanie, l'Eglise fait lire
ce fameux passage d'Isaïe où l'arrivée des mages et
la nature de leurs présents sont si clairement annon-
cées ; ainsi le jour de sainte Marie-Madeleine, on lit
le passage du Cantique qui peint si admirablement
le zèle et l'ardeur pour trouver Jésus-Christ ; ainsi
le neuvième dimanche après la Pentecôte, où l'évangile traite de la ruine de Jérusalem que la sainteté de
son temple n'a pu sauver, l'épître de saint Paul dé-

clare que tous les Israélites ne sont pas entrés dans
la terre promise, par cela seul qu'ils avaient été dirigés par la nuée, qu'ils avaient traversé la mer
Rouge, mangé la manne céleste, et bu de l'eau mystérieuse du rocher : et de tout cela l'Eglise conclut
que nous ne pouvons éviter la ruine et arriver au
ciel que par le saint usage du temple et des dons de
Dieu.

Malgré toutes ces nuances que la piété doit s'ef-
forcer de saisir, le fond de l'épître comme de l'évangile a pour but ultérieur de préparer l'immolation
morale de l'homme, de purifier le cœur des fidèles,
et de le rendre digne d'être offert en sacrifice avec
Jésus-Christ. Le prêtre lit l'épître à haute voix, il a
les mains appuyées sur l'autel ou sur le livre pour
preuve de son attachement inviolable à la parole
sainte ; le peuple s'assied en signe de recueillement
et d'attention. On commence par annoncer l'auteur :
*Lecture de l'épître de l'apôtre saint Paul.....Lecture du
prophète Ezéchiel ;* la lecture se faisait au milieu de
l'assemblée sur un pupitre élevé, de là le nom de *lectrin*, puis *lettrin* et *lutrin* donné aujourd'hui au pupitre qui s'élève au milieu du chœur. Enfin l'on termine l'épître par cette réponse : *Grâce à Dieu*, pour
remercier le Seigneur de l'instruction que l'on vient
de recevoir.

Quelle plus digne et plus juste préparation au
sacrifice ! Il faut purifier l'âme pour y participer, et
la parole sainte opère cette purification en soumettant
l'esprit aux vérités de la foi et la volonté aux ordres
de Dieu : car pour participer à l'eucharistie, disait
saint Justin, il ne suffit pas de croire et d'être régé-
néré par le baptême : il faut encore *vivre comme Jésus-*

Christ l'a enseigné (1). Moïse, avant de consommer l'alliance figurative et de répandre sur le peuple le sang des victimes, prit le livre de la loi, lut à haute voix les commandements du Seigneur, et fit jurer au peuple d'y être fidèle ; de même à la messe, avant de répandre sur nos âmes le sang de l'alliance nouvelle et éternelle, l'Eglise lit la loi, l'explique et exige une profession de fidélité. Que l'instruction solennelle de la liturgie nous fasse donc approcher de l'autel avec une foi pleine et un cœur vrai, disposé à se blanchir dans le sang du Médiateur.

Pour arriver plus facilement à ces dispositions heureuses, commençons par lire ou écouter l'épître avec respect, c'est la parole des plénipotentiaires de Dieu ; avec une humble simplicité, car c'est Dieu qui nous parle dans la lecture, comme c'est nous qui lui parlons dans la prière ; avec désir de changer nos dispositions, car c'est le but et l'essence du sacrifice spirituel que nous devons unir à la divine oblation. Appliquons-nous à démêler ce but dans l'instruction que l'Église nous donne, et nous le trouverons sans beaucoup de peine, surtout si nous avons soin en lisant de nous adresser ces questions : Que dois-je faire dans tout cela pour approcher dignement de l'autel ? que veut aujourd'hui l'Eglise de la docilité de ses enfants ? sur quelle disposition intérieure insiste-t-elle davantage ? Alors nous aurons donné l'attention véritable, et nous répondrons avec effusion du cœur : *Grâce à Dieu ! Deo gratias !*

_____

(1) *Apol.* II.

§ III. — Du Graduel, de l'*Alleluia*, du Trait et de la Prose.

Comme il serait encore trop difficile au commun des fidèles de recueillir dans la lecture ce qui convient à la solennité, au temps, au sacrifice, et d'exprimer d'une manière juste les sentiments qu'elle a dû faire naître, l'Eglise y supplée par l'application de quelque passage de l'Ecriture qui revient au sujet. C'est par le psaume du graduel, de l'*alleluia* ou du trait, qu'elle nous fait faire ces réflexions utiles ; et comme il y a le plus souvent rapport entre l'épître et l'évangile, ces réflexions semblent tout à la fois destinées à tirer du fruit de la lecture de l'épître, et à nous préparer à la lecture de l'évangile. Ne serait-ce pas pour nous apprendre à rechercher cette grâce de la lecture que le sous-diacre après l'épître, dans les messes solennelles, demande la bénédiction du célébrant, et que, dans les messes pontificales, les choristes vont après le chant du graduel recevoir celle de l'évêque?

Le psaume ou la fraction de psaume qui suit l'épître s'appelle *graduel* (*gradus*, degré), parce qu'il se chantait sur les degrés du lectrin ou lutrin, à la place où l'on venait de lire, comme pour indiquer qu'il était la suite et la pensée principale de la lecture, qu'il s'y rattachait comme la méditation se rattache au sujet proposé.

Il faut remarquer ici que chaque lecture dans l'église est suivie d'un psaume ou d'un passage de l'Ecriture, qui en est le résumé et le fruit ; que ce psaume de résumé tire sa dénomination du mode dans lequel on le chante. Ainsi, le psaume qui suit la lecture doit-il être dialogué à deux chœurs égaux, on l'appelle *antienne ;* doit-il être chanté partie par le chœur, partie en solo, avec reprise et réclame, on l'appelle *répons ;* ce répons doit-il être chanté sur les degrés du lutrin, on l'appelle *graduel ;* doit-il être précédé et suivie de l'acclamation de joie, on l'appelle *alleluia ;* enfin le psaume doit-il être chanté tout en solo et d'une seule tenue, *tractim,* il reçoit dans ce dernier cas le nom de *trait.* Mais quelque nom qu'il porte, quelle que soit la manière de le réciter, c'est toujours une réflexion qui doit nous appliquer le fruit de la lecture. Remarquons en passant que l'Eglise a puisé dans la nature ces diverses manières de chant et de récitation ; la joie veut se répandre, se partager, s'exciter à l'envie : et les psaumes de joie se récitent à deux chœurs, à plein chœur, avec des reprises et des acclamations qui en sont comme les refrains sacrés; le monologue, au contraire, la solitude et le ton languissant conviennent à la tristesse, au repentir : et l'Eglise fait chanter en solo et en trait les accents de deuil et de pénitence.

Dans les temps ordinaires, on dit entre l'épître et l'évangile le psaume du graduel et le psaume de *l'alleluia ;* au temps pascal, on récite deux psaumes précédés et suivis de l'acclamation de joie ; depuis la Septuagésime jusqu'à Pâques, le graduel est suivi d'un trait; enfin dans les principales solennités, on chante une *prose* après *l'alleluia.*

Ainsi donc le *graduel* est une réflexion de piété qui a trait à l'épître ou à l'évangile du jour, on doit le réciter dans ce sens ; en voici un exemple : le dimanche de la Quinquagésime, où l'Eglise lit dans l'épître de saint Paul les caractères de l'amour de

Dieu et du prochain, et dans l'évangile la guérison de l'aveugle de Jéricho, on trouve pour graduel ces paroles : « Vous qui craignez le Seigneur, espérez en » lui, et sa miséricorde viendra vous réjouir ; vous qui » craignez le Seigneur, aimez-le, et vos yeux seront » éclairés. » Il n'est personne qui ne saisisse au premier abord toute la justesse de cette réflexion.

Si l'on est dans un temps de deuil et de pénitence, le psaume qui prépare immédiatement à la lecture de l'évangile se chante sur un mode triste et lugubre, et les paroles répondent à cette tristesse ; ainsi, au dimanche que nous venons de citer pour le graduel, l'Eglise a choisi ces paroles du trait : « Sei-» gneur, mon Dieu, éclairez mes yeux pour que je » ne m'endorme jamais dans la mort, pour que l'en-» nemi de mon salut ne puisse dire : Je l'ai emporté » sur lui ; ceux qui m'affligent se réjouiront si je suis » ébranlé, mais j'ai espéré dans votre miséricorde. » C'est comme si l'on disait à Dieu : Seigneur, cet aveugle dont je vais lire la guérison m'offre l'image de ma cécité spirituelle ; je ne comprends pas assez ce que vous demandez de moi : éclairez par votre saint Evangile les yeux de mon âme, et que le démon ne puisse se glorifier de m'avoir abattu et défait jusqu'au pied de vos autels.

Hors de ce temps de pénitence, la bonne nouvelle du salut inspire la plus vive allégresse, et le psaume qui prépare à la recevoir s'appelle l'*alleluia*. Ce mot est hébreu ; il signifie *louez Dieu ;* mais on l'a conservé dans l'idiome qui lui est propre, parce qu'on ne peut rendre dans aucune langue la joie et l'enthousiasme qu'il exprime. Saint Jean nous apprend que cette acclamation retentit mille fois autour de

l'autel du ciel, et l'Eglise l'a placée, à la messe, en
tête des transports qu'elle fait éclater à la vue du
saint Evangile. Les paroles qui coupent ce double
cri de joie ont un rapport plus direct au passage du
livre sacré qui va être lu dans l'assemblée chrétienne.
Exemple pris du troisième dimanche après l'Epiphanie, à l'occasion de la double guérison du lépreux
et du serviteur du centenier : « Alleluia, alleluia,
» mon âme, bénissez le Seigneur qui guérit toutes
» vos infirmités, alleluia. » Autre exemple tiré de la
messe du ciel : « Alleluia, salut, gloire et puissance à
» notre Dieu..... Et ils dirent encore une fois : Alle-
» luia. » Ces paroles et d'autres semblables nous préparent admirablement à écouter le sujet de l'évangile, et nous indiquent d'avance l'application que
nous en devons faire à nos besoins spirituels.

Le dernier *alleluia* est suivi d'une traînée de notes
sans paroles sur la dernière voyelle *a* : cette suite de
sons inarticulés s'appelle *neume* ou respiration pro-
longée. On l'appelle encore *séquence*, ou suite de l'*alleluia, jubilus* ou jubilation, d'après saint Augustin.
C'est un vif désir de s'unir à ce qui a été exprimé,
de déclarer que c'est ineffable, et que le cœur voudrait le répéter sans cesse malgré son impuissance ;
c'est le langage musical dans lequel la voix quitte le
récitatif et l'expression, pour se laisser entraîner à
l'accent de l'âme et à ses inexprimables mouvements.

Dans les fêtes principales, on omet ce *neume* ou
séquence, et l'on y substitue la *prose*, qui était appelée
pour cette raison *séquence*, ou suite de l'*alleluia*. Cette
prose est l'exposé du mystère du jour, ou de la vie et
du martyre d'un saint : c'est ordinairement un chant
de triomphe dont l'Église veut accompagner la publi-

cation de l'Évangile. — La *prose* est une espèce
d'*hymne*, du genre de celles qui se chantent dans le
cours de l'office divin ; mais voici ce qui les distingue
et les différencie. L'hymne est assujettie à un rhy-
thme rigoureux et réglé, qu'elle conserve le même
jusqu'à la fin : le style des proses est moins sévèrement mesuré, la cadence en est plus libre, souvent rimée et variable dans sa mesure. L'hymne a
une marche grave, pompeuse, quelquefois égale à la
majesté de l'ode : la prose est plus simple, plus
naïve ; on reconnaît de suite que c'est une poésie
populaire. Le chant de l'hymne a toujours une certaine gravité : le chant des proses est joyeux, vif,
propre à répandre l'allégresse dans l'assemblée et
facile à retenir. Lorsqu'il y a une invocation dans le
cours d'une hymne, on se contente de ralentir le
chant, qui ne change pas : dans les proses, quand
elles se terminent par une prière, le chant prend
tout à coup l'accent majestueux d'une humble demande qui invite à se recueillir et à se prosterner.
Enfin, la prose est en général une instruction douce
et facile, qui se retient comme la simplicité des cantiques, et qui s'imprime avec la joie et la douceur de
la cadence. Le diocèse de Paris et la plupart des diocèses de France ont des proses pour toutes les fêtes
solennelles ; le missel romain n'en compte que
quatre : celles de Pâques, de la Pentecôte, du Saint-
Sacrement et de la Messe des morts.

§ IV. — De l'Evangile.

Nous sommes arrivés au second degré de l'instruction préparatoire au sacrifice : et ce degré est le plus
élevé, puisque le prône n'est que l'explication de

l'évangile, et que le symbole n'est que le résumé des
enseignements de la foi. Si les Juifs effrayés par
l'éclat du Sinaï disaient à Moïse : Que le Seigneur
ne nous parle pas lui-même, de peur que nous mourions; nous autres chrétiens, pour qui a paru la
bonté et l'humanité du Verbe fait chair, nous disons
à Dieu avec confiance : Que Moïse et les prophètes
se taisent désormais, que l'apôtre fasse place à celui
qui l'envoie ; parlez, Seigneur, vos paroles sont esprit
et vie : heureux si nous les mettons en pratique,
car celui qui garde la parole divine ne mourra pas
éternellement.

Évangile veut dire *bonne et heureuse nouvelle :* il
suffit d'ouvrir ce livre précieux pour se convaincre
que le titre le plus juste lui a été donné. Le prêtre
quitte le côté droit de l'autel et de l'épître, où il est
demeuré jusqu'à ce moment, pour se rendre au côté
gauche, appelé le côté de l'évangile. La raison de ce
déplacement était, dit-on, pour laisser libre le côté
droit, où l'on allait apporter les oblations ; quoi qu'il
en soit, la raison mystérieuse a prévalu. Le côté de
l'aquilon, qui est la gauche dans les églises bien
orientées, signifie dans l'Écriture le souffle glacial
du démon que le souffle de Jésus-Christ a vaincu : et
c'est en signe de cette victoire que l'on porte
comme en triomphe le missel de ce côté, et que l'on
y publie la défaite de l'ennemi du salut; aussi le
livre doit-il être placé, non pas en regard de l'autel
comme à l'épître, mais de côté pour regarder le nord
autant que possible. Le côté gauche signifie encore
dans le style sacré le côté des pécheurs, qui seront
placés un jour à la gauche du souverain Juge. Or,
comme on va lire *l'heureuse nouvelle* de la rédemp-

tion du Sauveur qui est venu appeler les pécheurs à la pénitence, on récite l'évangile de ce côté pour publier la volonté de Dieu, qui veut que tous parviennent au salut. Cette raison générale et édifiante convient partout, même dans les temples où l'autel n'est pas tourné vers l'orient.

Mais le ministre du sacrifice a besoin de s'arrêter au milieu de l'autel, il comprend toute la préparation que demande l'annonce de la parole même du Seigneur; c'est pourquoi il s'incline profondément en face du tabernacle et de la croix, et dit dans cette posture humiliée : *Purifiez mon cœur et mes lèvres;* mon cœur, car le pécheur ne doit pas publier vos oracles; mes lèvres, car une bouche criminelle est indigne de raconter vos merveilles; *Dieu tout-puissant* dont je vais devenir l'apôtre, l'ambassadeur et l'organe, *qui avez purifié les lèvres du prophète Isaïe avec un charbon ardent* (1). Votre prophète avait gardé le silence quand il devait intimer vos ordres, ses lèvres étaient souillées par une lâcheté coupable : mais voilà qu'après l'aveu de sa faiblesse, un séraphin purifia la bouche de votre serviteur Isaïe avec un charbon pris sur l'autel du ciel, charbon ardent qui était le symbole du repentir et de l'amour divin. Seigneur, je me trouve dans une nécessité plus grande encore : malheur à moi si je ne publie pas l'évangile, et trois fois malheur si je le publie avec une conscience souillée. Soyez donc touché de mon aveu et de mon regret, que votre saint ange vienne me purifier par une étincelle de repentir et d'amour, qui, jaillissant de votre autel, passe de mes lèvres

(1) Isaïe, vi.

jusqu'au fond de mon cœur. *Daignez me purifier ainsi par votre pure miséricorde* dont je suis très-indigne, *afin que je puisse annoncer dignement,* pour moi et pour mes frères, *votre saint évangile,* cette nouvelle sainte qui va réjouir nos esprits et changer nos cœurs : *Par Notre-Seigneur Jésus-Christ, Ainsi soit-il.*

Le prêtre continue, toujours dans la même attitude de supplication : Que ce ne soit pas seulement votre grâce qui m'accompagne, ô mon Dieu, *que le Seigneur* lui-même, qui est un feu purifiant et consumant, *soit dans mon cœur et sur mes lèvres ;* que je ne fasse que lui prêter un cœur docile et une langue pure, *afin que j'annonce dignement et comme il faut son Evangile. Ainsi soit-il.* Ces deux prières conviennent principalement au ministre de l'évangile ; mais les fidèles doivent y prendre leur part, en demandant la grâce d'écouter avec docilité et de profiter d'un si saint enseignement. Cœurs distraits par les agitations de la terre, lèvres souillées par le commerce du monde, vous n'avez pas moins besoin, pour ne pas dire plus, de rechercher sur l'autel ce feu divin qui éclaire, qui consume l'iniquité, et qui s'embrase dans la méditation.

Maintenant, ô prêtre, relève-toi plus digne et plus confiant ; et qu'à ce signal l'assemblée se tienne debout : car la *bonne nouvelle* va retentir dans tous les cœurs.

Que le Seigneur soit avec vous, fidèles, renouvelez votre attention particulière ; excitez une volonté plus généreuse. *Et qu'il soit avec votre esprit,* répond le peuple ; nous sommes attentifs ; nous rendons vœu pour vœu.

Le prêtre poursuit : *Commencement* ou *Suite du saint Evangile selon N.....* Ici, on cite le nom de l'auteur ; car l'évangile a été rédigé par quatre écrivains sacrés qui en ont donné chacun le récit : ces auteurs sont saint Matthieu, saint Marc, saint Luc et saint Jean. A ces paroles simples et imposantes qui sont le début de la lecture, prêtre et fidèles expriment sur eux-mêmes trois signes de croix : le premier sur le front, déclarant qu'ils ne rougiront jamais de la parole sainte ; le second sur la bouche, déclarant qu'ils sont prêts à la confesser à la face du ciel et de la terre ; le troisième sur le cœur, déclarant qu'ils veulent y attacher leur volonté, et en faire la règle de leur conduite. Puis, se tournant vers l'autel et vers Jésus-Christ, on répond : *Gloire à vous, Seigneur*, de nous avoir appelés des ténèbres à votre admirable lumière ; gloire à vous, qui allez nous instruire et nous sanctifier.

Il n'y a d'exception dans l'énoncé du titre que pour le récit des souffrances du Sauveur ; alors on dit avec une simplicité sublime : *Passion de Notre-Seigneur Jésus-Christ, selon N.*, et l'on ne répond rien, étant comme abîmé dans la douleur qu'inspire déjà un tel récit, et muet de reconnaissance à la vue d'une si prodigieuse charité.

Si la date du trait de l'évangile n'est pas précise, on commence ainsi : *En ce temps-là, Jésus...* ; si la date est indiquée dans le texte, on l'annonce avec précision : *L'an quinzième de l'empire de Tibère César....*

On a lu l'évangile à la messe, dès qu'il a été écrit ; au deuxième siècle, la mesure de ce que l'on en devait lire n'était pas encore réglée, elle l'était déjà du temps de saint Grégoire pape, et c'est à peu près l'ordre que nous conservons aujourd'hui. Du reste, l'Eglise a disposé les traits du saint évangile selon l'ordre des mystères, des fêtes et des divers temps de l'année, faisant de la sorte passer sous nos yeux tout le récit de la vie du Sauveur. Pendant l'Avent, elle nous présente la préparation évangélique par la prédication de saint Jean ; de la Septuagésime au Carême, les grands sujets de la parole de Dieu et du salut ; pendant le Carême, les dispositions graduées de la pénitence ; au temps de Pâques, le discours après la cène ; dans les mystères et dans les fêtes, les traits épars qui y sont appropriés ; enfin, dans les dimanches ordinaires, les miracles et les instructions de Jésus-Christ, pour nous faire croître dans la connaissance et dans la grâce du Sauveur. — Outre cette vue générale, l'Eglise, dans le choix des Evangiles, a un but particulier, qui se dirige au sacrifice, et qui invite à unir quelque disposition spéciale à l'immolation de la victime sacrée, par exemple : une prière plus ardente, ou une humilité plus profonde, ou une charité plus active, ou une crainte plus salutaire des jugements de Dieu, et ainsi du reste. Il faut donc remarquer, en lisant l'Evangile : 1° le sujet en lui-même ; 2° son rapport avec le temps ou la solennité ; 3° sa suite et sa liaison avec l'ensemble de l'année chrétienne ; 4° sa relation au sacrifice que nous devons offrir à Dieu. Si la méditation des fidèles ne peut aller jusque-là, c'est au pasteur, dans l'explication qu'il fait du saint texte, de révéler ces trésors cachés de la science et de la sagesse d'en haut ; c'est à lui de convertir cette nourriture solide en un lait pur et nourrissant,

Tout ce qui a précédé jusqu'ici, prières, psaumes, lecture des prophètes et des apôtres, n'est donc qu'un *magnifique* prélude qui représente les quatre mille ans d'attente avant Jésus-Christ. L'Evangile est la *plénitude* des temps : c'est notre Dieu qui parle lui-même comme il parlait aux jours de sa vie mortelle, et qui parle pour tous les siècles. Rien ne change et ne se modifie dans ce texte divin; les vicissitudes du temps, l'amélioration des mœurs et des lois, les progrès de la civilisation, ne peuvent y rien ajouter ou retrancher. C'est le code le plus parfait, la loi immuable, l'alliance éternelle; c'est le livre qui enchante le sauvage, qui police le barbare et qui éclaire les siècles les plus féconds ; toutes les nations de la terre, quelles que soient leûrs mœurs, leurs formes de gouvernement, se reposent à l'ombre de cet arbre ; c'est le fruit de vie : quiconque en mange et sait le goûter, y trouve saveur, vérité, repos de l'esprit et paix du cœur ; c'est la source unique de toute consolation sur les bords du fleuve de larmes qui prend sa source au berceau de l'homme, qui baigne le cours de sa vie, et ne va se perdre que sous la pierre de son sépulcre. Aimons donc ce livre béni, que ses paroles soient dans notre mémoire, dans notre bouche, dans notre cœur ; et chaque fois que nous les lisons à la messe, baisons avec respect, comme le prêtre, le texte sacré, désirant y coller notre vie, et rendre à Jésus-Christ gloire et reconnaissance par cette réponse : *Louange à vous, ô Jésus-Christ!* Cette réponse doit être un élan de cœur, un besoin de l'âme transportée d'admiration ; gloire à Dieu donc pour une doctrine si parfaite, pour une morale si consolante, pour nos droits au ciel reconquis, pour le chemin du bonheur retrouvé, pour la vie éternelle assurée à de faibles efforts! Toutefois, l'admiration seule serait stérile : allons au fait. C'est la conversion du cœur que l'évangile doit opérer, comme il a opéré la conversion du monde; c'est le péché qu'il doit détruire, et la justice éternelle qu'il doit apporter; disons encore avec foi et désir : *Que par les paroles évangéliques* fidèlement pratiquées *nos péchés soient effacés;* que Dieu change notre vie, si contraire à ce que nous venons de lire et d'entendre.

Depuis le commencement du chapitre deuxième, qui nous occupe en ce moment, nous avons donné de suite l'ordre que l'on garde à la messe basse; nous reprenons ici ce qu'il y a de particulier aux messes hautes solennelles.

Le prêtre chante le *Dominus vobiscum* et les collectes; tout le peuple y répond en chantant. Vers le milieu du *Gloria in excelsis*, ou du *Kyrie,* si l'on ne doit pas dire l'hymne des anges, le sous-diacre se lève et va chanter l'épître au lieu destiné à cette lecture.

Ce lieu de la lecture s'appelait *ambon.* C'était une petite construction placée entre le chœur des chantres et la nef, et auquel on arrivait des deux côtés par quatre ou cinq degrés. Quelquefois il y avait deux *ambons,* un pour l'épître et un plus élevé pour l'évangile; ce n'est que dans la suite qu'on les a réunis en arc à une certaine hauteur. De cet *ambon,* on faisait la lecture et la prédication; et parce que le lecteur, avant de commencer, demandait la bénédiction du célébrant par ses mots : *Jube, Domne, benedicere,* le peuple appela *jubé* le lieu même où le lecteur répétait si souvent ce mot. Quelques églises conservent encore ce *jubé* qui traverse l'entrée du

chœur : on peut en voir un modèle remarquable
dans l'église Saint-Etienne du Mont, à Paris. Il reste
aussi quelques vestiges de ces *ambons* placés à droite
et à gauche entre le chœur et la nef, et élevés de
quelques marches au-dessus du sol; mais lorsqu'on
est réduit à une extrême simplicité, on se contente
d'un pupitre mobile que l'on place différemment
pour l'épître et pour l'évangile. Le lieu élevé destiné
à la prédication est maintenant une chaire placée
au milieu de la nef pour mieux être entendu des
fidèles.

Cependant le célébrant lit en particulier l'épître
et tout ce qui suit jusqu'à l'évangile, comme il l'a
fait à la messe basse; et, sans baiser le texte sacré, ce
qu'il fera plus tard, il revient à son siége, accompagné des ministres de l'autel. Après l'épître, le chœur
chante le graduel, les *alleluia* ou le trait, et la prose,
si l'on doit la chanter. Vers le milieu de ces fragments
de psaumes, qui servent, comme nous l'avons dit,
de réflexions à la première lecture et de dispositions
à la seconde, un grand mouvement s'opère dans le
sanctuaire : tous les ministres inférieurs se sont levés;
le diacre s'avance jusqu'à l'autel, où il se prépare
à chanter solennellement l'évangile. Nous ne pouvons mieux faire connaître les détails de cette
pompe, qu'en montrant parallèlement la différence
que l'Eglise a établie dans les cérémonies extérieures
qui accompagnent le chant de l'épître et de
l'évangile.

Le sous-diacre s'est levé pour l'épître, et, à l'exception de quelques ministres qui le précèdent dans
les plus grandes solennités, ce mouvement s'est à
peine fait sentir dans l'assemblée; le diacre se lève,

11

et à ce signal tous les clercs s'agitent et se préparent. Le sous-diacre est monté simplement à l'autel, a pris le livre de lecture, et, après les saluts convenables, il s'est dirigé seul et sans insignes au lieu où il doit chanter l'épître; le diacre monte à l'autel, prend le livre sacré, le dépose au milieu comme sur un trône, fléchit les genoux, et, profondément incliné, récite la prière : *Purifiez mon cœur et mes lèvres...* Il se relève, prend le livre qu'il appuie sur son cœur, va se mettre aux pieds du célébrant, comme pour demander à Jésus-Christ, dans sa personne, l'autorité de la mission évangélique ; prenant, pour ainsi dire, son congé d'ambassadeur, le diacre dit au prêtre : *Ordonnez, mon père, que je sois béni,* vous qui êtes le représentant de Dieu, faites descendre sur moi la grâce d'un si saint ministère; et le prêtre répond en exprimant sur le diacre le signe de la croix : *Que le Seigneur soit dans votre cœur et sur vos lèvres...* En même temps on présente à bénir l'encens qui doit brûler bientôt par honneur pour le saint Évangile. Ici se déploie une marche solennelle : la procession est ouverte par l'étendard de la croix, dont le mystère occupe tout le récit évangélique ; l'encens bénit va bientôt fumer et s'élever en signe de la bonne odeur de Jésus-Christ, les flambeaux brillent dans la main des céroféraires pour embellir le cortége du Dieu qui est la lumière du monde et la lumière de la vie; tous les ministres inférieurs quittent l'autel et le célébrant, et précèdent avec le sous-diacre le héraut qui va proclamer l'heureuse nouvelle; enfin paraît le diacre, portant élevé et comme en triomphe le livre de la grâce et du salut; à cette vue, l'assemblée entière se lève, pénétrée de respect et de vénération.

Arrivé au lieu de la lecture, le sous-diacre s'était placé à droite, indiquant par là l'imperfection de l'alliance préparatoire et de la loi ancienne ; le diacre se place à gauche, du côté des pécheurs, pour montrer la plénitude de la nouvelle alliance, et l'abondance de la loi de grâce proposée à tous sans exception. A l'annonce de l'épître, l'assemblée s'est assise pour écouter dans un simple recueillement ; à l'annonce de l'évangile, l'assemblée déjà levée se tourne vers le livre, sans égard même pour l'autel, et, à la voix du diacre, tous jusqu'au célébrant ne paraissent occupés que du respect et de l'attention dus à la parole de Dieu. Le titre de l'épître était simple et sans réponse ; le titre de l'évangile a plus d'éclat, il est précédé de l'avertissement solennel du recueillement. A ces mots : *Saint Évangile.....* le signe de la croix est exprimé sur le front, sur la bouche et sur le cœur ; et, tandis qu'on rend hautement *Gloire au Seigneur*, le diacre encense le livre sacré, ou est lui-même encensé à cause de la sainteté de son ministère. Pendant la lecture, le sous-diacre tient les mains appuyées sur le livre ; pendant l'évangile, le diacre les tient jointes pour plus de respect. L'épître, il est vrai, est la parole des hommes inspirés de Dieu, reconnus pour tels par un jugement infaillible de l'Eglise ; mais l'Evangile est la parole de Dieu même : il contient la vie du Sauveur, sa doctrine, ses miracles, ses vertus, ses souffrances, sa gloire. L'épître, enfin, n'est suivie que d'un simple *remerciment ;* l'évangile, d'une acclamation de *louange*.

On revient dans le même ordre à l'autel et avec la même solennité ; le sous-diacre se dirige vers le prêtre, portant le livre saint qu'il lui présente tout ouvert à baiser. En signe de la dignité de sacrificateur, le diacre lui offre de l'encens, pour l'avertir que plus que tous les chrétiens il doit répandre la bonne odeur de la connaissance de Dieu. *Voici les paroles saintes*, dit-on au célébrant en lui montrant le texte de l'Évangile; il le baise, et il répond avec ardeur : *Je le crois et le confesse*.

Telle doit être l'heureuse conclusion de la lecture de l'Évangile; oui, voici les paroles saintes, couvronsles de respect, d'amour et de docilité; voici les paroles saintes, à quelque moment qu'elles retentissent dans l'église, au cantique *Benedictus* de laudes, au cantique *Magnificat* de vêpres, au cantique *Nunc dimittis* de complies, témoignons toujours la même vénération : voici les paroles saintes ; que l'Evangile nous soit cher, qu'il devienne le manuel des chrétiens, par une lecture assidue, par une méditation fréquente. Chaque fois que nous avons le bonheur de le lire ou de l'entendre réciter, disons de tout notre cœur : Je crois et je confesse ; je crois fermement que c'est Dieu qui parle, et qu'il a les paroles de la vie éternelle ; je confesse ces vérités sans respect humain, je veux surtout les professer par ma conduite et vivre d'une manière digne de l'Evangile (1).

---

(1) On doit se conformer à quelques rites particuliers qui se rencontrent dans la récitation de l'épître ou de l'évangile, comme de *fléchir le genou* à certains passages qui expriment l'adoration, de *baiser la terre* vers la fin de la passion. Il faut ajouter que le respect pour ces lectures sacrées demande qu'on les suive sans se livrer à d'autres prières ; les statuts synodaux de Paris blâment sévèrement ceux qui osent prier pendant l'épître et l'évangile, et qui croient leurs chétives prières meilleures et plus efficaces que celles de l'Eglise universelle.

§ V. — Du Prône.

C'est une haute et salutaire pensée, qui n'appartient qu'au christianisme, de rassembler les hommes chaque semaine, à jour fixe, pour leur faire goûter leurs devoirs, et leur apprendre le vrai moyen d'être heureux en cette vie et en l'autre. Les temples païens ne retentissaient que de chants au milieu de la pompe des sacrifices ; les synagogues mosaïques avaient leurs lectures, suivies de discussions et de conférences entre les docteurs ; mais les seules églises de Jésus-Christ entendent parler et instruire avec l'autorité de Dieu, avec la simplicité du Sauveur : la religion chrétienne a une chaire, et c'est la chaire de vérité ; elle a une éloquence propre, et c'est l'éloquence du cœur.

Le jour de l'Epiphanie, à la messe solennelle, le diacre, après l'évangile, se tourne du côté de l'orient, et annonce l'époque de Pâques en ces termes : *Votre charité saura, mes bien-aimés frères, que, par la miséricorde de Dieu et de Jésus-Christ Notre-Seigneur, nous célébrerons la Pâque du Seigneur le... du mois de...* L'Eglise a décidé que la Pâque des chrétiens se célébrerait le dimanche après la pleine lune qui suit l'équinoxe du printemps, et non le quatorzième jour de cette même lune, comme le pratiquaient les Juifs. Elle veut, dit le quatrième concile d'Orléans, en 741, que cette Pâque soit célébrée partout le même jour, et que l'époque fixe en soit annoncée dans l'église le jour de l'Epiphanie, après avoir pris d'avance les instructions de l'évêque à ce sujet. C'est pour conserver quelque trace de cet usage antique que les évêques marquent expressément la fête pascale en tête de l'*ordre* rédigé chaque année pour la célébration de l'office divin. Aujourd'hui qu'il n'y a plus de difficulté à ce sujet, cette annonce solennelle de Pâques avertit les fidèles de s'y préparer bien à l'avance : et le jour de la manifestation de Jésus-Christ aux Gentils devient aussi le jour de la manifestation des desseins de Dieu, qui attend à l'époque de Pâques notre entière et sincère conversion.

Institution sublime, qui ne frappe plus notre admiration parce que nous sommes trop accoutumés à ses bienfaits ; mais institution qui ravirait l'esprit et le cœur des anciens sages, si, transportés tout à coup dans nos églises un jour de dimanche, il leur était donné de voir ce que nous voyons et d'entendre ce que nous entendons. Institution heureuse, qu'envieraient à la discipline catholique les politiques les plus profonds et les législateurs les plus amis de l'humanité ; mais institution qu'ils s'efforceraient en vain d'introduire et d'accréditer parmi les hommes, si Dieu lui-même n'en était le fondateur !

Le *prône,* qui suit naturellement la lecture de l'évangile, et qui en est le développement, forme à la messe paroissiale le troisième degré de l'instruction liturgique. Le prône est fait par l'évêque ou par le chef des paroisses particulières : aussi, celui qui fait cette solennelle exhortation est-il revêtu de l'étole, insigne de l'autorité pastorale ; car c'est ici la voix, l'accent, le cœur du pasteur. Le curé ne fait que remplacer l'évêque, et le prêtre secondaire y tient la place du curé.

Le mot *prône* vient du grec, et signifie la partie antérieure du temple que nous appelons la *nef.* On a donné aux prières, annonces et instructions qui se font du haut de la chaire, au milieu de la messe paroissiale, le nom de *prône,* du lieu où elles sont faites : ainsi l'a voulu l'usage qui détermine en maître les différentes manières de s'exprimer. Cette pratique remonte aux premiers jours de l'Eglise, où nous voyons les fidèles persévérant dans la doctrine des apôtres, dans la communion de la fraction du pain et dans la prière. Nous citerons bientôt les autorités qui établissent cet usage antique et vénérable.

Le saint concile de Trente ordonne aux pasteurs de faire aux peuples cette instruction familière et paternelle, surtout les dimanches et les fêtes ; mais cette obligation est relative, elle suppose pour les fidèles le devoir d'y assister. L'on doit entendre le prône comme on doit entendre la messe paroissiale, puisque la messe n'est messe de paroisse que parce que le prône y est joint ; autrement que signifierait cet avertissement que renferment nos rituels : « Vous êtes avertis » que, selon le saint concile de Trente, tous parois- » siens aient soin d'assister assidûment à la messe pa- » roissiale, aux prônes et instructions qui se font en » leurs paroisses les saints jours de dimanches ? » Ah ! sans vouloir ici discuter le précepte, ou discuter sur le temps où il oblige, sans prétendre à des dispenses ou à des distinctions qui nuisent toujours à l'édification générale, et qui nous privent des grâces attachées aux paroles du pasteur ; honorons-nous de la simplicité de la foi, gênons-nous pour procurer à nos frères un saint exemple que nous leur devons à proportion que notre rang est plus élevé. Il n'y a que des motifs réels et graves qui doivent nous éloigner quelquefois de l'assemblée commune, et qui puissent nous dispenser de ne pas remplir toujours les devoirs de paroissiens zélés. Ces devoirs sont trop ignorés, dit un auteur célèbre, et cependant ils sont très-nécessaires, puisqu'ils contribuent essentiellement à l'édification publique, puisqu'ils nous réunissent si parfaitement dans l'exercice d'un même culte, puisqu'ils nous assurent des instructions solides et appropriées à nos seuls besoins, puisqu'ils influent efficacement sur les mœurs par le bon exemple.

Le prône se compose de trois parties : 1° des

prières publiques précédées d'un exposé de la réunion chrétienne et de l'énumération de tous les besoins; 2° des annonces de l'Église, des mandements de l'évêque, et des avis du pasteur secondaire ; 3° de la lecture de l'évangile en langue vulgaire, et de l'instruction dont cette lecture est suivie.

I. Après avoir fait et exprimé le signe de la croix, l'on publie d'une voix intelligible l'objet de l'assemblée, en ces termes, ou en d'autres équivalents, selon la formule usitée dans chaque diocèse :

Chrétiens, mes frères, nous sommes ici assemblés en ce saint jour de dimanche ; c'est un fait que l'Eglise suppose et publie. Saint Justin témoignait déjà, au deuxième siècle, de cette convocation générale, et les conciles de tous les siècles s'élèvent avec vigueur contre ceux qui s'absentent, et avec plus de sévérité encore contre ceux qui en détournent les fidèles. Nous sommes réunis devant Dieu ; nous avons quitté nos travaux, notre commerce, nos affaires, les soins et les agitations d'ici-bas ; nous venons adorer le Seigneur en corps de société, de peuple et de famille ; et pourquoi ? parce que c'est le saint jour de dimanche, le jour du Seigneur, le jour qui lui appartient, le jour qui a été fixé par les apôtres pour la réunion chrétienne. Et que venons-nous faire ici dans ce grand jour ? Nous venons *pour le sanctifier par des œuvres de piété et de religion, et principalement par le sacrifice du corps et du sang de Jésus-Christ.* Entendez-vous, fidèles indifférents ? Vous vous contentez de messes particulières et privées, et l'Eglise vous déclare que vous devez être à la grande et solennelle réunion. Vous vous contentez de l'assistance à la messe pour sanctifier le dimanche ; vous laissez à d'autres les ins-

tructions et les offices, et l'Eglise vous déclare que la
meilleure partie du saint jour doit être consacrée à
des œuvres de religion et de piété; que le sacrifice
n'est qu'un acte déterminé, il est vrai, spécialement
dans le précepte, mais un acte qui ne suffit pas et
qui ne saurait vous dispenser des autres exercices.

Viennent ensuite les détails de la fin du sacrifice
que nous offrirons à Dieu, pour l'adorer, pour le remercier, pour solliciter notre pardon, et pour demander tous les secours de l'âme et du corps; que
nous présenterons au Seigneur comme le trésor de
tous les mérites d'un Dieu mort, ressuscité et vivant
au ciel : par lequel nous allons unir le ciel à la terre,
faisant monter notre oblation et nos vœux jusqu'au
trône du Seigneur, et recevant en échange de nos
cœurs toutes les bénédictions et les grâces célestes.
Pour cela, il faut s'approcher de l'autel avec respect
et confiance, il faut bien comprendre ce qui va s'y
passer ; membres de Jésus-Christ, nous allons exercer son divin sacerdoce ; membres de Jésus-Christ,
nous allons devenir victimes avec lui, en union avec
la grande société de ses enfants qui combattent encore
sur la terre, ou qui règnent déjà dans le ciel.

Que ce début est magnifique! comme il précise à
merveille nos devoirs et nos prérogatives de chrétiens! Quel admirable exposé du dogme et de la morale du sacrifice ! Il est à regretter seulement que
cette sublime exhortation soit reçue comme le prélude obligé et ennuyeux dont on se dédommage en
ne l'écoutant pas, ou même en se livrant à des lectures étrangères.

Dans l'Eglise, le touchant est voisin du sublime;
la bonté pour nos frères se trouve toujours liée aux

transports de la foi et de la charité envers Dieu. Entendez-vous la voix de l'Eglise qui descend de la haute région où elle vient de nous placer, de cet autel sublime autour duquel ne retentit que l'accent de l'adoration, de la reconnaissance et du bonheur, pour nous ramener bientôt au pied de l'autel de la terre? Là tout gémit : et la puissance qui chancelle sans l'appui du Très-Haut, et la faiblesse qui pleure sans remède lorsque Dieu ne vient pas la consoler, et la sagesse qui s'égare sans la lumière céleste, et le pauvre qui travaille en vain si le Seigneur ne lui accorde le pain de chaque jour. Entendez-vous cette voix de mère qui demande union, concorde, paix, tranquillité, qui prie pour les supérieurs spirituels et temporels, qui énumère avec amour les besoins de la veuve, de l'orphelin, du captif, du voyageur, du pauvre, de l'opprimé, du malade, du juste et du pécheur? L'Eglise a retenu cette heureuse pratique de la recommandation de saint Paul, de la tradition des Tertullien, des Arnobe, des Athanase, des Yves de Chartres, et de tous les siècles. Les hommes se rassemblent pour se réjouir, pour traiter les affaires, pour supputer les intérêts matériels, pour s'instruire dans les sciences, pour faire des lois, pour les appliquer aux coupables; l'Eglise seule rassemble les hommes pour leur rappeler tous les besoins de l'ordre spirituel et de l'ordre social, pour les intéresser à toutes les misères de l'humanité. Ecoutons donc avec plus de respect cet appel général à la miséricorde et à la prière, et nous serons touchés du spectacle attendrissant qu'offrent en ce moment nos temples au ciel, à la terre, et même au monde frivole et corrompu. Après un peu de réflexion, nous serons élec-

trisés d'une pratique sans exemple, que la vérité
seule a pu introduire parmi les hommes.

A la voix de l'Eglise qui demande des prières pour
tous ses enfants, l'assemblée se lève comme un seul
homme, et récite la prière générale renfermée dans
le psaume 122ᵉ.

« Seigneur, je ne vois sur cette terre que troubles,
faiblesses, misère et douleurs : l'énumération que
l'on vient d'en faire ne le prouve que trop : c'est
pourquoi *je lève les yeux vers vous, qui habitez dans
les cieux*. Mes yeux demeurent fixés sur votre main
puissante qui peut nous secourir, comme les yeux
du serviteur et de la servante sont attachés sur les
mains de leurs maîtres pour être attentifs au moindre
signe. Ayez pitié de nous, car nous sommes l'opprobre
et la risée des heureux du siècle : ils se moquent de
la simplicité du juste ; notre conduite leur paraît une
folie ; pour eux le dimanche est un jour comme un
autre, nos solennités un spectacle ennuyeux ; les supérieurs, ils les méprisent ; la puissance, ils lui in-
sultent ; ils ne veulent ni paix ni concorde, autre
que celle qui protége leurs fortunes et leurs plaisirs ;
dans l'attente des fruits de la terre, ils ne regardent
que les nuées et le vent. Dans la maladie, ils ne con-
naissent que le médecin ; dans la pauvreté, que le
murmure ; dans la prison, que la révolte ; dans l'a-
bandon, que le désespoir. Mais nous, Seigneur, nous
avons levé les yeux vers vous : ayez pitié de nous,
sauvez vos serviteurs, soyez leur force, leur paix,
leur abondance, leur refuge, et rendez efficaces par
votre grâce nos prières humbles et fidèles. »

Suivant la tradition des apôtres et l'usage constant de sa discipline, l'Eglise n'oubliera point ceux

de ses enfants qui sont sortis de cette vie avec le signe
de la foi ; et, si elle fait quelques recommandations
particulières, elle embrasse néanmoins tous les défunts dans son immense charité. L'Eglise demande
encore des prières ; levez-vous, assemblée chrétienne, et renouez par la consolation de la prière publique les liens que la mort a brisés.

Psaume 129. « Oui, du fond de l'abîme du tombeau, nous prêtons notre voix aux fidèles trépassés :
Seigneur, écoutez cette prière, n'observez pas à la
rigueur leurs iniquités, rafraîchissez leur espoir ;
car la miséricorde et la rédemption sont abondantes
en vous, et vous rachèterez Israël de toutes les dettes
qu'il a contractées. Nous vous demandons cette grâce
par l'intercession de la bienheureuse Marie et de tous
les saints : que les âmes de tous les fidèles défunts
reposent en paix ! »

II. A la seconde partie du prône, la voix mater-
nelle de l'Eglise, déjà si noble dans ses accents et si
touchante dans ses supplications publiques, devient
plus douce encore. Ce n'est plus ici sur la grande
société de ses enfants qu'elle domine avec majesté,
réunissant les parties d'un grand tout par le secret
de la prière commune ; vous diriez qu'elle préside
maintenant une simple assemblée de famille, et
qu'après avoir saisi l'ensemble des intérêts, elle aime
à étendre sa sollicitude sur les fractions de cette
famille divisée par diocèses et par paroisses. Le pasteur, qui est l'écho de l'Eglise, et qui préside, sous
l'autorité de l'évêque, telle ou telle portion déterminée du troupeau, annonce 1° les fêtes d'obligation, les jeûnes, les jours d'abstinence qui peuvent se
rencontrer dans la semaine, afin que cet avertisse-

ment en assure l'observation ; les publications de mariage, pour découvrir s'il y a quelque empêchement
canonique ou civil qui s'oppose aux unions des chrétiens : dans tous les cas, cette notification est donnée
afin que l'on prie pour les futurs époux ; comme
aussi pour ceux qui doivent recevoir l'ordination, si
par hasard on publie des bans pour la réception des
ordres sacrés. 2° Il publie les mandements, les lettres,
les avis de l'évêque, qui est le premier et le principal pasteur du diocèse ; il ajoute même quelques
mots, s'il est nécessaire, aux lettres épiscopales, pour
recommander avec instance une exacte et parfaite
obéissance aux ordres ou aux avis qu'elles renferment. En tout temps il est bon, quelquefois prescrit,
de rappeler, de la part de l'évêque, et conformément
aux statuts du diocèse, l'obligation qu'ont tous les
paroissiens d'assister aux messes, prônes, offices
et instructions de leurs paroisses respectives. 3° Enfin, on donne connaissance de ce qui regarde
plus spécialement la paroisse, l'heure et l'ordre des
offices et catéchismes, les fêtes de dévotion qui se
rencontrent, les exercices particuliers qui doivent
avoir lieu dans la semaine. A ces avis généraux, le
pasteur en ajoute de particuliers, et ces avis, qu'il
est seul dans le cas de donner parce que la somme
de la sollicitude pèse sur lui, sont dictés par la sagesse, la prudence et le zèle le plus pur. C'est alors
qu'il s'entretient vraiment comme un père avec ses
enfants, tantôt du soin des pauvres, tantôt de la ré-
paration du temple et des objets du culte. Dans un
temps il parlera des catéchismes ; dans un autre, des
enfants de la première communion ; ici, c'est un
malade qu'il recommandera ; là, une perte récente

qu'il pleurera en famille, un malheur, un incendie
pour lesquels il sollicitera la charité, un abus qu'il
cherchera à déraciner avec prudence, un vice
scandaleux contre lequel il s'élèvera avec force et
douceur ; que sais-je ? mille détails que la vigilance
lui découvrira, et dont il se sentira pressé de parler
à ses frères.

Ainsi, dans cette seconde partie du prône, on passe
en revue les lois générales de l'Eglise, les prescrip-
tions spéciales aux diocèses, les avis particuliers aux
paroisses ; et sous ce dernier rapport, il n'est pas indifférent d'assister au prône dans telle ou telle église
sans distinction, puisque les avis du pasteur doivent
être tellement appropriés à ses brebis, qu'ils puissent difficilement convenir à d'autres, chaque po-
pulation ayant sa physionomie morale bien distincte
et bien marquée.

III. La troisième partie du prône est consacrée à
l'instruction proprement dite; mais cette instruction
doit avoir un caractère propre de simplicité, de familiarité noble, décente et toute paternelle. L'évangile, qui est la parole de Dieu même, et qui est le
point saillant de l'instruction liturgique, devient le
texte ordinaire et le thème presque obligé de l'exhortation pastorale. Aussi en donne-t-on lecture en
langue vulgaire, et pendant cette lecture l'assemblée est debout par respect, tournée non vers l'autel,
mais vers le saint Evangile. Jésus-Christ, dans ses
instructions, nous a donné le genre parfait et le plus
beau modèle du prône ; et dans l'explication de quelques paraboles, il a laissé à ses ministres l'autorité
d'expliquer ainsi sa parole aux fidèles, pourvu que
dans ces explications on né donne rien à l'arbitraire

de l'imagination, mais que l'on suive la tradition de l'Eglise pas à pas.

Cet usage de l'instruction placée au milieu des saints mystères date des temps apostoliques. *Le premier jour de la semaine,* comme on était assemblé pour la *fraction du pain,* saint Paul, entraîné par son zèle, prolonge le discours jusque dans la nuit. L'apôtre bien-aimé se fait porter à l'église dans son extrême vieillesse, et son grand âge ne lui permettant plus de parler longtemps, il veut néanmoins répéter dans chaque *collecte :* Mes petits enfants, aimez-vous les uns les autres, c'est le précepte du Seigneur; si vous l'accomplissez, cela suffit. Tertullien témoigne qu'après les supplications générales et les lectures, on faisait dans l'assemblée chrétienne des exhortations, et que l'on exerçait sur les fidèles la censure divine. Saint Justin trace admirablement la méthode du prône : « Quand le lecteur a cessé, nous dit-il, celui qui préside fait un discours, dans lequel il instruit le peuple et l'exhorte à l'imitation des belles choses qu'on vient de lire. » Nous avons pour modèles, dans les siècles suivants, les homélies sur l'Evangile des Basile, des Chrysostome, des Ambroise, des Augustin, des Grégoire et des autres Pères. C'est en s'appuyant sur cette belle et lumineuse tradition que le concile de Trente veut que les pasteurs expliquent souvent pendant la messe quelque chose de ce qui a été lu, surtout les dimanches et les fêtes; et, entre autres, l'explication du mystère et des fruits du très-saint sacrifice. Il veut encore que dans les solennités, soit à la messe soit aux offices, on explique en langue vulgaire le dogme sacré et les règles du salut; enfin, que l'on s'efforce de graver la parole sainte dans tous les cœurs, et de donner aux peuples une parfaite connaissance de la loi de Dieu.

La coutume presque universelle est d'expliquer au prône l'évangile du jour ou l'épître ; quelquefois on se borne à en extraire une vérité que l'on développe. C'est la marche ordinaire, à moins que l'on n'ait entrepris de donner une suite d'instructions sur la doctrine chrétienne, ou sur le sacrifice de la Messe. Mais le genre le plus rapproché de celui des Pères est de faire l'homélie avec onction et simplicité. Ces homélies, qui ne conservent dans le plan d'autre unité que celle du trait évangélique, fournissent mille détails de foi, de mœurs, de culte, de discipline, qui trouveraient difficilement place ailleurs. La grâce de l'exemple que nous en a donné Jésus-Chrit semble se répandre d'une manière visible sur les fidèles : ils goûtent par-dessus tout ce genre de prédication, le suivent avec attrait à cause du texte qui leur est familier, et s'en impriment plus efficacement le fruit dans l'esprit et dans le cœur.

§ VI. — Du *Credo*.

L'évangile et l'instruction terminent ce qu'on appelait autrefois la *messe des catéchumènes*, c'est-à-dire la suite de préparations, de prières et d'instructions, après lesquelles on renvoyait tous ceux à qui il n'était pas permis d'assister à la *messe des fidèles*. Après le prône, le diacre élevait la voix dans l'assemblée pour faire le renvoi des infidèles, des catéchumènes et des pénitents publics. *Les choses saintes sont pour les saints*, s'écriait-il ; retirez-vous (car le sacrifice redoutable va commencer), vous qui n'avez pas la foi en Jésus-Chirst, et qui n'appartenez pas à la société de ses enfants, vous qui vous préparez à la grâce du baptême et qui ne l'avez pas encore reçue, vous qui avez perdu cette grâce et qui travaillez à la recouvrer par la pénitence, retirez-vous, les choses saintes sont pour les saints. A cette injonction sévère, un mouvement général s'opérait dans la partie inférieure de l'église : juifs et païens, pénitents et catéchumènes, se précipitaient vers les portes du temple ; on les fermait et on les gardait soigneusement, de peur qu'il ne s'introduisît quelque indigne. Ce renvoi était si grave, si solennel, si instructif, si touchant, que le peuple en a donné le nom au sacrifice, qui s'est appelé pour cette raison *le renvoi* ou *la messe*. Et si l'on ajoute à cette cérémonie déjà si imposante toutes les anciennes règles de pénitence canonique, on est saisi de crainte en pensant à la pureté et aux dispositions que l'Eglise exigeait de ses fidèles pour mériter de participer à l'oblation sainte.

Si l'Eglise a relâché la rigueur de cette discipline antique, si elle souffre aujourd'hui au pied de l'autel l'infidèle et le pécheur, gardons-nous de croire que son esprit soit changé, et que son sacrifice ne soit plus aussi redoutable. Craignons cette indulgence, si elle ne produisait en nous qu'une témérité sacrilége, et sachons en profiter, apportant à l'autel l'innocence réparée ou au moins le repentir sincère et efficace. Le souvenir du *renvoi* antique doit aujourd'hui reporter nos pensées vers la grande et dernière assemblée du monde aux pieds de Jésus-Christ ; là, précédé de sa croix, le Seigneur viendra

entouré de ses apôtres et de ses saints : un livre paraîtra aussi avec honneur; il sera lu, on en fera l'application, et les morts seront jugés d'après ce qui
sera écrit dans ce livre ; ensuite se fera le renvoi
terrible et sans appel, l'éternelle séparation des justes
et des pécheurs : les uns seront renvoyés sans espoir,
avec la malédictiou qu'ils auront choisie ; les autres
seront admis à une bénédiction qui les mettra en
possession de la vérité sans mesure et du bonheur
sans fin.

Lorsque la messe des catéchumènes était ainsi
terminée, et qu'il ne se trouvait plus dans l'église
que ceux qui étaient censés avoir conservé la grâce
du baptême, ou l'avoir recouvrée par la pénitence,
on demandait aux fidèles le *symbole,* le signé, la
marque des chrétiens. De là cette expression ancienne : *donnez le signe,* c'est-à-dire, *dites le symbole,*
donnez le mot du guet, le mot d'ordre qui, dans la
milice sainte, distingue le soldat de l'ennemi, et le
chrétien de celui qui ne l'est pas. Outre cette raison,
il a été convenable de terminer l'instruction litur-
giqúe par la profession générale de tous les articles
de la croyance, de faire précéder le sacrifice du cœur
par l'immolation de l'esprit aux vérités de la foi ; il
était juste, au moment de renouveler à la messe tous
les mystères, la vie, la mort, la sépulture, la résurrection et l'ascension du Sauveur, l'effusion de son
esprit, d'en professer dans le symbole l'historique, le
dogme et l'accomplissement. Aussi la pratique s'est-
elle conservée de réciter cette profession de foi tous
les dimanches et fêtes où les chrétiens ont ordre de
se réunir, et de ne pas la réciter tous les jours simples où le concours du peuple n'est pas obligé. On

s'est déterminé encore à dire le *Credo* selon le rapport qu'a le Symbole avec le mystère ou la solennité que l'on célèbre ; par exemple, aux jours des mystères de Jésus-Christ et des fêtes de la sainte Vierge, aux fêtes des apôtres qui ont prêché la foi, et des saints docteurs qui l'ont défendue. Cela suffit pour rendre compte aux fidèles de la rubrique qui tantôt ordonne de dire le *Credo,* et tantôt de l'omettre.

On n'a pas récité le Symbole à la messe durant les cinq premiers siècles, à cause de la solidité de la foi des chrétiens. Au sixième siècle, un évêque de Constantinople ordonna, à cause du progrès de l'erreur des macédoniens, de réciter à toutes les assemblées la formule de foi dressée dans le deuxième concile général. Le troisième concile de Tolède enjoignit que dans toutes les églises d'Espagne on chanterait le symbole de Constantinople, selon l'usage des Eglises d'Orient. Au commencement du neuvième siècle, cette coutume s'introduisit dans les Églises de France et d'Allemagne, toujours par la raison de prévenir les fidèles contre les erreurs répandues. En l'an 1014, on ne le disait point encore à Rome, et les clercs de cette Eglise donnaient pour motif que l'hérésie n'avait jamais infesté leur heureuse contrée ; mais, à la prière de l'empereur saint Henri, Benoît VIII le fit chanter, et maintenant l'usage constant et universel est de réciter à la messe le symbole de Nicée, avec les additions faites par le concile de Constantinople. Il y a eu encore quelques variations sur le moment de la messe où l'on devait dire le *Credo;* le missel Ambrosien le place avant la secrète, les Eglises grecques le chantaient avant la préface. En Espagne on le disait à la petite élévation qui précède le *Pater*, et sainte Marie Egyptienne, au sixième siècle, récita, *selon la coutume*, le Symbole et l'Oraison dominicale avant de recevoir la communion dans le désert. A Rome, en France, en Allemagne et dans toute l'Eglise d'Occident, on a enfin placé convenablement le *Credo* après l'évangile et le prône.

Le prêtre dit le Symbole au milieu de l'autel, le commence avec les mêmes cérémoniés que le *Gloria in excelsis*, fait une génuflexion à ces paroles : *Et il s'est fait homme*, s'incline en disant que le Saint-Esprit est *adoré* conjointement avec le Père et le Fils, et termine par le signe de la croix, pour montrer que c'est le signe abrégé de toute notre croyance, et que c'est par les mérites de la rédemption que nous attendons la résurrection dernière et la vie du siècle à venir.

A la messe haute, le célébrant entonne et publie le début : *Je crois en un seul Dieu ;* le chœur poursuit le reste, qui n'est que le développement de ce prélude. Mais parce que la profession de foi doit être faite par tous, l'ordre romain et la plupart des conciles ordonnent qu'elle soit chantée tout entière par tout le chœur réuni, sans orgues et sans musique. Il conviendrait de chanter le *Credo* debout, pour signe de sa foi, de son courage et de sa fermeté ; mais on tolère que l'assemblée demeure assise, et ne se lève que pour fléchir les genoux à ces mots : *Qui s'est incarné, et qui s'est fait homme.*

Aux messes solennelles, après ces dernières paroles, le sous-diacre va faire baiser au clergé le livre de l'Evangile que l'on a déjà présenté à la vénération du célébrant. Autrefois on le portait, de suite après l'évangile, à baiser aux ministres du sanctuaire et même au peuple, en disant à chacun : *Voici les paroles saintes ;* pour éviter une trop grande lacune, on a remis cette cérémonie pendant le *Credo*, et pour éviter encore toute longueur, on l'a restreinte au clergé qui reçoit l'encens après qu'il a répondu : *Je le crois et le confesse.* Cet encensement doit rappeler aux chrétiens, et particulièrement aux ecclésiastiques, que leur vie doit être conforme à l'Evangile, qu'ils doivent répandre en tout lieu la bonne odeur de Jésus-Christ, et soutenir par des mœurs pures la profession de foi qu'ils font en ce moment. Peu après, le diacre se lève, et va étendre sur l'autel le *corporal* qui est la quatrième nappe de l'autel, destinée à recevoir immédiatement la matière du sacrifice. C'est comme un avertissement donné aux fidèles de se préparer à l'offrande, et surtout de penser que l'oblation sainte est sur le point de commencer.

Ces rites, tout respectables qu'ils sont, peuvent varier selon les usages des différents diocèses; ce qu'il y a d'essentiel ici et ce qui ne saurait varier, c'est de nous appliquer à bien connaître ce que c'est que le Symbole, à bien entendre les vérités qu'il contient, et à les professer avec une foi pure et par une conduite soutenue.

Le *Credo* est l'abrégé de la doctrine chrétienne ; on l'appelle *Symbole*, c'est-à-dire signe, marque de la foi des chrétiens. Le Symbole *des apôtres* a été composé par eux, selon la commune tradition, avant de se séparer pour prêcher l'Evangile par toute la terre ; c'était comme le mot d'ordre qui devait faire reconnaître les fidèles au milieu de la dispersion des Juifs et des gentils. Il n'y en eut pas d'autre pendant les trois premiers siècles ; les chrétiens l'apprenaient par cœur et ne l'écrivaient pas : il était compris dans la loi du secret, et c'est celui que nous récitons dans les prières particulières et à l'office divin. Au commencement du quatrième siècle, lorsque Arius osa attaquer la divinité du Verbe, les Pères du premier concile général, tenu à Nicée en 325, étendirent l'article du Symbole qui regarde le Fils de Dieu, et cette profession de foi fut appelée Symbole *de Nicée.* Quelque temps après, Macédonius osa attaquer la divinité du Saint-Esprit ; ce qui obligea les Pères du deuxième concile général, tenu à Constantinople en 381, d'expliquer l'article du Saint-Esprit, et de donner sur ce point de nouveaux développements à la formule de Nicée ; c'est ce qui a formé la troisième rédaction du Symbole, que l'on devrait appeler Symbole de *Constantinople* ; mais dans la suite on l'a nommé simplement Symbole de Nicée, parce qu'il n'en est qu'une faible extension. C'est celui que l'on récite au milieu de la messe : nous aurons soin d'indiquer en caractères plus forts ce que le concile de Constantinople a ajouté à celui de Nicée. Enfin, depuis les hérésies qui attaquèrent l'essence et les propriétés de la Trinité et de l'Incarnation, un saint et savant auteur, qui est resté inconnu, rédigea un quatrième symbole qui fut trouvé si beau qu'on l'attribua *à saint Athanase,* le plus illustre défenseur de la doctrine orthodoxe. C'est ce symbole que l'on récite à Prime le jour de la sainte Trinité et tous les dimanches simples.

Toutefois n'allons pas conclure de ces développements successifs dans l'énoncé de la croyance que la foi a changé et qu'on a ajouté à la vérité qui est une et immuable ; écoutons à ce sujet Vincent de Lérins

dans le trente-deuxième chapitre de son Commoni-
toire : « L'Eglise, par les décrets de ses conciles, n'a
» voulu et prétendu autre chose, sinon de proposer
» à croire avec plus de précaution les mêmes vérités
» que l'on croyait plus simplement : de faire publier
» avec plus d'instance ce qui était prêché avec plus
» de lenteur : de faire pratiquer avec plus de sollici-
» tude ce que l'on pratiquait avec plus de sécurité,
» avant que la foi ne fût attaquée. L'Eglise, dans ses
» conciles, n'a transmis à ses enfants par écrit que ce
» qu'elle avait appris de ses Pères par tradition. Le
» propre du catholicisme est de s'en tenir au dépôt
» inviolable de la foi, et de condamner avec l'Apôtre
» les nouveautés profanes. » Or, si nous voulons
comparer les symboles de Nicée, de Constantinople,
et celui attribué à saint Athanase, avec le symbole
des Apôtres qui a servi de prototype, nous verrons
qu'on n'y a pas ajouté le plus petit article de foi,
et que l'on n'a fait qu'exposer plus positivement ce
qui était attaqué avec audace et avec péril pour la
croyance.

Mais avant d'entrer dans la courte et simple explication de l'abrégé et de la formule de foi que l'on
récite à la messe, nous ne pouvons nous empêcher
de faire remarquer aux fidèles quel respect mérite la
seule antiquité du Symbole. Qu'il est beau, en effet,
de pouvoir dire que l'on chante aujourd'hui dans
toutes les églises du monde chrétien le même symbole rédigé à Nicée il y a plus de quinze siècles, et
qui est venu d'âge en âge jusqu'à nous sans la moindre
altération ! Quelle est l'instruction humaine qui peut
se glorifier d'une pareille stabilité? C'est que la
parole des hommes, quelque utile et parfaite qu'elle

soit, vieillit, s'altère, tombe en désuétude; c'est que le ciel et la terre passent avec les générations, et que la seule vérité de Dieu demeure éternellement.

Le Symbole se compose d'un prélude, de trois parties distinctes, dont la première regarde le Père, la seconde le Fils, la troisième le Saint-Esprit, et d'une conclusion qui est une acclamation de foi et une ratification expressive de tous les articles que l'on vient de professer; c'est-à-dire que la récitation du Symbole pris dans son ensemble transporte nos pensées dans les hautes régions de la foi, déroule à nos yeux le cours majestueux des choses, et nous montre au commencement les merveilles de la création, dans la plénitude des temps les richesses du salut, à la consommation des siècles les richesses de l'éternité. Venons aux détails.

Je crois en un seul Dieu, voilà le prélude et le sommaire. *Je crois*, je parle au singulier, parce que la foi étant un acte de conviction intime, elle ne saurait être énoncée au nom de tous. *Je crois*, je suis certain à n'en pouvoir douter des vérités que je vais professer, parce que Dieu, la vérité et la bonté par essence, m'a révélé ces articles de foi, et parce que cette révélation extérieure m'est proposée par l'Eglise, c'est-à-dire par une autorité visible qui a reçu de Jésus-Christ toute puissance pour enseigner les hommes. *Je crois en Dieu*, je confesse et son existence et son infaillible vérité : j'ai *en* ce Dieu une entière confiance, et je veux m'attacher à lui comme à mon premier principe, à ma fin dernière, à mon souverain bien. *Je crois en un seul Dieu*, parce que l'unité est essentielle à l'Etre infiniment parfait et à l'intelligence souveraine et indépendante.

I. La foi catholique nous enseigne qu'il y a en un seul Dieu trois personnes distinctes et égales en toutes choses : le Père, à qui on attribue la puissance et les œuvres de la création ; le Fils, à qui on attribue la sagesse et les mystères de la rédemption ; le Saint-Esprit, à qui on attribue la charité divine et les moyens de la sanctification et du salut. Je crois donc en Dieu *le Père,* première personne en Dieu, qui engendre le Verbe qui est son Fils ; *tout-puissant,* parce qu'il est le principe des deux autres personnes, et parce qu'il communique sa toute-puissance et ses perfections au Verbe en l'engendrant, et avec le Verbe au Saint-Esprit qui procède éternellement du Père et du Fils, *qui a fait* de rien LE CIEL ET LA TERRE, qui a créé d'un seul acte de sa volonté tout ce qui entre dans la composition de l'univers, *toutes les choses visibles et invisibles* (1), sans aucune exception. Je crois en ce Dieu, je le crains, je ne crains que lui, j'espère en sa bonté, je tiens tout mon être dans une continuelle dépendance de ses ordres et de ses volontés.

II. L'homme par le péché a interrompu les rapports sacrés qu'il devait avoir avec son Créateur ; il a besoin, dans cet état, d'un réparateur en qui il puisse mettre toute sa confiance. Je crois donc *et en un seul Seigneur Jésus-Christ,* Dieu et homme tout ensemble, notre Seigneur et maître comme Dieu, puisqu'il est la seconde personne de la sainte Trinité, et comme Homme-Dieu, puisqu'il nous a rachetés et

_____

(1) Coloss. 1.

qu'à ce nouveau titre nous lui appartenons. Il s'appelle Jésus, c'est-à-dire Sauveur; Christ, c'est-à-dire oint ou sacré par excellence : car il est le seul prêtre, le seul prophète, le seul Roi, les prêtres, les prophètes et les rois ne tirant que de lui leur onction, leur lumière, leur puissance. *Fils unique de Dieu*, non par adoption comme les hommes, mais par nature, avec les mêmes attributs et la même perfection. *Né du Père*, né de la substance divine, et non tiré du néant : AVANT TOUS LES SIÈCLES, et non pas dans le temps : *Dieu de Dieu,* et non pas créature de Dieu : *lumière de lumière*, consubstantiel à son Père et à son principe qui est la lumière incréée: *vrai Dieu de vrai Dieu,* non par appropriation, mais avec les mêmes caractères essentiels de divinité : *engendré et non fait*, produit par voie de génération spirituelle, seul engendré et par conséquent de la même nature que celui qui engendre : *consubstantiel au Père,* avec qui il n'est qu'une même chose et un seul et même Dieu : *par qui toutes choses ont été faites,* et qui ne peut être mis sans blasphème au nombre des créatures ; il a créé avec le Père et le Saint-Esprit ; et tout ce que le Père fait, le Fils le fait semblablement. Voilà celui qui s'est anéanti jusqu'à prendre la forme des esclaves; prosternons-nous ici de respect, d'admiration, de reconnaissance et d'amour : car c'est *pour nous autres hommes et pour notre salut* que le Verbe éternel *est descendu* DES CIEUX. Mais il ne reçoit pas de l'homme le principe de sa génération temporelle ; il prend seulement de la sainte Vierge, par l'opération du Saint-Esprit qui perfectionne tous les mystères, la substance nécessaire à la formation d'un corps humain ; et il a pris

chair DE LA VIERGE MARIE PAR L'OPÉRATION DU SAINT-
ESPRIT, *et s'est fait homme*. Homme parfait, il a pris
un corps et une âme semblables aux nôtres, et les
a unis substantiellement à sa personne divine ; de
sorte que, de la nature humaine et de la nature divine distinctes en Jésus-Christ, il ne résulte par l'incarnation qu'une seule personne qui est la personne
du Fils de Dieu, et que, par ce mystère, l'Homme-
Dieu peut souffrir et mourir comme homme, et donner comme Dieu un prix infini à ses souffrances et
à sa mort. Ce Dieu n'a pas voulu seulement se revêtir de notre nature, il a pris sur lui la ressemblance
du péché et la responsabilité de nos crimes ; il a satisfait pleinement pour nous à la justice divine en
s'immolant sur la croix. Adorons donc profondément
ce Dieu fait homme, QUI A ÉTÉ AUSSI CRUCIFIÉ POUR
NOUS SOUS PONCE-PILATE, gouverneur de la Judée
pour les Romains, et qui a été livré par les Juifs aux
gentils selon les prophéties ; *qui a souffert* tous les
tourments et la mort ; QUI A ÉTÉ MIS DANS LE SÉPULCRE,
et qui est descendu dans les limbes pour visiter les
justes et les patriarches qui attendaient sa venue et sa
rédemption ; *qui est ressuscité le troisième jour* ; qui a
réuni, le dimanche matin que nous appelons le jour
de Pâques, son âme à son corps, bien que la divinité n'ait jamais abandonné ce corps et cette âme
séparés par la mort. Il a donné sa vie pour détruire
le péché ; il l'a reprise pour nous donner la vie
de la grâce et l'espérance de la résurrection glorieuse ; il est ressuscité SELON LES ÉCRITURES, et ce
miracle, qui est le fondement de la foi et de l'espérance chrétienne, est en même temps l'événement
central auquel aboutissent tous les livres sacrés ; *qui*

est monté au ciel, victorieux et triomphant du péché, de la mort et de l'enfer ; QUI EST ASSIS A LA DROITE DU PÈRE, quant à son humanité sainte ; car étant comme Dieu égal à son Père, il est de plus comme homme placé par sa gloire et sa puissance au-dessus de toute créature : c'est de cette place d'honneur qu'il continue d'offrir son·sang qui a sauvé le monde, et qu'il exerce à jamais les fonctions de médiateur suprême ; *et il viendra encore* AVEC GLOIRE, non plus comme la·première fois couché dans une étable, mais porté avec majesté·sur les nuées du ciel, *pour juger les vivants et les morts,* c'est-à-dire tous les hommes sans exception, leur demandant compte de tant de moyens de salut qu'il a laissés sur la terre ; SON RÈGNE N'AURA POINT DE FIN, ainsi qu'il a été prédit par les prophètes, et que l'ange l'a annoncé à Marie sa Mère.

III. Je crois enfin *et au Saint-Esprit,* troisième personne en Dieu, qui procède du Père et du Fils par voie d'amour, et qui est le lien des deux autres·personnes. Je l'appelle *Esprit* par excellence, c'est le nom qui convient à Dieu : je l'appelle *Saint,* parce qu'il est la source de toute sainteté et la cause de notre sanctification. Le Saint-Esprit est Dieu, égal en toutes choses au Père et au Fils ; c'est ce que le concile de Constantinople proclame en disant que cet Esprit est SEIGNEUR et maître, VIVIFIANT et principe de l'être et de la·vie ; qu'il PROCÈDE DU PÈRE·ET DU FILS ; qu'il EST ADORÉ ET GLORIFIÉ CONJOINTEMENT AVEC LE PÈRE ET LE FILS, et qu'il A PARLÉ PAR LES PROPHÈ- TES, comme Dieu, comme Seigneur et comme maître. Mettons donc toute confiance dans cet Esprit-Saint, qui détache le cœur des objets créés, qui l'éclaire de la lumière de Dieu, qui y allume le feu de l'amour divin, qui nous unit au Seigneur par la grâce et les moyens de la grâce, et qui nous incorpore dans la société de l'Eglise, dont nous allons professer l'existence, les pouvoirs et les bienfaits.

Je crois l'EGLISE, l'existence de la société des fidèles qui, sous la conduite des pasteurs légitimes, ne font qu'un même corps dont Jésus-Christ est le chef. Je crois que cette société est UNE, parce qu'elle professe la même foi, participe aux mêmes sacrements et à la même communauté de biens spirituels, et qu'elle est réunie sous un seul et même chef, qui est le pape, vicaire de Jésus-Christ sur la terre, et successeur de saint Pierre sur le siége de l'Eglise de Rome. Les Eglises particulières ne peuvent avoir également qu'un évêque, et toutes ces fractions du troupeau, avec leurs pasteurs respectifs, se réunissent à la chaire de Pierre qui est le centre de communion et d'unité. Je crois que l'Eglise est SAINTE, parce que Jésus-Christ son chef est la source de toute sainteté, que sa doctrine et ses sacrements sont saints, et qu'il n'y a des saints que dans sa société ; car hors de ce corps, on n'est pas membre de Jésus-Christ, on ne vit pas en Jésus-Christ, on est hors de la voie du salut, puisqu'il n'y a de vie et de salut qu'en ce divin Rédempteur. Je crois que l'Eglise est essentiellement CATHOLIQUE, c'est le titre particulier qui la distingue des autres sectes, et par là j'entends que cette société est universelle, qu'elle n'est bornée ni par les lieux ni par les temps. En effet, elle a l'universalité de communion avec les fidèles de tout l'univers : l'universalité du temps, puisqu'elle a commencé avec le monde, et que Jésus-Christ doit être avec elle tous les jours jusqu'à la consommation des siècles : l'universalité de doctrine, dont elle conserve le dépôt pur et intact : enfin, l'universalité d'union avec ceux qui ont été, qui sont et qui seront les membres de Jésus-Christ, soit qu'ils triomphent déjà dans le ciel, soit qu'ils combattent encore sur la terre, soit qu'ils souffrent dans le purgatoire : cette union spirituelle s'appelle la communion des saints. Je crois que l'Eglise est APOSTOLIQUE, parce qu'elle a été fondée par les apôtres, parce qu'elle conserve la foi transmise par les apôtres, parce qu'elle est gouvernée par les légitimes successeurs des apôtres. Il est certain que l'Eglise de Rome est l'Eglise de Pierre, à cause de la succession non interrompue de ses pontifes depuis le prince des apôtres jusqu'à nous ; c'est pour cela que la véritable société des enfants de Dieu est appelée l'Eglise catholique, apostolique, romaine. Les autres Églises particulières, tant par leurs évêques qui sont les vrais successeurs des apôtres, que par leur union inaltérable avec l'Eglise de Rome, sont les différentes parties de la société catholique, apostolique, romaine : elles forment ensemble un tout admirable, parce qu'elles viennent aboutir au centre d'unité dans la personne du successeur de saint Pierre, chargé par Jésus-Christ de conduire les pasteurs et le troupeau.

JE CONFESSE UN BAPTÊME POUR LA RÉMISSION DES PÉCHÉS ; je confesse que le baptême efface toutes les fautes ; qu'il n'y en a qu'un prescrit par Jésus-Christ ; qu'une fois donné selon la forme de l'Eglise, il ne peut être réitéré, et que la grâce ne peut se recouvrer ensuite que par la pénitence, qui est appelée baptême laborieux. ET J'ATTENDS LA RÉSURRECTION DES MORTS ; oui, je sais que mon Rédempteur est vivant, et que je ressusciterai au dernier jour, que je verrai dans ma chair mon Sauveur, que je le contemplerai de mes propres yeux : cette espérance repose dans mon sein. ET LA VIE DU SIÈCLE A VENIR : la résurrection que j'attends est une vie éternelle, comme la vie des méchants sera une mort sans fin, pleine de tourments et de désespoir. Pour moi, la vie que j'attends de la grâce de Dieu sera une vraie vie de vérité, de bonheur et de consolation, sans mesure comme sans terme.

Amen, Ainsi soit-il ! Cette acclamation est la conclusion du Symbole. Oui, tout cela est vrai, et est ainsi que je l'ai professé : je crois au Père, au Fils et au Saint-Esprit : je crois aux vérités d'un Dieu créateur, aux mystère d'un Dieu rédempteur, aux grâces ineffables d'un Dieu sanctificateur. *Ainsi soit-il.* Que cette foi soit solidement établie dans mon cœur, hautement professée par ma bouche, sincèrement pratiquée par mes œuvres. *Ainsi soit-il !*

CHAPITRE III.

—

De l'oblation, ou du commencement du Sacrifice.

Cette troisième partie de la messe, qui est la première du sacrifice proprement dit, renferme toutes les prières et cérémonies depuis l'offertoire jusqu'à la préface exclusivement.

Nous n'avons fait qu'approcher de l'autel de Dieu : tout ce qui a précédé n'a été qu'une préparation de prières et qu'une instruction préparatoire ; et cependant la pensée religieuse s'est prodigieusement agrandie avec l'horizon qui reculait toujours devant nous. Nous ne sommes encore que sur la voie du sacrifice, et déjà nous avons pu dire, comme les disciples d'Emmaüs (1) : Notre cœur n'était-il point plein de l'ardeur la plus vive, tandis que Dieu nous parlait dans le chemin, et nous expliquait les Ecritures ? Maintenant il s'agit d'aller jusqu'à Dieu même, qui a renouvelé notre âme par ses dispositions, et qui va la combler de joie en y répandant les grâces les plus abondantes. Nous sommes arrivés aux parties essentielles du sacrifice, à l'oblation de la matière, à l'immolation et au changement de cette matière, à la participation au corps et au sang de Dieu. Nous allons contempler dans le secret du sanctuaire la

(1) Luc, xxiv.

noble et imposante simplicité de l'action et des paroles de Jésus-Christ à la dernière cène. Les prières et les cérémonies de l'Eglise qui accompagnent cette action et ces paroles divines, ne sont que comme les accents des anges qui environnent l'autel de respect, de reconnaissance et d'amour ; ce n'est que la magnifique paraphrase du plus beau texte, et le touchant développement du chef-d'œuvre de la rédemption. A l'offertoire, c'est Jésus-Christ prenant le pain et le calice dans ses mains saintes et vénérables, et levant les yeux au ciel vers son Père le Dieu tout-puissant. Au canon de la messe, c'est Jésus-Christ rendant grâces, bénissant le pain et le vin, et les consacrant en son corps et en son sang. A la communion, c'est Jésus-Christ rompant ce pain céleste, le présentant à ses disciples avec ordre de le prendre et de le manger. Et tout à la fois, c'est l'Eglise faisant par son ministre légitime ce que Jésus-Christ a fait, prononçant les paroles qu'il a prononcées, et environnant ce prodige de la puissance et de la bonté du Seigneur, de tous les témoignages de la religion, de tous les élans de la piété.

§ 1. — De l'Offertoire.

Tous les actes de la grande action du sacrifice, toutes les pauses solennelles que fait l'Eglise dans le développement mystérieux de son oblation, sont marqués et pour ainsi dire consacrés par le souhait mutuel de la présence du Seigneur et de son esprit, par un rappel à l'attention, à la dévotion et à la ferveur. C'est comme une reprise et une nouvelle ouverture qui se fait par ces paroles : *Que le Seigneur soit avec vous et avec votre esprit.* L'impiété a quelquefois poussé le ridicule du dédain jusqu'à sourire de ce qu'elle appelle la platitude et la grande simplicité de ce souhait liturgique ; mais si elle venait à découvrir dans quelques monuments de l'antiquité que le sacrificateur païen ouvrait, poursuivait et terminait le sacrifice public par ce mot sacramentel : *Que les dieux soient avec vous,* elle tomberait d'admiration devant les rites de l'Egypte ou de la Grèce, et ne manquerait pas d'accuser l'Eglise de n'avoir su que copier les cérémonies profanes.

Quoi qu'il en soit, le prêtre, en commençant la première partie de la messe proprement dite, baise l'autel, communique la paix de Dieu à ses frères, reçoit l'assurance que ses vœux sont partagés, se retourne, et dit à haute voix : *Prions.* Durant plusieurs siècles, le silence régnait à l'autel depuis cette invitation jusqu'à l'oraison *secrète ;* et cette dernière parole était un avertissement suffisant de se tenir en esprit de prière pendant l'offrande. Présentement entre l'*oremus* et la *secrète,* on récite plusieurs prières, et d'abord l'*offertoire.*

L'Offertoire est le verset que le prêtre dit immédiatement avant l'oblation, et que le chœur chante dès qu'il en est averti par cette parole : *Prions.* Aux solennités, le chœur se borne à entonner ce verset ; les sons mélodieux de l'orgue remplissent la lacune jusqu'à la préface. L'antienne de l'offertoire est ainsi appelée, parce qu'elle devait être récitée ou chantée pendant que le peuple faisait son offrande. Cette offrande, comme nous venons de le dire, se faisait en silence jusqu'au quatrième siècle. Mais du temps de S. Augustin, la coutume s'introduisit à Carthage de dire quelque hymne tirée des psaumes pendant l'offertoire et la communion du peuple. Cet usage se répandit bientôt dans toute l'Eglise latine. On répétait une antienne entre les versets du psaume, tant que duraient l'offrande et la communion ; aujourd'hui que cette première cérémonie est presque tombée en désuétude, et que malheureusement le nombre des communiants est bien petit, on se contente de dire le commencement qui servait d'antienne.

Cette antienne est tantôt une prière, tantôt une parole de louange, quelquefois une instruction qui rappelle l'antique usage des fidèles portant leurs dons à l'autel, souvent une exhortation à offrir dignement le saint sacrifice. Cette pensée principale est variée, comme les autres prières propres de la liturgie, d'après l'esprit du mystère, de la fête ou du temps que l'Eglise célèbre. En voici un exemple pris du jour de Noël (1) : « Prenez des victimes, et adorez le » Seigneur dans son saint temple ; que les cieux et » la terre se réjouissent à la présence du Seigneur, » parce qu'il va venir. » Il est impossible de ne pas saisir tout d'abord le but et l'heureux choix de cette antienne. Dans une des féries du Carême, on lit pour offertoire (2) : « Le sacrifice qui plaît à Dieu, c'est un » esprit affligé ; ô Dieu ! vous ne rejetterez pas un » cœur contrit et humilié ; » et ainsi de tant d'autres citations que nous pourrions faire, et que les fidèles instruits doivent s'appliquer à approfondir pour leur édification et pour leur union plus intime à la prière publique.

(1) Ps. xcv. — (2) Ps. L.

§ II.—De l'Offrande des fidèles, des Eulogies et du Pain bénit.

L'ancien usage de l'Eglise a toujours été que les
fidèles offrissent ce qui était nécessaire pour le service
divin, et surtout le pain et le vin, qui sont la matière rigoureuse de l'Eucharistie. Tous les chrétiens,
hommes et femmes, allaient à l'offrande, portant du
pain, du vin pour le sacrifice, offrant en outre de la
cire, de l'huile, de l'argent pour les dépenses matérielles du temple et pour le modeste entretien des pasteurs. C'est-à-dire que l'on offrait, pendant la messe,
deux choses bien distinctes : ce qui devait être la
matière de l'oblation sacrée, et un surplus qui servait
aux besoins de l'église et de ses ministres. Ce bel ordre
de l'offrande disparut insensiblement au onzième
siècle ; voici ce qui en est resté de notre temps. On
n'offre plus nulle part le pain et le vin de la consécration ; le changement de discipline dans cette portion
de l'offrande est venu de ce que le clergé a cru devoir
se servir à l'autel de pains préparés à part et avec les
plus grands soins, et de ce que les chrétiens ont fait
depuis des dons considérables aux églises, en se dé-
chargeant sur les bénéficiers de tout ce qui était
nécessaire au culte du Seigneur. Mais la matière
du sacrifice peut toujours être regardée comme offerte
par le peuple, et continue d'être en ce cas l'hommage qu'il fait à Dieu de sa substance et de ses biens,
puisque ce matériel est prélevé sur ses fondations et
sur ses bienfaits. Aujourd'hui même que ces anciennes fondations ont disparu dans plusieurs Églises, et
ont été remplacées par un traitement public et com-
pensatoire accordé aux ministres de la religion, aujourd'hui que ce traitement est élevé à un taux con-

venable par des dons libres perçus régulièrement,
et par les quêtes pour les frais du culte, ce traitement ecclésiastique pris sur l'universalité des impôts
et par conséquent sur tous dans la proportion de
leur fortune, ces oblations volontaires laissées à la
liberté et à la générosité de chacun, et avec lesquelles
on se procure le pain, le vin, la cire, l'encens, le linge,
les ornements et tout ce qui est nécessaire à l'entretien décent du temple et des ministres, font que
tous contribuent véritablement à offrir à Dieu la matière du sacrifice et ce qui convient à la subsistance
des pasteurs.

Il ne reste plus de vestige du rit antique que l'usage
d'offrir, en quelques endroits, aux messes des morts,
du pain et du vin que l'on porte à l'autel ; encore ne
s'en sert-on pas pour la consécration. Mais quoi qu'il
en soit des restes plus ou moins conservés dans les
diocèses de cette offrande principale, on y supplée
extérieurement d'une manière générale, en ce que le
diacre, à la messe haute, présente au nom du peuple
le pain qui doit être consacré, et en ce que le servant,
à la messe basse, présente le vin et l'eau en sa qualité de représentant des fidèles.

Quant à la seconde portion de l'offrande, qui consistait à offrir plus de pain et de vin qu'il n'en fallait
pour la communion, et à y joindre de la cire, de
l'argent, et tout ce qui pouvait être nécessaire au
service des autels, elle a été conservée sous une
forme ou sous une autre, et cela pour deux raisons :
la première, parce que, au moment où les fidèles se
sont éloignés de plus en plus de l'Eucharistie, du
signe d'union par excellence, l'Église a voulu substituer à la communion sacramentelle un symbole

13

extérieur et significatif ; ce symbole est la distribution de *pains* simplement *bénits* pendant la messe.
Par là, l'Eglise a voulu exciter ses enfants à communier au moins spirituellement au sacrifice, donner
une espèce de supplément, de dédommagement aux
chrétiens qui s'éloignent ou qui doivent se tenir
éloignés de la réception du corps de Jésus-Christ, et
continuer à toute force de distribuer dans ses assemblées un signe d'union avec Dieu et d'union des
fidèles entre eux. Aussi ce *pain bénit* était-il porté
aux absents, envoyé au loin comme signe de charité,
et les chefs de famille le distribuaient-ils aux membres de leurs maisons qui n'avaient pu se trouver à
l'église. Aussi est-il à remarquer que ce *pain*, non
consacré, mais *bénit*, ne reçoit cette bénédiction et
n'est distribué qu'aux messes paroissiales, c'est-à-
dire, dans la réunion légitime des fidèles présidés
par le propre pasteur.

La seconde raison qui a fait suppléer d'une manière ou d'une autre à l'excédant de l'antique offrande, a été l'insuffisance des traitements ecclésiastiques et la faiblesse des revenus affectés aux Églises.
Hâtons-nous d'aller au-devant de toute objection
pénible, et disons avec l'Apôtre que le prêtre a le
droit commun et naturel de vivre de l'autel, parce
qu'il est consacré, dévoué au service divin, sans qu'il
lui soit permis de s'immiscer dans les affaires du
siècle. Or, ce que le prêtre trouve aujourd'hui à
l'autel ne pouvant suffire, même à la rigueur, aux
besoins du culte et à son entretien modeste, il a bien
fallu lui permettre de recevoir les oblations des fidèles,
en se conformant encore, pour éviter tout soup-
çon, aux règles établies dans les diocèses. De là,

tous les dimanches, la présentation du pain bénit avec une offrande de cire et d'argent ; delà, à certains jours, l'offrande des fabriciens, qui sont les délégués des fidèles et les députés des paroisses ; de là, aux époques les plus graves de la vie chrétienne, au baptême, à la première communion, au mariage, à la sépulture, et dans quelques circonstances, l'offrande et les dons volontaires par lesquels on est convenu de reconnaître et d'honorer dans la personne des pasteurs uu dévouement absolu et de tous les jours.

Cependant, pour conserver quelques vestiges de l'offrande antique, l'Église y invite encore les clercs qui présentaient autrefois le pain apporté par les fidèles ; elle y invite aussi le peuple, mais non plus en masse, si ce n'est dans un petit nombre de cérémonies particulières. La foule des fidèles n'est plus représentée à l'offrande que par celui des paroissiens qui présente à son tour le pain à bénir, et dans les fêtes, que par les membres de la fabrique qui sont ses délégués dans les affaires de l'administration temporelle. Cette offrande doit être ratifiée par tous, puisqu'elle est faite au nom de tous ; elle doit être le signe extérieur de l'oblation de nous-mêmes ; elle doit être faite en tout esprit de paix et de charité, comme l'indique le rit qui l'accompagne.

Nous avons encore quelques mots à dire sur le *pain bénit* que l'on présente à la messe paroissiale. Et d'abord, il rappelle et remplace les anciennes *agapes*. Les agapes étaient des soupers que l'on faisait dans l'église, dès les premiers jours du christianisme, pour honorer celui que Jésus-Christ fit avec ses disciples avant l'institution de la sainte Eucharistie. Ces agapes précédaient la communion, comme la cène mosaïque avait précédé la merveille opérée au cénacle. On les appelait agapes ou *charités*, à cause de la commune charité de tous les fidèles qui mangeaient ensemble, riches et pauvres. Mais déjà du temps de saint Paul il s'était glissé dans ces repas mystiques de graves abus que l'Apôtre blâme et corrige avec rigueur. Cette sainte et fraternelle coutume dégénéra bien vite et fut remplacée par les eulogies. *Eulogie* est un mot grec qui signifie *prière* ou *bénédiction*. Les eulogies étaient des pains bénits en signe d'union et de communion ; les évêques et les chrétiens, dès le quatrième siècle, s'envoyaient mutuellement des eulogies, en place de l'Eucharistie qui a été quelque temps envoyée d'une église à l'autre. Cet usage, adopté d'abord pour entretenir l'union entre les fidèles éloignés, est devenu ensuite un signe de charité entre ceux qui se trouvaient ou qui devaient se trouver même à la messe de paroisse. Dès le quatrième siècle, le pape Léon IV recommandait cette coutume aux curés : *Distribuez*, leur disait-il, *des eulogies au peuple après la messe*. De là, il faut comprendre que le *pain bénit* de nos jours est le mémorial de la dernière cène, le souvenir des antiques agapes, la forme nouvelle des anciennes eulogies, le symbole de l'union chrétienne, la compensation du pain eucharistique, et que, sous tous ces rapports, cette coutume doit être vénérable, précieuse et chère aux fidèles.

Le pain est bénit solennellement ; l'usage presque général est de faire cette bénédiction avant l'oblation de l'hostie et du calice : voici comment on procède. — Le prêtre, qui se trouve déjà au bas de l'autel où il a donné la patène à baiser au clergé et au peuple venu à l'offrande, donne cette paix à la personne qui s'avance avec un cierge pour offrir le pain au nom de tous. Puis faisant le signe de la croix, mettant son secours dans le nom du Seigneur qui a fait le ciel et la terre, et demandant encore que le Seigneur soit le principe de l'union de l'esprit et du cœur des fidèles, il récite l'oraison suivante : *Seigneur Jésus-Christ, pain des anges, pain vivant de la vie éternelle,* vous que tous les chrétiens devraient recevoir réellement à la messe, vous dont ce pain grossier n'est que le souvenir et le très-faible dédommagement, *daignez bénir ce pain* (le prêtre exprime en même temps le signe de la croix), *comme vous avez béni les cinq pains dans le désert,* ces pains qui n'étaient aussi que la figure du pain eucharistique. *Afin que tous ceux qui en mangeront* avec douleur du péché qui les empêche de communier réellement, avec piété et désir de communier spirituellement, avec foi et respect pour ce que ce pain représente, avec charité et comme gage de l'union de tous les enfants d'un même père, *reçoivent la santé du corps et de l'âme,* en vertu de leurs bonnes dispositions. Enfin le prêtre répand de l'eau bénite sur ce pain qui vient d'être séparé de l'usage commun, et destiné à être le souvenir et le symbole de l'union la plus heureuse.

Telle est l'origine de l'institution du pain bénit ; tel est le but spirituel de cette offrande, qui emporte avec elle, il est vrai, une destination matérielle et secondaire. Mais sous ce dernier rapport, l'Eglise n'a rien à craindre des imputations calomnieuses et des propos légers. Non ; ce n'est pas un impôt qu'elle a établi, puisque l'oblation est absolument libre ; ce n'est pas une ressource de la cupidité, puisqu'elle ne demande

pour ses clercs que le nécessaire d'un honnête entretien ; ce n'est pas un moyen adroit et détourné, puisqu'en invitant à joindre à ce pain une offrande pour
le pasteur, elle le dit clairement et avec franchise.
Oui, l'Eglise déclare que ses ministres n'ont pour vivre
que l'autel où ils servent, elle s'honore aux yeux
des peuples de leur dévouement exclusif qui les empêche d'acquérir par les voies ordinaires du siècle;
elle avoue que le traitement assigné aux titres ecclésiastiques est bien insuffisant, et que les oblations sont
en partie des dons faits au pasteur avec délicatesse et
en toute liberté. Mais à ce faible prix, elle ordonne à
ce pasteur d'être tout entier au troupeau qu'il dirige,
de lui consacrer ses talents, ses forces, sa santé, son
temps, ses veilles, sa vie même au besoin; elle veut
que jour et nuit il réponde à l'appel fait à son ministère, que sa vie soit un renoncement de tous les jours
et de toutes les heures, qu'il use du peu de bien dont
il peut disposer et pour l'ornement de l'Eglise dont il
est le ministre, et pour le soulagement des pauvres
dont il est le père; elle veut que le superflu qu'il
verse à l'indigence soit si abondant, qu'il paraisse aux
chrétiens le strict nécessaire ; elle veut enfin que pour
un peu de pain matériel qu'il reçoit d'une reconnaissance libre et volontaire, il fournisse abondamment
et de droit le lait de la doctrine, le vin de la consolation, et qu'il donne en détail sa vie pour ses brebis.

§ III. — Du pain et du vin, matière du Sacrifice.

La matière de l'oblation eucharistique marquée
par Jésus-Christ, c'est le pain et le vin : du pain de

froment, du vin extrait naturellement du fruit de la
vigne. Pour le vin, l'Eglise ne demande autre chose
sinon qu'il soit sans altération et naturel, tempéré
par quelques gouttes d'eau versées dans le calice,
sans s'inquiéter de la couleur ou de la qualité ; pour
le pain, l'Eglise a voulu qu'il fût azyme, c'est-à-
dire sans levain, fait de la plus pure farine, et qu'il
eût des marques qui le distinguent du pain commun
et ordinaire,

Quant au pain azyme, on s'en est servi de temps
immémorial, fondé sur ce que Jésus-Christ a dû consacrer avec du pain sans levain, puisqu'il a célébré
l'Eucharistie après avoir mangé l'agneau pascal de
la loi mosaïque, et que dès que cet agneau était
immolé, il n'était plus permis de manger ni de conserver du pain levé ; et sur ce que ce pain représen-
tait plus vivement la souveraine pureté du Dieu qui
est offert, et la sainteté qu'exige la réception de ce
mystère redoutable, selon cette parole de saint Paul :
*Mangeons, non le ferment antique, mais les azymes de
la sincérité et de la vérité* (1). L'Eglise, en ordonnant
au xie siècle de ne faire usage à la messe que du pain
sans levain, a cependant laissé aux Grecs la liberté
de continuer à consacrer avec du pain levé, ce point
n'étant qu'accidentel et seulement déterminé par
un précepte ecclésiastique.

Quoi qu'il en soit de l'usage différent des Églises
orientales et des Églises d'Occident, le pain de la consécration doit toujours être fait de la plus pure farine
et préparé avec respect et avec tous les soins de la
propreté. La reine sainte Radegonde, par vénération

(1) I Cor. v.

pour le sacrifice de l'autel, s'appliquait avec beaucoup de dévotion, dans son monastère de Poitiers,
à faire de sa propre main les pains à consacrer, et les
distribuait à beaucoup d'Églises ; les prêtres eux-
mêmes ont voulu faire ces pains, ou les ont fait faire
en leur présence par leurs clercs, et rien n'est plus
édifiant que les soins pleins de respect et de religion
avec lesquels les premiers moines de Cluny et les autres religieux préparaient le blé, la farine et tout
ce qui était nécessaire pour confectionner la matière
du divin sacrifice. Aujourd'hui même, en beaucoup
d'Églises, ce soin est confié aux communautés religieuses, et pour peu qu'on ait la foi, on sentira que la
plus solide piété a dû inspirer à nos pères ces atten-
tions, et que les pasteurs doivent étendre à ces détails leur zèle, leur sollicitude et leur vigilance.

Enfin l'Eglise a voulu que ses pains d'autel eussent
une forme spéciale et une marque distinctive du
pain ordinaire. Le pape saint Zéphyrin, au troisième
siècle, et après lui saint Grégoire le Grand, les appelle *couronnes*, à cause de leur forme ronde ; on les
faisait faire exprès, et l'on voit par un grand nombre
d'anciennes figures qu'on y imprimait, comme de
nos jours, la marque du signe de la croix.

Le pain est porté à l'autel avec le calice et la patène, ou petit plat qui le supporte ; le vin et l'eau
sont préparés hors de l'autel, à droite, dans deux
vases qu'on appelle *burettes*. Après que l'offertoire a
été lu, le prêtre, si le diacre ne l'a déjà fait pendant
le *Credo*, étend le corporal sur l'autel, ôte le voile
qui couvre le calice, ainsi que la palle, ou petit corporal plus étroit destiné à couvrir la coupe sacrée
pendant tout le temps de la messe, et procède enfin

à l'oblation de la matière du sacrifice. Cette cérémonie, par laquelle on découvre le calice et les oblations, peut rappeler aux fidèles, et le prétoire où Jésus-Christ fut dépouillé de ses vêtements, et la nudité où il fut réduit avant de monter sur la croix, et la nécessité, avant de s'offrir eux-mêmes, de se dépouiller du vieil homme et de ses actes corrompus, pour mériter d'être revêtus de l'homme nouveau, qui réparera dans leur cœur l'image de Dieu défigurée par le péché. C'est depuis le onzième siècle que l'on a ajouté à la *secrète*, qui était jusque-là la seule prière sur les oblations, les oraisons spéciales que nous allons méditer ; mais avant de l'entreprendre, nous ferons une remarque générale sur les signes de croix multipliés que fait le prêtre depuis l'offrande jusqu'à la communion. Soit avant soit après la consécration, on fait plusieurs signes de croix sur ce qui est offert et sur ce qui est consacré ; l'intention de l'Eglise est, ou d'attirer la bénédiction toute-puissante de Dieu sur la matière qui doit être changée en corps et en sang de Jésus-Christ, qui fit lui-même cette bénédiction avant la multiplication des pains dans le désert, et surtout avant de consacrer à la dernière cène ; ou de témoigner par un signe expressif et naturel, que ce qui est opéré sur l'autel est vraiment l'oblation renouvelée et continuée de la mort d'un Dieu sur la croix ; et quand, au milieu de tout cela, le prêtre fait sur lui-même le signe du salut, que les fidèles doivent répéter avec lui, l'Eglise veut nous faire entendre que ce Dieu immolé n'est offert que pour nous appliquer le prix de son sang, et que nous devons désirer et rechercher l'heureuse application de ses mérites.

§ IV. — Oblation du pain.

Le prêtre prend avec la patène le pain que l'on appelle *hostie* ou victime du sacrifice (lorsque le pain a été consacré, on dit plus communément la *sainte hostie*). Aux messes solennelles, elle lui est présentée par le diacre, afin qu'il paraisse que le célébrant n'offre que ce qui lui est offert au nom du peuple par le premier ministre du sanctuaire. Il tient avec la patène l'hostie élevée, il lève les yeux au ciel en l'offrant au Père céleste, afin d'imiter l'action de Jésus-Christ avant la bénédiction des pains dans le désert, et afin de copier ce que Jésus-Christ a fait avant la consécration de l'Eucharistie, ainsi que toute la tradition nous le témoigne. Il abaisse de suite les yeux sur l'hostie qu'il présente au Seigneur, parce qu'il va prier aussi pour ses péchés et se reconnaître indigne d'un si haut ministère; unissant par là merveilleusement ce qu'exige de la dignité sacerdotale la nécessité d'offrir pour le peuple, avec ce que demande de la faiblesse du prêtre la misère du pécheur qui a besoin d'offrir pour ses propres offenses.

En ce moment, chrétiens, levez les yeux au ciel, parce que c'est là que réside dans sa gloire un Père plein de bonté à qui le sacrifice est dû ; mais abaissez-les aussitôt sur vous-mêmes, parce que vous êtes les enfants prodigues et ingrats de ce Père si miséricordieux, parce qu'à l'exemple du publicain, vous ne sortirez justifiés du temple qu'à force de repentir et d'humilité. Prêtres, placez avec l'hostie, sur cette patène, votre cœur, celui des fidèles pour qui vous célébrez en particulier, celui des assistants, celui de toutes les brebis qui vous sont confiées, celui de tous les membres de l'Eglise. Fidèles, qui voulez participer à l'oblation, apportez-y chacun votre cœur, mais un cœur contrit et humilié ; déposez-le sur cette hostie, pour qu'il soit changé avec elle, et pour que Dieu vous le rende tout nouveau, ou du moins résolu de se renouveler dans les eaux de la pénitence.

Recevez, dit le prêtre en offrant le pain, recevez, *Père saint*, car c'est de ce nom que Jésus-Christ vous a appelé dans la prière qu'il vous adressa entre le sacrifice du cénacle et le sacrifice du Calvaire : recevez, *Dieu tout-puissant*, qui seul avez le pouvoir de remettre les péchés, *Dieu éternel*, à qui est dû le sacrifice, parce qu'étant par vous-même, vous possédez l'être par essence, et que toutes les créatures ne l'ont reçu que de vous : recevez de nos mains, que nous levons avec nos cœurs vers votre souveraine majesté, *cette hostie sans tache*. Ce que je vous présente, ô Dieu, n'est encore que du pain, mais ce pain n'est offert que pour devenir le pain de vie descendu du ciel ; déjà j'envisage par ma foi cette victime pure, et je vous conjure dès ce moment d'arrêter vos regards sur l'Agneau sans tache dont la substance va bientôt remplacer la substance matérielle que j'élève devant vous. Recevez donc cette hostie *que je vous offre* dans cette première partie du sacrifice, *moi votre serviteur indigne*, faible représentant du pontife éternel, *à vous qui êtes mon Dieu vivant et véritable*, à vous qui êtes la source de la vie, le principe de toute vérité, à vous par conséquent à qui nous devons sacrifier, malgré la disproportion infinie qui existe entre des serviteurs indignes et le Dieu qui vit dans les siècles des siècles.

Etait-il possible de mieux exprimer en si peu de mots ce qui se passe à l'autel entre un homme mortel, sujet à l'erreur et à la vanité, et le Dieu suprême qui possède essentiellement l'être, la vie, la puissance, la sainteté, la richesse, la souveraineté et l'indépendance ? Moi, serviteur indigne, je me trouve, par un ministère redoutable aux anges mêmes, dans la nécessité d'offrir une victime, et encore quelle victime ! de l'offrir à mon Dieu, à mon Créateur, celui en qui tous ont l'être, le mouvement et la vie ! ais encore, s'il n'y avait que la disproportion de l'indignité inhérente à ma nature, le Seigneur, qui connaît la boue dont il nous a formés, tendrait la main à son ouvrage pour que mon offrande pût arriver jusqu'à lui. Et voilà que cet abîme d'indignité naturelle à la créature découvre un second abîme plus profond encore que le néant, abîme que j'ai creusé moi-même, et dont la profondeur n'attirerait que la vengeance du Ciel, sans la victime qui s'est remise entre nos mains ! Il faut que j'offre *pour mes péchés qui sont sans nombre*, dont les uns ont été des *offenses* directes, et les autres des *négligences* coupables ; il faut que j'offre pour le mal que j'ai fait, pour le bien que j'ai fait mal ou que je n'ai pas opéré ; c'est pour ces dettes innombrables que j'ai besoin de solliciter toute la multitude des bontés du Seigneur ! Ce n'est pas encore tout : si je n'avais qu'à intercéder pour moi, le fardeau serait déjà accablant ; mais malgré mon indignité comme homme et comme pécheur, je suis médiateur, chargé d'une responsabilité plus terrible encore. Il faut qu'après avoir offert d'abord pour la rémission de mes fautes, j'offre ensuite pour celles du peuple ; il faut que j'intercède *et pour tous les assistants* qui fixent par leur présence l'attention particulière de l'Eglise, *et pour tous les fidèles chrétiens* qui, en vertu de la communion des saints, ont un droit général au sacrifice, *vivants et morts*, sans dictinction. *A fin que* cette hostie pure et sans tache que j'offre avec tous ces intérêts personnels, particuliers et généraux, *profite à moi et à eux*, nous serve *pour le salut* par l'expiation du péché, *et pour la vie éternelle* par la conservation de la justice et le don de persévérance finale.

Cependant, ce qui doit ici rassurer le prêtre et donner toute confiance à son ministère, c'est qu'entre le Dieu éternel et son indignité, entre le Dieu saint et ses péchés sans nombre, entre le Dieu de vérité et de vie, et la responsabilité de toute l'Eglise qu'il assume en ce moment, il élève et offre à un Père la victime parfaite que ce Père céleste ne saurait refuser, c'est que la victime que le prêtre tient en ses mains est capable de satisfaire à une majesté infinie et à des besoins innombrables, c'est qu'il suffit de s'y unir dignement pour se la rendre profitable ici-bas et pour obtenir un jour la possession de la vie éternelle.

§ V.— Mélange de l'eau et du vin dans le calice.

Le prêtre met le vin dans le calice : à la messe haute, c'est le diacre qui le fait, parce que c'est au ministre de cette table divine à préparer ce qui est nécessaire, et parce qu'il présente plus expressément par là les dons du peuple dont il est le délégué. Le prêtre bénit l'eau par le signe de la croix et par la prière

que nous allons expliquer, et en verse quelques
gouttes pour les mêler au vin ; à la grand'messe, c'est
le sous-diacre qui met l'eau dans le calice, après
avoir prié le célébrant de la bénir ; ce dernier usage
est récent, et la rubrique a pu varier indifféremment
sur ce point, puisque ce n'est qu'une simple préparation.

Cette pratique de mêler un peu d'eau au vin de la
consécration n'est pas marquée dans l'Evangile, mais
elle est consacrée par la plus haute tradition et pres-
crite par l'ordre même des apôtres, dit un concile
tenu au septième siècle à Constantinople (1). Cette
tradition est fondée sur ce que Jésus-Christ consacra à
la dernière cène la coupe pascale, dans laquelle, selon
le rit des Juifs, il y avait du vin et de l'eau. Nous
avons pour témoins de cet usage apostolique les premiers Pères de l'Eglise, et en particulier saint Justin,
qui n'est séparé de saint Jean que par quelques années ; on offre, dit cet apologiste, à celui qui préside
les frères, du pain et une coupe de vin tempéré
d'eau.

Or l'Eglise en use ainsi pour imiter en tout point
l'action de Jésus-Christ, et, outre cette raison naturelle et essentielle, les saints docteurs ont vu dans ce
mélange des raisons graves et mystérieuses, qui sont
d'ailleurs indiquées en partie par l'oraison que le
prêtre récite ; c'est 1°, dit saint Cyrille, pour marquer
que le peuple fidèle représenté par l'eau est uni avec
Jésus-Christ représenté par le vin, et offert avec lui
dans le calice ; que nous unissons notre misère et

(1) Conc. Trull. 693.

notre faiblesse, figurées par la petite quantité de l'eau qui n'a ni saveur ni force, et qui se trouve absorbée, à l'abondance et à la toute-puissante vertu du Sauveur indiquées par le symbole d'un vin généreux; et que, de même qu'il a participé à la chair et au sang en prenant notre nature, nous participions à sa divinité, de telle manière que, transformés en elle, ce ne soit plus nous qui vivions, mais Jésus-Christ qui vive en nous; 2° c'est pour représenter le sang et l'eau qui sortirent du côté de Jésus-Christ sur la croix, et dans un grand nombre d'anciennes liturgies on rappelait ici expressément cette circonstance de la mort du Seigneur. Du reste nous allons entrer dans tous ces motifs en expliquant la prière *Deus qui humanæ*.

Le prêtre donc bénit l'eau qu'on lui présente; mais il omet ce signe de croix aux messes des morts, parce que l'eau représentant le peuple uni à Jésus-Christ, il unit alors spécialement au sang du Sauveur les fidèles du purgatoire, qui, fixés dans la grâce, n'ont plus besoin de bénédiction; dans les autres messes, il bénit ce symbole de l'Eglise militante pour la disposer à s'unir à Jésus-Christ, et pour lui apprendre que cette union si précieuse ne s'est opérée que par le mystère de la croix; il verse enfin un peu d'eau, en disant : « O Dieu, qui avez admirablement « formé l'homme dans un état si noble ! » C'est là le premier mystère auquel l'Eglise fait allusion. Dieu en créant l'homme a pris un peu de terre, en a fait un corps et a uni cette substance grossière à une intelligence créée à son image et à sa ressemblance; voilà cet état si noble représenté par ce peu d'eau mêlée à un vin fort et abondant. « Et qui l'avez rétabli d'une

» manière encore plus admirable. » C'est le second mystère qu'il faut méditer dans cette simple circonstance de l'oblation. L'image de Dieu était défigurée par le péché, et ne pouvait d'elle-même opérer ou obtenir sa restauration. Dieu s'en est chargé par pure miséricorde ; il a uni à toute la puissance de sa divinité toute la misère de notre nature ; par là il a pu satisfaire comme homme et mériter comme Dieu notre rétablissement dans l'état de noblesse primitive ; il a accordé tous les droits de Dieu et tous nos intérêts, la justice et la paix se sont rencontrées et embrassées fortement dans cette bienheureuse incarnation. Voilà le moyen plus admirable encore dont le Seigneur s'est servi pour nous relever ; le peu d'eau mêlée au vin représente la nature humaine unie personnellement à la richesse infinie de la nature divine. Ce n'est pas tout : dans le mystère de la rédemption Jésus-Christ a pris sur lui nos iniquités, et nous a transféré les droits de sa sainteté et de sa justice ; il y a eu le plus heureux échange ; il n'exige pour le transport et l'application de tant de mérites que de mêler quelques larmes de repentir sincère à tout le prix de son sang versé pour nous ; et voilà le nouveau mystère d'un peu d'eau mêlée au vin, de ce médicament de cette mixtion sacrée que le Sauveur a faite et composée de son sang et de nos pleurs. Ah ! que le sens de ces prières est profond pour qui sait le méditer ! Comme nous devons désirer en ce moment d'être bénis, d'être transformés, absorbés en Jésus-Christ ! lui disant avec ferveur, avec douleur de nos fautes et avec reconnaissance : « Faites que par le » mystère de cette eau et de ce vin, » dont nous connaissons maintenant les raisons sublimes et touchantes, dont nous avons le mot de l'énigme et le secret, « nous ayons part à la divinité de celui qui a » daigné se faire participant de notre humanité : » il a pris notre nature humaine, faites que nous prenions sa nature divine ; il a pris nos prévarications, faites que nous recevions sa sainteté ; il a pris notre faiblesse, faites que nous recevions sa force ; il a pris notre misère, faites que nous recevions sa richesse, et que de même que cette participation de l'humanité à la divinité ne cessera jamais en Jésus-Christ, nous ne soyons jamais séparés de sa personne divine, comme le vin et l'eau sont à jamais confondus dans la coupe sacrée ; et cette grâce, nous vous la demandons, Seigneur, par *Jésus-Christ*, qui est tout à la fois *votre Fils* et *Notre-Seigneur, qui, étant Dieu* égal en toutes choses au Père à qui il s'offre, au Saint-Esprit par qui il s'offre, *vit et règne avec vous en l'unité du Saint-Esprit, dans tous les siècles des siècles. Ainsi soit-il.*

§ VI. — Oblation du Calice.

Quoique le sacrifice de Jésus-Christ soit unique, et que ce Dieu Sauveur réside tout entier sous chacune des deux espèces sacramentelles, cependant parce que son sacrifice est institué sous la double espèce du pain et du vin, on offre séparément l'un et l'autre : le prêtre, après avoir offert le pain et mis du vin avec un peu d'eau dans le calice, revient au milieu de l'autel, élève ce calice pour l'offrir, tenant constamment les yeux élevés au ciel, parce que cette élévation de la matière du sacrifice et de nos cœurs est le signe naturel de l'offrande faite au Dieu très-haut; parce qu'aucune parole de la prière ne le détermine à baisser les yeux, et parce que le symbole de l'union du peuple avec Jésus-Christ, et de la communication des mérites d'un Dieu, lui ont donné plus de confiance de lever les yeux au ciel.

A l'oblation du pain, le sacrificateur n'a parlé qu'en son nom, *Je vous offre, Ego offero :* mais ici il parle au pluriel, parce que le peuple, qui a été béni et représenté par le mélange de l'eau, offre présentement avec lui, et que le diacre, qui en est le représentant, donne le calice, le soutient d'une main et récite la prière au nom des fidèles.

Nous vous offrons, Seigneur, à vous seul qui êtes notre Dieu, et non pas à vous, Pierre, Paul, comme le remarque saint Augustin, *le calice du salut,* que nous envisageons déjà comme rempli du sang de Jésus-Christ, auteur et consommateur du salut des hommes, *et nous supplions votre clémence de le faire monter comme un parfum d'une agréable odeur en présence de votre divine majesté.* L'oblation du sang de votre Fils ne peut manquer de vous être agréable par elle-même, mais elle pourrait être sans fruit à cause de l'indignité de ceux qui vous l'offrent; c'est pour cela que nous implorons votre bonté, la conjurant de nous rendre dignes de vous présenter cette offrande et d'être offerts avec ce sang précieux; que cette utilité soit *pour notre salut* en particulier, *et pour celui de tout le monde* en général; car Jésus-Christ est la victime de propitiation pour nos péchés, et non-seulement pour les nôtres, mais aussi pour ceux de tous les hommes. Nous demandons donc, Seigneur, que le prix de notre rançon que va contenir ce calice soit appliqué à nous et à tous les

fidèles, et encore à tous vos enfants sans exception.
Ainsi soit-il.

En terminant cette offrande du vin comme celle
du pain, le prêtre fait un signe de croix avec l'hostie
et le calice, pour montrer par ce rit que l'on place
la victime sur la croix, autant qu'il est possible ; et
l'on couvre le vin avec le petit corporal ou la palle,
non par mystère, mais par précaution, pour empêcher
que rien n'y tombe.

§ VII. — Oblation des Fidèles.

Le corps de Jésus-Christ tout entier, que l'on offre
à la messe, c'est le chef et les membres ; c'est ce
Dieu fait homme et tous les fidèles. Il est donc juste
qu'après avoir offert à Dieu le chef de la victime sous
les symboles du pain et du vin, on présente les
membres de cette victime pour que l'holocauste soit
parfait ; et bien que le peuple chrétien se trouve déjà
offert par le signe du mélange de l'eau dans le calice,
il convient d'exprimer plus sensiblement cette oblation : c'est ce que l'Eglise a voulu dans la prière
suivante.

Le prêtre jusqu'ici a agi comme sacrificateur, et
malgré son indignité il a élevé vers le Seigneur la
matière qui doit devenir le corps et le sang de Jésus-
Christ. Maintenant comme homme il se confond avec
les hommes ; il incline ce corps qu'il tenait droit
pour offrir, il joint ses mains qu'il tenait élevées vers
le ciel comme médiateur ; et dans cette posture convenable au personnage qu'il remplit présentement, il
fait l'oblation de son esprit et de son cœur, de l'esprit et du cœur des fidèles pour les unir à la grande

victime du salut. Mais dans cet acte solennel, par lequel des créatures faibles et misérables vont s'unir en sacrifice à Dieu, des dispositions quelconques ne sauraient être agréées : il faut qu'elles aient une certaine proportion pour cadrer avec l'hostie déjà offerte, et qu'il n'y ait pas une discordance révoltante entre le chef et les membres. O hommes ! comment pourrez-vous donc cadrer, pour ainsi dire, avec votre Dieu, et devenir une seule et même oblation avec lui ? L'Eglise va nous l'apprendre.

Nous nous présentons devant vous avec un esprit humilié et un cœur contrit. Voilà les deux dispositions essentielles et naturelles pour le sacrifice que nous devons offrir, et dont nous faisons nous-mêmes partie ; car, en daignant nous unir à lui dans son sacrifice et en exigeant de nous le culte d'adoration suprême, que peut demander le Seigneur de notre esprit si faible et de notre cœur si corrompu, sinon l'humilité et la douleur ? N'est-ce pas nous demander ce qu'il y a de plus naturel et la seule chose même que notre fragilité puisse lui offrir ? Ah ! c'est bien là le Dieu qui a pris notre nature, et qui ne veut de nous que ce que nous pouvons lui donner, la reconnaissance de notre néant et le repentir. Mais en même temps cette exigence est essentielle et de toute rigueur, car il s'agit de reconnaître dans le sacrifice notre entière dépendance et le souverain domaine de Dieu ; et quelle disposition plus excellente pour cette fin que l'aveu de notre impuissance absolue par l'esprit de l'humilité ? de remercier le Seigneur de ses bienfaits, de lui demander pardon de nos fautes et de solliciter son secours dans tous nos besoins ? et l'esprit d'humilité excite davantage

nos cœurs à la reconnaissance pour tant de bienfaits
dont nous nous sentons indignes, à la douleur pour
tant de prévarications dont nous faisons l'aveu, et à
la prière pour tant de besoins qui assiégent notre
faiblesse justement appréciée. Et pour la contrition
du cœur, n'est-il pas très-nécessaire de l'unir à ce
corps de Jésus-Christ livré pour nos crimes, à ce
sang d'un Dieu répandu sur le Calvaire et sur l'autel
pour la rémission des péchés, la justice et la sainteté
de Dieu ne pouvant et ne devant nous accorder la
justification sans cette coopération si juste et si
raisonnable ? Aussi l'Église inculque-t-elle souvent
cette double disposition dans les prières de la liturgie ; aussi présente-t-elle souvent dans ses lectures
ce double sujet, comme préparation au sacrifice, nous
donnant pour modèles, et l'humilité de Jean-Baptiste,
et l'abaissement de toute hauteur à la vue du Dieu
humilié qui va paraître, et les humiliations de ce
Dieu fait homme, et la foi du centenier qui se reconnaît indigne de le recevoir dans sa maison, et l'humilité
de la Chananéenne qui ne veut de la table du Seigneur que les miettes qu'on ne refuse pas aux petits
chiens, et la douleur du publicain qui sort du temple,
parce qu'il a demandé à Dieu d'être propice à un
pécheur comme lui. D'ailleurs cette disposition d'humilité et de repentir est la seule qui puisse faire con-
corder les membres avec le chef. Si notre Dieu se
présentait dans toute sa gloire et dans toute la rigueur de sa justice, qui oserait unir à lui son cœur
dégradé, son cœur vicié par le péché? Mais notre
Dieu s'est humilié jusqu'à l'anéantissement, et notre
néant peut cadrer en quelque sorte avec ses profonds
abaissements ; mais Dieu s'est humilié pour nos

crimes jusqu'à s'en charger et prendre l'apparence
du pécheur, et la faible douleur d'un cœur brisé peut
s'allier sans trop de disproportion aux satisfactions
de celui qui a été *brisé* lui-même pour expier nos
fautes.

C'est donc *dans cet esprit d'humilité*, dans les sentiments *de ce cœur contrit* que nous pouvons, avec
quelque confiance, nous présenter à l'autel. Mais
remarquons bien que nous nous présentons dans
l'esprit de l'humilité; cet esprit, c'est la reconnaissance que nous ne sommes rien par nous-mêmes, que
le peu que nous avons dans l'ordre naturel nous le
tenons de Dieu, et que nous ne pouvons rien, sans sa
grâce, dans l'ordre du salut. Le corps de l'humilité,
si l'on peut s'exprimer ainsi, c'est, en conséquence de
cette vraie connaissance de nous-mêmes et de ce
sincère aveu de notre néant, de fuir la gloire, l'honneur et la vanité, de souffrir les humiliations et les
mépris, de les aimer, de nous mettre de cœur à la
dernière place, et de traiter nos frères avec tous
égards, les regardant et les jugeant supérieurs à nous
et meilleurs que nous. Or, dans le sacrifice, il ne
s'agit pas de cette conséquence de l'humilité envers
nous-mêmes et envers les hommes, mais du principe
de l'humilité à l'égard de Dieu; c'est pourquoi nous
disons : *Nous nous présentons avec un esprit humilié,*
qui rougit de ses fautes et qui se regarde comme la
plus indigne et la plus ingrate des créatures ; *nous
nous présentons avec un cœur contrit,* percé, brisé de
douleur d'avoir offensé un Dieu qui doit être l'unique
objet de son amour, et non pas avec un repentir qui
ne serait que le fruit d'une sensibilité naturelle,
d'une imagination trompeuse, et qui ne reposerait

que sur les lèvres, quelque brûlante qu'en soit l'expression.

Recevez-nous donc, Seigneur, dans cette double disposition, comme vous avez déjà reçu le pain et le vin que nous avons offerts, et qui ne seront bientôt que les espèces humiliantes sous lesquelles résidera notre Dieu humilié. Vous avez agréé en immolation les trois jeunes captifs de Babylone condamnés à être jetés dans la fournaise : si l'esprit de l'humilité et la douleur du cœur vous les a rendus agréables autant que des milliers d'holocaustes de béliers, de taureaux et d'agneaux gras ; si, bien mieux que ces sacrifices, qui ne vous plaisaient qu'en vue de l'oblation de Jésus-Christ, le prophète déclare que vous ne rejetterez pas cœur contrit et humilié, comment pourriez-vous, Seigneur, ne pas recevoir l'humilité de notre esprit, quand nous l'unissons ici aux anéantissements de votre Fils, et la contrition de notre cœur, quand nous l'unissons sur cet autel aux abondantes satisfactions de ce Fils bien-aimé? Recevez-nous donc, Seigneur, humiliés et contrits, recevez-nous comme membres de l'auguste Victime, *et faites que notre sacrifice,* ainsi composé et disposé, *s'accomplisse de telle sorte aujourd'hui en votre présence,* sous vos yeux qui sondent les esprits et les cœurs, *qu'il vous soit agréable, Seigneur,* et sous le rapport du chef qui ne peut que vous plaire, et sous le rapport des membres qui vous offrent Jésus-Christ et qui s'offrent avec lui, à vous *qui êtes notre Dieu.*

§ VIII. — Invocation du Saint-Esprit.

Tout est préparé devant Dieu : le pain et le vin qui

doivent être changés au corps et au sang de Jésus-Christ, nos esprits humiliés et nos cœurs qui doivent être transformés en la gloire et en la grâce du Rédempteur ; l'oblation est complète : mais ce grand changement et cette heureuse transformation ne peuvent se faire que par l'opération de l'Esprit sanctificateur ; c'est à lui de produire Jésus-Christ sur l'autel comme il a formé son divin corps dans le sein de Marie ; c'est à lui de consumer la substance du pain et du vin par le feu de sa puissance, de détruire ce qu'il y a de terrestre et de coupable dans nos âmes par le feu de son amour ; c'est à lui enfin que l'on doit offrir également le sacrifice comme au Père et au Fils avec qui il a une même divinité. Or, voilà ce que nous faisons dans cette invocation solennelle : et de même que dans le sacrifice d'Elie le feu du ciel vint consumer à sa demande l'holocauste et le bois que l'on avait préparés, la pierre de l'autel et l'eau que l'on avait répandue autour ; de même l'Eglise demande, après avoir disposé toute la matière de son oblation, que le feu divin, ou plutôt l'esprit de Dieu, qui est un feu dévorant, vienne tout détruire, tout changer, tout purifier, et montrer par là qu'il accepte l'holocauste préparé pour la gloire de son saint nom.

Le prêtre élève les mains et les rejoint, lève les yeux au ciel et les baisse aussitôt, en disant : *Venez, Sanctificateur ;* il bénit l'hostie et le calice par un signe de croix à cette parole : *Et bénissez.* Autant de cérémonies qui, comme nous l'avons souvent remarqué, expriment, par des mouvements très-naturels, le sens intime de la prière qu'il récite, et les sentiments dont son âme doit être affectée. C'est au Saint-Esprit que l'on s'adresse en ce moment ; car, bien que les termes dont on se sert conviennent également aux trois adorables personnes, l'attribut de *sanctificateur* est plus ordinairement donné à l'Esprit-Saint; l'expression *venez* est celle que l'Église emploie toujours en l'invoquant; les anciens Missels nommaient expressément l'Esprit créateur, et, dans la plupart des Églises de France, on a dit très-longtemps en cet endroit de la messe l'invocation ordinaire et si connue : *Venez, Esprit-Saint : Veni, sancte Spiritus*. On s'adresse à ce divin Esprit, parce que, encore que les effets de la toute-puissance viennent de la Trinité tout entière, pour bien marquer la distinction des personnes en un seul Dieu, on attribue à chacune des opérations extérieures et particulières : et, comme l'accomplissement du mystère de l'Incarnation et l'effusion des dons surnaturels sur l'Eglise sont attribués à la troisième personne de l'auguste Trinité, il est juste d'invoquer ici l'Esprit-Saint, de le conjurer de venir sur les dons offerts pour sanctifier le sacrifice qui renouvelle les mystères d'un Dieu fait homme, et pour sanctifier nos cœurs en les rendant dignes de s'unir à la victime. Prononçons donc, avec le plus ardent désir, la prière que l'Eglise nous propose, et tâchons d'en bien pénétrer tout le sens.

Venez, Sanctificateur tout-puissant, Dieu éternel; c'est vous, Esprit créateur, qui, au premier jour du monde, étiez porté sur le chaos informe sorti du néant à la voix de Dieu ; c'est vous qui en planant, pour ainsi dire, sur cette matière, lui avez communiqué la vie, la fécondité et toute la beauté de ses richesses; venez aussi reposer sur ce pain, sur ce vin, sur nos cœurs pour leur donner la force féconde de devenir le corps réel et le corps mystique de Jésus-

Christ : c'est vous, Esprit rénovateur du monde, qui êtes survenu en Marie, et qui, à l'ombre de la vertu du Très-Haut, avez formé de la substance d'une vierge le corps du Dieu fait homme, qui êtes descendu sur la tête du Rédempteur au sortir des eaux du Jourdain, pour témoigner avec le Père qu'il était le Fils bien-aimé ; c'est par votre mouvement, c'est-à-dire par le mouvement d'une charité et d'une miséricorde éternelle et infinie pour les hommes, que ce Dieu s'est offert en sacrifice sur la croix ; c'est vous, feu divin et sacré, qui avez consumé la victime ; c'est vous enfin, Esprit sanctificateur, qui vous êtes reposé sur les apôtres pour éclairer et purifier leurs âmes, pour changer leurs cœurs, les revêtir de force et les remplir de toute la plénitude de Dieu ; venez donc, *et bénissez ce sacrifice,* c'est-à-dire transformez la substance de ces dons matériels en la substance du corps et du sang de Jésus-Christ ; continuez ce saint mouvement d'une charité infinie qui a consumé l'holocauste, puisque nous continuons ici d'offrir la mort d'un Dieu, et que ce Dieu offre sans cesse cette mort qu'il a endurée pour notre amour ; transformez nos cœurs humiliés, anéantis et brisés de douleur en la grâce de Jésus-Christ qui se fait pour nous justice, paix et rédemption ; bénissez-les, et inspirez-nous l'amour et les autres dispositions avec lesquelles nous devons faire le sacrifice de nous-mêmes, et l'unir au sacrifice de notre Dieu.

Venez, Esprit créateur, Esprit rénovateur, Esprit sanctificateur ; descendez, reposez sur ce sacrifice, fécondez la victime tout entière ; car vous n'êtes pas seulement ici un agent, un ministre, ou simplement le feu de l'autel ; vous êtes *Dieu* comme le Père et le

Fils, coéternel à l'un et à l'autre. Seigneur vivifiant et sanctifiant, vous possédez également et sans partage la toute-puissance et les perfections adorables et infinies : c'est donc à vous que nous offrons aussi ce sacrifice ; il est *préparé pour la gloire de votre saint nom*, car il est offert aux trois divines personnes, ainsi que nous l'avons témoigné au début de la messe, et vous y êtes adoré et glorifié conjointement avec Dieu le Père et avec Dieu le Fils.

§ IX. — Encensement des oblations.

Après l'invocation, *Venez, Sanctificateur*, la rubrique marque que l'on fait l'encensement des oblations. Selon le rit parisien, aux simples grand'messes, on se contente d'encenser trois fois l'autel et à la fois la matière du sacrifice qui vient d'y être déposée et préparée ; mais aux fêtes solennelles on fait cet encensement comme il a été dit au commencement de la messe, excepté que de plus on encense à plusieurs reprises l'hostie et le calice ; nous ne reviendrons pas sur ce que nous avons expliqué de l'origine, de la fin et du mode des encensements ; nous nous bornons à ce qu'il y a de spécial et de distinct dans la circonstance qui nous occupe, et dans les prières détaillées qui accompagnent ici cette cérémonie, très-ancienne dans l'Eglise grecque, et adoptée plus récemment dans l'Eglise latine.

D'abord le célébrant bénit l'encens par une prière plus longue et plus solennelle qu'à l'entrée du sacrifice.

Par l'intercession du bienheureux archange. Le mot d'ange signifie envoyé ; celui d'archange exprime un esprit bienheureux envoyé pour un message solennel,

comme celui qui fut député à Marie pour lui annoncer qu'elle allait devenir la mère de Dieu. Il est ici
question de l'archange *qui est à la droite de l'autel des
parfums ;* il est certain que l'ange Gabriel apparut à
Zacharie à la droite de l'autel des parfums, et il est
question dans l'Apocalypse d'un ange représenté auprès de l'autel avec un encensoir à la main, que l'on
a cru être saint Michel. Les missels sont partagés sur
ce point : celui de Paris a évité la difficulté en ne
nommant pas l'archange ; mais, quel qu'il soit, on
l'invoque ici, parce qu'il assura Zacharie que sa
prière était exaucée ; on invoque par lui le Seigneur,
et par la médiation *de tous ses élus,* parce que l'ange
de l'Apocalypse présente à Dieu sous l'emblème des
parfums les prières de tous les esprits célestes et de
tous les saints, et que l'Eglise, qui veut joindre à son
sacrifice des prières favorables, ne saurait mieux faire
que de les joindre avec son encens à l'encens et aux
prières du ciel. *Que le Seigneur,* poursuit l'Église,
daigne bénir cet encens, le mettre au nombre des
choses qui lui sont consacrées, l'accepter comme destiné à son culte. Mais tout encens ne lui est pas agréable, les dispositions de ceux qui l'offrent pourraient
ne faire monter vers le trône de Dieu qu'une fumée
grossière qui serait en abomination ; aussi ajoute-t-on
qu'il daigne aussi *le recevoir comme un doux parfum*
d'agréable odeur, et encore par les mérites de la croix
dont on a exprimé le signe, et par la médiation puissante de *Jésus-Christ Notre-Seigneur,* principe de tous
les mérites des anges et des élus de Dieu.

Le prêtre commence par encenser à plusieurs reprises les oblations, comme pour y joindre la prière
la plus ardente, l'esprit d'immolation le plus entier,

et pour donner un signe très-expressif du désir que
nous avons de les présenter au Seigneur, et de les
faire monter comme la fumée du parfum jusqu'au
trône de la grâce et de la miséricorde ; et encore l'E-
glise veut que le symbole de son oblation et des dispositions intérieures que ses fidèles y unissent, ne
se perde pas dans l'espace ; c'est un saint et précieux commerce qu'elle veut entretenir avec le ciel.
Que cet encens, dit-elle, *que vous avez béni,* que vous
vous êtes consacré, que vous daignez recevoir, *monte*
vers vous, Seigneur, parvienne jusqu'à vous, se con-
dense comme une riche et féconde vapeur aux pieds
de votre majesté éternelle, et *que votre miséricorde*
descende sur nous ; que ce nuage, formé des vœux de
la terre, grossi de l'intercession des anges et des élus,
fécondé par votre miséricorde, redescende sur nous
comme une rosée de salut et de bénédiction.

Le prêtre encense l'autel en tous sens, récitant ces
paroles du psaume 140 : *Que ma prière, Seigneur,*
s'élève en votre présence comme la fumée de l'encens ;
nos prières seront agréables et bénies, si nos désirs
sont purs, notre sacrifice généreux et tous nos sentiments animés par le feu de la charité. *Que l'éléva-*
tion de mes mains, qui n'est que le signe de l'élévation de mon esprit et de mon cœur, *vous soit agréable*
comme le sacrifice du soir, que vous aviez ordonné
dans le temple judaïque, où matin et soir on brûlait
des parfums, et surtout comme le sacrifice du soir
que Jésus-Christ vous offrit à l'entrée de la nuit où
il fut livré pour nous, et au déclin du jour à jamais
mémorable où, élevé en croix et les mains étendues
vers le ciel, il vous présenta l'oblation unique que
nous allons continuer sur cet autel. Nos prières doi-

vent sortir du cœur, mais elle passent par les lèvres
des mortels, et ces lèvres ne doivent point être pro-
fanées; *mettez* donc, *Seigneur, une garde à ma bouche,*
qui, comme une sentinelle fidèle et sévère, n'en
laisse échapper aucune parole qui ne soit digne de
vous ; *et une porte de circonscription sur mes lèvres,* qui
les ferme rigoureusement à toute parole qui souille-
rait mon âme et profanerait un si saint ministère :
*que mon cœur ne cherche jamais des paroles de détours et
de ruses pour excuser mes péchés,* pour me justifier du
mal par quelque apparence trompeuse ; que le cœur
qui vous prie soit fidèle ou au moins sincère, humble
dans tous les cas, et s'il sent le besoin de s'excuser,
que son excuse soit de gémir et de demander d'être
purifié par le feu de votre amour et par la flamme
active de votre charité ; c'est ce que le prêtre souhaite en terminant les encensements et en rendant
l'encensoir au diacre : *Que le Seigneur,* en l'honneur
duquel nous avons allumé ce feu et brûlé ces parfums, allume lui-même *en nous le feu de son amour ;*
que ce feu ne soit pas languissant, prêt à s'éteindre,
et qu'il nous enflamme d'une charité éternelle. Ainsi
soit-il. Ensuite on encense le prêtre, comme représentant Jésus-Christ ; puis, selon la coutume des
lieux, les reliques des saints, qui se sont offerts à
Dieu en sacrifice et qui ont été en sa présence un
très-doux parfum. Nous avons déjà vu pourquoi l'on
encensait les hommes et certaines personnes du
clergé et du peuple avec distinction ; chacun en recevant l'encens doit dire en proportion de son ministère et de sa dignité : Suis-je la bonne odeur de
Jésus-Christ? ma conduite répond-elle à l'idée que
l'Eglise donne de moi? mon cœur est-il élevé vers

Dieu dans les moments les plus graves et les plus précieux du sacrifice? Car soit que l'encensement général ait été fait au *Credo* comme suite de notre profession pratique de l'Evangile, soit qu'on le diffère jusqu'à l'obation ou jusqu'à la préface, c'est la conséquence de l'oblation de nous-mêmes que nous avons dû faire, de l'élévation de notre âme plus appliquée à Dieu par cet avertissement solennel : Les cœurs en haut, *Sursum corda*, et de cet acquiescement donné : Nous les tenons élevés vers le Seigneur, *Habemus ad Dominum*. En général, dit saint Thomas, on fait l'encensement pour représenter l'effet de la grâce qui est la bonne odeur dont Jésus-Christ est rempli, et qui doit passer de Jésus-Christ aux fidèles ; est pourquoi l'autel qui représente le Sauveur étant encensé de tous côtés, on encense chacun par ordre et à son rang.

§ X. — Lavement des doigts.

Quoique le prêtre se soit lavé les mains avant d'arriver au sanctuaire, l'Eglise lui ordonne de réitérer cette ablution après l'offrande et l'encensement. Il va au côté droit de l'autel, tenant les mains jointes, ce qu'il observe par respect toutes les fois qu'il n'est pas obligé d'agir ou de les élever, et là il se lave l'extrémité du pouce et de l'index en récitant les sept derniers versets du psaume 25, avec le *Gloria Patri*, qu'il omet aux messes des morts et du temps de la Passion, parce que cette Doxologie de joie ne convient pas avec les marques de deuil, et dans la mémoire des humiliations et des souffrances du Sauveur.

Ce lavement des doigts se fait par une raison na-

turelle, les mains du prêtre ayant pu contracter
quelque souillure extérieure dans la préparation des
offrandes et dans le maniement de l'encensoir. Dans
tous les cas, il lave le pouce et l'index destinés à
toucher le corps de Jésus-Christ, parce qu'il ne saurait les tenir dans un trop grand état de propreté
pour remplir un si saint ministère. La raison mystérieuse de cette ablution est de nous marquer que
notre vie et nos œuvres, désignées par les mains,
doivent être bien pures pour approcher du Seigneur;
que c'est un signe de sainteté qui convient aux âmes
consacrées à Dieu ; et si l'on ne purifie extérieurement que l'extrémité des doigts, apprenons de là
que, déjà lavés par le sacrement de pénitence et par
la douleur du cœur, nous ne devons plus avoir besoin
que de nous purger des moindres taches. C'est en ce
sens qu'avant l'institution de l'Eucharistie, lorsque
Jésus-Christ voulut laver les pieds de ses apôtres, il
répondit à Pierre qui demandait qu'on lui lavât non-
seulement les pieds, mais encore les mains et la
tête : *Celui qui est lavé n'a plus besoin que de se laver
les pieds; vous êtes déjà purs* (1), et il n'est pas nécessaire de procéder à une ablution générale, qui a dû
précéder, avant de s'asseoir au banquet sacré.

Pour nous faire entrer dans cette raison mystérieuse qui avertit le prêtre et les fidèles de l'extrême
pureté qu'on doit apporter au sacrifice, et pour
nous faire mieux comprendre encore cette parole de
David : *Lavez-moi de plus en plus de mon iniquité* (2),
l'Eglise ordonne de réciter dans cette cérémonie les
versets suivants du psaume 25 :

(1) Jean, xiii. — (2) Ps. l.

Je laverai mes mains, c'est-à-dire, je purifierai ma vie et mes actions, je les dégagerai des moindres souillures, *avec ceux qui vivent dans l'innocence ;* je modèlerai cette vie sur les exemples de Jésus-Christ, l'innocence même, d'après la conduite des saints en la société desquels je vais sacrifier, sur la conversation céleste des anges qui se pressent autour de l'autel ; et en union avec Jésus-Christ et ses fidèles serviteurs, *j'environnerai, Seigneur, votre autel*, je m'efforcerai de ne pas être tout à fait déplacé entre un Dieu victime et des adorateurs si parfaits.

Cette grande pureté de cœur me disposera *pour ouïr la voix qui annoncera vos louanges*, cette voix créatrice qui va retentir dans l'immolation pour faire paraître l'hostie de louange, et qui parlera à mon âme pour lui dire de mourir au péché ; *pour raconter moi-même toutes vos merveilles*, car je suis le héraut de vos grandeurs, et ma bouche publiera que dans ce mystère se trouve le mémorial de tous vos prodiges, et l'abrégé de tout ce que vous voulez opérer en nous pour le salut.

Seigneur, j'ai aimé la beauté de votre maison où vous daignez établir votre gloire, et j'ai choisi la meilleure part en habitant dans cette auguste demeure, dans laquelle vous concentrez votre gloire et le fruit de tout ce que les hommes doivent faire pour vous.

« O Dieu ! ne me faites pas périr avec les impies, » ni mourir avec les hommes sanguinaires, dont les » mains et les œuvres sont pleines d'iniquités et » chargées de présents » qui les corrompent et les poussent à toutes les injustices ; retirez-moi du milieu de ces pécheurs, cachez-moi dans le secret de votre face : j'ai préféré être ignoré dans la maison de

mon Dieu, qui est la demeure de la paix, de l'innocence et de la vie, plutôt que d'habiter sous les
tentes des prévaricateurs. Un jour passé auprès de
vous vaut mieux que dix mille au milieu du monde
et de ses joies. O mon Dieu ! que vos tabernacles sont
aimables ! mon âme tressaille et languit du désir
d'être admise dans vos sacrés parvis.

Mais en même temps, que ce lieu est terrible !
c'est la maison du Seigneur et la porte du ciel ; que
cette terre est brûlante ! c'est la terre des saints et
des vivants où Dieu se manifeste. Malheur à qui y en-
trerait comme dans un lieu profane et ordinaire !
Pour moi, je suis entré avec mon innocence. Cette parole n'est-elle pas contraire à l'humilité chrétienne ?
non, car l'humilité ne consiste pas à ignorer ce que
l'on est, mais à craindre de ne pas voir en nous le
mal, à reconnaître que nous ne nous regardons pas
comme justifiés parce que notre conscience ne nous
reproche rien, à nous juger vils et méprisables, et par
le mal que nous apercevons, et par les obscurités de
la conscience que nous ne pouvons approfondir, à
ne pas chercher à faire connaître le bien qui est en
nous, à ne pas nous élever au-dessus des autres par
une comparaison superbe, à confesser que nous n'a-
vons rien de nous, et à reconnaître que nous pouvons
déchoir très-facilement du plus haut état de sainteté.
Voilà l'humilité, mais cette vertu ne s'oppose pas à
ce que, nous étant éprouvés avant de monter à l'autel, nous puissions dire avec défiance de nous-mêmes,
et avec action de grâces envers le Seigneur, que par
sa grâce nous sommes entrés avec notre innocence,
surtout quand, saisis d'un saint tremblement, nous
ajoutons de suite : *Rachetez-moi, et ayez pitié de moi.*

Ce verset ainsi compris n'a rien non plus de trop
effrayant pour le prêtre et les fidèles, Dieu n'exigeant
pas l'impossible en demandant la pureté, et sup-
pléant aux faiblesses inhérentes à notre humanité
par son abondante rédemption et sa grande miséricorde ; ne craignons qu'une chose dans cet aveu,
c'est l'illusion. Au milieu de la première oblation du
sacrifice de Jésus-Christ sur la croix, un homme a demandé de l'eau à ses ministres, s'est lavé les mains
devant tout le peuple, et a dit : Je suis innocent du
sang de cet homme. Sa conscience, égarée par la timidité, la faiblesse, l'intérêt et l'ambition, a rendu un
témoignage trompeur, et toutes les eaux du monde
n'auraient jamais pu laver des mains souillées du
sang divin qu'il allait verser injustement. Prenons
donc garde que chacun puisse dire en toute vérité :
Je suis innocent du sang de Jésus-Christ. Je ne le
crucifie pas de nouveau par mes crimes ; et son sang,
loin de tomber sur moi comme la tempête pour
m'écraser, va, en conséquence de mes dispositions,
couler sur mon âme pour la blanchir, la laver de
plus en plus, et la féconder comme une rosée salutaire : il va me racheter encore et avoir pitié d'un
cœur pur ou du moins contrit et humilié de ses in-
gratitudes.

Par sa grâce, *mes pieds ont suivi le droit chemin* qui
conduit à ce Dieu rédempteur ; c'est pour cela que *je
vous bénirai, Seigneur, dans les assemblées*, et que je
vous conjurerai, dans cette réunion des anges, des
saints et de vos enfants, d'affermir de plus en plus
mes pas dans les sentiers de votre amour, afin que
ma bénédiction ne soit point passagère, que ma
louange ne soit pas d'un jour, mais que vous louant

et vous bénissant dans les assemblées de la terre, je mérite de chanter votre gloire et vos miséricordes dans l'éternelle réunion de vos élus.

Gloire au Père, comme à la fin du psaume *Judica*.

Les fidèles peuvent utilement réciter ces versets, et les approprier aux dispositions que Dieu exige de leur cœur pour le sacrifice ; sans doute la sainteté du prêtre doit être plus grande, mais ils ne doivent point oublier qu'ils offrent avec lui, qu'ils participent au sacerdoce de Jésus-Christ, et que la pureté, l'innocence, la bonne vie, l'amour de la maison de Dieu, la résolution de marcher dans la voie droite, leur sont indispensables; que si Dieu ne rejette pas le pécheur pénitent de devant ses autels, les paroles du psaume qui ne peuvent s'appliquer à l'état de leur conscience, doivent les humilier profondément, et leur faire désirer plus vivement de reconquérir par les fruits de la messe et par les moyens de la pénitence la grâce de Dieu qu'ils ont perdue par le péché.

§ XI. — De la prière, *Suscipe, sancta Trinitas.*

L'Eglise a offert séparément et d'une manière distincte le pain, le vin, et le cœur de ses fidèles ; mais comme Jésus-Christ tout entier, le chef et les membres, compose la matière de son sacrifice, elle veut maintenant offrir le tout d'une manière générale, ainsi qu'il aurait pu se faire dans les immolations antiques, si après avoir disposé sur l'autel et offert tour à tour à Dieu l'hostie, le vin et l'huile des libations, on eût présenté ensuite par un acte général d'oblation tout ce qui allait être consumé par le feu

sacré. L'Eglise a présenté au Seigneur sa victime
pour les fins ordinaires du sacrifice, en témoignage
d'adoration et d'action de grâces, en sollicitant la rémission des péchés, et tous les secours du salut et de
la vie; mais dans cette nouvelle offrande, elle a en
vue d'autres fins qu'elle veut ajouter à celles qu'elle
a déjà exprimées : c'est la mémoire des mystères de
Jésus-Christ, l'honneur et les suffrages des saints.
Enfin l'Eglise a fait son oblation en particulier à
Dieu le Père, à Dieu le Saint-Esprit; mais parce qu'elle
l'offre aux trois adorables personnes, elle veut invoquer ici la Trinité tout entière; voilà les graves raisons d'une offrande qui ne paraît au premier coup
d'œil qu'une répétition de ce qui a été fait et parfai-
ment accompli.

Mais on peut penser que si cette prière a pour but
de généraliser l'offrande de la matière du sacrifice,
d'en détailler toutes les fins, et d'en dédier l'hommage, non plus à telle ou telle personne en Dieu selon
l'attribution qui lui est donnée, mais à la Trinité tout
entière, on peut, dis-je, penser que cette prière aurait dû suivre naturellement les premiers actes d'oblation, et précéder l'encensement et le lavement des
mains : la chose sans doute aurait pu être réglée
ainsi sans inconvénient; on a seulement jugé plus
convenable de faire succéder immédiatement à
l'oblation des fidèles l'encensement qui est le signe de leur ferveur et de l'esprit intérieur de sacrifice, de purifier bien vite les mains que l'encensoir a pu salir, et d'ailleurs de rappeler encore par un symbole expressif la pureté qu'exige
le culte divin, avant de terminer le dernier acte de
l'offrande. Pour procéder donc à cette oblation, plus

15

générale quant à la matière, plus abondante quant à la forme, et plus directe quant à l'invocation, le prêtre joint les mains sur l'autel, pour marque de notre entière servitude et de notre union avec Jésus-Christ ; il s'incline en signe d'hommage et d'adoration plus profonde, et récite la prière suivante :

Recevez, Trinité sainte, Père, Fils et Saint-Esprit, que nous honorons également, comme vous êtes égaux en toutes choses dans l'unité de la nature divine, *cette oblation* composée maintenant du pain et du vin qui doivent être changés au corps et au sang du Rédempteur, de l'esprit humilié et du cœur contrit de tous les fidèles unis à leurs chefs, et désirant d'être transformés en lui ; nous vous l'avons déjà offerte pour les fins principales de tout sacrifice ; et présentement considérez de plus *que nous vous offrons* cette grande victime, premièrement *en mémoire de la Passion, de la Résurrection et de l'Ascension de Jésus-Christ notre Seigneur.* Cette fin particulière que l'Eglise détaille ici, demande quelque explication. On se rappelle que dans le rit mosaïque il y avait : 1° choix de la victime ; 2° offrande et présentation de la victime ; 3° immolation et effusion du sang de la victime ; 4° consomption de l'hostie par le feu dont la fumée montait devant Dieu pour être reçue en agréable odeur ; 5° communion et participation à la victime de la part du prêtre et du peuple. Or Jésus-Christ a non-seulement succédé aux sacrifices anciens qu'il a abrogés, mais son immolation en a rempli abondamment la plénitude ; il y a eu choix de la nature humaine, qui est l'hostie de son sacrifice, par l'incarnation ; offrande de son corps, par sa naissance ; effusion de son sang sur la croix, par les plaies dont il a été couvert, et surtout par la lance du soldat qui ouvrit son côté. Le feu a consumé la victime dans le mystère de la Résurrection, par lequel Jésus-Christ a absorbé ce qu'il y avait de mortel dans la nature qu'il avait prise, en triomphant de la mort et en reprenant la vie ; le parfum agréable de cette vie consumée est monté vers le ciel au jour de l'Ascension, et l'hostie de propitiation a été placée à la droite de Dieu ; enfin, le jour de la Pentecôte, il y a eu communion spirituelle et vivifiante à la victime, quand les disciples ont été incorporés à Jésus-Christ et rendus participants de son Esprit, recevant la vie de Dieu comme des membres vivants réunis à leur chef. Or, voilà toute la plénitude des mystères que l'on rappelle dans la continuation du sacrifice de Jésus-Christ ; voilà l'entier accomplissement de cette parole : Faites ceci en mémoire de moi. Aussi dans la plupart des Eglises des Gaules disait-on autrefois : « Recevez cette hostie que nous » vous présentons, prêtre et fidèles, en mémoire de » l'Incarnation, de la Naissance, de la Passion, de » la Résurrection, de l'Ascension de Jésus-Christ, et » de l'avénement de l'Esprit-Saint. » Et si aujourd'hui l'on se borne à énumérer les trois grands mystères, c'est que toute l'immolation et la consommation du sacrifice y est renfermée, et que le reste n'en est que la préparation et la conséquence ; et comme la messe est la vraie continuation du sacrifice unique de la croix, nous rappelons le souvenir de tout ce qui a précédé, accompagné et suivi cette immolation d'un Dieu fait homme. Enfin, quoiqu'il n'y ait dans la liturgie actuelle que l'énoncé suffisant des mystères principaux, le détail se trouve merveilleusement dans l'action sacrée : choix de la victime par la prépara-

tion du pain, du vin, et du cœur des fidèles;
offrande par des prières distinctes et précises; immolation par le glaive des paroles de la consécration;
consomption et élévation de la victime au ciel par la
suite des prières du canon, où l'on conjure que l'hostie soit portée sur l'autel sublime dressé devant le
trône de Dieu; et communion par l'union du prêtre
et du peuple aux espèces sacramentelles, et par l'esprit et la vie de Jésus-Christ répandus dans les âmes.
C'est ce que comprend d'admirable l'offrande que
nous faisons tous ici *en mémoire de la Passion, de la
Résurrection et de l'Ascension de Notre-Seigneur:* nous
témoignons qu'outre les fins générales du sacrifice,
nous avons à l'autel le fruit de tous les travaux et de
toute la gloire de notre Dieu.

Secondement, nous offrons à la Trinité adorable
cette victime *en l'honneur de tous les saints :* ce but
accessoire du sacrifice mérite encore plus d'être expliqué et compris, à cause des erreurs que l'on a
prétendu imputer à l'Eglise sur ce point.

Offrir, dit-on, le sacrifice de Jésus-Christ en l'honneur, et *pour qu'il serve à l'honneur des saints,* c'est
faire servir Jésus-Christ à les honorer, c'est les égaler
et même les préférer à Dieu, puisque l'on prend un
Dieu victime pour leur rendre un culte d'honneur et
de vénération.

Voilà bien l'objection dans tout ce qu'elle a de fort
et de spécieux; mais ne voit-on pas qu'elle se détruit
par son exagération même, qu'on ne peut la soutenir sans avancer que l'Eglise met les saints au-dessus
de Dieu, et qu'elle ne prouve rien, parce que, prou-
vant trop, elle pousse à une conséquence absurde et
hors de toute vraisemblable?

Non-seulement donc l'Eglise ne préfère pas les saints à Dieu, il s'en faut même de tout qu'elle veuille les égaler à la majesté sainte, et qu'elle ne garde pas, en les honorant dans son sacrifice, la proportion de la distance infinie qui sépare le Créateur de ses créatures, même les plus fidèles et les plus privilégiées. Car premièrement, il est évident que l'Eglise offre le sacrifice à Dieu seul; sa liturgie bien claire et bien précise s'adresse à Dieu le Père tout-puissant, au Seigneur, à l'Esprit sanctificateur, à la Trinité sainte; jamais prêtre n'a dit à l'autel : Nous offrons à vous, Pierre, ou Paul, ou Cyprien. On sacrifie au Dieu des martyrs, quand on érige des autels en leur mémoire. Nous n'avons pas élevé d'autel à Etienne, dit saint Augustin, mais avec les restes d'Etienne, avec les reliques de ce corps qui a été immolé pour Dieu, nous avons fait un autel au Seigueur. Nous ne donnons pas aux saints des temples, des prêtres, des victimes, mais à Dieu seul, qui est leur Dieu et notre Dieu. Enfin nous n'offrons pas Jésus-Christ à l'adorable Trinité pour honorer les saints ; mais après avoir dit que nous offrons, et à qui nous offrons, nous expliquons simplement ce que contient le saint sacrifice, et ce que nous devons y considérer, savoir : les mystères de Jésus-Christ, et les victoires des saints qui font tout leur honneur. L'Eglise publie donc hautement, et par son dogme, et par sa liturgie, et par sa tradition, cette parole de David : *Qui sera semblable à Dieu parmi les enfants de Dieu* (1)? Mais, sachant que ce même Dieu est glorifié dans la réunion de ses saints, elle ne peut séparer ici l'honneur que

_____

(1) Ps LXXXVIII.

nous leur rendons d'avec l'honneur que nous devons à Jésus-Christ, 1° parce que le sacrifice de la messe est le sacrifice du Rédempteur tout entier, du chef et des membres, le sacrifice universel de l'Eglise et de tous les saints qui se sont immolés à Dieu, et qui continuent de s'offrir par Jésus-Christ et avec Jésus-Christ. Et ainsi, « toute la cité rachetée, c'est-à-dire » l'assemblée et la société des saints, qui est le sacrifice » universel, est offerte à Dieu par le grand Prêtre, qui » s'est offert pour nous dans sa Passion (1). » Or, quoi de plus honorable pour les saints que d'entrer ainsi dans la composition du sacrifice d'un Dieu, que de faire partie de la grande victime ? et c'est cet *honneur* que nous rappelons ici et que nous unissons légitimement, et toute proportion gardée, à l'honneur que nous rendons à Dieu. 2° Parce que tout ce que Jésus-Christ a d'honneur et de gloire dans ce sacrifice qu'il offre et qui lui est offert, reflue nécessairement sur les saints, qui sont ses membres vivants, inséparablement unis à leur chef ; or, c'est ce reflux de gloire, dont Dieu est la source et le principe, que nous honorons à la messe ; et l'honneur du Seigneur nous pressant d'honorer ses favoris, ses amis, ses enfants, ses héritiers, nous ne pouvons mieux le faire qu'à cet autel, où ils ont puisé leur mérite, leur gloire, la grâce et les droits à l'héritage céleste. 3° Enfin, parce qu'au lieu d'honorer les saints par Dieu, nous honorons Dieu par les saints, puisqu'en rappelant leurs mérites couronnés, nous élevons la pensée jusqu'à Dieu, qui, dans leurs efforts et leurs victoires, n'a couronné que les propres dons de sa

(1) S. Aug.

grâce et de sa miséricorde ; l'honneur que nous leur
rendons ne se termine donc pas à eux, il remonte et
rejaillit vers sa source qui est Dieu ; il marque la
distance infinie qui sépare le Créateur de la créature,
et, loin de diminuer la gloire divine, ces hommages
bien compris en sont comme les rayons qui partent
du foyer et qui s'y concentrent. Qui a jamais pensé
qu'un savant perdît de sa gloire quand on fait l'éloge
de ses ouvrages ; que Salomon fût humilié quand
la reine de Saba vanta en sa présence le bonheur de
ses serviteurs ; qu'un maître crût sa réputation en-
tamée quand on exalte ses élèves et ses disciples ; et
qu'un général s'imaginât voir flétrir ses lauriers,
quand on ne veut pas le séparer des braves soldats
dont il a dirigé le courage, et auxquels il a inspiré
l'ardeur de la victoire ? Or, voilà l'esprit de l'Eglise
bien marqué dans ses prières. Le martyr Laurent,
nous dit-elle, fortifié par cette nourriture, enivré
par ce calice, n'a pas senti les tourments ; cette hostie
que nous vous offrons, Seigneur, a donné a tel saint
la force de faire le sacrifice de sa propre vie, elle l'a
rendu fidèle dans son ministère, victorieux dans son
combat ; les saints Pontifes ont puisé dans cette
nourriture la sollicitude pastorale et la charité pour
le troupeau ; ce froment divin a formé les élus, ce
vin précieux a fait germer les vierges ; en un mot,
les saints ont pris sur cet autel le mérite, la sainteté,
la force, la victoire, et en faisant mémoire, par l'a-
dorable sacrifice, de l'honneur qu'ils ont eu de triom-
pher du monde et du démon, nous ne faisons que
raconter les merveilles de Dieu, que solliciter leurs
suffrages auprès du divin Médiateur, et nous exciter
nous-mêmes à glorifier à notre tour, par la vertu de

la même victime, le Dieu des vertus et le Roi de gloire qui est admirable dans ses saints.

C'est donc dans ces sentiments si justes et si dignes du Seigneur, qu'après avoir offert la victime à la majesté de Dieu seul pour les fins du sacrifice, et en mémoire de la Passion, de la Résurrection et de l'Ascension de Jésus-Christ Notre-Seigneur, nous l'offrons ensuite, et *en l'honneur de la bienheureuse Marie toujours vierge*, reine des anges et de tous les saints, qui a eu l'honneur de donner au Verbe éternel le corps de la victime sacrifiée, et qui s'offre elle-même avec d'autant plus d'actions de grâces qu'elle est plus élevée dans le ciel ; *et du bienheureux Jean-Baptiste*, qui a montré du doigt la Victime sainte, l'Agneau qui efface les péchés du monde ; *et des saints apôtres Pierre et Paul*, les premiers chefs du troupeau qui ont immolé la victime après Jésus-Christ, et qui ont plus contribué par leur vie et leur mort à former les membres de l'Eglise rachetée sur la croix ; *et de ceux-ci* dont on fait la fête ou la mémoire, dont on célèbre en particulier et avec distinction l'honneur de la victoire, et encore de ceux-ci dont les reliques reposent dans cet autel et sous cet autel, où Dieu reçoit et offre le sacrifice ; *et de tous les saints* qui, depuis Abel jusqu'à nous, ont été par leurs vertus des victimes agréables au Seigneur : *afin que* cette oblations *serve à leur honneur*, à l'honneur d'avoir été victimes pour Jésus-Christ, et d'être maintenant victimes avec Jésus-Christ, d'entendre réciter leurs noms glorieux à cet autel, d'où ils ont tiré le fruit du mérite et de la victoire, de grossir le cortége du triomphateur suprême, et de devenir les intermédiaires des hommes auprès du Pontife saint, sans tache, et plus élevé que les cieux. Que ce sacrifice, qui a procuré tant d'honneur aux élus, serve *et à nous pour le salut ;* que ce tombeau de l'autel, où des milliers de serviteurs de Dieu ont déjà enseveli la corruption et la faiblesse humaine, absorbe aussi nos misères et nos péchés ; que ce pain qui a fait les saints continue de leur former des enfants, des successeurs et des héritiers ; que nous trouvions le salut là où ils ont trouvé le salut et la gloire. Et l'Eglise explique parfaitement sa doctrine sur l'honneur et l'invocation des amis de Dieu dans le sacrifice de la messe par les dernières paroles de la prière : *Et que ceux dont nous faisons mémoire sur la terre,* dont nous faisons mention générale, ou particulière, ou spéciale, à la table sacrée, que nous n'adorons pas, à qui nous ne sacrifions pas, mais dont nous faisons seulement *mémoire,* glorieuse il est vrai pour eux, plus glorieuse encore pour le Maître à qui nous offrons, *daignent intercéder pour nous dans le ciel ;* qu'ils prient pour nous, qu'ils nous obtiennent la grâce de marcher sur leurs traces, et de recueillir à la messe la vie éternelle qu'ils en ont remportée. Voilà l'heureux commerce que nous voulons entretenir entre l'Eglise du ciel et l'Eglise de la terre ; car nous sommes les enfants des saints, tout éloignés que nous soyons de la perfection de nos pères, et les concitoyens du ciel, quoique exilés encore de la patrie. Toutefois, cette médiation des saints n'est que secondaire, ils ne sont réellement que des intercesseurs, et cette grâce, nous la demandons *par le même Jésus-Christ Notre-Seigneur,* médiateur unique, de qui seul nous vient tout don parfait et toute vertu. *Ainsi soit-il.*

§ XII. — L'*Orate, fratres.*

Cette exhortation que fait le prêtre à l'assemblée, de prier pour lui et de recommander vivement à Dieu le sacrifice qu'il va consommer, n'est, ce semble, qu'une répétition de l'invitation qu'il a faite au commencement de l'offertoire par ces paroles : *Que le Seigneur soit avec vous, et avec votre esprit. Prions.* Mais comme l'offrande qui durait longtemps, pouvait causer des distractions ; comme il est toujours bon et utile, malgré la brièveté de l'offrande actuelle, de réveiller la ferveur du recueillement à mesure que le moment du sacrifice approche ; et comme ce premier avis, qui servait de liaison à la *prière sur les oblations*, quand ces oblations se faisaient en silence, avait besoin d'être renouvelé, depuis que l'Eglise a introduit des oraisons spéciales à chaque rit et cérémonie de l'offrande, depuis le treizième siècle au moins, les rubriques ont prescrit de faire précéder la secrète de l'invitation solennelle, *Priez mes frères*, et de l'acquiescement qu'y donne l'assemblée par sa réponse.

Le prêtre en ce moment baise donc l'autel comme il l'a fait au commencement de cette troisième partie de la messe, et par cette cérémonie sous-entend et exprime tacitement le souhait de double charité envers Dieu et envers le prochain, *Que le Seigneur soit avec vous.* Il étend les mains et les rejoint, pour insister par le geste et la parole sur la recommandation qu'il a à faire, pour montrer toute la charité qui rend le peuple et lui solidairement responsables des fruits du sacrifice. *Priez, mes frères,* dit-il de manière à être entendu. C'est ainsi qu'à l'exemple de saint Paul les chrétiens se sont nommés les uns les autres. *Que mon sacrifice* par lequel je suis dépositaire de tous vos intérêts, *qui est aussi le vôtre,* car je suis et le représentant de Jésus-Christ par rapport à vous, et votre délégué par rapport à Dieu, vous offrez avec moi, vous participez au sacerdoce de notre Dieu et au sacerdoce de toute l'Eglise, nos intérêts sont communs ; que ce sacrifice donc, que nous offrons ensemble, *soit agréable* et digne d'être présenté *à Dieu le Père tout-puissant.* Si de son côté Jésus-Christ est toujours sûr d'être exaucé, cette assurance de propitiation ne contribuerait qu'à la gloire de Dieu, sans tourner à notre salut et à notre utilité, si nous n'apportions les dispositions convenables, et si nous ne conjurions ce Dieu Père tout-Puissant de nous appliquer les mérites d'une intercession si puissante.

Le prêtre prend alors, pour ainsi dire, congé des fidèles, qu'il ne reverra plus jusqu'à ce qu'il ait consommé le sacrifice, vers lesquels il ne se tournera même pas pour les saluer en prononçant les paroles ordinaires, *Que le Seigneur soit avec vous;* il va entrer dans le Saint des saints, portant le sang de la victime adorable ; il va se cacher dans le secret de la face de Dieu, et pénétrer dans ce qu'il y a de plus mystérieux au sanctuaire. C'est comme s'il disait au peuple : Je vous quitte, je m'éloigne, je vais jusqu'à Dieu, j'entre dans un plus grand recueillement pour faire seul les prières secrètes ; je m'environne du silence sacré, je me retire à l'ombre de la vertu du Très-Haut ; mais, de votre côté, priez aussi et demandez au Seigneur d'agréer le sacrifice que nous offrons ensemble. En terminant, il se retourne vers l'autel, pour demeurer sans communication extérieure avec les assistants jusqu'après la consommation de la victime.

Le peuple semble poursuivre le prêtre dans sa retraite par ses vœux et par la ferveur de ses prières : *Que le Seigneur*, avec qui vous allez traiter face à face, *reçoive de vos mains le sacrifice* que nous y avons déposé avec nos cœurs, *le sacrifice* en général, parce qu'il est celui de la grande société chrétienne, et *le sacrifice* unique dont nous ne faisons que continuer et répéter les actes d'oblation ; qu'il le reçoive *en l'honneur*, voilà le culte d'adoration suprême, *et à la gloire de son nom*, voilà le culte de reconnaissance et d'action de grâces ; *et aussi pour notre utilité*, qu'il soit propitiatoire pour nos péchés, impétratoire pour toutes les grâces qui nous sont nécessaires ; et pour l'utilité de *toute la sainte Eglise*. Oui, le sacrifice est offert pour tous ; l'Eglise nous a déjà inculqué cette vérité, et nous la répète plus d'une fois dans le cours de la messe ; ainsi quoique l'on offre spécialement pour telle ou telle personne, quoiqu'on recommande particulièrement certains fidèles au *Memento*, quoique les assistants aient à l'oblation une part plus abondante, il n'en est pas moins vrai que le sacrifice est offert pour tous les fidèles vivants et morts, que le sang de Jésus-Christ est répandu pour le salut de tout le monde, et que la messe est la grande et universelle oblation de l'Eglise triomphante, militante et souffrante, et le *salut continuel* du monde entier. Ne craignons donc pas que ce salut tarisse, il est inépuisable ; et allons avec joie aux sources du Sauveur recevoir cette eau qui rejaillit jusqu'à la vie éternelle.

Le prêtre répond, *Ainsi soit-il;* il bénit ce concert admirable de prières et de ferveur, et demande par cette acclamation que ce doux accord ne soit jamais interrompu pendant l'action sacrée.

§ XIII. — De la Secrète.

Nous ne répéterons pas ici ce qu'il peut y avoir de commun dans les rapports entre cette oraison et celle de la collecte; nous nous bornerons à ce qu'elle présente de spécial et de distinct, soit dans le but et dans l'expression de la prière, soit dans la manière de la réciter.

Le mot de *secrète* signifie, ou que cette oraison est faite à voix basse et que c'est la prière du secret et du silence mystérieux qui va envelopper l'action ineffable du sacrifice, ou bien, ainsi que le marque Bossuet, ce mot vient du latin, *secernere, secreta,* séparer, séparation, parce que cette prière se faisait après que l'on avait séparé de l'offrande la matière propre du sacrifice d'avec l'excédant que l'on distribuait au peuple en manière d'eulogies, ou qui servait à l'entretien du culte et des ministres de l'Eglise. Saint Grégoire nomme la secrète l'*oraison sur les oblations*.

On ne dit point avant de la réciter l'invitation ordinaire, *Oremus,* parce que cet avertissement a déjà été donné au commencement, et que, dans les siècles où toute l'oblation se passait en silence, ce mot *Prions* précédait la seule prière de cette partie de la messe, quoique avec un certain intervalle. Mais, depuis que cet intervalle a été rempli par toutes les prières qui accompagnent chaque cérémonie de l'offrande, l'*O-rate fratres* a été comme la seconde et immédiate invitation, et, après cette exhortation si belle et si détaillée, on a jugé inutile tout préambule avant l'oraison sur les oblations.

Le prêtre récite les mains élevées le corps de la secrète, et la substance de cette prière est de demander à Dieu deux choses : 1° qu'il change le pain et le vin au corps et au sang de Jésus-Christ ; 2° qu'il change nos cœurs par sa grâce, et qu'il les transforme en la ressemblance du Dieu fait homme. Car il ne s'agit pas seulement d'offrir du pain, du vin, et le cœur des fidèles, il faut pour le sacrifice qu'il y ait destruction ou changement de la matière offerte, et c'est le point essentiel que nous demandons ici pour compléter et perfectionner l'offrande, qui serait nulle devant le Seigneur, si elle ne tendait pas nécessairement à ce changement et à cette immolation. Or, nous prions que la substance du pain et du vin soit détruite, qu'elle soit changée au corps et au sang de Jésus-Christ immolé ; nous demandons que l'esprit soit anéanti par l'humilité en sa sainte présence, que le cœur soit brisé par la douleur et le repentir, enfin que notre âme soit transformée en Jésus-Christ ; c'est-à-dire qu'il change sa faiblesse en la force de Dieu, sa misère en la richesse de Dieu, sa condamnation en la grâce de Dieu, sa corruption en la sainteté de Dieu, sa mort du péché en la vie de Dieu. Et l'on doit remarquer que toutes les secrètes se réduisent à demander au Seigneur « qu'il » reçoive favorablement les dons qui sont sur l'autel, » et que par sa grâce il nous mette en état de lui » être nous-mêmes présentés comme une hostie

» agréable. » Voici cependant un exemple plus précis de cette prière : le second dimanche après l'Epiphanie, nous lisons : « Faites, nous vous en conju-
» rons, Seigneur, que votre Fils, qui, à Cana en
» Galilée, a changé par un miracle l'eau en vin, con-
» vertisse nos oblations en son corps et en son sang,
» et transforme nos cœurs en lui par la vertu de ce
» sacrement. » Le prêtre fait à voix basse la conclusion ordinaire : « Par Notre-Seigneur Jésus-Christ,
» qui, étant Dieu, vit et règne avec vous en l'unité
» du Saint-Esprit; » mais il termine cette conclusion
d'un ton élevé, et même en chantant, si la messe
est accompagnée par le chœur : il est, ce semble,
déjà renfermé dans le *Saint des saints*, et si fort
éloigné du peuple par son ministère que, pour
inviter l'assemblée à s'unir à lui, il a besoin de
conclure les prières secrètes à pleine voix; il sort
comme d'une extase, et rompt le silence par cette
exclamation : *Dans tous les siècles des siècles*, qui
invite le peuple à lui répondre : *Amen, Ainsi soit-il.*
Comme ces dernières paroles de la secrète se disent
sur le même ton et sur le même chant que la préface, on s'est insensiblement accoutumé à les regarder comme le commencement du prélude du *canon*,
quoiqu'elles soient certainement la conclusion de
la prière sur les oblations. Cependant nous les
répéterons dans la partie de la messe qui va suivre,
et nous les joindrons encore à la préface, à cause de
quelques réflexions qu'elles fournissent à la piété;
elles deviendront le début de l'action de grâces solennelle qui précède la règle de la consécration.

CHAPITRE IV.

—

Du *Canon*, ou règle de la Consécration, précédé de la Préface.

Cette quatrième partie de la messe renferme les prières et les cérémoniès depuis la secrète jusqu'au *Pater* exclusivement.

C'est le moment le plus précieux et le plus sublime du sacrifice, le point le plus intéressant auquel se rapporte tout ce qui a précédé, et d'où découle tout ce qui suivra : c'est l'immolation, la consécration de la victime qui va s'y opérer ; et, avec la présence d'un Dieu au milieu de nous, l'oblation véritable de l'immolation réelle et unique du Calvaire, l'action même de Jésus-Christ dans laquelle le prêtre ne parlera plus en son nom, mais au nom de Celui qu'il représente ; l'effusion abondante de toutes sortes de bénédictions et de grâces ; c'est le sang de Jésus-Christ mystérieusement répandu, refluant avec impétuosité de l'autel pour inonder de joie les anges et les saints dans la cité de Dieu ; pénétrant avec force jusque dans les entrailles de la terre pour aller rafraîchir les âmes qui soupirent, comme le cerf altéré, après la source du bonheur éternel, coulant à grands flots dans cette vallée de larmes et de combats pour nous enlever au monde et au péché, pour pousser la barque de l'Eglise au port du salut ; en un mot, c'est toute la puissance du Ré-

dempteur exercée au ciel et sur la tèrre, son amour
prodigue de miracles pour demeurer tous les jours
et à toute heure avec nous jusqu'à la consommation
des siècles : voilà le *canon* de la messe que nous avons
à expliquer. Mais, pour avancer sur cette terre brûlante qui tremble sous nos pas, et qui menace d'en-
gloutir le téméraire qui voudrait de lui-même scruter les profondeurs de la majesté sainte, au risque
d'être opprimé et écrasé par le poids de tant de
gloire, nous conjurons de nouveau le Seigneur de
nous tenir par la main, de nous donner la grâce et la
force de raconter ses merveilles ; et, pour n'être pas
tout à fait indignes de considérer, même de loin,
cette grande vision, ce feu sacré de l'autel qui brûle
sans se consumer, nous ôtons ici, comme Moïse,
notre chaussure, c'est-à-dire que nous désirons nous
dépouiller de tout sentiment terrestre pour nous
élever plus facilement jusqu'à Dieu.

DE LA PRÉFACE ET DU *Sanctus.*

Il était juste que cette *action* si grande, que cette
prière par excellence, fût précédée d'un prélude ou
d'une introduction solennelle que l'on nomme la
préface. L'Eglise ne fait en cela qu'imiter Jésus-
Christ, qui débuta par rendre grâces à son Père et
par lever les yeux au ciel, lorsqu'il voulut opérer
dans le désert la multiplication des pains, symbole de
l'Eucharistié, et lorsque pour la première fois il
changea le pain et le vin en son corps et en son sang.
Ce rit sacré fut tellement expressif dans l'institution
divine du sacrifice de la messe, que la table sainte a
été nommée dans tous les siècles la table *eucharistique*

ou d'action de grâces. Aussi l'invitation d'élever les
cœurs et de rendre grâces à Dieu se trouve-t-elle de
tout temps dans toutes les liturgies; ce qui doit faire
conclure que la principale partie de la préface est
aussi ancienne que l'Eglise, puisque ce qui se voit si
anciennement et si généralement en usage doit venir
d'une source commune, qui est la tradition apostolique. Le sommaire de la préface est de rendre grâces
au Seigneur par Jésus-Christ et en union avec tous
les chœurs des anges; on n'exprime ordinairement
pas le sujet de cette éternelle reconnaissance, il semble que la pensée en soit tellement absorbée qu'elle
ne puisse s'en distraire, et que le motif en soit si sublime que le langage des anges et des hommes ne
puisse l'énoncer; comme le Prophète qui, jugeant
ineffable le bienfait divin qu'il voulait chanter, s'é-
crie sans le nommer : *O Dieu, vous avez préparé au
pauvre dans votre douceur* (1). Depuis le sixième siècle
le corps de la préface a varié : on y marquait en peu
de mots, dans l'Eglise latine, le caractère du mystère
ou de la fête, pour le faire entrer dans l'action de
grâces commune, et pour nuancer sur le temps ou la
solennité la reconnaissance générale de l'Eglise;
mais vers l'an 1100, ces préfaces ont été réduites à
un nombre déterminé, c'est ce que nous appelons les
préfaces *propres* dans tous les livres de messe, et en
cela encore a-t-on suivi la tradition qui nous apprend que l'action de grâces de Jésus-Christ à la
cène fut très-détaillée, qu'il y renferma l'énumération des principaux bienfaits d'un Dieu créateur, conservateur, rédempteur et sanctificateur,

(1) Ps. LXVII.

comme le fait tour à tour la liturgie actuelle dans le
développement des préfaces aux diverses fêtes, qui
célèbrent successivement toutes les merveilles du
Seigneur et tous ses bienfaits envers les hommes.

Quant à la manière de réciter cette introduction
aux saints mystères ou de la chanter, nous l'indiquerons en expliquant ici chaque parole de la préface
commune et ordinaire.

Soit qu'il faille regarder ces mots *Dans tous les
siècles des siècles, Ainsi soit-il*, comme la dernière
conclusion de la secrète, ou comme le début du prélude du canon, toujours est-il que le prêtre, les
mains appuyées sur l'autel, semble sortir d'une extase et d'un colloque avec Dieu; il s'est éloigné du
peuple par le recueillement, et il a été ravi en esprit
jusqu'au ciel; à cette distance, il a besoin d'élever
la voix pour communiquer avec l'Eglise de la terre
qui offre et qui sacrifie avec lui; mais placé par son
ministère dans cette région si élevée, que peut-il
faire entendre sinon les paroles de l'éternité, *Dans
tous les siècles des siècles?* Et il est à remarquer que
l'instant précieux du sacrifice et de sa consommation commence à la fin de la secrète et se termine
avant le *Pater* par un même cri puissant qui annonce
l'éternité, qui révèle que rien de terrestre ne s'opère
ici, que l'action se passe dans le ciel, que l'affaire du
salut des hommes se traite au pied du trône de l'E-
ternel; c'est le double cri que Jésus-Christ poussa
sur la croix et qui annonça la mort et la rédemption
du Dieu qui n'a pas eu de commencement et qui
n'aura jamais de fin, qui est béni et glorifié d'un
point de l'éternité à l'autre : *ab æterno in æternum* (1).

(1) I Paral. XXIX.

C'est donc comme si le prêtre disait aux fidèles : Déjà je suis entré dans le secret de Dieu, j'ai traité un instant avec lui et pour vous et pour moi, je vais pénétrer de nouveau et plus avant encore dans le Saint des saints ; mais pour vous unir à l'oblation de la matière du sacrifice, et pour vous unir à la consécration, je me joins à vous comme vous devez vous joindre à moi, et du haut du ciel où je parais comme votre médiateur, entendez la conclusion de ma prière et l'introduction à celle plus excellente encore que je vais continuer : *Dans tous les siècles des siècles;* l'éternité ! voilà où je vous appelle d'esprit et de cœur ; l'éternité ! voilà ce qui doit absorber et confondre toutes vos agitations mondaines ; l'éternité ! voilà ce que je vais vous mériter par l'effusion du sang d'un Dieu, et par la sanctification de vos âmes que vous puiserez à cette source divine. M'entendez-vous bien ? Oui, répond le peuple : *Ainsi soit-il,* il en est ainsi, c'est une action céleste qui va se passer ; *Ainsi soit-il,* qu'il en soit ainsi des dispositions que nous voulons apporter, et des fruits que nous voulons recueillir.

Que le Seigneur soit avec vous, poursuit le prêtre sans se tourner vers l'assemblée, parce qu'autrefois on fermait les portes et on tirait les rideaux du sanctuaire avant la préface, et parce que le prêtre a pris congé du peuple pour entrer en communication intime avec Dieu. Cet avertissement tendre et charitable que je vous ai si souvent donné, doit avoir ici sur vous plus de force et faire sur vos âmes une impression plus vive : car dans quelques instants ce ne sera plus un souhait, ce sera un fait accompli, et s'il fallait vous saluer alors, on pourrait, toute proportion gardée, vons adresser les félicitations de l'Ange à Marie : *Je vous salue, le Seigneur est avec vous.* Mais puisqu'il est si proche, ne le perdez pas de vue, je vous en conjure ; qu'il vienne dans votre cœur avant de paraître sur l'autel, pour que ce cœur soit digne d'être sa demeure et son sanctuaire. *Qu'il soit aussi avec votre esprit,* répond le peuple en continuant avec ferveur ce dialogue sacré ; que votre esprit et votre cœur ne s'éloignent pas de Dieu, vous, ministre saint, qui allez l'honorer par la bénédiction de vos lèvres, et tenir entre vos mains nos vœux, nos intérêts les plus chers, et l'hostie de propitiation.

Toutefois une recommandation ordinaire serait insuffisante dans cet instant décisif : le prêtre va la réitérer, l'exprimer aussi vivement qu'il est permis à une bouche mortelle, et, élevant les mains, parce que la nature de l'homme ne peut facilement s'élever à la méditation des choses divines sans ces secours extérieurs, si naturels, si populaires, et qui suppléent à l'intelligence du langage liturgique, il s'écrie de nouveau : *Elevez vos cœurs,* les cœurs en haut, *Sursum corda ;* c'est-à-dire, si vous voulez me suivre dans l'action sacrée, si vous voulez arriver avec confiance jusqu'au trône des miséricordes éternelles, si vraiment vous vous joignez à moi d'esprit et de cœur, élevez donc cette âme, prenez les ailes de la prière et du désir pour aller où vous appelle le Dieu qui se sacrifie, cherchez et goûtez les choses d'en haut, et n'ayez plus de goût et d'empressement pour les choses de la terre. A cette interpellation, il faut répondre : *Nous les tenons,* nos cœurs, *élevés vers le Seigneur.* Mais prenons garde que Dieu ne nous juge et ne nous condamne par notre propre bouche : vous répondez à cet appel, chrétiens qui remplissez **nos** églises, mais quelle est la témérité de vos lèvres, si votre esprit est distrait et errant, si l'imagination se repaît de chimères et de vanités, si le cœur est tout occupé des affections terrestres ? Hommes cupides et absorbés par le soin d'amasser un argent périssable, hommes fatigués par les affaires et les intrigues de l'ambition, hommes qui méditez la vengeance ou le plaisir, et qui peut-être apportez vos passions jusqu'au pied des autels, qui trouvez quelquefois moyen de les nourrir jusque sous les yeux de Dieu ; comment répondrez-vous à cette puissante invitation ? Il faut au contraire que la bouche parle de l'abondance du cœur, que ces passions immolées, que ces agitations laissées hors du temple, que mille soins inquiets jetés dans le sein du Seigneur allégent votre âme et lui permettent de s'élever facilement jusqu'à lui ; il faut que, comprenant bien l'acquiescement que vous donnez ici, votre cœur quitte la terre et les vaines sollicitudes, et suive la victime qui va s'élever de l'autel d'ici-bas à l'autel sublime du ciel ; vous en êtes les membres, malheur à vous si le chef monte seul, et si vous répondez mal à ce que vous dit Jésus-Christ lui-même par la bouche du prêtre : Si quelqu'un veut venir après moi, qu'il se renonce soi-même, qu'il porte sa croix, et qu'il me suive : je veux que ceux que mon Père m'a donnés soient avec moi là où je suis, afin qu'ils parviennent là où je suis parvenu, et où je ne les devance que pour leur préparer une place.

Enfin le dialogue annonce et expose le sujet de la préface et de l'immolation eucharistique : *Rendons grâces au Seigneur notre Dieu*, et, pour marque d'une plus grande ardeur, le prêtre en ce moment rejoint les mains, et semble presser son cœur à la reconnaissance. Oui, remercions le Seigneur des bienfaits immenses qu'il va nous donner à sa table divine, du legs plein d'une charité éternelle qu'il nous a laissé par son testament ; tout sage qu'il est, il ne saurait imaginer rien de plus ; tout riche qu'il est, il ne peut donner davantage ; tout puissant qu'il est, il lui est impossible de faire plus que de se donner lui-même, son corps, son sang, son âme, sa divinité, comme prix de la rédemption, comme sacrifice perpétuel, comme nourriture sacrée, comme consolation de tous les moments, faisant ses délices d'habiter partout avec les enfants des hommes : oui, remercions, bénissons à jamais ce Dieu prodigue de lui-même. A cette exposition d'un sujet si noble, si grand, si ravissant pour le cœur, l'assemblée se lève en masse, et, tournée d'une manière plus sensible vers l'autel, répond avec l'accent de la gratitude la plus vive et la mieux sentie, *Cela est digne et juste,* nous ne pouvons mieux faire que de dilater nos âmes de toute la force de notre être, et de nous donner entièrement à Celui qui se donne tout à nous. Ce dialogue de la préface est modelé sur celui du ciel : et une voix sortit du trône, qui disait : Rendez gloire à notre Dieu : et j'ai entendu la voix d'une grande foule, semblable au bruit des flots, qui disait : Donnons-lui gloire (1).

Le prêtre, les mains étendues, poursuit la préface en enchérissant encore sur la dernière acclamation des fidèles.

(1) Apoc. xix.

Oui, s'écrie-t-il avec transport, *il est vraiment digne et juste ;* jamais parole n'a été mieux placée, il est digne d'une âme raisonnable de louer et de bénir ce Dieu qui mérite sans contestation toutes bénédictions et toutes louanges ; il est digne d'un cœur formé à la ressemblance divine, il est juste qu'il se répande en actions de grâces, qu'il conserve le souvenir des bienfaits ; mais de plus *il est équitable* de rendre à chacun ce qui lui est dû, et, comme nous devons infiniment au Père, au Fils et au Saint-Esprit, de puiser dans le sacrifice ce que nous devons à chacune des adorables personnes à raison de leur propriété personnelle et de leur concours pour notre salut ; et enfin il est *salutaire* de rendre grâces, parce que c'est le moyen que Dieu nous accorde de nouveaux dons et de plus puissants secours ; la vapeur de la terre ne remonte vers le ciel que pour en redescendre en pluie abondante. Oui, il est vraiment digne et juste, équitable et salutaire de vous remercier en tout temps et en tous lieux, parce qu'à chaque instant et d'un bout de l'univers à l'autre, vous ouvrez, Seigneur, votre main pour remplir de bénédictions tout ce qui respire. *Seigneur saint* qui nous donnez tous les biens du salut, *Dieu tout-puissant* dont la providence fait pour nous des prodiges dans l'ordre temporel, *Dieu éternel* devant qui nous subsistons à chaque moment par vos bienfaits ; il est juste de vous remercier *par Jésus-Christ Notre-Seigneur ;* c'est par lui que nous viennent les grâces, c'est par lui que l'action de grâces doit retourner jusqu'à vous, et c'est par lui qu'elle y retourne dignement, parce que c'est lui-même qui vous la fait à notre place, c'est un Dieu qui vous remercie, et nos louanges ont toute la dignité et tout le mérite d'un chef si saint et d'un médiateur si digne d'être exaucé. Ce n'est pas encore assez que nous vous rendions grâces par ce Dieu fait homme, les esprits célestes font avec nous le corps entier de l'Eglise de Jésus-Christ, ils tirent leur sainteté et leur gloire du même chef; *par qui les anges*, en conséquence, *louent votre divine majesté*, chacun dans l'ordre de la hiérarchie. *Les dominations l'adorent* profondément, *les puissances la révèrent* en tremblant par respect et par amour, *les cieux et les vertus des cieux et les bienheureux séraphins*, en un mot, tous les esprits bienheureux : *les cieux*, c'est-à-dire les citoyens du ciel, comme nous disons le monde pour les habitants du monde, *les vertus des cieux*, ceux qui y exercent de plus grandes merveilles, et les *séraphins*, heureux de l'amour plus excellent qui les embrase, tous ensemble par Jésus-Christ et en Jésus-Christ, *en célèbrent à l'envi* et de concert *la gloire avec des transports de joie*. La voix du prêtre semble se perdre dans ces détails de l'immensité du ciel; elle ne suit pas l'ordre rigoureux de la hiérarchie angélique, elle ne nomme pas tous les rangs et tous les chœurs, mais qu'il est beau et qu'il est grand de se perdre ainsi à travers les louanges, les adorations, les admirations, la joie, les désirs, l'amour et les concerts mélodieux du ciel ! C'est le langage de l'extase et du ravissement ; une bouche mortelle ne saurait tout raconter avec ordre des choses glorieuses de la cité de Dieu, et ce beau désordre est l'effet d'un art divin. Si l'esprit est insuffisant pour énumérer les cantiques des anges, le cœur pourrait-il rester muet au milieu d'une si sainte et si digne harmonie ? et c'est ce cœur

16

plein de reconnaissance qui dit à Dieu : *Nous vous prions d'accorder que nos voix jointes aux leurs soient admises* dans ce ravissant concert, *et que nous disions humblement avec eux…..* Bouches humaines, avez-vous bien pu former cette demande ? Quel rapport entre des esprits si purs et de misérables pécheurs? Quelle proportion entre les louanges continuelles des anges et nos prières si distraites et si interrompues, entre leurs transports et nos gémissements indispensables ? Ne craignons-nous pas de troubler le concert, de faire discordance et dissonance abominable dans une mélodie si pure ? Ah ! ce n'est pas de nous-mêmes que nous espérons d'être admis dans leurs chœurs, nous demandons à Dieu la grâce d'y entrer et d'en être dignes, la permission d'en faire partie pendant le sacrifice, puisque la terre doit s'unir au ciel dans ce moment terrible. Et si, pécheurs faibles et repentants, y nous sommes admis, nous nous engageons à suivre seulement, à chanter avec une juste timidité et à réciter bien humblement le cantique du ciel. Apprenons donc de cette prière ce que c'est que la messe, le lien du ciel et de la terre, le sacrifice auquel assistent les anges, les saints et les hommes; apprenons comment nous devons nous y présenter, si ce qu'il y a de plus pur tremble, autour du sanctuaire, d'adoration, de respect et d'amour.

A la fin de la préface on annonce, par le son de la clochette, que *la règle de la consécration* va commencer, et en ce moment, selon le rit de Paris, on voit arriver à l'autel des clercs avec des flambeaux et avec de l'encens, pour honorer par les signes de la plus profonde vénération le moment où un Dieu va paraître au milieu de ses enfants : ces clercs sont suivis d'un acolyte, ou *ministre suivant*, revêtu d'une chape et portant un bassin et un voile. Le sous-diacre prend à l'autel la patène qui ne sert plus que pour la fraction de l'hostie et pour la communion, et la dépose sous le voile que l'on apporte, pour ne la reprendre qu'au *Pater*. Cela vient de l'ancien usage de donner à communier sur la patène, qui alors était fort grande et dont il était à propos de débarrasser l'autel après l'oblation : aujourd'hui cette raison n'existe plus, mais on a conservé le rit antique par souvenir respectueux, et pour que le diacre et le sous-diacre ne soient pas obligés de la prendre à l'autel au moment du *Pater* pour la montrer au peuple, comme nous l'expliquerons plus tard. A la messe basse la patène reste sur l'autel, cachée sous le corporal et le purificatoire, de peur que la poussière ne tombe dessus.

Le prêtre a demandé pour l'Eglise de la terre la permission de s'unir aux anges, il a promis que nous joindrions nos voix bien humblement et comme il convient à des pécheurs, et pour donner de suite une preuve de fidélité à cette promesse, comme aussi accablé par les paroles sublimes qu'il prononce, il s'incline, et dit encore d'une voix intelligible le *Sanctus*. Cette hymne, qui se trouve dans les plus anciennes liturgies, est appelée angélique et triomphale, parce que la première partie est composée des paroles qu'Isaïe entendit chanter alternativement par les séraphins, au pied du trône de Dieu, et que saint Jean entendit répéter aux saints jour et nuit autour de l'autel du ciel, et parce que la seconde partie est composée des cris de joie et de gloire dont retentit l'entrée triomphante de Jésus-Christ à Jérusalem.

L'Eglise de la terre est donc l'écho du ciel quand elle répète avec le plus profond respect, avec la joie la plus vive et le désir le plus ardent : *Saint, Saint, Saint, est le Seigneur Dieu des armées.* Cette triple répétition est l'effet de notre impuissance ; nous voulons dire que le Seigneur est infiniment saint, mille fois saint, éternellement saint, et en réduisant ces adorations au nombre trois, nous confessons la sainteté et la gloire des trois personnes distinctes en Dieu et égales en toutes choses; mais en même temps nous disons *le Seigneur*, pour publier l'unité de Dieu dans la trinité du Père, du Fils et du Saint-Esprit; de sorte que ces premiers mots sont l'hymne la plus belle et la plus digne du Seigneur, que nous devons les prononcer avec les élans de la foi et les transports de l'amour, en joignant nos voix timides aux accents éternels des anges et des saints, et en entonnant ici-bas ce que nous espérons poursuivre à jamais dans le ciel. Il est donc infiniment saint *le Dieu des armées,* le maître et le prince de tous ces millions d'anges qui forment la milice céleste, qui ont vengé ses droits, soutenu sa cause contre les esprits rebelles, et qui, par leurs soins assidus et la garde qu'ils font auprès des hommes, s'efforcent d'étendre les conquêtes de Dieu, d'arracher les âmes à l'ennemi, et d'éterniser la gloire qui revient à leur prince de la fidélité de ses créatures ; voilà les armées dont le Seigneur est le chef et le Dieu, armées saintes du Dieu trois fois saint, protectrices de la sainteté des hommes, chargées d'environner de gloire le trône éternel, et de pureté le trône de la miséricorde. Oui, Seigneur, Dieu des légions célestes, *les cieux et la terre sont remplis de votre gloire ;* en Jésus-Christ se réunissent et se concentrent les adorations de la terre et des cieux, des anges, des saints et des hommes, et ce Dieu fait homme, adorateur suprême, digne de votre majesté sainte, vous rend une gloire si grande qu'elle remplit l'univers, et que vous ne pouvez pas désirer un culte plus parfait. *Hosanna* (1) *au plus haut des cieux;* sauvez-nous donc, dirons-nous avec joie, maintenant que le ciel et la terre se réunissent en Jésus-Christ pour vous rendre gloire et action de grâces ; sauvez-nous, vous qui êtes au plus haut des cieux, *Hosanna* ; et toute gloire èn même temps à vous, Seigneur, qui y habitez !

A ce cantique en l'honneur de la Trinité adorable, l'Eglise joindra une hymne à Jésus-Christ son rédemptenr, et elle empruntera de l'Évangile les louanges qui lui furent solennellement données peu de temps avant la consommation de son sacrifice sur la croix. Le *Sanctus* est un acte d'adoration, qui a dû être accompagné d'une posture humiliée ; le *Benedictus* est une acclamation de joie, et le prêtre se

---

(1) *Hosanna* était une acclamation de joie en usage chez le peuple hébreu, par laquelle on demandait à Dieu, avec des transports d'allégresse et d'espérance, toute prospérité et tout bonheur. Ce mot a été traduit, dans le Ps. 117, par ces paroles : O Seigneur, sauvez.,... ô Seigneur, toute prospérité. C'est un cri d'applaudissement, comme notre *vivat!* en français, comme le *viva, viva!* des Italiens. L'Eglise a conservé ce terme dans sa force originale, et ici *Hosanna au plus haut des cieux* veut dire littéralement : Tout honneur, toute gloire à Dieu jusqu'au plus haut des cieux; tout salut, toute paix et toute grâce à nous, du plus haut des cieux! Cette acclamation de bonheur est comme la prise de possession des biens ineffables que Dieu va nous donner par sa présence sur l'autel, et que nous n'avions fait que saluer de loin au début du *Gloria in excelsis.*

relève, et étant debout exprime sur lui le signe de la croix, parce que c'est par elle que nous avons part aux bénédictions et aux grâces qu'il vient répandre sur la terre : *Béni soit celui qui vient au nom du Seigneur*, qui est venu non par lui-même, mais au nom de son Père. Et comment ne donnerions-nous pas toute louange à Celui qui est venu pour notre salut, qui vient à chaque instant sur nos autels, et qui viendra nous mettre en possession de chanter éternellement le saint cantique des anges? Oui, béni soit-il, et mille fois béni, celui qui vient encore pour nous sauver! *Hosanna au plus haut des cieux!* *hosanna*, sauvez-nous par le Messie, vous qui l'avez envoyé du plus haut des cieux, et qui allez le faire descendre au milieu de nous! Quoi de plus digne que cette hymne de nous occuper au moment le plus précieux du sacrifice? Que son rapport est admirable avec le temps où Jésus-Christ entre à Jérusalem pour s'offrir en holocauste, et l'instant où il va s'immoler sur l'autel ; et quelle pensée admirable d'ordonner de chanter à la messe haute ce double cantique depuis la préface jusqu'à la consécration ! Pouvait-on nous préparer mieux aux grandes merveilles qui vont s'opérer? Soit donc que nous récitions de suite cette hymne avec le prêtre, soit que nous la chantions seulement pour en goûter toutes les paroles, que le cœur s'y applique tout entier; prenons garde d'imiter le peuple juif qui chantait : *Hosanna, sauvez-nous, Dieu béni*, et qui, quelques jours après, appelait sur lui la colère et la vengeance du Dieu venu pour le racheter par son sang ; que ce cantique, qui précède le canon de la messe, nous apprenne où nous en sommes, à quel moment précieux

nous sommes arrivés, et que, prosternés en esprit
devant le trône de Dieu, pénétrant par la foi dans le
ciel le vrai Saint des saints, nous attendions avec
frayeur et avec amour le bienheureux instant où le
Seigneur va paraître pour nous bénir.

Depuis le *Sanctus* jusqu'à la fin du canon le prêtre
récite à voix basse toutes les prières, c'est le secret
du mystère et le silence du respect. La tradition à
tenu rigoureusement à ce que la règle de la consécration ne fût pas récitée à haute voix, et cet ordre
constant peut fournir matière à de pieuses réflexions
Il est bon, disait Jérémie, d'attendre en silence le
salut de Dieu. C'est au milieu de la nuit et dans le
calme le plus profond de la nature, dit le livre de la
Sagesse, que le Verbe tout-puissant s'est précipité
du trône éternel pour venir habiter parmi nous. La
terre s'est tue en sa présence bien mieux que devant le vainqueur de l'Asie. C'est dans le secret du
désert que Jésus-Christ multiplie les pains ; c'est
dans la retraite du cénacle qu'il institue l'Eucharistie ;
il a gardé le silence devant ses juges au temps de sa
Passion ; il a été conduit à la mort comme une brebis,
et comme un agneau il n'a point fait entendre de cris
sous le fer qui l'immolait ; il s'est tu sur la croix au
milieu des clameurs de ses ennemis, et n'a interrompu
trois heures de silence que par quelques paroles bien
courtes, comme l'Eglise dans tout le canon n'élèvera
un peu la voix que pour dire : *Nobis quoque peccato-*
ribus. Ces réflexions peuvent aider déjà à entrer dans
l'esprit de ce silence mystérieux que garde l'Eglise
pendant cette partie de la messe. Ajoutons que dans
le ciel, au rapport de l'apôtre saint Jean, il se fit
un silence d'une demi-heure pendant lequel la fumée

des parfums pris sur l'autel et composés des prières
des saints monta devant Dieu jusqu'à son trône.
Disons enfin que la loi du secret de l'Eucharistie qui
était une nécessité dans les premiers siècles pour ne
pas livrer les mystères adorables aux dérisions et aux
calomnies des Juifs et des païens, est devenue la loi
du profond respect et du calme auguste qui convient
à l'action de Dieu ; que c'est dans la retraite et le
silence que le Seigneur se plaît à se manifester et à
parler au cœur, et que si l'Eglise a ordonné de prononcer à la messe certaines prières à voix haute, et
d'autres à voix basse, l'intention de sa piété est de
porter plus efficacement notre faiblesse à la méditation des choses célestes. Que la terre donc se taise
à l'approche du Seigneur, parce qu'il va venir ; que
l'imagination, les sens et les passions imitent ce silence recueilli du sanctuaire, et que la voix de Dieu
seul se fasse entendre à tous les esprits et à tous les
cœurs !

LE CANON DE LA MESSE.

Canon est un mot grec qui signifie *ordre, règle ;*
les prières qui précèdent et qui suivent immédiatement la consécration sont ainsi appelées parce que
la règle en est fixe et l'ordre invariable : ainsi, le
canon de la messe est la règle qu'il faut suivre nécessairement en la célébrant, le corps des prières sacrées qui ne changent jamais et auxquelles seulement
on fait quelques additions, comme nous aurons lieu
de l'indiquer. On a nommé par excellence cette partie du sacrifice, *la Prière* (comme nous disons *la
Bible, le Livre,* sans rien ajouter à cette solennelle

désignation), parce que nous demandons ici le don suprême, Jésus-Christ, et que nous y renouvelons les actions de grâces qu'il a rendues lui-même à son Père. Le canon a été appelé aussi la *prière canonique* ou réglée et fixe, *l'action, le mystère de la très-sainte action*, c'est-à-dire l'action par excellence, qui ne peut entrer en comparaison avec aucune autre et qui produit les divins sacrements et les augustes mystères.

Le canon de la messe renferme l'historique sublime de *l'action* de Jésus-Christ en instituant l'Eucharistie, et les paroles sacramentelles dont il se servit, et dont il ordonna à ses apôtres et à leurs successeurs de se servir, pour consacrer le pain et le vin en son corps et en son sang. Cet historique et ces paroles sacrées sont le point principal autour duquel se groupent, comme les accents des anges et les adorations des saints, des prières de tradition apostolique qui précèdent et qui suivent également au nombre de cinq. Ces prières sont tirées, dit le concile de Trente, des paroles de Jésus-Christ, des traditions des apôtres, et de l'institution des saints pontifes ; et il n'y a pas un mot qui n'élève l'âme et qui ne respire la plus haute religion, la piété la plus vive. Des prières si respectables par leur antiquité, par leur expression, et qui aboutissent à un *milieu* divin, à l'*action* la plus grande qui se passe au ciel et sur la terre, demandent donc toute attention pour être bien entendues ; mais qui sera digne d'ouvrir ce livre sacré et d'en délier les sceaux ? Sans doute, on peut le faire jusqu'à un certain point, avec la grâce de l'Agneau immolé et le secours des *anciens* Pères qui en ont développé le secret ; cependant qu'il y a lieu de gémir en voyant tant de chrétiens ne vouloir rien entendre à ces accents admirables, trouver insignifiante, froide et ennuyeuse la liturgie de la messe et surtout du canon, et n'en réciter les paroles que par routine, par manière d'acquit, et comme les paroles d'un livre inintelligible et scellé ! Ce malheur qui pèse sur un trop grand nombre de fidèles, et auquel on cherche vainement à remédier par les *prières pendant la messe*, en apparence plus remplies d'onction, vient du défaut d'instruction religieuse. La sainteté de la vie est languissante, parce que les vérités saintes sont diminuées parmi les enfants des hommes, parce qu'on se contente des premiers éléments de la foi, sans daigner pénétrer dans la science du salut, et que la dévotion peu éclairée ne s'étudie qu'à croître dans l'amour de Jésus-Christ, sans s'embarrasser de croître dans la connaissance de ce Dieu Sauveur. Qu'arrive-t-il de là ? c'est que dans les uns la piété peut être vive, mais elle est sans fondement, et le moindre vent la peut détruire ; c'est que dans les autres il y a dégoût de notre culte, auquel on ne comprend plus rien ; ce dégoût fait fuir nos solennités, pousse à se contenter chaque dimanche d'une messe basse dont on lit les prières sans fruit et pour se décharger d'une obligation quelconque. De là le défaut d'assistance aux instructions de l'Eglise, l'affaiblissement des vérités religieuses, l'ignorance complète du dogme, de la morale et des sacrés mystères ; voilà sans contredit une grande cause de ce refroidissement si général et si désolant pour les choses de Dieu et du salut. Heureux donc, dirons-nous en un sens, celui qui lit et qui entend les paroles de la liturgie sacrée, et qui observe ce qui y est écrit, surtout au

temps voisin de l'immolation du sacrifice ! Avec cette
connaissance approfondie, selon la capacité que Dieu
donne à chacun, viendra le goût du culte public
dont on comprendra les rites et les paroles ; avec ce
goût une instruction solide, avec cette instruction le
changement de la vie, la réforme du cœur, la piété
sincère, et l'on aura formé à Dieu des adorateurs en
esprit et en vérité. Que l'on nous pardonne cette
courte digression, qui pourra inspirer aux fidèles le
désir d'entrer dans l'esprit des prières de l'Eglise en
général, et de la prière *canonique* en particulier.

Que la vérité donc et la lumière d'en haut nous
conduisent à l'autel avec plus de ferveur, et comme
enveloppés et environnés de la plénitude de Dieu ;
alors pas un mot de la liturgie, pas un rit, pas un
mouvement ordonné par la piété de l'Eglise, qui ne
parle vivement à notre cœur. Ce qui ne nous avait
paru dans ce nouveau ciel qu'un petit nuage semblable à l'empreinte du pas de l'homme, deviendra
une pluie large et pénétrante de grâces et de bénédictions célestes ; à mesure que nous avancerons,
l'horizon s'élargira devant nous, et cette source de
méditations, qui, vue de loin, semblait si faible et si
resserrée, se changera tout à coup en un fleuve
majestueux qui répand la fécondité et la fraîcheur.
Appelez, Seigneur appelez vos fidèles, de la sainte
obscurité répandue sur les prières de la messe, à la
lumière admirable qu'en produit l'explication : au
lieu de la lettre qui tue leur faible piété, qu'ils se
trouvent vivifiés par l'esprit de votre parole ; que
croissant dans la science divine par l'intelligence des
rits sacrés, fortifiés en toutes sortes de vertus par
cette clarté céleste, les chrétiens *rendent grâces* digne-

ment à Dieu le Père ; et qu'arrachés à l'influence mortelle des ténèbres, ils se trouvent transportés dans le royaume de Jésus-Christ, en qui nous avons par son sang la rédemption de l'âme et la rémission du péché.

Avant d'entrer dans l'explication des prières et des rites du canon de la messe, nous remarquerons en général qu'il y a une double cérémonie qui revient constamment, c'est la posture du prêtre ou prosterné, ou debout et les mains étendues ; nous en dirons ici un mot pour ne pas y revenir chaque fois dans le cours des prières, et n'avoir plus à indiquer que les autres cérémonies plus spéciales et plus distinctes. On doit se rappeler que le prêtre remplit à l'autel deux personnages, celui de Jésus-Christ et de ministre de l'Eglise, et celui d'homme et de pécheur : comme représentant du Sauveur et délégué des fidèles, il se tient droit, c'est la situation qui convient à un médiateur, et il étend les bras à l'exemple de Jésus-Christ en croix, priant comme lui dans cette noble et touchante attitude. Comme homme et comme pécheur, il s'incline, se prosterne, et tient alors les mains jointes et liées à la façon d'un criminel ; et cette double posture, l'Eglise la lui fait prendre alternativement et selon le sens qu'exprime la prière qu'il doit prononcer. Mais ce n'est pas ici un rôle tout extérieur ; ces mouvements, si nous en étudions l'esprit, nous paraîtront naturels et la conséquence des sentiments dont l'âme est affectée. Cette direction donnée aux yeux, aux mains, à tout le corps du prêtre, est, il est vrai, réglée et déterminée par l'Eglise pour ne pas laisser chacun à une dévotion qui pourrait devenir étrange et peu convenable ; mais rien qui ne soit noble et naturel dans ce qu'elle prescrit ; et, comme son dessein est de parler par les mouvements extérieurs à l'esprit de l'homme enveloppé dans les sens, elle accorde tellement les gestes et les attitudes du prêtre avec ses paroles, que les pensées qu'elles expriment en sont plus dignement rendues.

§ I. — De la prière *Te igitur*, qui est la première avant la Consécration.

Dès ce moment, comme nous l'avons dit, la prière sacrée va se faire à voix basse ; c'est l'*action* du mystère, c'est le calme de l'âme qui traite avec Dieu, c'est le secret du Seigneur et le silence de l'anéantissement et du respect. Le prêtre lève les mains vers le ciel, les rejoint aussitôt, abaissant les yeux et se prosternant devant la majesté sainte ; nous pourrons juger si cette attitude de suppliant convient aux paroles qu'il va exprimer.

Donc, Igitur : ce début est une conclusion, et quelle conclusion ! c'est la conséquence admirable de tout ce qui a précédé, et le lien qui sert de transition heureuse à la scène de la consommation du sacrifice ! comprenons-en bien la justesse et la force. Le prêtre veut dire par ce seul mot : nous nous sommes longuement préparés, nous avons disposé notre âme par la prière et par l'instruction, et nous sommes sans crainte de tenter Dieu, et de nous présenter devant lui le cœur et les mains vides ; *donc, igitur*. Nous avons mis sur l'autel le pain et le vin qui sont destinés à devenir l'hostie sans tache et le calice du salut ; à cette matière nous avons joint un esprit humilié et

17

un cœur contrit, et toute cette offrande a été accompagnée des sentiments les plus purs de religion et de sacrifice ; *donc, igitur*. Déjà nous sommes entrés en esprit dans le recueillement du Saint des saints ; là l'esprit transporté par la foi a franchi les barrières de l'éternité, le cœur s'est élevé jusque dans le ciel, et, pour rendre dignement grâces, il s'est uni à Jésus-Christ, suprême médiateur, en empruntant aux vertus célestes leurs accents brûlants d'amour ; perdu dans cette immensité de gloire, abîmé dans cet océan de bonheur, il a demandé l'humble permission de mêler doucement sa voix à de si beaux accords ; *donc, igitur*. Placée devant l'autel sublime qui est devant le trône de Dieu, notre âme prosternée de respect a chanté l'hymne du Seigneur trois fois saint, et les conquêtes du Rédempteur qui est venu du plus haut des cieux pour nous sauver, et qui va en descendre encore pour nous apporter le salut ; *donc, igitur*. Mais cette continuelle occupation des anges et des saints dans la gloire ne doit être pour nous que de quelques instants ; ils possèdent, sans pouvoir le perdre, le Médiateur, et nous, nous avons besoin de le fléchir et de l'attirer ; comment chanter toujours le cantique du ciel dans une terre étrangère ? Aussi, après cette adoration profonde, qui a été un moment permise à notre faiblesse, nous venons au fait, *donc, igitur ;* nous concluons qu'il est temps et plus que temps de demander à Dieu la bénédiction, la *consécration* du sacrifice qu'exige sa majesté, et dont notre misère a si grand besoin. *Donc, igitur*, le cœur au ciel où nous élevons les yeux, les mains sur l'autel de la terre où notre fragilité doit s'appuyer encore, *Père très-clément*, qui avez aimé le monde jusqu'à lui donner votre Fils, afin que quiconque croit en lui et s'en applique les mérites ne périsse point, mais qu'il ait la vie éternelle ; qui n'avez pas épargné ce Fils bien-aimé, et qui, l'ayant livré pour nous tous, ne sauriez rien nous refuser après un don si excellent ; *nous vous prions très-humblement,* comme des pauvres qui n'ont aucun droit d'exiger ce qu'ils souhaitent, et qui ne peuvent rien espérer que par grâce et par miséricorde ; *et nous vous demandons* ensuite avec quelque droit, puisque c'est au nom de Jésus-Christ et en la qualité de vos enfants, *par Notre-Seigneur Jésus-Christ,* non plus seulement comme intermédiaire et médiateur de notre action de grâces, mais comme devenant lui-même action de grâces et eucharistie dans ce sacrifice, se remettant entre nos mains comme un instrument sacré avec lequel nous reconnaîtrons dignement et notre dépendance de votre majesté infinie, et notre redevance pour mille bienfaits déjà reçus, et votre miséricorde qui va pardonner nos péchés, et votre bonté qui va nous accorder plus de grâces que nous n'en méritons et que nous n'oserions en solliciter ; nous vous conjurons donc, Père très-clément, par cette divine Eucharistie, *d'avoir pour agréable* l'offrande de nos mains présentée par Jésus-Christ. A ces mots, le prêtre baise l'autel, qui va devenir le siége et le trône de la précieuse victime, et, se relevant plein de confiance dans la médiation qu'il a invoquée, et dans la vertu de la croix dont il exprime trois fois le signe sacré, non-seulement, poursuit-il, nous vous conjurons d'agréer ces oblations, mais de sanctifier *et de bénir* par le changement admirable de votre puissance et les paroles solennelles de la consécration, *ces dons* que nous tenons

de votre bonté, et sur lesquels vous ne nous avez
donné que le domaine d'usage ; *ces présents*, que notre
prière vous offre en se dépouillant, comme elle peut,
de l'usufruit que vous lui avez laissé ; *ces sacrifices
saints et sans tache*, choisis et séparés pour la consécration, que nous envisageons déjà comme le corps
futur de Jésus-Christ, l'agneau pur, le pontife saint
et innocent, que nous bénissons sous vos yeux comme
les dons de votre main libérale, comme les présents
de notre faiblesse impuissante, comme le sacrifice
des mérites infinis du Rédempteur, et *que*, comme
tels, *nous vous offrons* enfin. Ici le prêtre a repris le
personnage de ministre de l'Eglise et de représentant
de Dieu. Il étend les mains pour offrir et pour détailler les besoins, il copie l'attitude de Jésus-Christ
sur la croix quand il offrait avec larmes des prières et
des supplications ; écoutons le détail instructif de son
offrande. C'est *premièrement*, Seigneur, *pour votre
sainte Eglise catholique*, l'épouse unique et bien-ai-
mée, formée du côté de Jésus-Christ entr'ouvert sur
la croix, Eglise qui lui appartient parce qu'il l'a acquise par son sang, qu'il l'a lavée dans ce bain précieux pour la rendre sainte et sans tache, et dont
les membres, répandus et dispersés par toute la
terre, sont réunis à leur chef dans l'unité de la foi,
des sacrements, des prières, et du gouvernement spirituel ; *afin qu'il vous plaise de lui donner la paix*,
pour qu'elle prévale contre les portes de l'enfer, dans
les persécutions des païens, des Juifs et des infidèles ;
de la garder contre les efforts des hérétiques et des
incrédules qui attaquent les fondements de sa foi ;
de la maintenir dans l'union, la préservant du schisme,
et faisant rentrer les schismatiques dans sa belle

unité. L'Eglise prie ici indirectement pour les Gentils,
les Juifs, et les sectes de nos frères errants et séparés;
mais elle ne priera ouvertement pour eux que le vendredi-saint, dans ce grand jour de l'expiation, où elle
récite avec l'accent de la mère la plus tendre ses belles
oraisons, connues dès le cinquième siècle. Enfin, nous
demandons à Dieu qu'il daigne conduire son Eglise,
et la gouverner par toute la terre, dirigeant en tous
lieux l'esprit et le cœur de ceux qui la composent,
donnant aux brebis douceur et docilité, et à tous les
pasteurs sollicitude de l'ordre et de la discipline,
unité de vues et de sentiments, charité du zèle et des
œuvres conformes à l'Evangile. *Et aussi avec votre
serviteur notre Pape;* car, Seigneur, nous nommons
en particulier entre tous les pasteurs l'évêque du
premier siége chrétien, *notre Pape*, c'est-à-dire notre
père, le père commun des fidèles, celui qui est le
centre de la communion catholique, celui qui préside
à cette Eglise romaine, mère et maîtresse de toutes
les Églises, avec laquelle il faut que toute autre Église
convienne ; successeur de saint Pierre, sur qui seul
l'Eglise a été bâtie et établie, et vicaire de Jésus-
Christ pour continuer l'œuvre du salut, et conduire
agneaux et brebis, fidèles et pasteurs aux pâturages
éternels. Nous l'appelons *votre serviteur*, et il s'appelle
lui-même *le serviteur des serviteurs de Dieu. Et avec
notre prélat* ou notre évêque ; car, comme le successeur de Pierre est le centre de l'unité de toutes les
Églises du monde, l'évêque est le centre d'unité de
tout son troupeau, qui, avec lui, fait une Église particulière, comme l'union de tous les fidèles et de tous
les évêques entre eux fait l'Eglise universelle, dans
laquelle se fondent tous les troupeaux particuliers

pour se concentrer dans l'unité du bercail général.
La lettre N, placée après la désignation du pape et de
l'évêque, indique que l'on doit non-seulement se souvenir à l'autel des chefs dans l'ordre spirituel, mais
réciter expressément leurs noms, et cette pratique
constante de la liturgie est un signe sacré de communion avec le Saint-Siége et avec son évêque, jusque-là
que le saint pape Gélase écrivait que, manquer à cet
ordre, c'était se séparer du pasteur légitime et de
l'Eglise universelle. Autrefois les noms des papes, des
évêques, des princes, et les noms de divers évêques
et de plusieurs personnages distingués que l'on devait réciter au saint sacrifice, étaient marqués sur des
tables pliées en deux, qu'on appelait pour ce sujet
diptyques, et ces diptyques étaient tellement regardés
comme un catalogue authentique de communion
ecclésiastique, qu'on remarquait comme un fait
énorme qu'un patriarche d'Alexandrie eût osé en
effacer le pape saint Léon, et que le clergé d'Occident
refusât toute communication avec les Orientaux et
avec Atticus, successeur en second de saint Jean
Chrysostome, jusqu'à ce qu'ils eussent rétabli son
nom dans les diptyques. *Et notre roi ;* saint Paul conjure son disciple de faire prier pour les rois, et pour
tous ceux qui sont élevés en dignité, parce que l'exercice de leur grande autorité a besoin de grands secours du Ciel, parce que c'est d'eux que dépend en
partie la paix de l'Eglise, afin, continue l'Apôtre, que
nous menions une vie paisible et tranquille dans toute
sorte de piété et de pureté. C'est dans cette même
vue que les anciens fidèles disaient par la bouche de
leur apologiste Tertullien : « Nous prions pour les
» empereurs, et nous demandons à Dieu qu'il leur

» donne une longue vie, que leur empire jouisse d'une
» paix profonde, leur maison d'une heureuse con-
» corde ; que leurs armées soient invincibles, qu'ils
» soient assistés de bons conseils, que les peuples de-
» meurent dans leur devoir, qu'il ne s'élève aucun
» trouble contre leur autorité ; enfin nous n'oublions
» rien de ce que le prince peut souhaiter et comme
» homme et comme empereur. » C'est dans cette vue
que saint Denis d'Alexandrie, au témoignage d'Eu-
sèbe, faisait de ferventes prières pour la santé de
l'empereur Gallus, quoiqu'il eût persécuté les chrétiens, et pour les empereurs Valérien et Gallien,
afin que leur empire fût stable et ne pût être ébranlé.
Ajoutons même que la liturgie fait réciter le nom du
prince avec la même distinction en son lieu, que
celui du pape et des évêques, afin, après avoir resserré
les liens de la foi, de resserrer également les liens du
devoir et de la subordination temporelle ; et ici, il
n'y a ni adulation basse de la part de l'Eglise, ni couleur d'opinion, ni esprit de parti, à Dieu ne plaise !
Il y a devoir consciencieux imposé par saint Paul
sous Néron, rempli par les Pères sous les princes
persécuteurs du nom chrétien, constamment observé
par la tradition qui ne s'inquiète pas de toutes les
vicissitudes des trônes de la terre, qui transporte à
la messe nos esprits dans une région bien supérieure
aux discussions des mortels, et qui ne sait qu'une
chose au milieu de ses mystères sacrés, rendre à
Dieu, qui ne change pas, ce qui est à Dieu, obéir à
l'ordre du Seigneur, et se soumettre à sa providence
quand il s'agit de rendre à César ce qui est à César.
Et tous ceux dont la croyance est orthodoxe, c'est-à-
dire droite et conforme à la règle de l'Evangile pro-

posée par l'Eglise ; car il est juste, Seigneur très-
clément, qu'après avoir prié pour l'unité, et dans cette
unité pour les chefs spirituels qui en sont les centres,
et pour les chefs temporels qui peuvent la maintenir
et la protéger, nous offrions en général pour tous
ceux qui conservent la pureté de la foi, dont la
croyance est droite, et la vie conforme aux principes
saints qu'ils soutiennent dans leur intégrité ; *et enfin*
pour *tous ceux qui font profession de la foi catholique
et apostolique*, de cette foi que les apôtres ont ensei-
gnée et répandue dans toutes les Églises, pour ceux en
particulier dont le zèle travaille à son accroissement,
et dont les pieux exemples entretiennent sa conservation. Que les fidèles entrent donc bien avant dans
ces sentiments d'unité qui range en ce moment toutes les brebis de la terre, chacune à sa place et à son
rang, autour de l'autel du sacrifice, pour immoler
toute l'Eglise avec Jésus-Christ ; mais surtout que
leur soumission aux pasteurs légitimes, que leur
esprit de concorde et de paix, que leur foi pure et
édifiante les rende les membres vivants de Jésus-Christ
liés à leur chef, de manière à ce que Dieu offrant son corps naturel avec le corps mystique de
son Eglise, chacun de nous entre ainsi dans la
composition de ce corps glorieux, et puisse être
agréé et béni de Dieu en même temps que la victime
sainte.

§ II. — Du *Memento* des vivants, qui est la seconde prière
avant la Consécration.

Venez donc autour de cet autel, Eglise sainte de
Jésus-Christ, venez avec tous vos pasteurs et tous vos

enfants, vous presser en ordre auprès de l'hostie sans
tache, pour être inondée du sang divin qui va être
répandu. Venez d'abord, Père des fidèles, à la tête de
tout le troupeau ; et vous ensuite, saints évêques, que
l'esprit de Dieu a établis pour régir et gouverner les
diocèses ; et vous, princes de la terre, dont la grave
responsabilité a besoin d'une part abondante aux bénédictions du sacrifice ; et vous, brebis dociles et
fidèles qui propagez la foi par votre zèle, ou qui la
professez noblement par une vie digne du nom chrétien : venez, et ne craignez pas que vos besoins soient
ici confondus et trop généralisés ; l'Eglise va s'en occuper avec un détail plein de sollicitude, et si elle a
autour de ses autels des places distinctives pour les
dépositaires de son autorité, elle saura distinguer et
séparer de la masse commune vos intérêts privés en
proportion de votre charité, de votre présence pleine
d'édification, de la ferveur de vos sentiments ; c'est
ce qu'elle fait admirablement dans la prière du *Memento*, ou du souvenir des vivants.

Memento, Souvenez-vous, Seigneur ; cette parole a
retenti auprès de la croix au moment de l'immolation
du Sauveur ; elle est sortie, pour nous donner confiance, de la bouche d'un grand pécheur immolé
avec Jésus-Christ. *Souvenez-vous de moi, Seigneur,
quand vous serez arrivé dans votre royaume* (1) : l'expression de cette demande, le moment où elle se fait,
un peu avant la consommation du sacrifice, ont un
rapport frappant avec ce qui se passa au Calvaire ;
souvenez-vous donc, Seigneur, quand vous allez être
descendu sur l'autel pour régner sur nos cœurs, *sou-*

____

(1) Luc, XXIII.

venez-vous, memento. En Dieu, se souvenir c'est secourir : car tout lui est présent, et cette façon de
parler n'est convenable qu'à notre faiblesse qui a
besoin de se recommander à la bonté divine, et à
notre indignité qui doit craindre d'être oubliée, c'est-
à-dire d'être omise à dessein dans la répartition des
grâces. *Souvenez-vous, Seigneur :* à ce mot le prêtre
lève les mains pour marque de son ardent désir, les
rejoint sur la poitrine pour se recueillir dans le souvenir des fidèles qu'il doit rappeler à la miséricorde
du Seigneur; souvenez-vous *de vos serviteurs et de vos
servantes,* et il se tient quelques instants en silence
pour penser avec plus d'attention aux personnes qu'il
veut recommander. Mais il est à remarquer que cette
pause ne doit pas être longue, que les détails abondants des besoins particuliers doivent se faire dans la
préparation privée et dans l'action de grâces, afin,
dit un concile, que la lenteur démesurée du célébrant
n'engendre pas le dégoût et l'ennui plutôt que la dévotion. Cette double lettre N. et N. indique le lieu
où l'on exprime mutuellement à Dieu les recommandations et les pieux souvenirs; comme si le prêtre
disait : Seigneur, nous avons déjà prié pour l'Eglise
en général ; mais dans cette multitude de vos enfants
dont les intérêts nous sont chers et précieux, souvenez-vous de vos serviteurs et de vos servantes : 1° de
cette personne qui m'a prié de dire la messe pour
elle et pour les intentions de sa piété ; 2° de ceux qui
ont souhaité que je fisse mention d'eux à l'autel;
3° des bienfaiteurs et des bienfaitrices qui par leurs
aumônes contribuent à la célébration de vos mystères,
à l'entretien de vos ministres et au soulagement de
vos pauvres; de ces hommes et de ces femmes de mi-

séricorde dont le diacre récitait autrefois les noms à haute voix dans le *Memento,* mais dont l'Eglise a voulu épargner depuis la modestie, en ne les nommant que de cœur auprès du Père céleste, qui voit dans le secret et qui ne saurait oublier ce qui est écrit au livre de vie ; 4° enfin, de tous ceux à qui je crois devoir souhaiter des grâces spirituelles et temporelles. Les fidèles en même temps doivent recommander ici au souvenir de la bonté de Dieu les personnes pour lesquelles la justice, la reconnaissance et la charité les obligent de prier.

Après avoir ainsi désigné les intentions les plus spéciales, le prêtre étend les mains, en signe de l'immense charité de Jésus-Christ qui embrasse tous les hommes, et il continue : Souvenez-vous, Seigneur, *et de tous les assistants* dont l'empressement à se rendre aux saints mystères marque le désir qu'ils ont d'être recommandés à l'autel, *et dont vous connaissez la foi et la dévotion.* L'Eglise prie en particulier pour ceux qui sont présents, mais en qui Dieu, qui sonde les replis du cœur, voit une foi véritable et une dévotion sincère. Le *Memento* ne comprend donc pas ceux qui assistent avec légèreté et immodestie, sans attention et sans piété, par contrainte ou par bienséance. Il semble, par ces paroles que les chrétiens doivent peser et méditer, que l'on dise à Dieu : Traitez-les, Seigneur, selon leur foi qui vous est connue, selon la dévotion qu'ils font paraître dans votre temple et pour votre service. La dissipation les empêche de penser à vous, vous les oublierez aussi ; c'est un devoir tout extérieur qu'ils remplissent, le prix de votre sang ne sera pas appliqué à leurs âmes ; ils ne sont ici que par routine et par contrainte, vous vous

contenterez de les souffrir devant vous sans les bénir
intérieurement. Ah! que cette pensée est propre à
exciter la foi, la dévotion, la ferveur des fidèles, pour
mériter de participer aux grâces et aux fruits du divin
sacrifice, et comme ils devraient ne pas perdre de vue
l'ordre que suit l'Eglise dans ses recommandations,
qui est de prier pour tous selon le rang, pour chacun
selon le droit, pour les assistants selon la sainteté
des dispositions! Souvenez-vous, Seigneur, de vos
serviteurs et de vos servantes que nous avons dési-
gnés, et de tous les assistants, *pour lesquels nous vous
offrons, ou qui vous offrent ce sacrifice de louange.*
Quand le peuple présentait autrefois à l'autel la matière de l'Eucharistie, on disait simplement, Souvenez-vous.... *de ceux qui vous offrent ;* mais depuis le
dixième siècle, cette offrande ayant cessé par négli-
gence et ayant été remplacée par les fondations ou
par des pièces d'argent que l'on portait à l'autel, les
clercs se sont chargés eux-mêmes, comme nous l'a-
vons dit, de pourvoir au pain, au vin, au luminaire,
aux vases, aux linges, aux vêtements du sacrifice, et
l'on a dit dans le canon : *pour qui nous vous offrons,*
en conservant l'ancien texte, *ou qui vous offrent ;* mais
ici la particule *ou* n'est pas alternative, c'est une con-
jonction, et l'Eglise veut dire : pour qui nous vous
offrons *et* qui vous offrent ; car encore aujourd'hui il
est des fidèles qui font célébrer la messe et qui contribuent par un honoraire aux frais matériels, et il
en est pour qui le prêtre est obligé de l'offrir, ou à
cause du devoir de sa charge, comme les curés chaque dimanche et fête d'obligation, ou à cause de
quelques legs et fondations ; dans le premier cas il
est vrai de dire, *lesquels vous offrent,* et dans le der-

nier, *pour qui nous offrons;* et comme les assistants doivent s'unir en général aux intentions pour lesquelles sacrifie le ministre de l'Eglise, ce ministre lui-même doit répondre aux intentions de ceux qui font offrir, et même aux désirs inconnus de leur foi et de leur piété. Aussi est-ce avec la plus édifiante raison de charité que la liturgie veut tout comprendre en disant, *pour qui nous vous offrons, ou qui vous offrent eux-mêmes ce sacrifice de louange,* ce corps futur, ce sang bientôt présent de Jésus-Christ, qui sont le vrai sacrifice de louange, puisque c'est uniquement par cette divine hostie que nous louons dignement le Père céleste : car le but de l'Eglise en faisant offrir à ses fidèles du pain et du vin, ou de quoi s'en procurer, est de leur rappeler que cette légère portion qu'ils offrent sur les biens dont ils jouissent ici-bas, est un hommage et une redevance par laquelle ils témoignent qu'ils tiennent tout de Dieu dans l'ordre de la grâce et de la nature, et qu'ils lui sacrifient quelque chose pour louer cette main libérale qui les comble des bénédictions du ciel et de la terre.

Or, voici maintenant ce que les fidèles demandent par ce léger tribut de louange et d'adoration que nous offrons pour eux, ou qu'ils offrent en leur nom: ils veulent prier *pour eux-mêmes,* parce que la charité bien réglée qui ordonne d'aimer le prochain comme soi; veut que l'on commence par prier pour soi-même, mais de suite que cette charité s'intéresse *et pour tous ceux qui leur appartiennent,* qui leur sont liés par le sang et par l'amitié, par le devoir et par la reconnaissance; le même ordre de prier pour nous avant de prier pour les autres veut encore qu'on demande les biens de l'âme avant ceux du corps, et d'après cette règle nous disons, *pour la rédemption de leurs âmes*, esclaves du démon par le péché, mais délivrées de cette servitude en s'appropriant le prix de notre rançon renfermé dans le sacrifice de la croix et de l'autel ; *pour l'espérance de leur salut* par le rétablissement de nos droits au ciel et par le don de la persévérance, qui nous rendra les cohéritiers de ce Dieu par qui seul nous pouvons être sauvés ; *et* pour l'espérance *de leur conservation,* de leur santé. Ce bien temporel est demandé dans l'ordre et sous la condition du salut : car la liturgie joint ces deux mots de *salut* et de *santé*, comme inséparables, comme ne voulant pas l'une sans l'autre, comme voulant se servir de l'une pour travailler plus heureusement à l'autre. Qui ne sait en effet que les maladies nous rendent incapables de tout, qu'elles deviennent souvent des tentations fâcheuses, et que si, dans la main de Dieu qui les envoie, elles sont des épreuves salutaires, pour ceux qui les reçoivent, il y a rarement amélioration : *Pauci*, dit l'auteur de l'Imitation, *ex infirmitate meliorantur ?* Sous ce titre de conservation et de santé, on comprend tous les autres biens temporels, parce que c'est là le premier des biens sans lequel on ne saurait jouir des autres avantages, que c'est le moyen de travailler à acquérir le reste, que la santé vient immédiatement de Dieu, tandis qu'il laisse plus à nos efforts et à notre travail de nous aider par rapport aux autres besoins de la vie. *Et qui vous rendent leurs vœux* comme à l'unique auteur du salut, de la vie et des biens, s'offrant eux-mêmes, se dévouant continuellement par l'amour et la fidélité, à vous, *Dieu éternel, vivant et véritable :* Dieu vivant, qui conservez par l'action de votre providence ; Dieu véritable, qui accordez les vrais biens, et qui ne manquez pas à ceux qui vous implorent, comme les appuis humains si fragiles et si trompeurs.

L'Eglise donc non-seulement nous range autour de sa victime dans l'ordre de notre dignité, de nos droits et de nos dispositions ; mais encore elle nous apprend ce qu'il faudra demander à ce Dieu, hostie sans tache, au moment où il va venir au sein de notre faiblesse et de notre misère. Elle veut que nous priions d'abord pour nous, ensuite pour les autres, et que, pour le prochain comme pour nous, la rédemption de nos âmes ici-bas, le salut éternel dans l'autre vie, passent avant la santé qui ne doit être elle-même qu'un moyen plus facile de chercher avant tout le royaume de Dieu et sa justice, d'obtenir le reste par surcroît, et de passer à travers l'usage saint et modéré des biens de la terre, de manière à ne pas perdre les biens de l'éternité. Toutefois ne nous contentons pas d'admirer ce bel ordre du sacrifice et de la prière ; suivons-le rigoureusement, mettons-nous en esprit à la place que nos sentiments de foi et de dévotion nous assignent, voyons d'après cette règle si notre cœur n'est pas bien loin de Dieu lorsque nos lèvres lui offrent le sacrifice de louange, et pensons que l'oblation nous devient inutile, que nous faisons outrage à l'Esprit de grâce qui prie en nous, si dans nos supplications les intérêts du siècle l'emportaient sur les intérêts de notre âme.

§ III. — De la prière *Communicantes*, qui est la troisième avant la Consécration.

Participant à une même communion, c'est-à-dire entrant en union avec tous les fidèles, puisque c'est ici le sacrement d'unité qui ne peut être offert que dans l'unité de l'Eglise catholique. Ces premières paroles sont la belle et admirable conséquence de ce qui vient d'être dit dans le canon de la messe; toute l'Eglise s'est unie, s'est liée à l'autel par l'unité de la même foi, par la ferveur de la même dévotion, par la charité de la communauté des mêmes suffrages, par la même soumission à la conduite du père commun des fidèles et des pasteurs légitimes, et ces liens ont été formés en Jésus-Christ, par Jésus-Christ et avec Jésus-Christ, chef sacré de tous les enfants de Dieu, qui sont ses membres, en sorte que nous pouvons justement dire : *Participant à une même communion, Communicantes.* Dans cette union, Seigneur, dont vous êtes l'auteur, et que vous aimez voir régner dans votre maison, nous prions, nous demandons, nous offrons, et ici, aux jours de ses plus grands mystères, l'Eglise en ajoute l'exposé en peu de mots, *Et célébrant le jour très-saint dans lequel* Notre-Seigneur est né, est ressuscité, a envoyé son Saint-Esprit à ses apôtres, et le reste. On se rappelle que dans l'oblation générale *Suscipe, sancta Trinitas,* on a fait mémoire des trois grands sujets de la Passion, de la Résurrection et de l'Ascension; que l'on s'est borné à ce triple mémorial qui contient la consommation du sacrifice de notre Dieu; mais qu'autrefois on y ajoutait le souvenir de son incarnation, de sa naissance et de l'effusion de l'Esprit-Saint. C'est pour suppléer à ce développement de tous les souvenirs de l'autel, que l'Eglise place et intercale ici l'exposition détaillée de ses mystères, à mesure qu'elle en célèbre la mémoire dans le cours de l'année; ainsi elle ajoute au *Communicantes,* au jour de la naissance de Jésus-

Christ, au jour de sa manifestation aux Gentils, le jeudi-saint où il institua ce divin sacrement, à Pâques, à l'Ascension et à la Pentecôte ; et pour avertir de l'addition qu'on en doit insérer parfois à l'oraison qui suit, elle met comme note en tête de cette prière : *Infra actionem*, c'est-à-dire, *Dans l'action*, entre *l'action*.

Toutefois ce terme, *Participant à une même communion* pour offrir et pour célébrer tel ou tel jour saint, n'est pas restreint à la seule unité des fidèles de la terre : il signifie aussi la communion avec les saints, puisqu'il est de foi que nous avons l'avantage d'être unis avec eux, et d'être en Jésus-Christ les membres d'un même corps et d'une même société. Ainsi, dans les deux prières précédentes, l'Eglise militante s'est groupée tout entière autour de la victime ; dans la prière *Communicantes*, c'est la partie triomphante de la société des enfants de Dieu, qui est convoquée au repas de la grande famille des élus, pour environner les convives de l'exil des mérites et des prières des convives de la patrie. Il semble que dans cette union générale de tous les fidèles à la table du sacrifice l'Eglise veuille absolument voir le nombre complet, et qu'elle dise à Dieu comme Samuel à Isaïe : Appelez tous vos enfants à l'immolation, envoyez vers ceux qui sont éloignés, car nous ne participerons pas à la victime que tous ne soient réunis.

Il y a cependant cette différence entre l'union des fidèles vivants et celle que nous avons avec les saints du ciel, que la première est une communauté totale entre des égaux, et que l'autre est inégale et seulement commencée ; entre les fidèles de ce monde même chemin à faire et mêmes besoins, même pèlerinage et mêmes sacrements ; entre les saints du ciel et нous, nous n'avons que par la foi et l'espérance le même but et la même patrie ; nous sommes dans la carrière où ils ont marché, mais ils en ont atteint le terme ; dans l'arène où ils ont combattu, mais ils ont remporté le prix ; ils sont habitants et possesseurs, nous sommes voyageurs et exilés ; ils jouissent des douceurs de la terre promise, nous traversons au milieu des ennemis le désert qui y conduit ; ils contemplent face à face, nous sommes *éloignés* du Seigneur, et nous n'avons pour nous que l'espérance d'arriver jusqu'à lui et de nous réunir à nos concitoyens. Nous ne pouvons donc entretenir la communion avec les saints que comme on entretient les relations avec des personnes éloignées, en leur envoyant des preuves de souvenir, et en montrant souvent combien leur mémoire nous est chère et précieuse. C'est pour cela qu'après avoir dit : *Participant à une même communion,* ce qui doit s'entendre et de l'union des fidèles de la terre entre eux, et de l'union de l'Église d'ici-bas avec les membres de la société qui triomphe dans le ciel, nous ajoutons : *Et honorant leur mémoire,* comme la vraie manière de nous joindre à eux, d'offrir avec eux, de les intéresser à prier pour nous, et à nous obtenir par leurs supplications et par leurs mérites le secours et la protection du Dieu qui s'immole pour tous ses enfants.

Et pourquoi cette union de la terre et du ciel autour de la victime ? C'est que, connaissant nos besoins et notre indignité, nous savons que Dieu fait en faveur de ses saints et de ses amis ce que nous n'oserions pas espérer qu'il fît pour nous : et, en cela, nous suivons l'exemple des fervents Israélites qui disaient au Seigneur : « Dieu créateur de tous, qui avez fait

» de nos pères des élus et qui les avez sanctifiés,
» gardez la portion de votre héritage et faites toujours
» des saints (1) : n'éloignez pas de nous votre misé-
» ricorde à cause d'Abraham votre bien-aimé, d'Isaac
» votre serviteur, de Jacob votre saint (2)... Je sau-
» verai, disiez-vous, Jérusalem à cause de moi et de
» mon serviteur David (3). » L'Eglise en use de
même pour engager Dieu à nous bénir, en renouvelant ici la mémoire de la très-sainte Vierge, des apôtres, des martyrs et de tous les saints.

Et honorant la mémoire en premier lieu de la glo-
rieuse Marie, toujours vierge, mère de Jésus-Christ
notre Dieu et notre Seigneur, qui doit être mise à la
tête de tous les saints à cause du culte d'honneur particulier que l'Eglise lui rend, et dont la mémoire à
l'autel doit être d'autant plus solennelle que la divine
Victime est la chair de sa chair. Aussi ne devons-nous
pas passer sans réflexions les termes de la liturgie qui
relèvent sa grandeur au-dessus de toutes les créatures. Elle l'appelle *glorieuse,* parce que le Tout-Puissant a fait de grandes choses en elle; *toujours*
vierge, à cause du privilége unique dans tous les
siècles de posséder la joie d'être mère avec l'honneur
de la virginité, prodige plus élevé que les cieux, plus
profond que l'abîme ; *mère de Jésus-Christ* selon la
nature humaine, et comme cette nature humaine a
été substantiellement unie à la personne du Fils de
Dieu, dès qu'elle a été conçue et formée dans le sein
de Marie, il s'ensuit qu'elle est la mère de Jésus-
Christ Homme-Dieu, *notre Dieu et notre Seigneur,* et
par conséquent mère de Dieu; qu'à ce titre elle n'est

(1) II Mac. 1. — (2) Dan. III. — (3) IV Rois, XIX.

inférieure qu'à Dieu seul, que le sang qui coule à l'autel a été formé de son propre sang, et que nous y adorons le vrai corps de Jésus-Christ, né de la vierge Marie. Après la Mère de Dieu, qui a fourni de ses chastes entrailles la matière du sacrifice de la croix, on fait mémoire *des bienheureux apôtres*, les colonnes de l'Eglise, les premiers qui ont eu le bonheur de participer à l'Eucharistie, et l'honneur de pouvoir l'offrir à la messe : *Pierre et Paul, André, Jacques, Jean, Thomas, Jacques, Philippe, Barthélemi, Matthieu, Simon et Thaddée* ou *Jude*. On leur joint saint Paul que Rome ne sépare pas de saint Pierre, tout en reconnaissant en ce dernier la primauté d'honneur et de juridiction ; saint Paul, apôtre, non de la part des hommes, ni par les hommes, mais par Jésus-Christ, et qui apprit du Sauveur lui-même l'institution du saint sacrifice. Après les douze apôtres, on fait mémoire *des martyrs*, également au nombre de douze, qui, en répandant leur sang, ont participé plus abondamment au calice de la passion ; tous anciens martyrs célèbres dans l'Eglise romaine, et dont les plus récents souffrirent la mort au quatrième siècle : ce sont *Lin, Clet et Clément*, contemporains, coadjuteurs et successeurs de saint Pierre sur le siége de Rome ; *Sixte* et *Corneille*, tous deux papes et martyrs ; *Cyprien*, évêque de Carthage, célèbre à Rome, consulté par les souverains pontifes, renommé dans tout le monde par sa doctrine, sa vigueur sacerdotale, et par son courage héroïque ; *Laurent*, archidiacre de Rome, dont la charité et les tourments feront à jamais l'admiration des fidèles ; *Chrysogone*, célèbre Romain martyrisé pour la foi ; *Jean et Paul*, deux frères nés à Rome et mis à mort sous Julien l'Apostat; enfin, *Côme* et *Damien*, qui exerçaient la médecine et la chirurgie par charité, et qui ont souffert à Rome sous les empereurs Carin et Numérien. D'anciens missels ajoutaient ici d'autres saints, et le pape Grégoire III souhaitait qu'on nommât les saints dont on faisait la fête; mais l'Eglise a cru depuis devoir se borner à ce nombre, et se contenter de la mémoire solennelle qu'elle fait, dans le Propre de la messe, des saints qu'on honore chaque jour : aussi, conclut-elle, après ces citations, *et de tous les saints*, en général, ne voulant en omettre aucun ; honorant la mémoire de tous vos autres serviteurs et amis, ô mon Dieu, *aux mérites et aux prières desquels il vous plaise d'accorder*, comme nous l'avons déjà expliqué, *qu'en toutes choses spirituelles* et même temporelles, *nous soyons munis du secours de votre protection ;* que la richesse de leurs mérites couvre notre misère, que leurs supplications forment, pour ainsi dire, comme un nuage autour de votre autel, qui, comme la colonne du désert, s'interpose entre nos ennemis et nous, et nous assure de votre assistance en toutes choses. Ici le prêtre rejoint les mains pour signe de plus d'ardeur dans la prière, et parce qu'après la médiation secondaire des saints, il conclut *par le même Jésus-Christ Notre-Seigneur*, qui est le médiateur suprême de qui nous attendons, non pas des prières, mais le secours et la protection. *Ainsi soit-il.*

Il ne sera pas inutile, en terminant ces trois belles prières du canon, d'en montrer en deux mots l'ordre, la suite et l'enchaînement.

« Père très-clément, nous vous supplions par Jésus-
» Christ d'agréer et de bénir le sacrifice que nous vous
» offrons, en union de foi avec les pasteurs légitimes

» et avec tous les fidèles catholiques... en particulier
» avec N. et N., pour qui nous vous offrons, et qui
» vous offrent ce sacrifice de louange... participant à
» une même communion de toute l'Eglise, célébrant
» tel saint jour, et honorant la mémoire de la sainte
» Vierge, des apôtres, des martyrs, et de tous vos
» saints, pour obtenir votre secours et vos grâces par
» leurs mérites et par leurs prières. »

Il ne reste plus qu'à satisfaire à une question que proposent ici les fidèles : Pourquoi cette récitation de tant de noms étrangers ; pourquoi ne pas se borner à dire : *Participant tous à une même communion, et honorant la mémoire de tous vos saints?* enfin, s'il faut une énumération, pourquoi, après la Vierge et les apôtres, ne pas citer simplement ceux dont on célèbre la fête, et les martyrs propres à chaque église où se dit la messe ?

Pour répondre à cette question assez détaillée, et qui présente une difficulté apparente, il est nécessaire de revenir sur ce que nous avons dit en passant des *diptyques,* que l'on conservait autrefois avec tant de soin dans les églises. C'était, comme on sait, un catalogue, une liste, une table de noms pliée en deux parties : il y avait, dans chaque église, trois sortes de diptyques ou tables destinées à inscrire les noms. Sur la première, on inscrivait le nom des saints qui règnent avec Jésus-Christ, surtout de la sainte Vierge, des apôtres et des martyrs ; primitivement il fallait avoir enduré des tourments pour la foi pour être inscrit sur le premier catalogue, et l'on ne voit pas d'exemple contraire avant saint Martin de Tours, en 397. Depuis, on y inséra le nom des évêques illustres par la sainteté de leur vie, et des autres saints de chaque Église particulière. — Le second catalogue comprenait le nom des fidèles vivants distingués par leur dignité, leurs bienfaits, ou leurs services envers l'Eglise : en tête le Pape, ensuite les patriarches, le propre évêque et le clergé ; puis l'empereur, les princes, les magistrats ; enfin les simples fidèles. — La troisième table, ou diptyque, servait à enregistrer le nom des chrétiens décédés avec le signe de la foi et dans la communion catholique. Si la vie admirable d'un défunt demandait que l'autorité publique des pasteurs inscrivît son nom dans les fastes des saints, on l'écrivait sur le premier catalogue ; et parce que, selon le rit de l'Eglise romaine, on récitait publiquement cette première liste au *canon* de la messe, de là est venu le terme de *canonisation*, c'est-à-dire insertion dans les diptyques, et conséquemment dans le canon de la messe. Au contraire, si un chrétien vivant ou mort était privé de la communion de l'Eglise, on effaçait son nom des diptyques, et on l'y remettait s'il était absous ou si son innocence reconnue le faisait réintégrer dans ses droits.

Autrefois on lisait ce triple catalogue au milieu des saints mystères, et, pour en abréger la récitation, on se bornait aux noms les plus nécessaires et les plus distingués, avec commémoration générale de ceux que l'on omettait ; souvent même on déposait ces diptyques sur l'autel pendant le saint sacrifice, et c'était le diacre ou le sous-diacre qui en faisait la promulgation.

L'ancien usage des Eglises de France était de réciter à l'offertoire, et avant la préface, les noms du Pape, des patriarches, de l'évêque diocésain, du roi, des princes, des magistrats, et des fidèles bienfaiteurs, surtout de ceux qui étaient venus à l'offrande, et les vestiges de ce rit se sont conservés dans le préambule du prône, où nous nommons spécialement tous les supérieurs spirituels et temporels, les bienfaiteurs, les paroissiens, et ceux qui offrent le pain bénit. La coutume très-antique de l'Eglise romaine était de citer au commencement du canon le catalogue des fidèles vivants : 1° les noms du Pape, de l'évêque et du prince, comme nous le faisons encore dans la prière *Te igitur ;* 2° les noms des bienfaiteurs après ces paroles : *Souvenez-vous, Seigneur, de vos serviteurs et de vos servantes,* comme il se pratique encore, mais à voix basse, à l'égard de ceux que le prêtre doit et désire recommander à la pause indiquée par ces lettres *N. N.* La même Eglise romaine récitait le catalogue des saints à ces paroles : *Participant à une même communion et honorant la mémoire ;* là elle publiait la sainte Vierge, les apôtres et les martyrs qu'elle honore d'un culte solennel, et qu'elle regarde comme ses propres enfants et ses concitoyens. Or, du temps de Charlemagne, nos Églises ayant abandonné l'ancienne liturgie gallicane pour suivre la liturgie romaine, il est arrivé depuis le commencement du neuvième siècle que nous avons récité en France, au canon de la messe, les noms des martyrs inscrits sur les diptyques de Rome. Il est vrai que nos Églises y ajoutèrent les saints de leurs anciens catalogues; mais ces additions disparurent au onzième siècle pour marque et gage d'unité avec l'Eglise mère et maîtresse, par raison de brièveté; et si l'on a voulu nommer encore les saints apôtres et martyrs qui nous ont apporté la foi, on a transporté leurs noms dans le prélude des prières du prône. Pour les saints dont on fait la fête, nous avons dit que l'on avait jugé convenable et raisonnable de se borner à la mémoire so-

lennelle qui en est faite dans les oraisons propres du
missel. Enfin, on récitait le troisième catalogue des
défunts après la consécration, au *Memento* des morts;
maintenant la recommandation des fidèles vivants et
décédés se fait mentalement et en abrégé, à moins
que, selon les usages des lieux, on ne publie au prône
certains noms des uns et des autres. Voilà pourquoi
l'on récite tant de noms au canon de la messe ; et la
manière dont on le fait aujourd'hui parmi nous, tant
au prône qu'à la prière canonique, conserve merveilleusement et les usages antiques de France et les
usages vénérables de l'Eglise de Rome.

Du reste, ces catalogues et ces registres sacrés, où
l'Eglise enrôle ses enfants du ciel, de la terre et du
purgatoire, rappellent, non ces tables célèbres sur
lesquelles Rome païenne écrivait le nom de ses séna-
teurs et de ses pères conscrits, non cette charte du
roi Démétrius par laquelle il consentait à donner le
droit de cité aux anciens d'Israël qui seraient dignes
de devenir ses sujets, et promettait à toute la nation juive paix et alliance ; mais bien ces murs du
ciel où sont gravés sur la pierre précieuse, qui leur
sert de fondement, les noms des douze apôtres de
l'Agneau ; mais ce livre de l'Agneau immolé, qui
contient les noms des martyrs ; mais ces pages de
vie ouvertes dès l'origine du monde pour recevoir
l'enrôlement de tous les élus de Dieu ; mais ces premiers-nés de l'Eglise enregistrés dans les cieux. C'est
ce que Rome chrétienne a voulu imiter en écrivant
sur les tables de l'autel le sénat des apôtres, l'armée
victorieuse de ses martyrs, l'association de ses fidèles;
elle veut nous apprendre à désirer et à mériter le
droit de cité céleste, à obtenir la paix et l'alliance des

enfants de Dieu, et à lui demander, comme nous le ferons bientôt après la consécration, *quelque part et société* avec les apôtres et les martyrs.

§ IV. — De la prière *Hanc igitur*, qui est la quatrième avant la Consécration.

Dans les sacrifices de l'ancienne loi, celui qui offrait la victime au prêtre posait les mains sur la tête de l'animal avant de le livrer, et donnait à entendre par cette grave cérémonie qu'il substituait cette hostie à sa place pour souffrir la mort qu'il avait méritée par ses offenses, priant Dieu d'agréer cet échange, et de se contenter de cette protestation de servitude et de reconnaissance de son droit suprême. Au jour de l'expiation solennelle où le grand-prêtre entrait dans le Saint des saints, on présentait, entre autres victimes, un bouc vivant; le pontife mettait les deux mains sur la tête du bouc, confessait avec les anciens du peuple toutes les iniquités des enfants d'Israël, et en déchargeait, pour ainsi dire, le poids énorme sur la tête de cette victime. L'Eglise a voulu imiter ces rites anciens, en ordonnant au prêtre, à cet endroit de la messe, de tenir les deux mains étendues sur les oblations, qui vont être bientôt changées au corps et au sang de Jésus-Christ immolé. Le ministre de l'autel reconnaît par cette cérémonie, tant pour lui que pour les fidèles, que nos péchés nous ont mérité la mort; que, par la miséricorde divine, nous substituons à notre place la mort et la rédemption d'un Dieu; que nous confessons et déposons toutes nos offenses sur la tête de la Victime sacrée qui a bien voulu en accepter le poids et la responsabilité, et

que, certains d'apaiser le Seigneur par cette bienheureuse substitution, nous lui demandons avec confiance la rémission des péchés, la paix et la vie éternelle. Mais si nous chargeons de nos fautes l'hostie
sans tache, n'oublions pas que c'est pour nous en
décharger, pour ne plus en charger de nouveau notre
conscience ; que ce rit est une protestation solennelle qu'au moins nous mourons au péché, que nous
voulons profiter des fruits de la mort d'un Dieu substitué à notre place : car, dit l'Apôtre, celui qui ne
connaissait pas le péché a été traité pour nous comme
s'il eût été chargé de tout crime, afin que nous de-
vinssions par ses mérites participants de la justice de
Dieu ; et que, de même que le pain et le vin vont être
détruits invisiblement et changés réellement, nous
souhaitons d'être détruits et immolés devant le Seigneur d'une manière spirituelle, détruisant dans
notre âme ce qui peut lui déplaire, et nous dévouant
sans réserve à son service, comme il se dévoue entièrement pour nos péchés et pour notre salut.

Voilà l'explication et le sens mystérieux de ces
mains du prêtre étendues sur l'hostie et le calice. Ce
rit cependant ne date que de l'an 1500 ; auparavant
on récitait la prière *Hanc igitur* dans la même posture que l'oraison précédente, ou bien le corps incliné à cause de la reconnaissance que nous faisons
de notre servitude. Cette cérémonie récente a paru
plus vive, plus expressive, plus convenable par son
rapport avec les sacrifices anciens qui étaient l'ombre
du sacrifice de la croix ; et l'Eglise a voulu sans doute
nous rappeler encore ces mains du peuple juif étendues vers Jésus-Christ peu de temps avant son immolation, quand sa fureur demandait à grands cris

que le sang du Rédempteur retombât sur lui et sur
ses enfants. Ce peuple déicide n'a pas voulu être béni ;
il a choisi la malédiction, qui est entrée comme une
huile brûlante jusque dans ses os. Pour nous, demandons que ce sang coule sur nos âmes comme la rosée
sur l'herbe mourante ; qu'il ne tombe pas sur nos têtes
comme l'orage et la tempête qui détruit et qui abîme,
et entrons bien dans le sens de la prière que nous
allons méditer.

Cette oblation donc de notre servitude ; c'est encore
une récapitulation de ce qui précède, comme pour
tout concentrer de plus en plus sur la Victime sainte,
comme si le prêtre voulait dire : Cette oblation que
nous avons composée du pain qui doit devenir l'hostie
sainte, du vin qui doit devenir le calice du salut, de
nos esprits humiliés et anéantis, de nos cœurs contrits et brisés ; cette oblation que nous offrons en
l'unité de l'Eglise catholique sur la terre, de ses pasteurs légitimes, de ses fidèles orthodoxes, de nos
bienfaiteurs et des assistants pleins de foi et de dévotion, en union de l'Eglise du ciel, de la sainte
Vierge, des apôtres, des martyrs et de tous les saints
auxquels nous joindrons bientôt la communion avec
l'Eglise du purgatoire ; *cette oblation donc*, qui est
l'offrande de *notre servitude*, par laquelle nous protestons hautement du domaine souverain et de notre
absolue dépendance, qui est l'hommage de nous qui
sommes vos serviteurs, qui appartenons à Jésus-
Christ votre Fils comme rachetés par son sang, de
nous plus particulièrement, prêtres, qui sommes si
étroitement dévoués à votre service, et qui sommes
les serviteurs de vos serviteurs ; *mais aussi* qui est
en même temps le tribut et la redevance d'adoration

suprême *de toute votre famille*, de cette grande famille du ciel et de la terre, dont vous avez la pater-
nité, avec qui nous avons l'avantage d'être en communion, qui offre avec nous, et qui s'offre avec
Jésus-Christ ; car c'est pour cela que nous ne parlons
jamais en notre seul nom, mais au nom de tous,
comme étant frères, cohéritiers, et les enfants d'un
même Père. Autrefois on intercalait ici, comme au
Communicantes, quelques paroles qui exprimaient le
but particulier de l'oblation ; par exemple, à la dédicace d'une basilique, au jour anniversaire du baptême
et de l'ordination ; et, pour cette raison, on lisait
encore en tête de cette prière : *Intra actionem* (c'est-
à-dire, à certains jours, on ajoute ici quelques paroles
entre l'action) ; mais depuis, l'Eglise n'a plus rien
ajouté à l'oraison *Hanc igitur* que le jeudi-saint,
parce qu'elle ne saurait trop spécifier le jour béni de
l'institution de ce sacrifice, et dans les veilles et les
octaves de Pâques et de la Pentecôte, pour faire mention des fidèles nouvellement baptisés à ces époques,
et qu'elle venait d'incorporer à la grande famille de
Dieu et de Jésus-Christ. On n'a pas répété le titre
Intra actionem, parce qu'on a cru qu'il suffisait de le
placer plus haut pour indiquer toute addition, et
qu'il aurait fallu le répéter encore un peu plus bas, où
l'on ajoute quelques nouvelles paroles le jeudi-saint
à l'historique de la consécration. Cette oblation donc de
notre servitude, qui est aussi celle de toute votre famille (*que nous vous offrons à cause du jour où Notre-
Seigneur Jésus-Christ a remis à ses disciples les mystères de son corps et de son sang pour les célébrer*, dit-
on le jeudi-saint..... *que nous vous offrons aussi pour
ceux que vous avez daigné régénérer de l'eau et du*

Saint-Esprit, leur accordant la rémission de tous leurs péchés, dit-on la veille de Pâques et de la Pentecôte, et pendant leurs octaves); *nous vous prions, Seigneur,* tous ensemble, *de la recevoir favorablement,* justement apaisé par une telle victime et par le ciel qui nous communique ses mérites et ses prières; et, en considération de l'Agneau immolé pour nous et de cette sainte société, *de disposer* et d'établir *nos jours dans votre paix,* de nous la donner dans le cours de cette vie, cette paix qui résulte de la rémission de nos péchés et de la satisfaction de votre justice désarmée par notre repentir; cette paix de Dieu qui surpasse tout sentiment de oie et de bonheur, cette paix de Jésus-Christ qu'il ne donne pas comme le monde la donne. Le monde donne pour paix les biens d'ici-bas, qui tourmentent le cœur sans pouvoir combler ses désirs; Jésus-Christ donne la grâce, le seul bien véritable, puisque c'est le seul que nous pouvons acquérir, si nous le voulons, et le seul que rien ne peut nous ravir, si nous ne le voulons pas; le seul par conséquent qui met le cœur en grâce et en paix avec Dieu, qui nous remplit d'une joie pleine que personne ne peut nous ravir, et qui nous aide dans cette vie périssable à obtenir les autres biens. *De nous préserver,* à la mort, *de la damnation éternelle,* de nous y *arracher* malgré notre faiblesse et notre inconstance, *et de nous admettre,* après cette vie passée dans votre grâce et dans votre amour, *au nombre de vos élus,* de nous compter dans ce *troupeau* de brebis qui seront placées à votre droite, dont nous venons déjà d'énumérer une partie dans le catalogue du canon de la messe; et nous vous demandons ces grâces si précieuses *par Jésus-Christ Notre-Seigneur. Ainsi soit-il.* Nous prions donc ce Dieu de bonté de se souvenir que nous sommes le motif et le but de son voyage sur la terre, qu'il nous a cherchés et s'est fatigué à notre poursuite, que tant de peines ne soient pas perdues pour nous, que sa vie et sa mort ne nous soient point inutiles, mais que nous puisions à cette source sacrée une vie sainte et une mort précieuse devant Dieu. Ainsi soit-il.

Heureux le fidèle qui s'efforce de mériter une bonne mort par une vie chrétienne, qui affermit sa vocation et rend son élection certaine par les bonnes œuvres ! Heureux celui qui comprend tout le sens de l'Eglise dans cette prière, tout l'esprit du sacrifice de Jésus-Christ, tout le fruit qu'il faut demander et en recueillir ! C'est d'apaiser la colère du Seigneur irrité contre nos offenses, de posséder sa grâce et sa paix pendant les jours de cette vie mortelle, d'éviter le malheur suprême de la damnation, et d'être inscrit dans le ciel pour en jouir éternellement; voilà le but de la messe, voilà la riche effusion de grâces que nous pouvons y trouver.

§ V. — De la prière *Quam oblationem*, qui est la cinquième et dernière avant la Consécration.

Quelques docteurs ont prétendu que la prière que nous allons expliquer et qui précède immédiatement la consécration était nécessaire pour consacrer; et qu'outre les paroles solennelles de Jésus-Christ : *Ceci est mon corps, Ceci est mon sang,* qu'ils regardent, il est vrai, comme essentielles, il fallait, pour que l'immolation fût complète, qu'elles fussent précédées, comme dans l'Église latine, ou suivies, comme chez les Grecs, d'une invocation dans laquelle on demande

que l'oblation *soit faite et devienne pour nous* le corps
et le sang de Jésus-Christ. Mais le sentiment le plus
généralement reçu est que Notre-Seigneur a consacré et voulu consacrer par ces paroles : *Ceci est
mon corps, Ceci est mon sang.* C'est la doctrine constante des Pères, qui ont souvent appelé cette forme
sacramentelle de l'Eucharistie, *prière, bénédiction,
oraison, invocation.* Les prières que l'Église a fait précéder ou suivre les paroles sacrées sont, il est vrai,
de tradition apostolique; mais, comme l'a déclaré le
concile de Florence, les paroles de Jésus-Christ renferment essentiellement la vertu qui change la substance des dons de l'autel. Il faut seulement dire que
les *prières* qui accompagnent la *consécration,* et qui
en sont bien distinctes, marquent l'intention de l'É-
glise, son but, son désir et sa volonté à la messe;
que sans cette détermination elles pourraient être
regardées comme une lecture historique, semblable
à celle qui se fait de cette grande action dans l'Evangile le dimanche des Rameaux. En effet, le prêtre
doit parler en la personne de Jésus-Christ et comme
député de l'Église : il commence au nom de l'Eglise
à invoquer la Toute-Puissance sur le pain et sur le
vin, afin qu'ils soient changés; et après, comme ministre de Jésus-Christ, il ne parle plus en son propre
nom, et c'est la parole même de Jésus-Christ qui
consacre. La prière préparatoire ne fait donc que
déterminer, par les circonstances et par l'intention
extérieure, le moment divin où le prêtre revêt le
personnage du Dieu qui lui a remis ses mystères à
célébrer, et qui parle par sa bouche pour les opérer.
D'ailleurs l'Eglise ne dit pas simplement *que cette oblation devienne le corps,* mais qu'elle le devienne *pour*

nous, c'est-à-dire que ce que les seules paroles de Jésus-Christ vont opérer certainement nous soit utile et salutaire, et que le renouvellement et la continuation de son sacrifice se fassent *pour nous*, et dans l'intérêt de nos âmes.

C'est donc ici la prière déterminante, qui nous conduit à regarder l'historique de la consécration et les paroles sacramentelles comme prononcées avec efficacité, comme productives de ce qu'elles énoncent, et c'est dans ce sens que nous devons la méditer avec tout le respect qu'elle mérite.

Nous ne craindrons pas de remettre encore sous les yeux des chrétiens l'enchaînement et la liaison des prières du canon, tant il est important que ce moment si précieux de l'action du sacrifice soit bien saisi. Voici donc l'ordre et la suite de la liturgie : O Dieu, nous vous supplions par Jésus-Christ d'agréer et de bénir ce sacrifice que nous vous offrons dans l'unité catholique, dans la communion de l'Eglise du ciel et de la terre, et que nous en retirions le pardon de votre justice apaisée, la paix de votre grâce et de votre amour, la persévérance finale et le salut éternel! Et maintenant la prière canonique va plus loin, ne se bornant pas à demander l'acceptation de la victime et la sanctification de ceux qui l'offrent, mais la consécration même de la victime et des fruits qu'on doit en retirer. En même temps, le prêtre multiplie les signes de croix, qu'il répète jusqu'à cinq fois sur les oblations, parce que plus il demande, plus il a besoin d'indiquer la source d'où il attend les grâces ; et que sur le point de renouveler la scène du Calvaire, il ne saurait exprimer trop vivement le signe de la vertu puissante qui y a opéré le salut du monde.

Nous vous prions, ô Dieu, qu'il vous plaise de faire que cette oblation, déjà si abondamment préparée et si merveilleusement disposée, *soit en toutes choses,* c'est-à-dire tout entière du côté du pain et du vin qui vont devenir le corps et le sang d'un Dieu, et du côté de nos esprits et de nos cœurs qui, unis à toute l'Eglise de la terre et du ciel, attendent la communication des grâces de la victime ; que cette oblation, dis-je, soit en toutes choses et dans toutes ses parties *bénie* et choisie pour passer de l'usage profane au service sacré ; *admise* et non rejetée, et comptée au nombre des choses offertes ; *ratifiée* d'une manière irrévocable par l'immolation et le changement ; *spirituelle* et raisonnable, dégagée par les flammes de l'holocauste de toute matière terrestre ; *et agréable,* montant devant le trône de la miséricorde en odeur de suavité. Or, du côté de Jésus-Christ, nous demandons ce qui existera certainement sur l'autel par la seule présence de la victime, quand les paroles sacrées auront été prononcées sur la matière de l'holocauste ; nous demandons la présence de cette hostie telle qu'elle est, *bénie* par l'incarnation, *admise* et acceptée par son offrande en entrant en ce monde, *ratifiée* et consommée sur le Calvaire, rendue *spirituelle* par sa résurrection, *et agréable* à la droite de Dieu, où la victime s'est élevée pour intercéder en notre faveur. Mais, du côté des fidèles, l'Eglise demande ce qui ne peut être et ne sera qu'en vertu de nos dispositions et de nos prières ; elle demande que la victime, composée des membres de Jésus-Christ, mérite d'être unie au chef ; que Dieu la changeant par sa grâce, comme il va changer par sa puissance le pain et le vin, daigne faire qu'elle soit *bénie* et présentée au Seigneur, *admise* et inscrite pour le ciel, *ratifiée* dans son attachement irrévocable à la grâce de Dieu, *raisonnable* et spirituelle pour rendre à ce Dieu le culte en esprit et en vérité, et *agréable* par l'application de jour en jour plus exacte à remplir nos devoirs et à accomplir la divine volonté. *Afin*, Seigneur, *que* cette oblation ne soit pas seulement faite *le corps et le sang de Jésus-Christ*, mais qu'*elle* le *devienne pour nous*, que le chef soit rendu présent pour que les membres lui soient unis dès qu'il paraîtra ; qu'il soit béni, pour que Dieu nous bénisse ; admis pour que Dieu nous admette ; consommé dans son immolation, pour que Dieu ne nous rejette jamais ; plein d'une vie spirituelle, pour que nous vivions de sa grâce ; agréable dans sa médiation, pour que ses enfants jouissent de son amour ici-bas et dans le ciel. Qu'ainsi l'oblation se compose à la fois, Seigneur, du *corps et du sang de votre très-cher Fils Notre-Seigneur Jésus-Christ*, et des membres de ce Fils bien-aimé, objet de vos complaisances éternelles ; et que l'immolation soit *faite pour nous*, en sorte qu'il y ait un heureux échange et une divine transmutation de la victime tout entière ; transformation de l'homme pécheur en la justice de Dieu, de l'homme faible en la force de Dieu, de l'homme mortel en la gloire du salut de Dieu. Mais, si le changement du pain et du vin va s'opérer par la seule force et vertu des paroles sacramentelles, le changement de nos cœurs ne peut s'opérer que par de bonnes dispositions et d'ardentes prières ; c'est pourquoi le prêtre, en terminant cette belle et touchante oraison, élève les mains comme pour attirer le Sauveur du ciel en terre ; il les rejoint sur son cœur comme pour nous approprier à la victime, et nous communiquer les mérites de celui qui vient *pour nous*. Disons donc de toute l'effusion de notre cœur : Seigneur, agréez, bénissez, ratifiez, rendez spirituelle et agréable la matière du sacrifice ; mais surtout que cette hostie devienne *pour nous* le corps et le sang de votre très-cher Fils, qui nous a aimés jusqu'à l'excès et qui s'est livré pour notre rédemption.

CONSÉCRATION, ÉLÉVATION, ET ADORATION DE L'HOSTIE ET DU CALICE.

Après toutes ces prières d'une religion si grande et si parfaite, nous sommes arrivés au moment redoutable de l'oblation réelle, où Jésus-Christ va se sacrifier d'une manière non sanglante, comme il s'est sacrifié d'une manière sanglante sur l'arbre de la croix. Nous allons assister au renouvellement de la scène du cénacle et du Calvaire ; le corps du Sauveur va être livré et brisé, son sang va être répandu d'une manière mystique, par la consécration séparée et distincte des deux espèces sacramentelles ; parce qu'il va être rendu présent sur l'autel, offrant le sacrifice unique qu'il offre sans cesse dans le ciel ; parce que l'Agneau va être représenté comme égorgé et sous des symboles de mort ; parce qu'enfin l'être qu'il reçoit de sa puissance dans le sacrement tend à être détruit, et le sera par la consomption des espèces sacrées. Le prêtre essuie sur le corporal le pouce et le second doigt de chaque main qui ont reçu l'onction sacerdotale, afin qu'ils soient plus propres, et par profonde révérence pour le corps de Jésus-Christ. A chaque parole qu'il va prononcer, il exprimera un geste qui y répond parfaitement, excepté pour la fraction de l'hostie qui est retardée vers le moment de la communion. Il ne parle plus en son nom, il parle et il consacre au nom de Jésus-Christ, ou, pour mieux dire, il n'est ici que l'organe du Sauveur qui parle et qui consacre par sa bouche. C'est bien le cas de dire en ce moment : Qui racontera la puissance du Seigneur, qui pourra publier l'étendue de son œuvre? Nous avouerons sans peine que l'imagination se trouble, que l'esprit se confond, que la voix manque, que la plume tombe des mains sur le bord de cet abîme de sagesse impénétrable et d'éternelle charité, et qu'il ne nous reste qu'à anéantir notre cœur aux pieds de Dieu, parce qu'il tombe en défaillance devant une si haute contemplation. Bornons-nous donc à l'exposé simple et sublime de l'action et des paroles de Jésus-Christ dans la dernière cène, sans oser presque y ajouter quelques mots, et faisons selon l'exemple qui nous a été montré par l'Homme-Dieu sur la montagne sainte.

Qui, la veille de sa passion (le jeudi-saint seulement, on dit : *Qui la veille de souffrir pour notre salut et pour celui de tous, c'est-à-dire aujourd'hui*) : l'Église semble, en indiquant ce jour heureux jusqu'à trois fois dans le canon, ne pouvoir se lasser de bien marquer l'époque solennelle où elle a reçu le don ineffable de son Dieu et le pouvoir de le reproduire et de le perpétuer; sur le soir de sa vie mortelle, au moment où il allait souffrir et mourir pour les hommes, voulant leur laisser un dernier gage de sa tendresse, un legs digne du testament d'un Dieu, et clore le terme de son pèlerinage par la réunion et la concentration de toutes ses merveilles et de toutes ses bontés, *prit le pain,* symbole naturel de nourriture et d'union, *entre ses mains saintes et vénérables,* qui avaient opéré tant de merveilles ; et le prêtre prend dans ses mains le pain de l'autel (ces dernières paroles ne sont pas dans l'Evangile, mais dans les plus respectables liturgies), *et ayant levé les yeux au ciel vers vous, Dieu, Père tout-puissant.* Ces mots, qu'on ne lit pas en cet endroit dans l'Evangile, se trouvent dans la liturgie de l'Eglise de Jérusalem et dans les *Constitutions apostoliques.* Il lève les yeux comme à la multiplication des pains et à la résurrection de Lazare. Le prêtre, qui remplit le personnage de Jésus-Christ, en fait autant. Il lève les yeux vers son Père tout-puissant, sachant que son Père lui a mis toutes choses entre les mains, qu'il était sorti de Dieu, qu'il s'en retournait à Dieu, et que toute puissance lui était donnée au ciel et sur la terre. Or, comment croire que tout ce magnifique prélude aboutisse à laisser aux hommes pour souvenir d'amour un morceau de pain? et comment ne pas croire que Jésus, sachant que son heure était venue de passer de ce monde à son Père, qu'il ne pouvait plus être avec les siens qu'il avait tant aimés, n'ait voulu leur laisser son propre corps comme le témoignage le plus digne de sa tendresse, comme le gage qui devait les faire passer du monde au ciel, après leur avoir servi de *viatique* dans le chemin de cette vie? *Vous rendant grâces,* Dieu tout-puissant : ici le prêtre s'incline comme accablé sous le poids d'un bienfait immense ; vous rendant grâces de la puissance qu'il exerce et qu'il confie à son Eglise, en lui laissant une nourriture, un sacrifice et une consolation jusqu'à la fin des siècles. *Il bénit* le pain, le séparant de tout usage ordinaire, le disposant par cette bénédiction féconde à ce qu'il veut en faire, et le prêtre bénit de même avec le signe de la croix dont la grande consommation va s'opérer ; *le rompit*, le pain était si mince chez les Orientaux, qu'on le brisait avec les doigts pour le distribuer. C'est encore un symbole de séparation et de mort (1), et Jésus-Christ a été réellement *brisé* pour nos crimes ; mais l'Eglise réservera cette imitation pour le moment de la communion ; *et le donna à ses disciples en disant : Prenez et mangez tous de ceci.* Ces trois derniers mots n'ont été conservés que par la tradition. *Car :* cette particule n'est pas non plus dans l'Evangile, elle sert à marquer un peu plus expressément la liaison des paroles ; car *ceci est mon corps :* qu'y a-t-il de plus clair, de plus formel que ces paroles ? C'est bien un Dieu qui parle et qui fait le testament de son amour ! A ces mots, le miracle s'opère en vertu de la puissance de Jésus-Christ communiquée aux ministres de son Eglise ; la substance du pain est changée au corps de Jésus-Christ, et ce corps vivant et glorieux est uni à son sang, à son âme et à sa divinité. Le prêtre se prosterne ; il élève, comme on fit sur le Calvaire, cette hostie qui contient un Dieu sous l'apparence d'un pain qui n'est plus, et l'assemblée fléchit les genoux pour s'humilier, s'anéantir et adorer.

De même, après qu'on eut soupé. Cette remarque historique est importante ; c'est après le souper ou la cène, c'est-à-dire après la manducation de l'agneau pascal, *post agnum typicum, expletis epulis* (2) ; et saint Luc nous a marqué distinctement deux

(1) Isaïe, LIII.
. (2) Hymne de saint Thomas d'Aquin.

coupes (1) : l'une au commencement du repas légal, qui n'a pas été consacrée, et dont Jésus-Christ a dit à ses Apôtres qu'il ne boirait plus de ce fruit de la vigne, parce que le royaume de Dieu allait venir, et que la vérité était sur le point d'être substituée aux figures anciennes ; l'autre à la fin du repas, qui s'appelait la coupe d'action de grâces selon le rit des Juifs, et c'est cette coupe qui est devenue le calice véritable et nouveau, le calice eucharistique ou d'action de grâces ; parce qu'il contient le sang adorable de Jésus-Christ, qui, offert avec son corps en sacrifice, est le don le plus excellent que nous puissions présenter à Dieu, en reconnaissance de tous les biens dont il nous comble continuellement, et pour obtenir de sa bonté tous les autres biens dont nous aurons besoin jusqu'à la consommation des siècles.

Prenant donc *aussi ce précieux calice*, cette seconde coupe si excellente, annoncée par le Prophète avec l'accent de l'admiration, qui ne contient plus les ombres et les figures de la loi mosaïque, mais le précieux sang de Jésus-Christ, signifié par ces ombres et ces figures ; c'est pour cela que l'expression du psaume 22, que l'Église a appliquée parfaitement ici, signifie à la lettre *calice éclatant*, très-brillant de lumière et de vérité. Le prenant donc, comme le pain, *entre ses mains saintes et vénérables*, dépositaires de la toute-puissance, et pour lesquelles la création de l'univers n'a été qu'un jeu facile sans travail et sans application ; *vous rendant pareillement grâces*, comme il l'a déjà fait, *il le bénit*, le préparant à la vertu nécessaire pour le changement sacré, *et il le donna à ses*

(1) Luc, xxii.

disciples, en leur disant : Prenez et buvez-en tous. Il fallait que ceux avec qui Jésus-Christ contractait la nouvelle alliance pour toute l'Eglise, bussent de ce calice, comme chez les anciens on buvait à la même coupe en signe d'union et de pacte solennel. Ils en burent tous en effet, et il faut que les prêtres, qui renouvellent cette alliance et ce sacrifice, en boivent aussi au nom de l'Eglise entière, qui a vu dans ces paroles du Sauveur un précepte qui oblige ses ministres de communier à l'autel sous les deux espèces ; tandis qu'elle a reconnu qu'il n'y avait point d'obligation semblable à l'égard des fidèles, ni à l'égard des prêtres qui communient sans offrir personnellement. Elle a donc pu réduire la communion du peuple à la seule espèce du pain, comme nous le verrons plus bas ; mais quant au sacrificateur, elle a regardé comme essentielle la participation à l'hostie et au calice, se fondant en cela sur la tradition même de saint Paul, qui nous fait remarquer cette différence : car, lorsqu'il parle du sacrifice de l'Eucharistie, où l'on représente et où l'on continue de publier et d'offrir la passion et la mort du Seigneur jusqu'à ce qu'il vienne juger les vivants et les morts, l'Apôtre joint le calice au pain sacré, et nous dit (1) : Toutes les fois que vous mangerez ce pain, *et* que vous boirez cette coupe, vous annoncerez la mort du Seigneur, l'immolation de son corps *et* l'effusion de son sang. Au lieu qu'en parlant de la seule communion à l'Eucharistie, *il* met l'alternative de manger *ou* de boire : Quiconque mangera ce pain *ou* boira ce calice indignement, sera coupable, dans l'un *ou* l'autre cas, du corps et du

_____
(1) I Cor. II.

sang de Jésus-Christ (1), parce que l'on communie
également en mangeant *ou* en buvant, et que l'on est
coupable de la profanation du corps *et* du sang en
recevant indignement l'un *ou* l'autre. C'est pour cela
que dans l'Eglise romaine, où l'on ne consacre pas le
vendredi-saint, le prêtre qui officie ne communie que
sous l'espèce du pain consacré la veille, tant l'Eglise
est persuadée que la communion sous les deux espèces n'est pas nécessaire à ceux qui n'offrent pas le
sacrifice, et qu'elle l'est absolument à ceux qui immolent la victime sainte et qui continuent de publier et
d'offrir sa mort, comme successeurs des disciples, des
douze premiers prêtres, à qui Jésus-Christ a dit :
Prenez et buvez-en tous.

Car c'est le calice de mon sang, qui contient réellement et en vérité, non du vin, dont je détruis la
substance par ces paroles claires et formelles, moi qui
suis le Seigneur Dieu tout-puissant, qui appelle à
l'être ce qui est dans le néant, et qui détruis ce qui
n'existe que par moi ; mais mon véritable sang, uni à
mon corps, à mon âme et à ma divinité : car, bien
qu'en vertu de ma parole mon corps soit premièrement sous l'apparence du pain et mon sang sous l'apparence du vin, je suis et je demeure cependant tout
entier sous chacune des deux espèces. Ceci donc est
le calice de mon sang, *de la nouvelle et éternelle
alliance.* L'ancienne alliance de Dieu avec les hommes
par le ministère de Moïse n'était que préparatoire,
figurative et passagère ; la nouvelle alliance par la
médiation de Jésus-Christ est pleine, véritable, permanente et éternelle. Dans l'alliance ancienne, Dieu

(1) I Cor. ii, 27.

promettait à la fidélité d'un peuple particulier et choisi
des biens temporels, le lait et la graisse de la terre, et la
terre promise ici-bas, après l'avoir délivré de la servitude des hommes ; dans l'alliance nouvelle que
Dieu fait avec tous les hommes et avec toutes les nations, il promet à ceux qui garderont sa loi, des biens
spirituels, la foi, l'espérance et la charité, le pardon
des péchés, la grâce et la gloire éternelle dans la véritable patrie. Le sang des animaux à la première alliance ne pouvait produire qu'une pureté extérieure
et symbolique ; le sang de Jésus-Christ dans la seconde est la source intarissable de la sainteté intérieure et réelle. Aussi le sang de l'ancienne alliance
ne fut-il répandu qu'extérieurement sur les Juifs
avec qui Dieu contractait, tandis que le sang de la
nouvelle, versé au cénacle et répandu au Calvaire,
doit être bu pour être reçu et approprié intérieurement. Jésus-Christ ne fit cette alliance qu'après avoir
observé pleinement tous les rits de la loi figurative,
pour bien montrer qu'il établissait ensuite le pacte
et le contrat nouveau ; il l'a faite dans un festin, à une
table, la coupe en main, comme se font et se sanc-
tionnent ordinairement les alliances et les traités ; il
l'a faite comme son testament de mort, parce que ses
enfants et ses frères ne doivent recevoir que par les
mérites et l'effet de sa mort l'héritage éternel qui est
promis par cette nouvelle alliance ; et voilà le pacte
sublime et consolant que nous renouvelons tous les
jours à l'autel dans le sang de l'éternel testament. Le
sang de Jésus-Christ, remis en nos mains et versé
dans notre cœur, est l'acte authentique de notre alliance avec Dieu, le testament qui nous donne droit
au ciel, si nous ne dégénérons pas des sentiments et

des exemples de notre Père, et si nous remplissons fidèlement les conditions qu'il a mises pour entrer en jouissance. Ce testament est écrit et signé du sang d'un Dieu contenu dans ce calice ; et en participant dignement au sacrifice qu'il a institué, nous mangeons et buvons le droit et le gage d'une vie éternellement heureuse, comme avec des dispositions mauvaises nous mangeons et buvons la condamnation qui nous déshérite à jamais, si nous mourons sans une sincère pénitence. Les mots suivants, le *Mystère de la foi*, ne sont pas écrits dans l'Evangile ; mais ils se trouvent comme celui d'*éternelle*, et ceux que nous avons indiqués à la consécration de l'hostie, dans les plus anciens sacramentaires de Rome, et doivent être du nombre de ces vérités que Jésus-Christ expliqua à ses apôtres après sa résurrection, en leur parlant du royaume de Dieu et de son Eglise, et de la dispensation de ses mystères. *Mystère de la foi*, c'est-à-dire secret de la foi : or le plus grand de tous les mystères, le secret de la foi et tout le secret de la religion, est que le sang d'un Dieu doit être versé pour le salut de tout le monde. Ce secret admirable de la conduite du Seigneur renferme toutes les vérités et l'ordre de tous les conseils divins : 1º que tous les hommes, étant pécheurs depuis le commencement du monde, doivent être immolés à la justice du Seigneur irrité ; 2º que les péchés ne sont point remis sans effusion de sang ; 3º que celui des coupables était indigne d'être offert et ne pouvait être agréé ; 4º que depuis Abel on a substitué en leur place le sang des animaux ; 5º qu'il était néanmoins impossible que le sang des taureaux et des boucs ôtât les péchés, et qu'il ne pouvait être au plus qu'une figure et qu'un signe d'attente ; 6° enfin qu'il fallait une victime sainte pour sanctifier les hommes, et le sang d'un Dieu fait homme pour les réconcilier et les unir au Seigneur. Voilà la suite essentielle de la religion, le grand mystère caché jusqu'à la résurrection de Jésus-Christ, manifesté par son entrée dans sa gloire au prix de ses souffrances, et publié par le prince des apôtres, qui nous dit : Vous avez été rachetés non par de l'or et de l'argent corruptibles, mais achetés à grand prix par le précieux sang de Jésus-Christ, agneau sans tache qui a été manifesté dans les derniers temps ; et saint Paul conclut que nous devons par le prix de ce rachat glorifier Dieu et porter Dieu dans notre corps, nous incorporant sa chair et son sang pour devenir ses membres. Le sang de Jésus-Christ contenu dans le calice est donc par excellence le *mystère* et le grand secret *de la foi ; qui sera répandu* demain sur la croix, et dans le cours des siècles sur l'autel, au baptême et dans la pénitence, pour purifier mon Eglise, la rendre pure et digne de cette nourriture sacrée qui donne part au royaume céleste ; qui même, selon le texte grec, est actuellement répandu pour vous, comme mon corps est présentement livré et brisé pour vous, ce qui marque l'oblation actuelle de Jésus-Christ immolé, n'étant pas essentiel, comme nous l'avons dit, que l'immolation soit physiquement jointe à l'oblation, qui peut précéder, accompagner ou suivre (1), sans détruire l'unité du sacrifice. Effusion de mon sang qui est et qui sera faite *pour vous et pour plusieurs en rémission des péchés* : pour vous chers Apôtres, et vos successeurs les chefs de mon troupeau, et pour plusieurs

(1) Première partie.

qui doivent croire et se convertir par leurs prédications et obtenir par cette effusion la rémission de leurs péchés. Jésus-Christ offre ici en particulier, comme il pria spécialement au sortir du cénacle, non-seulement pour ses Apôtres et les pasteurs, mais encore pour tous ceux qui doivent croire en lui par leurs paroles.

Quand l'Ecriture nous dit bien clairement que Jésus-Christ est très-réellement mort pour *tous* les hommes sans exception, qu'il est la victime de propitiation pour les péchés de *tout* le monde, elle veut publier la valeur infinie de son sacrifice pour tous les hommes, et la volonté générale et sincère du Seigneur qu'il n'en périsse pas un seul, et que *tous* se convertissent et parviennent à la vérité et au salut. Mais, quand les livres saints parlent en divers endroits de l'oblation de Jésus-Christ *pour plusieurs et pour un grand nombre*, ils ne prétendent marquer que le fruit et l'application du sang précieux dans ceux qui se sanctifient, et ne font qu'assigner le nombre de ceux qui en savent profiter ; c'est dans ce dernier sens qu'il faut prendre l'expression des paroles sacrées, *qui sera répandu pour plusieurs ;* sens véritable que Jésus-Christ a clairement déterminé dans sa prière après l'institution de l'Eucharistie, lorsqu'il demandait pour ses disciples et pour son Eglise le succès du sacrifice auguste qu'il venait d'offrir, qu'il allait consommer au Calvaire, et qu'il voulait continuer sur l'autel.

Or voici le pouvoir qu'il donne de perpétuer cette oblation du sacrifice unique de la croix : *Toutes les fois que vous ferez ces choses*, autant de fois qu'il sera convenable d'exercer le pouvoir immense que je vous confie de faire ce que j'ai fait, de bénir comme j'ai béni, de rendre grâces comme j'ai rendu grâces, faites-le, *faites ceci* ; ne faites pas la mémoire, le souvenir de cette cène ; mais, comme moi, prenez du pain et le calice ; comme moi, en ma puissance et mon nom, consacrez la substance de ces éléments matériels en celle de mon corps et de mon sang, donnez comme je vous ai donné, distribuez comme je vous ai distribué : *faites ceci*, toutes les fois que *vous le ferez, en mémoire de moi*, pour renouveler le souvenir de l'amour immense qui m'a fait donner ma vie pour les hommes, et pour solenniser tous mes mystères que la divine Eucharistie renferme.

En ce moment, comme sur la croix, *tout est accompli :* la hauteur des cieux a été abaissée, les nuées répandent le juste, la terre enfante son Sauveur, il s'incarne dans les mains du prêtre comme dans le sein de Marie : nous sommes pleins de grâce, et le Seigneur est avec nous ; il prend une nouvelle naissance sur l'autel le plus pauvre, comme à Bethléem dans une crèche ; il est adoré par les bergers et les rois, par le riche et le pauvre, jusque dans une étable, jusque dans la plus misérable chaumière, où il se laisse transporter pour la consolation dernière du plus petit de ses enfants ; il entre dans son temple pour s'offrir ; il est dans les mains du prêtre et dans le cœur des fidèles comme dans les bras de Siméon, obéissant comme dans sa vie cachée, passant en faisant du bien, en guérissant toutes les misères, en opérant toutes les merveilles comme dans sa vie publique, parlant au cœur du sourd, déposé sur la langue du muet, éclairant les aveugles, multipliant le pain, apaisant les flots des passions et des peines, ressuscitant les morts à la vie de la grâce, se donnant tout entier comme au cénacle, se livrant comme au jardin des Olives, se taisant comme à Jérusalem, élevé comme sur le Calvaire, répandant son sang comme sur la croix, entouré, comme il le fut alors, de la piété la plus vive, du regret le plus sincère, de l'endurcissement le plus déplorable, de la foi et du repentir, de l'indifférence et de l'insulte, glorieux et vivant comme au jour de son triomphe, répandant sur toute chair sa bénédiction, son esprit et sa grâce; nous incorporant à lui par sa charité qui remplit les cœurs bien disposés; nous jugeant à sa table comme à son tribunal suprême, présentant la coupe de la vie et de la mort, de la ruine et de la résurrection, et nous donnant le gage, les prémices et l'avant-goût de la gloire future et du bonheur éternel. *Tout est donc accompli!* Comme le prêtre a élevé l'hostie, il élève aussi le calice qu'il présente à l'adoration des assistants, et l'assemblée se prosterne de nouveau dans le recueillement le plus profond du respect, de l'amour et de la reconnaissance. O profondeur incompréhensible des richesses de la science de Dieu! ô mystère de sagesse incalculable, ô abîme de charité, qui pourra vous sonder, et qui ne se sentira pas anéanti à la seule pensée de ce sacrifice dans lequel Dieu ne cesse d'opérer merveilleusement ce qu'il a consommé une fois sur le Calvaire, se faisant lui-même temple, autel, prêtre et victime!

Toutefois, sans oser scruter une Majesté si haute, bornons-nous à indiquer aux fidèles ce qu'ils doivent éprouver et ressentir dans le moment si précieux de la consécration et de l'élévation. Premièrement, une foi vive, que doit inspirer la parole si claire et si précise de Dieu : « Le pain que je vous donnerai est ma

» chair (1). Ceci est mon corps (2). Le pain que nous
» rompons n'est-il pas la communion du corps de
» Jésus-Christ ? Celui qui le mangera indignement
» sera coupable du corps de Jésus-Christ (3). Faites
» ceci en mémoire de moi. » Il est vrai que, malgré la
clarté évidente de ces expressions, malgré la puissance reconnue du Dieu qui opère cette merveille,
l'esprit se confond, les sens se révoltent ; mais l'Eglise
ne fait pas difficulté de l'avouer ; elle nous dit : La
vue, le tact, le goût, tout nous trompe dans cette présence réelle ; mais on croit et on peut croire avec sécurité à la parole d'un Dieu ; je crois tout ce qu'a dit
le Sauveur, rien n'est plus vrai que cette parole de
vérité. Je ne vois, je ne touche point vos plaies, comme
Thomas ; je confesse cependant que vous êtes sur
l'autel : mon Seigneur et mon Dieu, augmentez de
plus en plus ma foi, mon espérance et mon amour ;
oui, c'est ainsi que vous avez institué ce sacrifice,
mon cœur se soumet tout entier parce qu'il tombe
tout entier en défaillance. Ce que vous ne comprenez
pas, dit encore l'Eglise, ce que vous ne voyez pas des
yeux du corps, qu'une foi pleine d'amour en affer-
misse la croyance, malgré le cours ordinaire de la nature dont les lois sont renversées ; et si l'esprit ne
peut saisir ce mystère, pour affermir un cœur sincère,
la foi seule doit suffire, elle doit être le supplément
de nos faibles pensées, plus éloignées des pensées de
Dieu que le ciel ne l'est de la terre. Mais cette raison
elle-même, si faible et si confondue, ne nous dit-elle
pas qu'un Dieu a pu faire ce miracle, qu'il nous a déclaré formellement l'avoir opéré et le renouveler tous

(1) Jean, vi. — (2) Matth. xxvi. — (3) I Cor. ii.

les jours, et ne voit-elle pas, outre tant de motifs de
foi qu'elle pourrait acquérir, qu'il y a l'absurdité la
plus révoltante à dire que ce sont les hommes qui ont
inventé un fait si étonnant, dont la conception seule
serait plus surprenante que l'exécution ; et que ces
hommes ont pu le faire adopter, le propager dans la
société la plus répandue de l'univers, et lui assurer
dix-huit siècles de créance, d'hommage et de vénération ? Ah! si d'un côté mon esprit ne peut atteindre
à la hauteur de l'œuvre de Dieu, de l'autre il se révolte qu'on vienne lui dire que c'est l'œuvre des
hommes et le fruit de leur imagination et d'une entreprise heureuse ; et dans cette alternative, il n'hé-
site pas à croire à la puissance de Dieu, qui doit nécessairement dépasser les bornes étroites de sa faible
raison ; il s'appuie sur la parole divine, qui est le supplément de sa faiblesse, et avec la science éclairée
d'un Justin, avec la bouche d'un Chrysostome, avec
le cœur d'un Augustin et d'un Ambroise, il croit, il
confesse et il adore ; il croit avec le Docteur angélique,
avec le charitable Vincent de Paul, avec les Pascal,
les Bossuet, les Fénelon, avec tous les siècles chrétiens, malgré Luther qui eut tant de peine à rejeter
ce dogme et qui voulut en sauver quelque chose,
malgré Calvin qui voudrait faire accroire que le Dieu
qui dans l'ordre de la nature n'a besoin que d'ouvrir
sa main pour combler de bénédictions tout ce qui
respire, désirant marquer son passage sur cette terre
et nous laisser un gage de sa tendresse portée jusqu'à
l'excès, que ce Dieu a épuisé toute sa puisance et
tout son amour pour nous léguer un morceau de
pain, en souvenir de mille merveilles ; malgré l'incrédule qui rejette ce dogme par la seule raison qu'il

ne le comprend pas, et qui, pour se débarrasser des motifs donnés à l'acquiescement raisonnable qu'on lui demande, va jusqu'à dire que l'Evangile est inventé à plaisir, que Jésus-Christ n'est qu'un moraliste, que la suite de sa religion est un conte artistement bâti, et que Dieu est un problème qu'il ne veut ni approfondir ni résoudre, et qu'il daigne admettre sans en déduire aucune conséquence. A la foi vive joignons l'adoration profonde, et vénérons la face contre terre un si grand sacrement; oui, je vous adore, Divinité cachée sous les voiles qu'a choisis votre tendresse, je reconnais en ce moment du sacrifice votre souverain domaine et mon entière dépendance, je vous rends grâces de mille biens que vous versez sur nous, je joins mes adorations à celles des anges à votre entrée dans ce monde et à votre arrivée sur l'autel, à celles des bergers et des mages, à celles de l'aveugle-né, à celles de la terre et du ciel; je me confonds et m'anéantis devant votre divine majesté. C'est enfin dans ce moment que nous devons demander à Dieu toutes grâces, toutes bénédictions pour nous et pour ceux qui nous appartiennent; lui dire, comme Esdras : Souvenez-vous de moi, mon Dieu, pour me combler de biens; comme le larron pénitent : Souvenez-vous de moi, Seigneur, puisque vous êtes arrivé au milieu de nous pour régner sur nos cœurs; je dois être rassasié maintenant que votre gloire m'a apparu; visitez-nous dans votre assistance salutaire, et que ce corps et ce sang, qui viennent d'être rendus présents par votre puissance, soient pour nous, pour la rémission de nos péchés, pour notre paix et pour notre salut. Mais surtout demandons à Dieu qu'il change nos cœurs, qu'il les transforme en lui, qu'ils soient humiliés et contrits par sa grâce pour devenir purs et saints par l'effusion de son sang. Considérons Jésus-Christ comme attaché et élevé en croix ; voyons par la foi son sang couler sur l'autel et sur nos âmes ; que les flambeaux qui brillent au pied du sanctuaire soient le symbole de notre vive croyance ; que l'encens qui s'élève et se consume soit l'image de nos prières, de notre ferveur, de notre esprit d'immolation, de dévouement et de sacrifice ; que la cloche qui se fait entendre nous avertisse d'abaisser toutes les puissances de notre âme par l'adoration, en même temps que nous inclinons nos têtes pour marque de respect extérieur. La voix des enfants résonne d'abord seule dans le temple ; mêlons-y nos accents, et disons de tout notre cœur : O victime du salut, qui ouvrez la porte du ciel pour venir jusqu'à nous, qui l'entr'ouvrez pour nous laisser apercevoir les places que votre sacrifice nous y a acquises et que votre médiation nous y prépare, une guerre cruelle nous presse au dedans et au dehors : le monde, le démon, le péché, se liguent avec notre faiblesse ; donnez-nous la force contre tant d'ennemis qui voudraient rendre vos souffrances inutiles pour nous, apportez-nous le secours pour mériter le ciel et la grâce pour y parvenir, afin que si votre amour vous fait venir là où nous sommes, votre miséricorde nous fasse arriver là où vous êtes.

§ VI. — De la prière *Unde et memores*, qui est la première après la Consécration.

Dans les prières du canon qui précèdent la consécration, on demande sans cesse et sous mille formes

différentes que Dieu daigne bénir et agréer l'offrande
que nous allons lui faire du corps et du sang de son
Fils bien-aimé; le pain est envisagé par anticipation
comme l'hostie sans tache qui va paraître, le vin
comme la coupe du salut qui va être versée à cette
table divine et répandue sur l'autel du sacrifice. Dans
les prières du canon qui suivent l'accomplissement
de ces demandes et la présence obtenue de la victime immolée, l'Eglise conjure le Seigneur d'en appliquer les fruits et les mérites à ses enfants, et c'est
dans le bonheur de la jouissance et dans la réalité de
la possession qu'elle présente le corps et le sang de
son Dieu, et qu'elle sollicite, au nom de cette hostie
qui lui est donnée, d'être remplie de grâce et de
toute bénédiction céleste. Il semble qu'avant l'élévation nous montions au Calvaire à la suite de Jésus-
Christ chargé de sa croix, et qu'à la consécration
nous assistions à l'immolation du Sauveur attaché
sur l'autel de son sacrifice. A la messe, comme sur
la montagne sainte, ce Dieu est élevé entre le ciel et
la terre, pour être pontife et médiateur entre Dieu et
les hommes, pour attirer toutes choses à lui, et dans
ce moment heureux et mille fois béni nous répan-
dons nos cœurs en sa présence, comme nous l'eussions fait au pied de sa croix. Dans les sentiments de
la foi la plus vive, du repentir le plus amer et de l'a-
doration la plus profonde, nous recevons le sang
précieux qui en découle, nous écoutons les paroles de
pardon, les promesses de bonheur éternel qu'il fait
entendre à notre cœur, et nous le conjurons d'accepter nos hommages et notre reconnaissance, d'écouter
le cri d'un cœur contrit que nous joignons au cri
puissant qu'il pousse vers le ciel, d'entendre les sup-

plications de nos infinies misères, surtout d'attirer
nos cœurs à lui, de les changer pour qu'ils s'offrent
aussi en holocauste, et de les transformer en sa grâce,
en sa vie et en son amour. Mais nous avons besoin
de détailler ces fruits abondants que nous voulons
recueillir, de demeurer comme Marie sa mère, comme
Madeleine repentante, comme le disciple bien-aimé,
au pied de la croix, pour puiser de plus en plus à
cette source sacrée le sang d'une alliance ferme et
irrévocable, et l'eau vive qui rejaillit jusqu'à la vie
éternelle. Or, voilà ce que fait l'Eglise dans les cinq
prières qui suivent la consécration. Demeurons donc
pleins de foi, de dévotion et de ferveur, au pied de
cet arbre de vie, pour en cueillir tous les fruits; demeurons au pied de cet autel, unissant le sacrifice de
nous-mêmes à la grande immolation de notre Dieu,
et ne perdons pas une goutte du sang adorable qui
coule pour nous sauver.

Faites ceci en mémoire de moi, avait dit Jésus-
Christ à ses apôtres et à leurs successeurs dans le ministère; toutes les fois que vous changerez, comme
je viens de le faire, le pain et le vin en mon corps et
en mon sang, vous le ferez en souvenir de moi, vous
publierez le mémorial de tous mes mystères que renferme la divine Eucharistie. Le prêtre, pour se rassurer sur la grande merveille qui vient de s'opérer
dans ses mains, et que Jésus-Christ a produite par sa
bouche qui a servi d'organe à la puissance d'un Dieu,
récite après la consécration la formule authentique de
ses pouvoirs : *Toutes les fois que vous ferez ces choses,
vous les ferez en mémoire de moi*; et, continuant sa
prière, qu'il adresse à Dieu le Père, comme avant la
consécration, il lui représente que c'est dans ce sou-

venir qu'il offre à sa divine majesté cette victime digne de lui plaire.

C'est pour cela, Seigneur, c'est pour obéir à l'ordre de votre Fils, qui nous a commandé de nous souvenir de lui en faisant ces choses admirables, *que nous qui sommes vos serviteurs,* vos prêtres dévoués au service de vos autels, *et avec nous votre peuple saint* dont nous sommes les députés, et qui offre par nos mains, comme votre Fils lui-même offre par notre ministère. Nous l'appelons votre peuple saint, parce que c'est le nom que vous lui donnez et dont il doit remplir l'étendue et la responsabilité ; pour nous, nous ne prenons que le titre de vos serviteurs, quoique vous nous ayez appelés vos amis et les confidents de vos mystères, n'osant, en présence d'un Dieu qui prend la forme des esclaves, nous regarder autrement que comme des serviteurs, et encore des serviteurs inutiles, puisque nous n'avons fait que ce que nous devions, que ce que vous nous aviez commandé de faire ; mais tous ensemble, prêtres et fidèles, nous célébrons maintenant le grand pouvoir d'un Dieu Sauveur, « et, » en mémoire de la très-heureuse passion du même » Jésus-Christ Notre-Seigneur; et de sa résurrection » en sortant du tombeau, comme aussi de son ascen- » sion glorieuse au ciel, » nous vous offrons...

On se rappelle que, bien que tous les mystères de Jésus-Christ aboutissent à son sacrifice, le consomment et en perfectionnent la consommation, cependant ce sacrifice trouve sa perfection pleine et suffisante dans les trois principaux mystères de la mort, de la victoire et du triomphe de notre Dieu ; et que, bien que le sacrifice de la messe renouvelle et rappelle efficacement tous les mystères, et que dans le propre du *Communicantes* on en fasse successivement la mémoire détaillée, l'Eglise se contente de citer en général le souvenir de la passion, de la résurrection et de l'ascension; c'est ce que nous avons déjà vu dans la formule d'oblation générale : *Suscipe, sancta Trinitas,* et c'est ce que nous voyons encore dans l'oblation plus précise qui suit immédiatement la présence de Jésus-Christ sur l'autel.

Nous offrons donc ici en mémoire et en souvenir principal *de la passion,* puisque Jésus-Christ est rendu présent, offrant ses humiliations, ses souffrances et sa mort, comme il s'est offert en mourant sur la croix; que sa mort est renouvelée d'une manière mystique par la séparation du corps et du sang consacrés séparément, et qu'il est sur la table du sacrifice avec des signes de mort et des symboles d'effusion de sang : ce qui faisait dire à saint Cyprien que le sacrifice de la messe est la passion même du Sauveur ; et à saint Ambroise, que les fidèles sont nourris réellement du sacrement de la passion.

Nous offrons encore en souvenir *de la résurrection,* puisque Jésus-Christ étant ressuscité plein de gloire et immortel, est rendu présent tout entier sous chacune des espèces du pain et du vin, qu'il offre la même vie qu'il a reprise dans le tombeau, et que nous ne pouvons pas célébrer les saints mystères sans être avertis que nous possédons le corps glorieux de notre Dieu ressuscité. Nous offrons enfin en mémoire *de l'ascension,* puisque nous présentons au Seigneur la même victime qui est montée au ciel, qui est assise à la droite du Père, qui de là continue de s'offrir et de montrer les blessures qu'il a souffertes pour nous, toujours vivant pour intercéder en notre faveur. Par la

consécration nous possédons en conséquence, non-
seulement la victime du Calvaire, l'hostie glorieuse
et ressuscitée, mais encore la victime de l'autel sublime du ciel ; et il est impossible que, ce Dieu pa-
raissant au milieu de nous, le même qui apparaît
maintenant dans le ciel pour nous devant la face
du Seigneur, nous n'ayons pas le souvenir de son
ascension.

Nous nous souvenons *de la passion* qui a opéré
l'immolation de la victime, *de la résurrection* qui a
conservé pleine de vie la victime immolée, *de l'ascension* qui a consommé et qui achève le sacrifice, en
mettant la victime en état de s'offrir à perpétuité
devant Dieu. L'Eucharistie contient donc Jésus-
Christ mort pour nos péchés, Jésus-Christ vivant
pour notre justification, Jésus-Christ offrant dans
le ciel sa mort et sa vie pour notre sanctification :
voilà ce dont nous nous souvenons à l'autel, ce que
nous ne devons pas oublier, et ce que nous rappelle
vivement la simple présence de l'hostie qui nous est
donnée.

Nous appelons cette passion *très-heureuse*, parce
qu'elle est devenue pour les hommes la source du
vrai bonheur, en les délivrant du péché et en leur
méritant la vie éternelle. Nous disons la résurrection
des enfers, dont l'expression signifie littéralement
lieux bas et inférieurs, et que l'Écriture emploie indifféremment pour désigner le lieu des supplices
éternels, le tombeau et les limbes où étaient les âmes
des justes avant la venue du Rédempteur ; et ici nous
entendons par résurrection des enfers, la sortie victorieuse du tombeau où le corps de Jésus-Christ fut
déposé, et le retour des limbes dans lesquelles son

âme descendit après la mort. Nous nommons glorieuse son ascension au ciel, parce qu'elle a placé l'humanité sainte unie à la personne du Verbe dans le lieu de gloire qui convenait au Fils de Dieu fait homme, mort et ressuscité.

Il faut donc dire, en continuant de nous adresser à Dieu le Père : C'est, ô mon Dieu! dans la vue et le souvenir de ces grands mystères répétés sur cet autel, que nous, prêtres, et avec nous votre peuple saint, *nous offrons* maintenant réellement *à votre suprême Majesté,* pour reconnaître votre souverain domaine et notre entière dépendance, pour vous remercier de vos bienfaits, pour solliciter notre pardon et toutes vos grâces ; nous offrons ce que nous tenons *de vos dons et de vos bienfaits ;* ce pain et ce vin changés au corps et au sang de Jésus-Christ sont le bienfait immense de votre bonté ; nous n'avons rien qui ne vienne de vous, nous ne pouvons vous offrir que ce que vous nous avez donné, et c'est de ces dons et de ces bienfaits que nous vous offrons l'*hostie pure* formée dans le sein d'une Vierge sans tache par l'opération de l'Esprit-Saint, l'*hostie sainte* unie substantiellement à la divinité, l'*hostie sans tache,* puisque par cette union elle est incapable de connaître même l'ombre du péché, *le pain saint de la vie éternelle,* dont il est écrit : Le pain que je donnerai est ma chair pour la vie du monde ; celui qui mange de ce pain vivra éternellement ; *et le calice du salut perpétuel,* qui fortifie ici-bas dans les combats et dans les peines, qui étanche la soif de la justice, et qui nous enivrera dans le ciel d'un torrent de bonheur.

En prononçant tous ces titres donnés aux dons et

aux bienfaits de Dieu changés au corps et au sang
de Jésus-Christ, le prêtre exprime sur ces dons cinq
signes de croix, et agit en cela, immédiatement après
la consécration, comme il en a usé immédiatement
avant. N'oublions pas la remarque générale que
nous avons faite au commencement du canon, que
les signes de la croix sur les oblations avaient pour but
d'attirer la bénédiction du Seigneur sur l'offrande
par les mérites de la croix, dont on va renouveler le
sacrifice ; et que les signes de la croix sur le corps et le
sang de Jésus-Christ après la consécration ont pour
but d'exprimer que c'est vraiment le même corps
qui a été immolé sur le Calvaire, le même sang qui
y a été répandu, le même sacrifice qui y a été offert ;
et si la liturgie sacrée multiplie davantage et jusqu'à
cinq fois le signe du salut immédiatement avant et
après la consécration, c'est qu'il importe plus, dans
ces prières qui se pressent autour de l'action divine,
d'attirer la bénédiction et d'exprimer les mérites
du Dieu qui nous a rachetés. Ainsi, dans la prière
que nous expliquons, le premier signe de la croix
marque que cette *hostie pure* y a été attachée, le second que cette *hostie sainte* s'y est offerte, le troisième
que cette *hostie sans tache* y a été immolée, le quatrième que ce pain vivant, descendu du ciel, y a
laissé la vie, le cinquième que le sang y a été répandu pour le salut du monde ; autant de vives expressions et de signes authentiques qui rappellent à
l'esprit, dans tout le cours du canon, l'unité de la
victime de la croix et de l'autel, et qui supposent
que les fidèles seront pleins du souvenir et tout occupés du mystère d'un Dieu crucifié.

§ VII. — De la prière *Supra quæ*, qui est la seconde après la
                                    Consécration.

Sur lesquels dons, qui sont l'hostie pure, sainte, sans
tache, le pain de la vie et le calice du salut, *daignez*,
ô mon Dieu, *jeter un regard propice et favorable*. Sans
doute le don qui est actuellement sur votre autel
est l'objet de vos éternelles complaisances, puisqu'il
contient l'humanité sainte et la divinité de votre
bien-aimé Fils, et vous ne pouvez le regarder qu'a-
vec des yeux de complaisance et d'amour ; mais vous
avez égard à ceux qui offrent aussi bien qu'à leurs
présents (1), et ce don si excellent vous est présenté
par la main des hommes et des pécheurs qui pourraient vous déplaire : c'est pourquoi nous supplions
votre bonté de ne point séparer notre offrande du
don de la victime que nous offrons ; vous n'avez pour
elle que des yeux propices, n'ayez pour nous, en sa
considération, que des regards favorables. Votre
visage, *c'est votre présence*, disait Augustin ; vous le
faites luire sur nous, quand vous nous montrez que
vous êtes présent, et vous êtes présent pour nous
quand vous exercez à notre égard la miséricorde.
Montrez donc cette présence, marquez cette bonté
en regardant d'un œil serein le don que nous a fait
votre amour, et surtout les cœurs de ceux à qui
vous avez permis de vous l'offrir ; détournez votre
face de nos péchés, pour ne contempler que ce que
les pécheurs tiennent entre leurs mains ; daignez encore *les avoir pour agréables* ces dons d'un prix infini, et l'oblation que nous en faisons, « comme il

(1) Gen. IV.

» vous a plu d'avoir pour agréables les présents du
» juste Abel votre serviteur, le sacrifice d'Abra-
» ham notre patriarche, et le sacrifice saint et
» l'hostie sans tache que vous a offerts votre grand-
» prêtre Melchisédech. » Il n'y a sans doute aucune
comparaison à établir entre les offrandes des anciens
patriarches et le sacrifice où l'on offre Jésus-Christ
Notre-Seigneur, et ce serait mal entendre la liturgie
que de croire que l'on demande ici, pour le Dieu
victime, la même grâce et les mêmes regards propices
que pour le lait des troupeaux d'Abel, que pour Isaac,
que pour le pain et le vin de l'autel de Melchisédech.
L'Eglise veut dire au Seigneur que, s'il a agréé des
mains de nos pères dans la foi des offrandes qui
n'étaient que l'ombre des biens futurs que nous
possédons, il doit agréer bien mieux et plus sûrement
l'oblation des enfants des Saints, qui offrent la vérité
et la réalité, et que si ces anciens sacrifices, qui n'étaient
que des figures, l'ont trouvé propice à cause des
saintes et heureuses dispositions du sacrificateur, il
daigne nous faire part de leurs pieux sentiments, qui
nous rendront sa majesté d'autant plus favorable
qu'ils seront accompagnés de l'offrande d'une victime
capable de tout obtenir.

Le juste Abel, offrant les premiers-nés de son troupeau, exprime l'oblation du Sauveur qui s'offre comme
le premier-né par excellence. Le sang même d'Abel,
juste et innocent, répandu par son frère, ne représente
pas moins Jésus-Christ immolé par les Juifs ; aussi
est-il appelé par excellence le *serviteur de Dieu*,
comme Jésus-Christ a reçu ce même titre de son
Père.

Le sacrifice de notre patriarche Abraham, dans le-

20

quel il conduisit son fils unique, chargé du bois du sacrifice, sur la montagne même du Calvaire, le lia sur l'àutel, et leva le glaive par obéissance à l'ordre divin, èst bien la figure de Jésus-Christ Fils unique du Père, portant sa croix sur la même montagne, attaché sur cette croix, obéissant jusqu'à la mort, mourant pour reprendre une vie nouvelle, comme Isaac fut immolé sans perdre la vie : et notre saint patriarche, le père des croyants, a compris cette figure mystérieuse, puisque l'Evangile dit de lui qu'il a vu le jour du Rédempteur et qu'il s'en est réjoui.

Enfin le sacrifice *qu'a offert le grand-prêtre Melchisédech* est une figure encore plus vive de la victime de l'autel. Ce prêtre du Très-Haut, qui est sans généalogie, et à la fois roi de justice et de paix, est l'image du Fils de Dieu, dit l'Apôtre ; son sacerdoce représente celui de Jésus-Christ, comme David l'a chanté : « Vous êtes prêtre pour l'éternité, non selon l'ordre d'Aaron, mais selon l'ordre de Melchisédech. » Ce qu'il offre, du pain et du vin, est quelque chose de plus qu'une figure de la victime eucharistique, puisque c'est la matière même que le pontife éternel a choisie pour la changer en son corps et en son sang ; aussi ce pain et ce vin de l'autel de Melchisédech sont-ils appelés *un sacrifice saint, une hostie sans tache*, tant la ressemblance est frappante, tant la figure est vive, puisque la matière que le roi de Salem a offerte est la même que le Roi véritable de justice et de paix a consacrée, et que cette matière du pain et du vin a été continuée dans l'exercice du sacerdoce du souverain prêtre selon l'ordre de Melchisédech. Si donc Dieu a reçu favorablement les premiers-nés du troupeau d'Abel et le sang du premier pasteur, l'obéissance d'Abraham et d'Isaac son fils unique, les faibles éléments de nourriture dont un simple prêtre chargea les autels du Dieu des combats et de la victoire, parce que ces symboles exprimaient l'oblation pure qui devait faire éclater sa gloire du couchant à l'aurore ; avec quelle confiance, en offrant l'accomplissement de toutes les figures et la vérité des sacrifices anciens, devons-nous demander à Dieu, et espérer de sa bonté, qu'il ait moins égard à l'offrande des pécheurs qu'au don qu'ils lui offrent en la personne de Jésus-Christ, premier-né de toute créature, dont le sang parle mieux que celui d'Abel, qui est le Fils unique bien-aimé du Père, obéissant jusqu'à la mort de la croix, et qui vient de changer entre nos mains faibles et indignes le pain et le vin en son corps et en son sang, que nous offrons maintenant sur l'autel du Dieu des armées en célébrant sa victoire sur la croix, son triomphe sur la mort et son règne dans le ciel ! Nous demandons donc au Seigneur qu'il regarde favorablement notre oblation, comme il a regardé celle d'Abel, d'Abraham et de Melchisédech ; non-seulement parce qu'elles étaient des figures de l'immolation de Jésus-Christ, mais encore parce que les dispositions de ces saints patriarches, les grands sentiments de foi, d'obéissance, de gratitude et d'amour qui ont accompagné leurs sacrifices, sont un exemple et un modèle de la perfection que demande l'excellence de la victime que nous offrons. Abel offrit ce qu'il avait de meilleur, Abraham immola ce qu'il avait de plus cher ; Melchisédech, en sacrifiant des choses communes, montra qu'il fallait éloigner de l'autel toute ostentation, et n'y agir que pour la

seule gloire de Dieu ; tout cela fut accompagné d'un
esprit et d'un cœur capables d'attirer la miséricorde
divine. Nous demandons ici les mêmes sentiments,
quelque chose même de plus parfait encore, et nous
disons à la Majesté sainte : Agréez de nos mains
l'offrande de Jésus-Christ, comme vous avez agréé
l'oblation des justes de l'ancienne loi ; mettez dans
nos cœurs leur générosité, leur obéissance, leur foi,
leur perfection ; faites plus encore, ô mon Dieu, car
ils ne vous offraient que des ombres ; et leurs dispositions étaient si pures ! Nous offrons, nous, la vérité ; nous présentons à vos autels ce qu'il y a de plus
grand au ciel : faites que nos cœurs éprouvent ce
qu'il y a de plus digne de vous, et que par là vous
reportiez sur de faibles créatures les regards propices
et sereins que vous attachez avec complaisance sur le
don que vous nous avez fait.

§ VIII. — De la prière *Supplices*, qui est la troisième après la Consécration.

Jusqu'ici le prêtre a agi et parlé comme représentant de Jésus-Christ et comme ministre de l'Eglise ;
en cette qualité il se tenait debout, les mains étendues, priant et offrant comme Jésus-Christ en croix,
poussant vers le ciel le cri de grâce, qui, proféré sur
la croix par une bouche divine, a son écho sur les
autels du christianisme sans s'affaiblir et sans perdre
de son efficacité. Maintenant, il soutient le personnage de l'homme et du pécheur, il va offrir des supplications mêlées aux larmes qui ont coulé sur le
Calvaire, et, pour prendre l'attitude convenable à sa
misère et à ses demandes, s'incline profondément
et joint les mains sur l'autel.

Nous vous demandons et vous supplions très-humblement. L'Eglise, comme la suite des paroles l'indi-
quera, fait spécialement cette prière au nom de tous
ceux qui doivent communier ; mais comme tous les
fidèles peuvent et doivent communier au sacrifice, au
moins spirituellement, cette humble supplication
convient, et à ceux qui doivent s'asseoir à la table du
Seigneur pour manger le pain des enfants, et à ceux
qui mériteront par leurs fervents désirs de ramasser
les miettes qui tombent de cette table divine. *Dieu
tout-puissant*, dont nous invoquons le pouvoir suprême, parce que nous avons quelque chose de grand
et de sublime à vous demander, *commandez ;* notre
ardeur est si vive, notre empressement est si fort
pour ce que nous voulons obtenir ici, que nous sollicitons vos ordres souverains, qui ne peuvent manquer
d'être accomplis ; commandez *que ces choses soient
portées*, ces choses, *hæc,* ce qui est maintenant sur
l'autel, le corps et le sang de votre Fils, la victime
adorable dont nous sommes en possession ; *ces choses,*
c'est-à-dire encore ce que nous y avons joint dans
l'offrande de la matière, ce que nous ne voulons pas
en séparer, nos esprits humiliés et anéantis, nos cœurs
contrits et pressés de votre amour et du désir de vous
plaire ; *ces choses,* c'est-à-dire enfin ce que nous y
joignons continuellement dans l'action sainte qui nous
occupe, nos adorations, notre reconnaissance, nos
vœux et nos prières ; commandez que tout cela, *hæc,*
soit porté, soit présenté *par les mains de votre saint
Ange :* car nos mains sont impuissantes et indignes pour
offrir à votre majesté redoutable. Quel est donc cet
ange saint dont parle ici la liturgie ? Bien que l'on
puisse à la rigueur entendre ces paroles des anges,

qui environnent de leurs respects et de leur amour la victime de notre salut, et dont le ministère, selon que le disait l'ange Raphaël à Tobie, est de porter nos prières, nos pénitences, nos bonnes œuvres et nos larmes en présence de Dieu : cependant, comme il s'agit principalement de présenter à l'autel sublime *ces choses*, qui sont le corps et le sang du Sauveur, on entend ici l'Ange par excellence, l'Ange du grand conseil et du testament, Jésus-Christ lui-même ; c'est ce qu'expriment très-clairement les *Constitutions apostoliques*. L'Eglise souhaite donc avec ardeur que Jésus Christ lui-même présente, par son propre ministère de pontife saint et de médiateur éternel, son corps et son sang à Dieu son Père, et qu'il offre en même temps nos esprits et nos cœurs, nos hommages et nos vœux, unis à son oblation, afin qu'elle ne puisse manquer d'être agréable, et de la part du don et de la part de celui qui le présente. Par respect pour Jésus-Christ Fils de Dieu, la liturgie n'ose pas dire : Commandez à votre Fils ; elle dit simplement : *Commandez que* ce corps et ce sang précieux *soient portés par les mains ;* et par révérence nouvelle pour le Sauveur, elle ne le nomme pas distinctement et ne fait que le désigner sous le titre *de votre saint Ange,* c'est-à-dire de votre *envoyé* par excellence et de votre saint envoyé ; et comme Jésus-Christ s'appelle dans toutes les Écritures le *Messie,* ou *l'envoyé, celui qui doit être envoyé,* et qu'il s'agit ici d'une fonction d'ambassadeur auprès du trône de Dieu, le titre de saint Ange est aussi juste que respectueux. Et quel est le but et le terme de cette ambassade divine ? c'est de porter les dons offerts et immolés *jusqu'au sublime autel, en présence de votre divine majesté.* Cet autel sublime, c'est le ciel que

nous considérons comme le trône de la majesté sainte;
la terre n'est que le marchepied de ce trône, et nous
demandons que Jésus-Christ lui-même, s'élevant de
l'autel d'ici-bas sur lequel il vient de descendre,
franchisse les degrés et se présente jusqu'au plus
haut des cieux, afin qu'il se montre pour nous maintenant devant la face de son Père, portant dans ses
mains, non un sang étranger, mais son propre corps
immolé en holocauste et son propre sang répandu
en sacrifice. « Afin que nous tous, qui, en participant
» à cet autel, aurons reçu le saint et sacré corps et le
» sang de votre Fils, » ou par l'abondance de la communion sacramentelle comme au cénacle, ou même
par les désirs ardents d'une communion spirituelle
comme au Calvaire, *nous soyons remplis de toute bénédiction céleste et de la grâce.* Voilà le fruit que nous
devons retirer de la messe, et surtout de la communion : nous nous prosternons devant l'autel de la terre,
et l'Eglise désire que nous recueillions les grâces et
les bénédictions de l'autel du ciel, où notre victime
est montée. Nous nous asseyons à la table de Dieu
sur la terre, et l'Eglise veut que nous soyons rassasiés
de la table du ciel ; pour cela, elle transporte sa victime, par les mains de son Dieu, devant le Seigneur,
dont la présence est la source de toutes les grâces ;
ce corps divin et ce sang précieux, présentés par Jésus-
Christ à la Majesté sainte comme un doux parfum,
obtiennent efficacement toute sorte de bénédictions,
et nous qui y participons sur la terre, à l'autel visible, en les recevant avec foi et amour, ou seulement
avec un désir sincère, nous sommes rendus participants de tous les biens de l'autel invisible, à proportion de notre ferveur et de la sainteté de nos disposi-

tions. Nous demandons d'obtenir dans ce merveilleux
commerce, et dans cette heureuse communication,
d'abord les bénédictions célestes, qui sont les dons
pour remplir nos devoirs et notre ministère, et toutes
les marques de la protection suprême ; puis, en particulier, la grâce, qui est le premier et le plus grand
de tous les biens, le seul bien essentiel et véritable.

En terminant ces paroles, *afin que nous tous.....*, le
prêtre baise l'autel, qui contient alors l'auteur de la
grâce et de la bénédiction, il fait le signe de la croix
sur l'hostie et sur le calice, et ensuite sur lui-même,
pour bien faire entendre que ces biens, que nous cherchons à obtenir par la participation au corps et au
sang de Jésus-Christ, nous viennent de la croix sur
laquelle il nous les a mérités, et de la croix par laquelle il nous les applique. Tous ces rits en même
temps expriment d'une manière vive et frappante la
profondeur et le secret de cette prière, qui a besoin
d'être expliquée, et dans laquelle il y a, disent les
anciens auteurs, quelque chose d'incompréhensible,
d'ineffable et de merveilleux ; mais une fois cette explication donnée et saisie, quel riche fonds de pensées
salutaires et de sentiments religieux ! C'est la réalité
du songe de Jacob, c'est l'échelle mystérieuse du sacrifice, appuyée par une de ses extrémités sur l'autel
de la terre, et par l'autre, appliquée contre l'autel
du ciel. Au premier échelon, c'est Jésus-Christ s'offrant lui-même sous les symboles eucharistiques ; au
dernier échelon, c'est encore Jésus-Christ s'offrant
dans le séjour de la gloire, et montrant les cicatrices
de ses plaies. Ce ne sont plus simplement des anges
qui montent et qui descendent sur cette échelle, c'est
le Dieu prêtre et victime, c'est l'Ange, l'envoyé et le

médiateur de l'alliance et de la communication réta-
blie entre Dieu et les hommes, qui descend jusqu'à
nous par son sacrement, qui remonte jusqu'à Dieu
par son sacrifice, qui descend chargé de bénédictions
et de grâces d'en haut, et qui remonte chargé des
vœux et des prières d'ici-bas ; qui descend pour se
communiquer à nos âmes, qui remonte emportant
avec lui nos cœurs. Et dans ce profond mais consolant mystère, qui confond l'esprit et qui dilate le
cœur, que l'esprit ne saurait comprendre mais que
le cœur sait goûter et sentir, nous demandons en deux
mots que Jésus-Christ porte jusque dans le ciel son
corps et son sang, et que, participant à cette victime
offerte sur la terre et présentée à la source des dons
célestes, nous soyons comblés à la table d'ici-bas de
l'abondance des biens éternels : car ne perdons pas de
vue que nous mangeons à l'autel la chair de Jésus-
Christ immolée sur le Calvaire et présentée dans le
ciel ; que nous buvons ici-bas le sang de Jésus-Christ
versé sur la croix et porté dans le véritable Saint des
saints ; que par conséquent nous participons au corps
et au sang d'un Dieu, qui a mérité toute grâce comme
victime et qui obtient toute bénédiction comme pontife et comme médiateur. Enfin nous sollicitons cette
faveur par le seul puissant médiateur, qui est à la
fois Dieu et victime, nourriture et convive, avocat
et auteur de toutes les grâces : *Par le même Jésus-
Christ, Notre-Seigneur. Ainsi soit-il.*

§ IX. — Du *Memento* des morts, qui est la quatrième prière
après la Consécration.

On se rappelle les trois catalogues, ou dyptiques.

dont la haute antiquité récitait la momenclature dans
le cours des saints mystères, le catalogue des saints
du ciel, celui des fidèles et des bienfaiteurs vivants,
et celui des fidèles et des bienfaiteurs décédés. Selon
l'antique usage des Eglises de France, ils étaient lus
tous trois vers l'offertoire, et nous conservons encore
quelque vestige de ce rit, en faisant mémoire des
saints dans le prélude du prône, et en nommant les
vivants et les défunts dans les prières qui s'y font.
Selon la vénérable coutume de l'Eglise romaine, le
catalogue des saints et des membres de l'Eglise de la
terre se publiait au commencement du canon,
comme nous l'observons aujourd'hui dans les trois
premières prières : *Te igitur*, *Memento* et *Communicantes* ; et le troisième se récitait après la consécration, à l'endroit où nous prions encore pour les fidèles trépassés. Avant la consécration, l'on demande le
secours divin pour les personnes vivantes, parce
qu'elles peuvent s'unir au prêtre, pour offrir avec lui
et par lui la victime sainte et se préparer à la communion; mais à l'égard des morts, on n'implore le
secours de Dieu qu'après la consécration, parce que
ne pouvant plus offrir et communier, il ne leur reste
que de participer aux fruits du sacrifice, et cette
participation, nous la demandons pour eux lorsque
Jésus-Christ est présent sur l'autel. On peut dire encore que l'Eglise a différé ce souvenir après l'immolation, parce que ce n'est qu'à la mort du Sauveur
que les sépulcres s'ouvrirent, et que ce n'est qu'a-
près sa mort que son âme sainte descendit annoncer
aux justes leur délivrance de la prison des limbes.
Quoi qu'il en soit du moment du sacrifice où l'Eglise
a placé ce second *Memento*, il est bien juste que les

fidèles de la terre, qui se sont unis dans le sacrifice aux saints du ciel, s'unissent encore aux âmes du purgatoire, pour que la société tout entière des enfants de Jésus-Christ, qui triomphent, qui combattent et qui souffrent, se presse autour de l'autel, et que tous, en leur manière et selon leurs besoins, viennent recueillir le sang de l'Agneau qui a racheté toute la cité de Dieu.

Cet usage de prier pour les morts toutes les fois qu'on offre le sacrifice des chrétiens remonte aux apôtres, nous disent les Pères. La mère d'Augustin demanda qu'on se souvînt d'elle à l'autel; Augustin lui-même nous rapporte qu'avant de déposer dans la tombe le corps de sa mère, on offrit à Dieu le sacrifice de notre rançon à cet autel sacré où la pieuse Monique n'avait jamais manqué d'assister chaque jour, et d'où elle savait que l'on dispensait la victime sainte qui a déchiré l'arrêt de notre condamnation. Nous lisons de même qu'à la mort de l'évêque d'Hippone on offrit le sacrifice de la messe pour célébrer ses funérailles ; et cette coutume, déjà établie au commencement du cinquième siècle remonte au berceau de l'Eglise, sans qu'on en trouve l'origine que dans l'origine même du christianisme.

Ici le prêtre suit les mêmes rubriques que pour la recommandation des vivants; il élève et rejoint les mains en signe de ferveur dans la prière ; il recommande pendant quelques instants, par le souvenir du cœur, et les bienfaiteurs décédés, et les défunts qui lui ont été très-chers, et ceux pour lesquels il s'est engagé de prier. Les assistants doivent également s'unir alors aux intentions du prêtre, et y joindre la recommandation des personnes pour qui la charité réclame leurs souvenirs à l'autel.

Souvenez-vous aussi, *Seigneur* : souvenez-vous, cette parole a déjà retenti dans le canon de la messe avec l'accent de foi et de confiance du larron pénitent ; l'Eglise la répète ici avec plus de confiance encore, parce que les enfants pour lesquels elle prie ne peuvent mettre obstacle aux grâces divines, et parce que son Dieu est arrivé maintenant sur l'autel pour régner par sa miséricorde. Elle veut donc exprimer par ce cri de souvenir cette ancienne prière du Prophète : Seigneur tout-puissant, Dieu d'Israël, écoutez en ce moment la supplication pour les morts ; ne vous souvenez plus des iniquités de nos pères, des fautes de mes parents, de mes bienfaiteurs et de mes amis ; mais souvenez-vous de leur fin, considérez leur sortie de ce monde, souvenez-vous surtout de votre main si bonne et si puissante, et de votre nom, qui signifie salut du peuple, dont vous avez rempli la signification dans sa plénitude et dans toute son étendue.

Souvenez-vous aussi ; comment pourriez-vous oublier cette portion de votre héritage qui souffre loin de vous, qui languit de l'ardeur la plus vive, et qui est dans le trouble et dans l'agitation jusqu'à ce qu'elle se repose en vous ? Et si nous vous demandions tout à l'heure que la main de votre Ange saint portât devant votre trône son sang et nos cœurs, nous vous prions *aussi* que cet Ange de paix et de toute consolation répande l'inépuisable calice du salut sur les âmes de nos frères décédés, pour les rafraîchir et leur donner le gage de leur prochaine délivrance.

Souvenez-vous, *Seigneur*, créateur de tous, qui avez sanctifié nos pères et qui en avez fait des élus, souvenez-vous *de vos serviteurs et de vos servantes*. Ici, selon l'antique usage, on récitait les noms écrits dans la troisième dyptique ; l'Eglise ne fait mémoire à son sacrifice que des personnes mortes qui méritent d'être appelées les serviteurs et les servantes de Dieu : et remarquons bien à quelles âmes elle veut appliquer le sang de la victime salutaire ; c'est en général, dit saint Augustin, à celles qui ont vécu de manière à ce que les mérites du Sauveur leur soient utiles après la mort.

Car il est des chrétiens qui, sortant de ce monde, vont jouir de la gloire de Dieu ; ce n'est pas pour eux que nous prions, ils sont au terme et au comble de leurs désirs ; nous ne prions pas non plus pour ceux qui n'ont pas reçu la grâce des sacrements, ou qui l'ont reçue en vain, amassant sur leurs têtes un trésor de colère et non de miséricorde. Mais entre ces deux classes de chrétiens, il est un état mitoyen composé de ceux qui, morts dans la foi, dans la grâce, dans la communion des saints, ne jouissent pas encore de la gloire céleste et ont besoin des prières de l'Eglise, ou parce qu'ils n'ont pas satisfait à toutes les peines temporelles dues aux péchés mortels dont la peine éternelle leur a été remise dans le sacrement de pénitence, ou parce qu'ils sont encore coupables de fautes légères qui doivent être expiées ; ce sont ces fidèles que nous appelons les âmes du purgatoire, ou détenues dans le lieu de l'expiation passagère, et pour lesquelles nous prions en cet endroit de la messe.

Cette doctrine du purgatoire, dont les *indulgences*

abrégent les peines, soit qu'on les gagne pendant la vie, soit que les fidèles vivants les appliquent aux défunts par manière de suffrages, est fondée sur les plus clairs principes de la foi. N'est-il pas vrai, en effet, qu'il n'y a qu'une faute mortelle qui puisse nous exclure du ciel ; qu'il n'en faut qu'une, à la vérité, mais qu'elle doit être grave, pour nous rendre dignes des supplices éternels ? N'est-il pas encore vrai que rien de souillé, même en matière légère, n'entrera dans le royaume des cieux ? Où placer donc les âmes assez pures de tout péché mortel pour ne pas être privées de Dieu, et pas assez purifiées de fragilités légères pour jouir de sa présence, si l'on n'admet point un lieu d'expiation intermédiaire où l'on achève de se purifier et de payer ses dettes à la justice divine ? Cette doctrine était connue dans l'ancienne alliance, où nous lisons que, dans l'armée de Judas Machabée, plusieurs Juifs qui détestaient les idoles, tentés d'avarice, enlevèrent des temples païens des objets consacrés aux faux dieux et les cachèrent sous leurs habits. Tous ces soldats périrent dans le combat, et leur faute, qu'on regarda comme la cause de leur mort, fut découverte lorsqu'on voulut les ensevelir. Judas était bien persuadé que des personnes qui avaient perdu la vie pour la défense de la vraie religion avaient mérité beaucoup aux yeux de Dieu ; il considérait qu'une grande miséricorde était réservée à ceux qui étaient morts dans la piété ; il avait aussi lieu de croire que l'ignorance avait rendu cette transgression légère, ou que, s'en étant repentis avant d'expirer, ils n'étaient pas tombés dans les supplices éternels. Cependant Judas et toute l'armée reconnurent qu'ils avaient besoin de prières et d'hosties de

propitiation pour l'entière expiation de leurs fautes.
C'est pourquoi, ayant recueilli le produit d'une quête,
il l'envoya à Jérusalem, afin qu'on offrît des sacrifices
pour les péchés de ces personnes qui étaient mortes
en combattant.

C'est ainsi que l'Eglise en use à l'égard de ses
enfants qui périssent dans le combat de cette vie
mortelle ; et quoiqu'elle laisse à l'enfer son terrible
secret, et au ciel le mystère de ceux que Dieu cache
dans le secret de son bonheur, elle ne prie néanmoins
et ne peut vouloir prier que pour ceux qu'elle suppose ne pas jouir encore de la présence divine et
n'être pas rejetés éternellement. C'est donc une salutaire pensée de prier pour les morts, pour qu'ils
soient délivrés ou de leurs fautes légères, ou des
peines dues à leurs péchés ; et ce sont ces morts que
nous entendons recommander ici comme les serviteurs et les servantes du Seigneur ; bien plus, sans
oser mettre des bornes à une miséricorde qui est
infinie, et sans vouloir entrer dans la connaissance
que Dieu s'est réservée sur le sort des défunts, pour
exciter les vivants à opérer leur salut avec crainte et
frayeur, l'Eglise cependant, non-seulement n'offre le
sacrifice que pour les fidèles du purgatoire, mais encore ne prie que pour *les serviteurs et les servantes*
de Dieu *qui nous ont précédés avec le signe de la foi,*
c'est-à-dire avec la marque et le sacrement de la foi
reçue dans le baptême, qui ont pratiqué pendant la
vie les actes de religion, ou du moins qui ont donné
aux derniers moments des témoignages d'une foi
chrétienne, *et qui dorment du sommeil de la paix,*
dont la fin n'est pas une mort, mais un sommeil
dont ils sortiront un jour pour se réveiller à la clarté

brillante du jour de l'éternité ; et encore un sommeil de paix, qui les a saisis dans l'unité et la société avec Jésus-Christ et avec son Eglise, sans en avoir été séparés par l'hérésie, par le schisme ou par le péché mortel non pardonné.

Ici le prêtre prend l'attitude du recueillement ; et au lieu de lire le catalogue des morts, il se souvient de ceux des fidèles trépassés pour qui il doit et désire prier. Les assistants doivent s'unir à ses intentions, et faire leurs recommandations particulières ; puis, après un souvenir de quelques instants, on continue :

Nous vous supplions, Seigneur, qu'il vous plaise d'accorder à ceux-là, à ceux de vos serviteurs et de vos servantes qui nous ont précédés avec le signe de la foi, qui dorment du sommeil de la paix, et que nous venons de rappeler à notre souvenir, et surtout à votre mémoire et à votre bonté, *de leur accorder et à tous ceux qui reposent en Jésus-Christ.* L'Eglise, comme une mère pleine de tendresse, fait ici une recommandation générale, en sorte que personne de ceux qui reposent dans la paix de Jésus-Christ et de son Eglise n'est oublié ni délaissé, qu'elle supplée aux devoirs religieux que certains chrétiens ne rendent jamais, ou rarement, ou bien mal, aux âmes de leurs parents, de leurs alliés, de leurs bienfaiteurs et de leurs amis. Et voici ce que la sollicitude de notre mère commune fait demander au Seigneur pour ses enfants qui souffrent dans le purgatoire, « le lieu du rafraîchissement, « de la lumière et de la paix, par le même Jésus-Christ « Notre-Seigneur. Ainsi soit-il. » Le lieu du *rafraîchissement ;* ces âmes sont donc dévorées de la faim et de la soif de la justice éternelle ! Séparées du corps qui appesantit l'esprit, séparées des objets terrestres qui égarent les sens, comprenant que Dieu est leur unique fin et leur seul bonheur, elles languissent éloignées de ce Dieu, elles soupirent de toute la force de leur être ; et leur être, capable maintenant d'apprécier la félicité du ciel, éprouve le désir irritant d'en jouir et le tourment horrible d'en être privé. C'est pourquoi nous demandons le rafraîchissement des justes, et que le Seigneur les rassasie de sa gloire et apaise l'ardeur qui les dévore par l'abondance des biens de sa maison. Le lieu *de la lumière ;* ces âmes, encore exclues pour quelque temps de la salle du banquet céleste, sont donc dans les ténèbres extérieures, livrées, pour parler dans un style figuré, aux pleurs et aux grincements de dents ; sans doute elles conservent l'espérance, autrement ce serait l'enfer ; mais que ces ténèbres sont mortelles pour une âme qui connaît la beauté du jour céleste ! comme elles la saisissent de frayeur et d'affliction ! Nous demandons en conséquence que la lumière éternelle brille enfin à leurs regards ; que Jésus-Christ, qui a ouvert le ciel pour venir sur nos autels, et qui de nos autels remonte vers le trône de Dieu, laisse pénétrer dans cette affreuse prison un rayon d'espérance. Le lieu *de la paix ;* si l'âme, ici-bas distraite et emportée par le tourbillon du monde et des affaires, ne trouve pas, dit saint Augustin, de repos, jusqu'à ce que, fixée dans la grâce et l'amour de son Dieu, elle goûte la seule paix que le monde ne saurait donner ; l'âme dans le purgatoire, abandonnée du monde, et s'élançant en vain vers le Seigneur comme vers son principe et sa vie, doit donc être dans un trouble indéfinissable et dans une horrible agitation ; et l'Eglise demande pour

elle qu'elle repose en paix, que les désirs insatiables
de son cœur soient remplis du bien qu'elle apprécie,
et qu'elle goûte enfin la multitude de la paix. Et ce
repos éternel qui rafraîchit, qui éclaire et qui console, est demandé par la puissance médiatrice de celui
qui est la source de la vie, la lumière véritable et le
Dieu de la paix ; *Par le même Jésus-Christ Notre-
Seigneur. Ainsi soit-il.*

Concluons donc avec l'Esprit-Saint que c'est une
sainte et salutaire pensée de prier pour les morts,
de leur appliquer le sang du Rédempteur et de mêler
leur souvenir au sacrifice de l'autel. Sainte pensée,
consacrée par la tradition des siècles chrétiens, qui
confond les suffrages du ciel avec ceux de la terre
pour aider nos frères souffrants, qui réunit l'Eglise
entière autour de la victime du monde entier. Sainte
pensée, qui nous rappelle l'horreur du péché mortel,
le soin d'éviter les plus petites fautes, le besoin de
faire pénitence, l'empressement à en saisir tous les
moyens. Pensée salutaire, qui aide les membres
souffrants de Jésus-Christ, qui donne le pain de la
vie éternelle à ceux qui ont faim, le calice du salut
à ceux qui ont soif, qui revêt de la lumière ceux qui
sont nus, qui délivre de la prison des larmes, qui
donne l'hospitalité du ciel ; pensée salutaire, qui nous
procure, à cause de ces grandes œuvres de miséricorde, la bénédiction de Dieu au jour de la mort, et
qui nous assure la connaissance de ces âmes incapables de nous oublier, quand notre souvenir sur la
terre leur aura procuré l'entrée du royaume de
Jésus-Christ.

§ X. — De la prière, *Nobis quoque peccatoribus*, qui est la cinquième après la Consécration.

C'est donc avec quelque confiance en l'effet salutaire de cette pensée que l'Eglise, après avoir demandé pour les âmes du purgatoire le bienheureux séjour de la lumière éternelle, élève un peu sa voix pour demander la même grâce en faveur des fidèles qui combattent sur la terre. Et de même que nous nous sommes unis avant la consécration aux saints du ciel pour demander par leurs prières et leurs mérites que la victime nous soit donnée ; de même, après le souvenir des larmes de nos frères souffrants, nous nous joignons encore une fois aux élus de Dieu pour obtenir plus facilement que la victime nous soit profitable, et que tous ensemble nous jouissions du ciel, qui est notre commune patrie.

Le prêtre élève un peu la voix en commençant, pour avertir l'assemblée de se joindre plus fortement à une prière qui la concerne spécialement ; il rentre bien vite dans le mystérieux silence du canon qui n'est pas terminé, et il se frappe la poitrine, indiquant par ce signe, comme le publicain, qu'il avoue nos misères et notre indignité. Cette prière est donc plus particulièrement faite pour les assistants, et ils doivent renouveler toute leur ferveur pour obtenir leur part personnelle aux fruits du sacrifice.

Et à nous pécheurs indignes de toute grâce, mais cependant *vos serviteurs*, qui, tout mauvais et méchants qu'il sont, veulent avec cette même grâce devenir plus fidèles et ne plus vous offenser ; *qui espérons dans la multitude de vos miséricordes*, qui n'adressons

point notre prière dans la confiance en notre propre
justice, mais dans la vue de la multitude de vos
bontés ; qui disons avec votre prophète : Vous serez
propice, Seigneur, à nos péchés, précisément parce
qu'ils sont nombreux, parce que vous manifesterez
davantage votre puissance et votre amour en pardon-
nant beaucoup, parce que vous aimerez à avoir pitié
de nous selon votre grande miséricorde, et à effacer
des péchés innombrables selon la multitude de vos
bontés, parce que nous retirons ainsi du sacrifice de
l'autel le même fruit que l'on a retiré de ce même
sacrifice sur la croix, lorsque des pécheurs quittaient
ce grand spectacle en se frappant la poitrine. *Daignez
aussi*, comme à tous vos enfants, et comme aux âmes
du purgatoire, *nous donner quelque part et société*,
cette part dont vous menaciez votre apôtre à la cène
de le priver, s'il n'entrait pas dans les sentiments de
votre humilité profonde ; cette part, non le pain des
enfants dont nous sommes indignes, mais les miettes
de votre table qu'on ne refuse pas aux chiens ; cette
part que nous vous demandons avec la foi, l'humilité
et la persévérance de la Chananéenne; cette part à
l'autel de la terre, qui sera le gage d'une part plus
abondante à l'autel sublime du ciel : voilà ce que
nous entendons, en disant de nous donner seulement
quelque part, partem aliquam, et société *avec vos
saints Apôtres et Martyrs;* non une société d'égalité,
mais une société de demeure ; non le même rang
qui est si fort au-dessus de nos mérites, mais la participation du même bonheur dans le degré fixé par
votre justice ; mais enfin part et société avec ceux
qui se sont unis si parfaitement à votre immolation
par l'effusion de leur sang, comme nous devons nous

y unir par la destruction de l'homme moral et du péché dans notre cœur. Car, pour être assis à votre
royaume, même à la dernière place, il faut boire le
calice que vous avec bu, porter la croix à votre suite,
être associé à vos souffrances pour être associé à
votre gloire; il faut une vie de sacrifice pour le
moins, si l'on ne fait pas le sacrifice de sa vie. Ces
saints apôtres et martyrs, nous en citons encore quel-
ques-uns pris des anciennes dyptiques de l'Eglise
romaine, qui récitait une partie de son premier catalogue après la consécration. Nous voulons donc obtenir quelque part et société avec *Jean-Baptiste*, de
l'ordre des prophètes ; *Etienne*, de l'ordre des premiers diacres ; *Mathias*, de l'ordre des apôtres ;
Barnabé, de l'ordre des disciples ; *Ignace*, de l'ordre
des évêques ; *Alexandre*, de l'ordre des papes ; *Mar-
cellin*, de l'ordre des prêtres ; *Pierre*, de l'ordre des
clercs inférieurs ; *Perpétue et Félicité*, de l'ordre des
personnes mariées ; *Agathe*, *Luce*, *Agnès*, *Cecile*,
Anastasie, de l'ordre des vierges : tous martyrs méritant cette distinction d'être publiés et préconisés à
la messe, à cause de l'effusion de leur sang uni au
sang de l'Agneau versé sur le Calvaire et sur l'autel;
et avec tous vos saints qui se sont sacrifiés chacun en
sa manière. L'Eglise cite tous ces noms dans les différents états, et dans tous les états de la société chrétienne, pour relever la confiance des pécheurs qui
espèrent quelque part et société avec les saints ; elle
semble nous encourager et nous dire : Dieu a eu ses
saints et ses élus partout, dans tous les états, dans
toutes les positions, dans toutes les épreuves ; il a
déjà admis dans sa société des enfants de toute
nation, de toute langue et de toute tribu. Ceux qu'il

a admis étaient des hommes faibles comme nous, pécheurs comme nous, éprouvés comme nous, occupés comme nous ; ils ont eu part au céleste héritage. Ne pourrons-nous pas puiser dans ce sacrifice et dans cette nourriture divine la force et la persévérance qu'ils y ont trouvées ? Nous citons des apôtres et des martyrs : le sang de Jésus-Christ ne pourrait-il au moins engendrer des chrétiens qui sachent se renoncer eux-mêmes ? S'ils se sont sanctifiés en donnant à Dieu une grande preuve d'amour, ne pourrons-nous devenir des saints quand il exige si peu ! C'est une nuée de témoins qui doivent enflammer notre courage et rafraîchir notre ardeur, mais qui déposeraient contre nous si nous étions assez lâches pour ne pas marcher par la patience au terme qu'ils ont obtenu au prix de leur sang. Donnez-nous donc quelque part et société, ô mon Dieu, avec tous vos saints, *dans la compagnie desquels nous vous prions de nous recevoir* et de nous admettre, *non en considérant le mérite* qui est nul en nous, *mais en nous faisant miséricorde,* et toujours *par Notre-Seigneur Jésus-Christ.* Car non-seulement c'est lui qui est, comme nourriture divine, la part de notre héritage et de notre calice ; mais encore, comme convive du banquet sacré, celui qui fait cette part, qui la donne au ciel et sur la terre, et qui peut nous rendre dignes de quelque société au sort de ses saints dans la lumière éternelle.

DE LA CONCLUSION DU CANON, ET DE LA PETITE ÉLÉVATION DE L'HOSTIE ET DU CALICE.

L'action si sublime du canon de la messe a été précédée d'une préface qui était comme son exorde ; il est juste qu'elle soit suivie d'une conclusion, qui en est la péroraison admirable ; nous expliquerons d'abord les paroles qui la composent, et ensuite les cérémonies qui l'accompagnent.

Le prêtre a terminé l'oraison précédente comme la plupart des prières, par ces mots : *Par Notre-Seigneur Jésus-Christ,* qui servent de liaison et de transition naturelle aux paroles suivantes : *Par qui, Seigneur, vous créez toujours tous ces biens ;* c'est en même temps la raison marquée pour laquelle nous avons demandé par Jésus-Christ, Dieu accordant à sa haute médiation tous les biens et toutes les grâces. *Vous créez tous ces biens,* le pain et le vin devenus le corps et le sang de votre Fils ; vous les créez *toujours,* et par votre action puissante dès l'origine du monde, et par votre providence conservatrice qui fait produire chaque année à la terre les mêmes éléments. C'est donc par Jésus-Christ, en qui et par qui toutes choses ont été faites, que vous nous donnez continuellement cette matière du sacrifice que nos mains ont préparée dans l'oblation ; c'est par lui que *vous les sanctifiez,* en les acceptant sur votre autel et les séparant ainsi de l'usage commun et ordinaire ; c'est par lui que *vous les vivifiez,* en les changeant au corps et au sang précieux qui sont la vraie nourriture de vie ; c'est par lui que *vous les bénissez et vous nous les donnez* dans la communion, répandant sur ces dons les bénédictions du Ciel, et nous les communiquant par la participation au céleste banquet, pour être en nous la source de la grâce et de la vie.

Par lui donc, Dieu et homme médiateur entre Dieu et les hommes, *et avec lui* Dieu égal à Dieu,

et en lui qui a la même nature et qui vous est consubstantiel, *tout honneur et toute gloire*, autant que
votre infinie majesté peut en exiger, puisque c'est
un Dieu qui honore, qui remercie, qui apaise et qui
implore un Dieu ; *sont rendus à vous, Dieu Père
tout-puissant*, par votre Fils, avec votre Fils et en
votre Fils, *dans l'unité du Saint-Esprit* procédant du
Père et du Fils, également adoré et conjointement
glorifié avec le Père et le Fils. *Dans tous les siècles
des siècles*, dit le prêtre à haute voix, et l'assemblée
répond : *Ainsi soit-il.*

Le prêtre fait trois signes de croix sur l'hostie et
sur le calice, en disant : *Par qui vous les sanctifiez,
vivifiez et bénissez*, pour montrer que les fruits de
l'offrande, de la consécration et de la communion du
sacrifice nous viennent de la croix où il a été offert
la première fois. Il ne bénit point avec la main en
disant, *par qui vous les créez*, parce que toutes choses
ont été créées par Jésus-Christ comme Verbe éternel, et non comme Verbe incarné et comme Dieu
fait homme immolé sur le Calvaire ; ni en disant,
par qui vous nous les donnez, parce que le fruit de la
communion est suffisamment indiqué au mot *bénissez*,
qui précède.

Ici on découvre le calice, et le prêtre prend la
sainte hostie avec laquelle il fait trois signes de croix
sur le calice, comme s'il voulait dire : C'est *par lui*
qui a été crucifié, *avec lui* crucifié, *en lui* crucifié,
c'est par cette immolation d'un prix infini, puisqu'elle était l'immolation d'un Dieu fait homme,
égal à Dieu, substantiel à Dieu, que tout honneur et
toute gloire sont rendus jusqu'au plus haut des cieux,
à vous Dieu le Père par la croix, à vous Dieu Esprit-

Saint par la croix ; mais alors ces deux derniers signes sont faits hors du calice, parce que le Père et le Saint-Esprit ne sont pas unis personnellement au corps et au sang précieux, et qu'ils n'ont que retiré de la croix le plus digne hommage. Enfin, on élève un peu le calice avec l'hostie posée dessus en disant : *Tout honneur et toute gloire vous sont rendus*, et c'est ce qu'on appelle la petite élévation.

Autrefois, c'est-à-dire jusqu'au commencement du douzième siècle, l'Eglise se contentait de faire élever, à la fin du canon, les dons sacrés, le calice et l'hostie, en disant : *Tout honneur et toute gloire ;* et le clergé demeurait en adoration jusqu'à ce moment. Mais lorsque Bérenger eut osé blasphémer contre la présence réelle de Jésus-Christ dans l'Eucharistie, on voulut donner des signes d'adoration plus exprès et plus éclatants, et l'on éleva séparément l'hostie et le calice après la consécration du pain et après celle du vin, pour les présenter aux hommages et à la foi des fidèles. On fit à cet endroit de la messe ce qu'on faisait à l'élévation qui termine le canon ; les cloches s'ébranlèrent pour avertir les absents, le son de la clochette dans l'intérieur de l'église donna le signal à l'assemblée, des flambeaux brillèrent sur les marches de l'autel, l'encens s'éleva avec la ferveur de la prière et l'élan des saints cantiques ; enfin, cette première élévation devint la plus solennelle, et l'on appela *seconde et petite* celle qui se faisait de temps immémorial à la fin de la prière canonique.

Cependant, par respect pour l'antiquité, on en conserva le rit et les cérémonies qui l'accompagnent ; aujourd'hui il faut la considérer sous ce point de vue comme un reste des anciens usages, comme une nouvelle et heureuse occasion de renouveler à Jésus-Christ nos sentiments d'adoration et de sacrifice, et aussi comme une grande et merveilleuse conclusion de l'action sacrée. En effet, immédiatement après la consécration, on élève séparément l'hostie et le calice ; mais ici on montre aux fidèles l'une et l'autre réunis, on semble leur dire : Voilà ce que Dieu vient d'opérer par nos mains au milieu du mystère et du silence, et quoique le Sauveur soit tout entier sous chaque espèce que vous avez adorée, le voilà cependant avec la réunion des deux symboles de vie qu'il a destinés à être la nourriture spirituelle de ses enfants; voilà son *action* tout entière, son œuvre sous tous les rapports.

Et comme il convient dans cette récapitulation des merveilles divines, de conclure par ces mots: *Tout honneur et toute gloire!* Entendez-vous cette péroraison sublime? elle est tout le discours du ciel. A celui qui est assis sur le trône avec l'Esprit sanctificateur, et à l'Agneau immolé qui est au milieu du trône, bénédiction, honneur, gloire et puissance dans les siècles des siècles! Recueillons donc toutes les émotions de foi et d'amour qui ont fait palpiter nos cœurs dans le cours de cette sainte action, pour dire avec l'affection la plus vive et avec tous les épanchements de reconnaissance: *Tout honneur et toute gloire* au Père qui nous donne Jésus-Christ, au Fils qui se donne comme victime et comme nourriture, au Saint-Esprit par qui les mérites et la grâce du sacrifice sont répandus dans nos cœurs ; au Père à qui nous immolons, au Fils que nous immolons, à l'Esprit-Saint par qui nous sacrifions ; *tout honneur et toute gloire* aux trois adorables Personnes, par Jésus-Christ

comme médiateur, avec Jésus-Christ comme victime,
en Jésus-Christ comme prêtre et pontife éternel ;
par Jésus-Christ au nom duquel nous rendons la
gloire à Dieu, avec Jésus-Christ en la grâce duquel
nous vivons de la vie qui honore Dieu, en Jésus-
Christ en l'esprit duquel nous nous unissons comme
les membres au chef pour payer à Dieu le tribut de
satisfaction, de reconnaissance et d'amour, *dans
tous les siècles des siècles.*

À cette parole, qui ne commence pas le *Pater*,
qu'on y a seulement joint parce qu'elle se récite à
haute voix, ou qu'elle se chante comme l'Oraison dominicale, mais qui n'est après tout que la dernière
terminaison du canon, le prêtre sort de son secret et
de son silence, et élève la voix. C'est la coutume de
l'Eglise de terminer ainsi d'une voix élevée et même
en chantant, les prières qu'elle a dû réciter à voix
basse, afin que les fidèles s'y unissent et les ratifient
par la réponse ordinaire, *Ainsi soit-il.*

Ici donc, ce n'est pas l'Oraison dominicale qui
commence, c'est le canon qui se termine ; le prêtre
en avertit l'assemblée, et l'engage fortement à rati-
fier de tout son cœur ce qui vient d'être fait et demandé au nom de tous. Mais remarquons quelle parole retentit dans l'Eglise et avant le silence mystérieux et après qu'il a cessé : *dans tous les siècles des
siècles.* Dans l'éternité où nous sommes entrés par la
préface, vient de se passer une action toute céleste,
et si nous revenons à vous, c'est encore une parole
d'éternité pour dire d'où nous venons, et à quelle
hauteur vous vous êtes élevés par notre ministère.
Ces deux cris partis du ciel qui retentissent dans le
temple avant et après l'immolation d'un Dieu, nous

rappellent les deux cris qu'il a poussés sur la croix au commencement et à la fin de son oblation ; le premier ébranlait les portes éternelles fermées aux hommes par le péché, le second attestait à l'univers qu'elles venaient de s'ouvrir pour laisser entrer avec son sang le Roi de gloire, et ceux qui voudraient venir à la suite du Dieu des vertus. Ainsi ces paroles : *dans tous les siècles des siècles*, veulent dire au commencement du canon : le ciel va s'ouvrir, l'éternité va nous être rendue ; et à la fin du canon : le ciel est ouvert, l'éternité nous est acquise, le Dieu éternel est avec nous.

Répondons avec transport *Amen*, Cela est vrai; nous possédons le Dieu du ciel, l'Agneau qui est devant le trône du Seigneur, la victime du salut qui ouvre les portes de l'éternité sans que personne ose les fermer après elle. *Ainsi-soit-il*. Qu'il en soit ainsi, que le ciel nous soit ouvert, que nous goûtions et que nous possédions le gage d'un éternel bonheur. *Ainsi soit-il*. Nous ratifions tout ce qui s'est opéré, tout ce qui s'est dit dans le silence sacré : offrande, consécration, adoration, demande de grâces et de bénédictions, céleste tribut d'honneur et de gloire, hommages dans les siècles des siècles ; nous protestons de la part que nous y avons prise, du fruit que nous désirons en recueillir. *Ainsi soit-il*. Que cet *Amen* ne retentisse pas seulement dans nos bouches et dans nos cœurs; répétez-le, Eglise entière de Jésus-Christ, vous tous enfants de Dieu, au nom desquels le sacrifice a été offert et agréé; répétez-le, vous qui combattez sur la terre pour mériter la palme de la victoire, et qui puisez à cet autel le courage et la force; répétez-le, vous qui souffrez dans le lieu de l'expiation jusqu'à ce que viennent le changement et la délivrance, et qui recevez de cet autel la rosée qui rafraîchit vos âmes dévorées d'ardeur ; répétez-le vous qui triomphez dans le séjour de la gloire, qui avez blanchi vos vêtements dans le sang de l'Agneau, et qui êtes enivrés maintenant de l'abondance de la maison de Dieu : et qu'après le silence qui a été fait et après ce qui s'est fait dans ce silence, l'*Amen* éternel s'élève comme la douce fumée du parfum, éclate comme le son de la trompette, retentisse comme le tonnerre, *dans tous les siècles des siècles. Ainsi soit-il.*

CHAPITRE V.

—

De la Communion au sacrifice.

Cette cinquième partie s'étend depuis le *Pater* jusqu'à l'antienne de la communion inclusivement.

Tout le fruit et tous les effets du mystère de la croix, et du sacrifice de la messe qui n'en est que la continuation, sont renfermés dans ces paroles qui ont précédé l'oblation de la victime ; gloire à Dieu au plus haut des cieux, paix sur la terre aux hommes de bonne volonté ! La première partie de cet oracle divin est déjà accomplie par la consécration ; un Dieu s'est offert, s'est immolé à un Dieu, s'est élevé jusqu'à l'autel sublime du ciel, et nous avons pu conclure que tout honneur et toute gloire étaient rendus, que toute reconnaissance était acquittée, que toute satisfaction était remplie, que tout droit aux bénédictions célestes était obtenu. La seconde partie de l'alliance du Seigneur avec les hommes va être cimentée par la communion ; la volonté bonne, le cœur bien disposé y reçoit la paix promise, la paix de Dieu et la paix avec Dieu ; la paix, c'est-à-dire la grâce et la réunion de tous les biens : car la manducation de la victime, qui manquait à l'autel de la croix, et qui fait la perfection du sacrifice de nos autels, nous unit de la manière la plus intime, nous incorpore à cette victime, et comme cette victime est le Dieu de la paix, qui l'a reconquise et qui nous la donne, le Dieu qui l'a signée de son sang sur le Calvaire et l'a fait enregistrer dans le ciel, nous trouvons et nous possédons cette paix dans la communion, et l'article du traité qui nous concerne est écrit dans notre cœur par le Dieu même de la paix, avec le sang de la nouvelle et éternelle alliance.

Mais il faut se préparer à cette union, d'où résulte la paix ; il faut conserver cette union et les biens qui affluent à sa suite dans l'âme bien préparée ; voilà l'esprit et le but de toutes les prières qui vont nous occuper dans cette cinquième partie du sacrifice, où l'Eglise environne de ses rits les plus touchants et de ses vœux les plus exquis la simplicité sublime de l'action de notre Dieu, qui, dans la dernière cène, rompit le pain changé en son corps et le donna à ses disciples en disant : Prenez et mangez ; qui de même prit le calice et le distribua à ses apôtres en disant : Prenez et buvez : toutes les fois que vous mangerez ce pain et que vous boirez ce calice, vous annoncerez la mort du Seigneur.

§ I. — De l'Oraison dominicale.

Après les prières de la consécration, on ne trouve dans les siècles anciens d'autre préparation à la communion que l'Oraison dominicale ; et cette prière suffit bien pour disposer les chrétiens à s'unir à leur Dieu, puisqu'elle renferme tout ce que nous pouvons lui demander, tous les motifs de notre amour envers lui, envers nous-mêmes et envers le prochain. Après donc que le ciel, dans la précédente partie de la messe, a répandu la rosée du juste, il est temps que la terre

de nos cœurs s'ouvre pénétrée par cette pluie salutaire, et qu'elle enfante son Sauveur. Et quoi de plus
propre à ouvrir nos âmes à la participation des saints
mystères, à nous faire produire une vie divine qui
doit être le fruit de la communion, de sorte que ce
ne soit plus nous qui vivions, mais Jésus-Christ qui
vive en nous, que la prière du Seigneur bien méditée,
récitée avec ferveur, et surtout mise en pratique !
Aussi l'Eglise l'a-t-elle toujours exprimée à haute
voix, chantée même au milieu de son assemblée, pour
qu'on n'en perdît pas un mot ; et dans l'Eglise grecque
tout le peuple la chante en chœur, comme on chante
le *Credo* dans l'Eglise latine. Nous avons déjà remarqué cet usage antique en parlant du symbole, et nous
avons observé que sainte Marie Egyptienne, avant de
recevoir la communion pascale du prêtre Zozime,
récita le Symbole et l'Oraison dominicale, comme
c'était la coutume, *ut moris erat*, dit la légende,

Mais en admirant ici la noble simplicité et l'abondante dignité de cette préparation aux saints mystères,
nous ne pouvons résister au charme de reporter
encore une fois nos regards sur la belle liturgie reçue
immédiatement des apôtres ; et si nos cœurs sont
transportés en méditant les prières plus détaillées que
l'Eglise a recueillies de la piété de tous les siècles, nos
esprits sont électrisés de la majestueuse gravité du
service divin, dont les siècles apostoliques nous ont
laissé les points principaux.

Transportons-nous en esprit au second siècle, au
temps de saint Justin, quelques années seulement
après la mort du dernier des disciples ; entrons avec
une religieuse frayeur dans ces souterrains où l'Église
célébrait ses collectes à la lueur des lampes, ayant

pour autel le tombeau d'un de ses enfants mort pour la foi. L'assemblée est assise dans le recueillement, on lit les prophètes et les lettres des apôtres ; bientôt un ministre paraît sur un lieu plus distingué ; à sa vue tous se sont levés : c'est la lecture de l'Evangile ; et tandis que la fureur de la persécution pousse au dehors des cris de rage, une voix calme fait entendre au dedans ces paroles touchantes : « Ne craignez pas » ceux qui ne peuvent perdre que le corps, craignez » celui qui peut perdre le corps et l'âme. Vos che- » veux sont comptés, il n'en tombera pas un seul sans » la volonté de votre Père céleste ; ayez confiance, » j'ai vaincu le monde ; celui qui rougira de moi de- » vant les hommes, je rougirai de lui devant mon » Père. » Les lectures ont cessé, et celui qui préside cette réunion de frères, instruit avec douceur et force de doctrine, il exhorte à l'imitation des si belles choses que l'on vient d'entendre. Mais quelle est cette sentence partie de l'autel qui excite tant de mouvement dans l'assemblée ? Les choses saintes sont pour les saints, s'écrie le premier ministre de l'autel ; et à cette parole qui heureusement n'est pas irrévocable comme elle le sera au dernier jour, infidèles et pécheurs, ca- téchumènes et pénitents se disposent à quitter l'as- semblée. Toutefois, l'Eglise ne les congédiera pas sans prier pour eux : fléchissons le genou et prions pour nos frères qui vont nous quitter : O mon Dieu, ame- nez à votre bercail ceux qui n'ont pas encore la pensée de se presser sous votre houlette, pardonnez à ceux que les chaînes du péché retiennent esclaves, con- duisez vos enfants à la grâce du baptême, agréez la pé- nitence de vos fidèles, pour que bientôt ils se réunis- sent à votre famille. Après ces supplications, l'assem-

blée se sépare, les portes sont fermées et gardées
soigneusement. C'est alors que commence le sacrifice
des fidèles qui donnent la marque de leur foi par la
récitation du Symbole ; puis j'entends publier les fa-
meuses dyptiques, ou les catalogues de la société du
ciel, de la terre et du purgatoire, et tous les liens de
l'unité catholique se resserrent en Jésus-Christ. Voyez-
vous les assistants marcher à l'offrande, portant et la
matière du sacrifice et ce qui est nécessaire à l'humble
entretien du pontife et de ses clercs ? L'oblation se
fait en silence, le pain est déposé sur l'autel, le vin
coule dans la coupe sacrée, et, après tous ces prépara-
tifs, le silence est interrompu par cette invitation,
que la terre n'avait jamais entendue : Les cœurs en
haut, rendons grâces, et unissons nos voix aux cantiques des esprits bienheureux. Le plus profond silence règne encore dans l'assemblée ; pendant ce secret
eucharistique, l'action de la dernière cène s'est
renouvelée dans le sanctuaire, le pain et le vin
ont été changés au corps et au sang du Seigneur, et
après la prière canonique, on montre aux assistants les dons sacrés par lesquels tout honneur et
toute gloire sont rendus à Dieu le Père par Jésus-
Christ, en l'unité de l'Esprit-Saint. La voix du pontife s'élève encore au milieu de ce calme divin, et
j'entends ces paroles apportées du ciel : Notre Père
qui êtes aux cieux, que votre nom soit sanctifié ; on
s'embrasse en signe d'union avec Dieu et avec ses
frères, et l'on se dirige pour s'asseoir à la même
table ; les dons de l'autel sont distribués, chaque
membre de l'Eglise s'engage à la paix et à toutes les
vertus qui font l'admiration des païens mêmes et des
persécuteurs. On déclare que l'assemblée est levée,

que la victime est montée au ciel chargée des
vœux et des prières des fidèles, et la voix de celui
qui préside (1), ou plutôt son cœur, fait entendre cet
adieu : Que la paix du Seigneur, la grâce de Jésus-
Christ et la communication de l'Esprit-Saint soit toujours avec vous ! N'oublions donc pas que dans les
premiers siècles, l'Oraison dominicale était l'unique
prière avant la communion, qu'elle était jugée suffisante pour y préparer les fidèles ; dans cette pensée,
nous nous efforcerons de bien en recueillir tout le
fruit.

L'Eglise la fait précéder d'une préface, pour
inspirer à ses enfants plus de respect pour la prière
du Seigneur, et plus de confiance d'oser appeler
Dieu leur père, en leur rappelant que Jésus-Christ
nous l'a ainsi enseigné. Cette préface est récitée les
mains jointes en signe et en témoignage de notre indignité ; mais au *Pater* le prêtre les étend comme
marque de notre humble confiance en la permission
qui nous est donnée.

Instruits par des préceptes salutaires, par le Seigneur qui nous a commandé de prier ainsi, et qui
nous a donné toutes les règles pour le bien prier, *et
suivant la forme d'institution divine* par laquelle
Jésus-Christ nous a fourni la formule même de la

_____

(1) Il est à remarquer que dans les premiers siècles, on ne
célébrait qu'une messe dans chaque assemblée des fidèles ; elle
était dite par l'évêque, président-né de la réunion : les autres
prêtres concouraient avec lui à la célébration des saints mystères, comme cela s'observe encore à la messe de l'ordination,
et si quelquefois on disait plusieurs messes en un jour, c'était
toujours l'évêque ou le même prêtre qui les célébrait, en la
manière que nous le faisons aux trois messes du jour de Noël.

prière, *nous osons dire :* car nous n'oserions parler comme nous allons le faire, nous élever de nous-mêmes à un si grand honneur, si notre Maître et notre Dieu ne nous en avait pas dicté les termes :

Notre Père. A ce mot le sous-diacre élève la patène qu'il a gardée enveloppée jusqu'à l'offertoire, ou qu'un clerc inférieur a conservée dans un bassin selon le rit de Paris ; le diacre l'élève à son tour pendant l'Oraison dominicale. La patène sert à l'offrande, à la fraction de l'hostie, et servait autrefois pour donner la communion ; le diacre la porte encore près du ciboire, de peur qu'il n'arrive quelque accident en distribuant les saints mystères ; on l'élève donc à la vue des fidèles pour marquer que le temps de la communion approche : par cette cérémonie symbolique les ministres ou serviteurs de la table sainte semblent dire aux fidèles : La sagesse divine a immolé sa victime, préparé son vin et dressé sa table : venez, mangez et buvez ce qu'elle vous a préparé dans son amour ; le temps est proche ; de votre côté, préparez-vous à aller au-devant de l'Agneau, et désirez d'être rassasiés de sa chair adorable.

Notre Père. Cette prière est courte, mais c'est la prière du Seigneur, c'est l'abrégé de tout l'Evangile, dit Tertullien. Elle ne comprend qu'un exorde de quelques mots et que sept demandes ; et cependant, dit saint Augustin, elle renferme tout ce qu'on peut et tout ce qu'on doit demander ; et quel bonheur de la réciter ici en présence du Maître, et d'un maître qui peut tout nous accorder !

Notre Père, dont nous sommes tous les enfants par Jésus-Christ qui nous a adoptés pour ses frères et unis à lui comme ses membres. Que ce nom est glorieux et plein de tendresse ! qu'il inspire de reconnaissance, de confiance et d'amour ! qu'il est propre à nous unir les uns les autres et à prier mutuellement pour nos besoins et pour nos misères ! Notre Père, *qui êtes aux cieux,* qui remplissez sans doute le ciel et la terre de votre immensité, mais que nous aimons à considérer dans le séjour de votre puissance, de votre gloire et de vos récompenses, à qui par conséquent nous nous adressons avec confiance, puisque nous nous rappelons par là que ce père peut tout, qu'il veut nous combler de biens, et qu'il en inonde déjà une portion de ses enfants. Que nos demandes soient donc dignes d'un tel père, et du ciel où il habite ! Notre Père qui êtes aux cieux, qui venez de faire descendre au milieu de nous votre Fils qui vous est consubstantiel, et auquel nous allons nous unir si intimement sur la terre, que nous ayons le gage de le posséder éternellement dans le ciel :

Que votre nom soit sanctifié. Nos premières demandes sont pour votre gloire qui doit passer avant nos faibles besoins ; que votre saint nom soit célébré, loué, glorifié, que toutes les créatures publient votre puissance, votre gloire, votre sainteté et vos infinies perfections, s'unissant ainsi aux esprits célestes qui répètent sans cesse : Saint, saint, saint. Que ce nom soit encore sanctifié en nous par nos œuvres, par une vie digne de vos enfants qui vont s'unir à Jésus-Christ.

Que votre règne arrive, le règne de votre grâce dans tous les esprits et dans tous les cœurs, et un jour le règne de votre gloire, déjà commencé sur les anges et sur les saints, et rendu parfait par la réunion de tous les élus dans le ciel ; que ce règne s'étende

22

sur la terre, que les frères errants se convertissent,
que les pécheurs ne laissent plus régner le péché en
eux, et surtout que la communion établisse ce règne
de votre amour dans nos cœurs, que vous en preniez
possession comme le roi souverain et le maître légitime, à la douce et tendre autorité duquel nous
n'ayons jamais le malheur de nous soustraire.

Que votre volonté soit faite en la terre comme au ciel,
que les hommes ne veuillent faire que ce que vous
voulez qu'ils fassent, qu'ils aiment et respectent
les lois de Dieu, qu'ils se soumettent à votre providence avec une parfaite résignation, et que cette
volonté soit accomplie aussi fidèlement, aussi promp-
tement qu'elle est faite dans le ciel par les anges,
qui sont toujours prêts à recevoir les ordres divins
et toujours prêts à les exécuter ; et surtout, ô mon
Dieu, que votre nom soit sanctifié par nos désirs, nos
paroles et nos actions, par la crainte du péché, par
le zèle pour vous faire honorer ou pour réparer vos
outrages ; que vous preniez dès ce moment possession
de nos âmes, que, les détachant du monde, nous
cherchions de plus en plus votre royaume et la justice
qui y conduit ; enfin que nous n'aimions que votre
loi sainte, et que, recevant comme de votre main
tous les événements de la vie, nous en profitions pour
opérer votre grande volonté qui est notre sanctification ; opérez tout cela, Seigneur, par les bons effets
d'une sainte communion qui fasse régner dans nos
âmes et votre grâce et votre volonté.

Après avoir rendu à Dieu dans la prière nos hommages et nos devoirs, il nous permet de lui exposer
nos besoins ; mais cet ordre si parfait jusqu'ici ne
semble-t-il pas interverti dans les demandes sui-

vantes, où nous demandons les grâces temporelles avant les biens de l'âme et du salut? C'est ici que je reconnais bien l'enseignement d'un Dieu, de celui qui a formé le cœur de l'homme; il savait que cet homme faible se laisse accabler par la recherche du nécessaire ici-bas, que l'acquisition des biens spiri-tuels languit s'il n'est rassuré sur les besoins de son triste corps : et ce Dieu, qui est père, nous permet de demander le pain de chaque jour, avant la rémis-sion de nos péchés; disons donc encore une fois avec amour avant de poursuivre : Notre Père, qui êtes aux cieux.

Donnez-nous aujourd'hui notre pain quotidien : nous demandons pour tous, et notre prière est toujours collective; donnez-nous le pain, ce qui est purement nécessaire à la vie, le reste nous sera donné par sur-croît; riches, nous le demandons, car notre abon-dance vient de vous, et si vous détourniez un instant les yeux, que de moyens n'auriez-vous pas, Seigneur, de réduire nos richesses en poussière! pauvres, nous le demandons, car sans vous nous ne savons peut-être pas où le trouver aujourd'hui, nous le demandons pour ceux que vous comblez et pour ceux qui n'en ont pas. Nous ne demandons que *du pain*, mais un père ajoutera quelque chose à ce pain, selon les des-seins de sa providence; nous ne le demandons que pour *aujourd'hui*, pour éloigner de nos esprits et de nos cœurs toute attache sordide, toute sollicitude in-digne de vos enfants. Accordez-nous donc les besoins de cette vie temporelle, mais donnez-nous encore la nourriture et le soutien journalier de nos âmes, votre foi, votre connaissance et votre amour, votre parole divine, le goût de votre loi sainte, la grâce pour

garder vos commandements ; mais surtout donnez-
nous ce pain par excellence, ce pain *supersubstantiel,*
ce pain de l'Eucharistie qui était le pain de chaque
jour pour vos enfants au beau siècle de l'Eglise
naissante. Donnez-nous-le aujourd'hui que nous
avons le bonheur de le recevoir, et faites que nous
vivions de telle sorte que nous méritions de le recevoir
souvent ; sans lui notre âme tomberait en défaillance
dans le chemin si pénible de la vie.

*Pardonnez-nous nos offenses, comme nous pardon-
nons à ceux qui nous ont offensés.* Vous nous avez
enjoint, Seigneur, de laisser même notre présent
devant l'autel, d'abandonner votre sacrifice pour
aller nous réconcilier avec nos frères, si nous savions
que nos frères ont quelque chose contre nous. Vous
nous avez déclaré que si nous pardonnons aux
hommes les offenses qu'ils commettent contre nous,
notre Père qui est aux cieux nous pardonnera aussi
celles que nous commettons contre lui ; mais que si
nous ne pardonnons pas aux hommes, notre Père ne
nous pardonnera pas non plus. O Père miséricordieux, que vous êtes bon de mettre votre pardon à
une condition si légère, d'échanger les dettes immenses que nous avons contractées envers votre justice contre les faibles dettes de nos frères à notre
égard ! C'est un traité de paix que vous avez fait
avec nous, et que nous faisons avec vous en ce moment ; Seigneur, ne permettez pas que le mensonge,
la mauvaise foi ou l'illusion s'y glissent : nous ne re-
tirerions de notre prière que le péché et la vengeance, nous entendrions de votre bouche cette parole de colère : Méchant serviteur, ne devais-tu pas
avoir pitié de ton compagnon comme j'ai eu pitié de

toi ? n'était-ce pas assez que je me contentasse de si peu, et que tu eusses le gage si facile d'une miséricorde certaine ? Que la paix et l'amour de la fraternité règnent donc, Seigneur, au milieu de vos enfants ; que toute dette soit remise au pied de votre autel ; mais surtout, pour participer à votre table sainte, donnez-nous et le pardon de nos fautes, et la pureté du cœur, et la réconciliation avec nos semblables ; que ce sacrement soit le lien de la paix, qu'il unisse les hommes à Dieu et les hommes entre eux, et qu'il y ait sous ce double rapport communion entière et parfaite.

Et ne nous laissez point succomber à la tentation : car, ô mon Dieu, nous savons qu'il est impossible que vous nous y induisiez en nous portant au mal, vous qui êtes la sainteté par essence ; nous vous demandons seulement, ou de détourner les tentations à cause de notre faiblesse, ou de ne pas nous y abandonner sans votre secours puissant, à cause de notre fragilité. Ne permettez pas que nous soyons tentés par le démon, par le monde ou par notre corruption au delà de nos forces ; ne permettez même la tentation que pour nous en faire sortir avec avantage. Cette grâce de la victoire, ce fruit de l'avantage des tentations, c'est surtout dans la communion que nous les trouverons ; que cette manne divine soit donc en même temps pour nous et le repos après la victoire et la force au milieu des combats : car si le pain céleste fortifie, il ne garantit pas des hasards de la guerre spirituelle ; les apôtres, quelques heures après avoir communié, sont entrés dans la tentation au jardin des Olives ; Pierre a succombé dans le vestibule du grand-prêtre ; et nous devons dire à Dieu pleins de défiance en nous-mêmes : Gardez-moi, Seigneur, comme la prunelle de l'œil ; protégez-moi à l'ombre de vos ailes, sous lesquelles je vais me réfugier par la communion.

Ici les assistants disent tous ensemble la dernière demande, pour s'unir à toute la prière : *mais délivrez-nous du mal*, c'est-à-dire, délivrez-nous de tout ce qui détourne du vrai bien, de tous les maux, quels qu'ils soient, qui mettraient des obstacles à notre salut et des oppositions à la sainte volonté de Dieu. C'est là la conclusion de l'Oraison dominicale, la récapitulation de toutes les demandes, qui doit assurer l'effet et le fruit de toutes les autres : aussi l'assemblée récite-t-elle implicitement tout le *Pater* en répondant à haute voix cette seule demande si générale et si étendue ; c'est comme si elle disait : Délivrez-nous du mal qui nous empêcherait de sanctifier votre nom par une conduite pure, qui retarderait l'établissement de votre règne dans nos âmes, qui s'opposerait en nous à l'accomplissement de votre adorable volonté, qui nous priverait des biens que votre main répand sur tout ce qui respire, des biens de votre grâce, et surtout du pain de votre table, qui éloignerait le pardon de nos fautes, qui éteindrait la charité fraternelle et nous abandonnerait à tout vent de la tentation.

Contre l'usage ordinaire, c'est le prêtre qui ajoute ici, *Amen, Ainsi soit-il*, à la prière qu'il a faite et que le peuple a ratifiée pleinement ; il confirme la demande des assistants, et dit au Seigneur par cette parole énergique : Oui, Seigneur, qu'il en soit ainsi ; délivrez-les du mal réel, et qu'ainsi délivrés, ils glorifient votre saint nom, se soumettent à l'empire de votre amour et de votre grâce, observent votre loi et toutes vos volontés ; qu'ils méritent le pain de cette vie et les secours temporels, le pain de votre parole divine et le pain du ciel qui surpasse toute substance, qu'ils pardonnent et qu'ils soient pardonnés, et qu'aucune tentation ne les saisisse que celle qui ne dépasse pas les forces de notre faible nature : *Ainsi soit-il*. Il demande par cette acclamation toute paternelle ce que Jésus-Christ demandait pour ses apôtres dans la prière du discours après la Cène : Père saint, je ne vous demande pas de les enlever de ce monde, de les arracher à ses tentations et à ses scandales ; il n'y aurait pour eux ni mérite ni vertu ; mais je vous demande seulement de les préserver du mal, *sed ut serves eos à malo*. Peu importent les épreuves, s'ils sont trouvés fidèles dans la tentation, et si le péché ne parvient pas à dominer dans leurs cœurs.

§ II. — De la prière *Libera nos*.

Cette prière, qui suit l'Oraison dominicale, n'est qu'une explication plus détaillée de l'*Amen* que le prêtre vient de prononcer ; et comme la dernière demande du *Pater* est la plus intéressante, il y insiste avec ferveur, il appuie comme médiateur sur ce qui importe tant aux besoins du peuple, et ne saurait se lasser de demander la délivrance de tous maux et la paix abondante qui en est la suite. En ce moment, il tient de la main droite la patène appuyée sur l'autel ; à la messe basse il l'a prise simplement sous le corporal où elle était déposée, à la messe haute le diacre la lui a remise après l'avoir montrée au peuple ; cette patène est destinée à recevoir le corps de Jésus-Christ :

elle est donc le siège et le signe de la paix. Le prêtre la tient d'une main appuyée sur l'autel, et dans cette noble attitude de force, et de confiance, il poursuit à voix basse :

Délivrez-nous, Seigneur, ainsi que nous l'avons déjà demandé en général, délivrez-nous *de tous les maux passés*, qui sont nos péchés passés, les peines qu'ils ont méritées, la responsabilité qu'ils ont laissée après eux, le scandale qu'ils ont produit, les impressions fâcheuses qui ont pénétré l'imagination et les sens. Délivrez-nous des maux *présents* qui nous affligent continuellement, comme les tentations, les maladies, les disgrâces, les peines extérieures et intérieures ; délivrez-nous des maux *à venir*, c'est-à-dire de tous ceux qui pourraient nous affliger au delà de nos forces et nous détourner de Dieu, mais surtout des suites naturelles de nos péchés et de tout ce qui contribuerait à notre perte éternelle.

Et par l'intercession de la bienheureuse et glorieuse Marie mère de Dieu, toujours vierge, le refuge des pécheurs, le secours des chrétiens et la grande ressource de l'Église, *de vos bienheureux apôtres Pierre, Paul et André*, les fondements de la société chrétienne, *et de tous vos Saints*, des suffrages et de la protection desquels nous avons tant besoin auprès de vous ; à ces mots le prêtre fait un signe de croix avec la patène et la baise, pour indiquer que la paix qu'il va demander vient des mérites d'un Dieu crucifié, qu'il y attache son cœur, qu'il y colle son âme, et qu'il désire que nous n'en soyons jamais séparés. *Donnez-nous*, dit-il en même temps, *par un effet de votre bonté, la paix en nos jours*, la paix extérieure et la cessation de tous les troubles, qui sont la suite du péché et un sujet de chute aux âmes faibles, la paix intérieure qui n'existe pas pour l'impie, qui ne saurait subsister avec le péché, mais que ne peuvent ravir au chrétien fidèle ni les troubles du monde, ni ni les persécutions de l'enfer, ni les peines de la vie; cette paix du cœur, qui est la source et l'assemblage de tous les biens, qui rassure contre tout, qui console et qui dédommage de tout; cette paix que le monde ne peut donner, mais aussi que le monde ne peut ravir, donnez-la dans nos jours, qu'ils coulent tranquilles et sereins dans toute piété et pureté; *afin qu'étant soutenus par le secours de votre miséricorde*, sans laquelle nous retomberions aussitôt dans l'agitation, dans la défaillance et dans la poussière de notre origine, *nous soyons et toujours délivrés du péché*, le plus grand obstacle à la paix de Dieu et à la sainte liberté de ses enfants, *et exempts de toute sorte de troubles*; que bien mieux que la sagesse mondaine, nous puissions dire : Que l'âme qui possède votre amour et qui, forte de son innocence, a la paix de son Dieu, ne craint ni le monde ni ses fureurs, qu'elle peut défier toutes les peines de l'exil, et que l'univers ébranlé et tombant en ruines ne pourrait abattre son courage, ou troubler seulement sa sérénité. Ici le prêtre place la sainte hostie sur la patène, dont il s'est servi comme du symbole et de l'instrument de la paix, et qui en devient le trône, puisqu'elle supporte le Dieu de paix, celui qui nous l'a obtenue sur la croix, et dont le corps est distribué aux chrétiens en signe de paix et d'union. Enfin il termine cette prière par la médiation ordinaire de Jésus-Christ, libérateur des hommes, pacificateur du ciel et de la terre, *par le même Jésus-Christ Notre-*

Seigneur, votre Fils, qui étant Dieu vit et règne avec vous dans l'unité du Saint-Esprit ; puis, selon sa coutume, il élève la voix en disant : *Par tous les siècles des siècles,* et l'on répond : *Ainsi soit-il,* pour s'unir à ce qu'il a demandé. Mais en prononçant cette conclusion admirable, le prêtre rompt l'hostie, et cette fraction du pain sacré mérite quelques observations que nous allons faire dans le paragraphe suivant.

§ III.—De la fraction de l'hostie, et du mélange d'une partie de l'hostie dans le calice.

A la fin de l'oraison *Libera nos,* à ces mots, *par Notre-Seigneur Jésus-Christ...,* le prêtre rompt l'hostie, non plus sur la patène, comme il s'est pratiqué très-longtemps, mais sur le calice même, afin que les parcelles sacrées, qui peuvent se détacher, tombent de suite dans le calice. Cette fraction a pour but d'imiter Jésus-Christ, qui rompit le pain sacré avant de le distribuer à ses disciples dans sa dernière cène ; il prit le pain, et, rendant grâces, *il le rompit* et le donna en disant : Prenez et mangez. Ce rit solennel a été observé par les apôtres : le pain que nous *rompons,* dit S. Paul (1), n'est-il pas la participation du corps du Seigneur ? et une tradition constante l'a conservé jusqu'à nos jours. L'Eglise, il est vrai, ne le pratique pas au moment même où elle prononce cette parole : *et il rompit,* dans l'action de la consécration ; mais comme le Seigneur l'a fait immédiatement avant de se donner en nourriture, elle entre parfaitement dans l'esprit du Maître en retardant

(1) I Cor. x.

cette fraction jusque vers la communion : et, d'ailleurs, nous continuons à la messe non-seulement la
merveille du Cénacle, mais encore la scène du Calvaire : or, comme ce rit de la fraction du pain représente aussi la mort de Jésus-Christ, la séparation de
son corps et de son âme, et l'ouverture de son côté
par la lance du soldat, avant qu'il fût descendu de la
croix et mis dans le sépulcre, nous remettons avec
raison cette division des saintes espèces, au moment
où notre Dieu va descendre de l'autel pour être déposé dans le cœur de ses enfants et pour être enseveli
dans nos âmes. Nous rompons précisément l'hostie
en concluant la demande de la délivrance du péché,
et la prière de la paix de Dieu, afin de faire comprendre que Jésus-Christ est mort sur la croix pour
nous délivrer de l'esclavage du péché, qu'il y a versé
son sang pour signer notre paix avec le ciel, et que
s'il nous donne à l'autel son corps immolé et son sang
répandu en communion et en participation intime,
c'est pour nous appliquer les fruits et les mérites de
cette liberté et de cette paix acquise, c'est pour que
nous mourions au péché, et que, vivant pour la justice, nous ayons la paix pleine et parfaite qui est la
suite et la récompense de cette justification.

Ici enfin le sacrement est rompu, dirons-nous avec
saint Thomas d'Aquin : mais prenez garde que votre
foi chancelle, n'oubliez pas qu'il y a autant sous un
fragment de l'hostie que sous l'hostie tout entière :
il n'y a de brisé que les seules espèces, le corps de
Jésus-Christ n'est pas divisé, il est tout entier non-
seulement sous l'espèce du pain comme sous l'espèce
du vin, mais encore sous chaque partie sensible des
mêmes espèces; et dans la crainte d'affaiblir la pré-

cision admirable du style pressé de l'Ange de l'école, nous citons en latin l'explication qu'il donne de cette doctrine de l'Eglise : *Nulla rei fit scissura, signi tantum fit fractura, quâ nec status nec statura signati minuitur.* .

L'usage de l'Eglise latine est de diviser la sainte hostie en deux parties égales : une moitié est déposée sur la patène, de l'autre moitié l'on détache une petite portion qui est destinée à être mêlée au précieux sang dans le calice, comme nous le dirons bientôt.

L'Eglise romaine rompait également autrefois en trois l'hostie consacrée : une partie pour mêler dans le calice, une seconde partie pour la communion du prêtre, et la troisième, plus grande que les deux autres, était divisée en plusieurs particules qui servaient et à communier le peuple et à la réserve des absents et des infirmes ; car les pains d'autel dont on se servait alors, étaient et plus épais et plus grands que les nôtres ; aujourd'hui l'Eglise use de petits pains particuliers pour la communion des fidèles, ayant jugé que ces fractions trop multipliées pourraient avoir le grave inconvénient de laisser perdre quelques parcelles de l'Eucharistie. Du reste on trouve encore quelques vestiges de cet antique usage ; lorsque le pape dit la messe avec solennité, il rompt l'hostie en trois, à l'ordinaire ; une portion est mise dans le calice, l'autre sert à sa communion, et la troisième est partagée en deux pour le diacre et le sous-diacre qui l'assistent. Au sacre des évêques, le consécrateur mêle une particule dans le précieux sang, prend l'autre, et donne la troisième pour communier l'évêque consacré, qui célèbre avec lui.

Lorsque le prêtre a terminé la fraction, il tient au-dessus du calice la partie de l'hostie qu'il doit mêler avec le sang de Jésus-Christ, et faisant trois signes de croix sur la coupe avec cette particule, il dit : *La paix du Seignenr soit toujours avec vous*, et les assistants répondent : *Et avec votre esprit*. Déjà l'on a demandé la paix avec ardeur dans la prière précédente, on vient par la fraction de l'hostie de rappeler et le moment de la scène où Jésus-Christ se donna en signe de paix, et sa mort qui nous mérita la paix la plus entière avec Dieu ; il est donc bien naturel que le prêtre et le peuple se la souhaitent ici mutuellement. Le sacrificateur semble dire : Le Seigneur nous a obtenu la paix en mourant pour nous, nous venons de lui demander de l'appliquer à nos âmes ; et puisque ce sacrifice est la continuation du Calvaire et que son effet propre est d'en communiquer les mérites, souhaitons-nous donc mutuellement de les recevoir par nos heureuses dispositions. Que la paix du Seigneur soit toujours avec vous, non pas la paix du monde qui est fausse et fragile, mais la paix du Seigneur qui est solide et durable ; qu'elle soit toujours avec vous, que toujours vous soyez unis avec Dieu, avec vous-mêmes, avec vos frères ; que cette paix ne vous abandonne pas au sortir de cette vie, mais qu'elle soit le gage de celle de l'éternité ! Et le peuple répond : Qu'il en soit de même pour vous, nous vous le souhaitons avec la même ardeur et la même charité qui vient de vous dicter ce vœu. Le prêtre forme ce souhait en tenant à la main le corps de Jésus-Christ, qui est notre paix : il le fait en formant le signe de la croix sur le sang précieux par lequel tout a été pacifié ; il forme le signe de la Rédemption jusqu'à trois fois

23

en l'honneur des trois divines personnes, qui nous donnent cette paix en vue des mérites de la croix. Immédiatement avant ce souhait, l'évêque donnait autrefois à la messe pontificale la bénédiction solen-·nelle : c'était l'usage général de l'Eglise d'Occident; et après cette bénédiction, comme ·pour la conclure par le souhait le plus accompli, il continuait l'ordre du saint sacrifice, en disant : *Et que sa paix soit tou - jours avec vous.* Ce rit de la bénédiction épiscopale est encore observé à Paris et dans plusieurs Eglises de France, et aux messes de mariage, le souhait de la paix de Dieu est précédé de la longue prière de la bénédiction des époux. Puisque la paix est le plus grand souhait que l'Eglise nous fasse dans l'action la plus auguste de son culte, le fruit, pour ainsi dire, unique qu'elle cueille pour nous sur l'arbre de la croix, la grâce toute particulière qu'elle nous fait demander à tant de reprises et qu'elle veut imprimer dans nos âmes par la communion et par la participation la plus intime à la victime adorable, il faut par conséquent que ce soit là le bien par excellence, et, pour le désirer vivement, il est juste d'avoir une idée nette et précise de ce que nous demandons comme le principe et la fin de toutes grâces, et c'est saint Augustin, qui va nous donner cette connaissance de la paix (1).

« La paix de toutes choses, nous dit ce saint doc-
» teur, est la tranquillité de l'ordre : l'ordre est la
» disposition de chaque chose mise à sa place; la
» paix est cette même disposition conservée sans
» trouble et gardée sans déplacement; la paix du

_____

(1) *Cité de Dieu*, liv. XIX, c. XIII.

» corps est le sage tempérament de toutes les parties
» qui le composent ; la paix de l'âme est l'accord bien
» réglé de ses pensées et de ses actions ; la paix
» entre les hommes est la concorde basée sur des
» mœurs pures et sur des lois équitables. La paix
» d'une famille, d'une ville, d'un Etat, de la société
» tout entière, c'est le juste équilibre du commande-
» ment et de l'obéissance entre les membres de la
» maison, de la cité, du royaume ; la paix entre
» l'homme et Dieu consiste dans la soumission à sa
» loi réglée par une foi sincère et véritable ; la paix,
» enfin, de la patrie céleste consiste à posséder Dieu
» tous ensemble, à jouir d'un mutuel bonheur en
» Dieu, dans l'union de la société la mieux réglée
» par la plus parfaite concorde. »

Voilà cette paix du cœur, cette paix de l'homme
avec Dieu ici-bas réglée par la foi, dans le ciel dilatée
par la félicité de Dieu même, que nous demandons
à la messe, que nous nous souhaitons les uns aux
autres, et que nous pouvons obtenir par les mérites
de l'immolation de Jésus-Christ. Ah ! quel bien précieux, et que nous devons désirer d'en recevoir le
gage dans la communion et d'en conserver toujours
les fruits !

Le prêtre mêle dans le calice une portion de l'hostie
consacrée. Cet usage est de perpétuelle tradition dans
l'Eglise et se trouve dans toutes les liturgies ; pour
bien entendre ce rit, il faut savoir : 1° que l'on a
toujours eu une raison mystérieuse de mêler ainsi le
corps et le sang de Jésus-Christ consacrés sous les
espèces du pain et du vin, pour marquer la réunion
de ce corps et de ce sang et la résurrection glorieuse ;
en effet jusqu'à cet endroit de la messe l'Eglise n'a

exprimé que la passion et la mort de Jésus-Christ par la consécration de son corps et de son sang faite séparément. Il est certain, comme dit le concile de Trente, que par la vertu des paroles sacramentelles dites sur le pain, le corps est consacré seul ; que par la vertu des paroles sacramentelles prononcées sur le calice, le sang est aussi consacré seul. Il est pourtant de foi que cette séparation n'est que mystérieuse, et que réellement le corps n'est pas sans le sang, ni le sang sans le corps, puisque le corps de Jésus-Christ est véritablement un corps vivant et glorieux. Or, il est important qu'on représente dans le sacrifice la mort de Jésus-Christ et sa vie glorieuse, parce que la messe est le renouvellement et la continuation de celui qu'il a souffert en mourant sur la croix, et qu'il offre toujours vivant dans le ciel. Le corps consacré séparément, et le sang consacré séparément, sont le signe de sa mort ; le corps et le sang réunis sont le signe de la vie qu'il a reprise en ressuscitant : car l'espèce du vin pénétrant l'espèce du pain nous représente vivement que le corps et le sang résident ensemble et sont réunis comme dans un corps vivant ; et bien que la liturgie ne rappelle la résurrection qu'à la prière de la postcommunion, et nous représente le cœur du prêtre et des fidèles qui communient comme le tombeau où Jésus-Christ est déposé, il était juste et convenable que ce signe d'un Dieu vivant et ressuscité précédât la communion, puisque les chrétiens reçoivent à la messe le corps immolé et glorieux à la fois de Jésus-Christ, qui leur communique et la grâce de mourir à jamais au péché et les fruits d'une vie nouvelle par laquelle ils doivent vivre à la justice. Il faut savoir : 2° que l'on faisait autrefois, dans quelques occasions, mélange dans le calice de deux portions d'hostie consacrée. Toutes les fois que le pape officiait solennellement, on portait devant lui, dans une boîte destinée à cet usage, une particule de l'hostie qu'il avait déjà consacrée précédemment; le souverain pontife la mêlait avec le sang de Jésus-Christ, avant la communion, pour indiquer par ce rit que le sacrifice qu'il offrait actuellement n'était pas autre que celui qu'il avait déjà offert, et pour marquer ainsi l'unité et la continuité du même sacrifice : si par hasard un autre évêque remplaçait le pape dans cette circonstance, il pratiquait la même chose et faisait comprendre que tous les évêques célébraient le même sacrifice que celui qui avait été célébré un autre jour par le chef de l'Eglise. L'évêque chaque dimanche envoyait aux prêtres de sa ville une portion de l'hostie consacrée à la messe, afin qu'ils la joignissent dans la coupe sacrée au corps et au sang qu'ils avaient consacrés eux-mêmes, pour signe d'unité d'oblation, d'union de foi et d'obéissance, et il pouvait y avoir une raison naturelle de mêler cette particule, envoyée en signe de communion, avec le sang de Jésus-Christ, car les hosties étant plus épaisses alors, et quelquefois conservées assez longtemps, ou envoyées par les Eglises très-éloignées, pouvaient avoir besoin d'être humectées pour être prises plus facilement. Nous avons peut-être un reste de cet ancien usage le vendredi saint, jour auquel on ne consacre pas dans l'Eglise latine ; le prêtre communie seul avec une hostie consacrée la veille et déposée jusqu'au lendemain dans une chapelle appelée vulgairement *tombeau ;* il n'y a pas de messe, puisqu'il n'y a pas de consécration actuelle. On appelle cet office du matin, *la messe des présanctifiés* ou des dons sanctifiés et consacrés auparavant; or, dans cette *messe des présanctifiés*, le prêtre mêle dans le calice où il n'y a que du vin et rien que du vin, une particule de l'hostie consacrée la veille : suivant en cela l'ancienne coutume que cite l'archevêque de Corinthe au dixième siècle, lorsqu'il prescrit à un solitaire de prendre la sainte hostie qu'il conserve, melée avec du vin dans un petit vase uniquement destiné à ce ministère.

Maintenant donc ce mélange de l'espèce du pain et du vin consacrés représente la résurrection glorieuse du Sauveur, et, en le faisant, le prêtre récite cette prière : *Que ce mélange et cette consécration du corps et du sang de Notre-Seigneur Jésus-Christ*. Ici le mot de *consécration* ne veut pas dire (prenons-y garde) que les dons de l'autel sont consacrés de nouveau par ce mélange ; mais on veut dire simplement, *mélange du corps et du sang consacrés*. C'est dans ce sens que le diacre saint Laurent disait au pape saint Sixte : Éprouvez le ministre à qui vous avez confié la *consécration* du sang du Seigneur ; pour dire, à qui vous avez confié *le sang consacré ;* car c'était au diacre à le distribuer à la communion, et il n'y a pas un seul exemple qu'un diacre ait jamais consacré le calice. Voici donc le vrai sens de ces paroles : *Que ce mélange du corps et du sang consacrés* de Notre-Seigneur *soit fait pour la vie éternelle*, c'est-à-dire, soit un signe et un gage d'union à Jésus-Christ pour la vie éternelle, comme il est le symbole de l'union mutuelle du corps et du sang divins, et la marque de la résurrection et de la vie glorieuse de notre Dieu ; *à nous qui le recevons, ainsi soit-il.* On voit que cette prière regarde

spécialement ceux qui participent à la table sainte ;
le prêtre d'abord qui communie sous les deux espèces,
et même les fidèles qui, en recevant simplement
l'espèce du pain, communient réellement au corps et
au sang de Jésus-Christ qui y sont réunis et contenus ;
ce sont ces fidèles qui obtiennent principalement le
gage d'union pour la vie éternelle, puisqu'ils s'unissent plus intimement au sacrement d'unité et à toute
la plénitude du sacrifice.

§ IV. — De l'*Agnus Dei.*

A la fin du septième siècle, le pape Serge Ier établit que le chœur chanterait le verset *Agnus Dei*
pendant la fraction de l'hostie, comme l'expression
bien convenable de nos sentiments au moment où la
mort de Jésus-Christ, représentée par ce rit, nous
applique le fruit de la miséricorde et le mérite de la
paix. Dans la suite, on a répété trois fois cette invocation pour remplir tout l'intervalle jusqu'à l'antienne
de la communion ; il n'est pas étonnant que les prêtres aient désiré dire en particulier cette prière si excellente, et qu'ils aient voulu par dévotion l'ajouter
même à la messe basse, comme disposition à la réception du corps de Jésus-Christ. — Jusqu'au onzième
siècle les trois *Agnus Dei* finissaient par *miserere nobis, ayez pitié de nous ;* mais vers l'an 1100 la plupart des Eglises ont dit à la troisième reprise : *donnez-
nous la paix, dona nobis pacem.*

Aux messes des morts, on dit : *donnez-leur le repos,* et à la troisième fois, *donnez-leur le repos éternel.*
Dès le douzième siècle, on trouve cette pratique généralement établie. Le prêtre frappe sa poitrine à ces

mots : *ayez pitié de nous*, pour marquer par ce signe
la componction de son cœur ; il fait de même en disant : *donnez-nous la paix* : peut-être par suite de
l'ancienne pratique, où l'invocation était la même ;
mais il ne se frappe point la poitrine aux messes
des morts, parce que le repos que l'on demande
pour les fidèles trépassés ne le détermine pas à ce
geste.

Agneau de Dieu, Agneau qui, par votre douceur,
votre innocence et votre destination au sacrifice dès
l'origine du monde, méritez si justement ce titre que
l'Ecriture vous donne en mille endroits ; Agneau qui
avez racheté les brebis, et dont le nom, plein de
tendresse, inspire tant de confiance et d'amour ;
Agneau dont l'immolation a fait succéder la réalité
de la paix de Dieu au signe et à la figure de tant
d'agneaux immolés dont le sang grossier n'était que
l'ombre du sang précieux qui a coulé sur la croix ;
Agneau pascal dont le sang n'est plus appliqué extérieurement sur les portes des Hébreux comme marque
dé leur ancienne délivrance, mais coule dans nos
veines et dans nos cœurs pour nous tirer de l'esclavage du péché et nous mériter la liberté des enfants
de Dieu ; véritable Agneau de Dieu, seul digne de lui
plaire et de l'apaiser ; victime du Seigneur par excellence, *qui ôtez les péchés du monde*, qui les ôtez et qui
les portez (car le terme grec et latin a également cette
double signification) ; vous les portez, puisque Dieu
le Père vous a chargé de toutes nos iniquités et vous
a fait comme un agneau qu'on mène à la boucherie,
puisque vous-même en avez accepté le poids énorme
et l'avez porté en votre corps sur la croix, puisque
vous permettez que nous déposions réellement sur

votre tête adorable le fardeau si pesant de nos misères, comme on mettait la main sur les victimes de l'ancienne loi pour les substituer en sa place et les charger de ses péchés. Et vous faites plus que de porter nos crimes, divin Agneau, vous les expiez, vous les effacez, vous les détruisez, vous n'êtes venu que pour donner fin au péché, effacer l'iniquité et apporter la justice éternelle. Vous avez absorbé la mort de nos âmes dans une entière victoire, vous avez brisé l'aiguillon avec lequel cette mort cruelle nous poussait vers l'enfer, vous nous lavez dans votre sang au baptême et à la pénitence, et vous nous donnez la grâce d'accomplir en nous ce qui manque à vos souffrances et à la part que nous devons y prendre par une coopération fidèle. Vous ôtez donc les péchés du monde, ces péchés que l'amour du monde et de nous-mêmes nous a fait commettre, et quelque grands qu'ils soient, ils sont absolument expiés par votre sacrifice et vos larmes, sans qu'ils restent en aucune manière. *Ayez pitié de nous*, maintenant que votre amour vous a mis sur l'autel, dans nos mains, pour ainsi dire à notre discrétion, et que vous allez entrer jusque dans nos cœurs ; maintenant que, renouvelant votre sacrifice du Calvaire, vous nous apportez et la liberté acquise par votre sang, et la miséricorde obtenue par votre mort, et la paix rendue par la vie glorieuse que vous avez reprise ; nous répétons cette invocation avec les plus vifs sentiments de notre misère et de la confiance que vous nous donnez ; nous la répétons jusqu'à trois fois, pour marque du besoin infini que nous avons de votre miséricorde ; nous l'exprimons dans le moment le plus heureux, entre la *Consécration* qui nous a mis

en possession de votre grâce, et la *Communion* qui
va vous mettre en possession de nos cœurs : entre le
don le plus ineffable de tout vous-même, et l'application des mérites de ce don fait à nos âmes par la
participation au sacrifice. *Donnez-nous la paix*, non
pas simplement la fin des troubles passagers, mais la
paix du Seigneur nécessaire en tout temps, et qui est
l'effet et la suite du péché pardonné : en un mot,
donnez-nous la miséricorde qui commence notre
union avec Dieu, et la paix qui la consomme sur la
terre et qui la couronnera dans le ciel.

Aux messes des morts, on dit : *Donnez-leur le repos, et le repos éternel :* d'abord le repos simplement
ou la cessation des peines du purgatoire, et le repos
éternel ou le comble de la félicité dont les Saints
jouissent à jamais dans le ciel ; ainsi, dans la circonstance du sacrifice offert pour les défunts, l'Eglise
change les paroles de son invocation, parce qu'elle
est tout occupée de procurer, par le sang de la victime, la paix et le bonheur aux âmes qui soupirent et
qui souffrent loin de Dieu et de l'éternelle patrie.

§ V. — De la prière *Domine Jesu Christe*, pour demander la
paix, et du baiser de paix.

On ne dit pas aux messes des morts cette prière,
parce qu'on n'y donne pas le baiser de la paix, et on
omet ce souhait mutuel, ainsi que l'oraison qui demande la grâce qui en découle, parce que la paix
que nous sollicitons pour l'Eglise de la terre ne convient pas à l'Eglise du purgatoire.

Rien de plus ancien dans la liturgie que l'usage de
se donner mutuellement le baiser de paix au milieu

des saints mystères et avant d'y participer : saint Justin, dans son apologie écrite au second siècle ; saint Cyrille de Jérusalem, dans sa cinquième catéchèse, le huitième livre des *constitutions apostoliques*, en parlent comme d'un rit généralement et constamment observé ; et l'Eglise a voulu que cette pieuse et touchante cérémonie fût précédée par une prière qui en explique le but et qui en détaille les fruits précieux.

Seigneur Jésus-Christ, dont le nom veut dire *Sauveur*, dont le surnom de *Christ* veut dire oint ou consacré, qui êtes à la fois Jésus et Christ, c'est-à-dire Sauveur consacré par la mission divine pour nous mettre en liberté et nous sauver la vie : vos anciens prophètes recevaient, par l'effusion de l'huile sainte, la mission du Seigneur pour annoncer au peuple juif et ses ordres, et ses menaces, et ses promesses ; mais vous, ô Dieu, votre Dieu et votre Père vous a sacré, non comme prophète, mais comme Sauveur, d'une huile de joie en une manière plus parfaite que tous ceux qui ont participé à la gloire de votre puissance et de votre ministère. Vous êtes le Sauveur, le Christ par excellence ; les autres n'étaient que des libérateurs faibles et passagers, que de simples ambassadeurs avec un pouvoir imparfait et d'emprunt ; vous êtes notre Seigneur et notre Maître, puisque vous nous avez achetés par son sang, et le Ciel a proclamé ces trois titres à votre naissance en disant : Il vous est né un Sauveur qui est le Christ et le Seigneur. C'est donc à Jésus comme Sauveur, au Christ comme envoyé de Dieu pour nous délivrer et nous instruire, à notre Seigneur comme au maître et de ses brebis rachetées et de la grâce qui leur applique

les mérites de la rédemption, que nous adressons
cette prière : *Seigneur Jésus-Christ, qui avez dit à vos
apôtres : Je vous laisse la paix, je vous donne ma paix.*
Le prêtre, qui vient de la demander en terminant l'*A-
gnus Dei,* et qui va la communiquer à la fin de cette
oraison, se sent pressé d'exposer au Sauveur que la
paix doit être regardée comme le plus grand bien
des chrétiens, puisqu'en donnant à ses apôtres les
marques les plus vives de son amour, la veille de sa
mort il leur avait dit : *Je vous laisse la paix, je vous donne
ma paix* (1) ; sur quoi saint Augustin remarque la
différence que l'on doit faire entre la paix que Jésus-
Christ laisse et *sa* paix qu'il donne. La paix qu'il
laisse est celle que nous pouvons avoir en cette vie
par sa grâce et par son amour; elle vient de la bonne
conscience et de la fidélité à la loi de Dieu et à nos
devoirs; elle produit le calme et·la joie dans la
partie supérieure de l'âme, et n'empêche pas cependant les troubles et les peines sensibles ; elle sub-
siste au milieu des combats, tandis que la paix que
Jésus-Christ donne est l'assurance de la paix pour
l'éternité. Celle qu'il donne exclut toute peine, tout
travail, toute larme, tout combat; c'est sa paix, celle
dont il jouit lui-même et qu'il destine aux fidèles
pour en jouir dans le ciel : quand on ne la demande
pas, on n'a rien demandé, et quand on la demande
sans cesse, on obtient la joie pleine que le monde ne
pourra plus ni ravir ni altérer. Quel motif consolant
dans cette double considération pour demander avec
ardeur la paix de Dieu et pour nous la souhaiter les
uns aux autres avec une charité sincère ! C'est de-

_____

(1) Joan. XIV.

mander, c'est se souhaiter le plus vrai bonheur en cette vie et le plus grand bonheur en l'autre, le seul bien réel ici-bas et le bien ineffable dans l'éternité.

O Sauveur, ô envoyé de Dieu, ô maître plein de bonté, qui avez fait, après l'institution de l'Eucharistie, de si douces promesses et à vos apôtres et à votre Eglise pour toute la suite des siècles, *n'ayez pas égard à mes péchés*, à mon indignité qui pourrait mettre obstacle à l'effusion d'une grâce si précieuse, *mais à la foi de votre Eglise :* détournez vos yeux de mes offenses et arrêtez vos regards sur cette société si sainte dans son chef, si pleine de confiance en votre parole ; ne vous souvenez pas des pécheurs qui se trouvent dans son sein, souvenez-vous seulement des justes pleins de foi et d'amour qu'elle renferme dans sa société ; que ce soit cette portion vivante et pure des membres de votre corps mystique qui attire cette paix tant désirée ; enfin ne considérez dans ma demande que le ministre de votre Eglise et non l'homme faible et pécheur indigne du ministère dont il est revêtu. Il est à remarquer que toutes les fois que le prêtre à l'autel parle en son nom, c'est toujours en termes humiliants ; il exprime toujours ses indignités, ses offenses et sa servitude ; et, au contraire, quand il parle des fidèles, il le fait en termes pleins d'honneur, les appelle le peuple de Dieu, sa famille, son peuple saint, son Eglise pleine de foi. Cette vérité de l'humilité convient à celui qui parle en son nom et qui est assuré de ses misères, et cette charité de l'humilité convient quand nous parlons des autres dont nous ne connaissons pas le cœur, et que nous devons supposer bons et agréables à Dieu. Chaque fidèle en récitant cette prière doit en user ainsi, et

dire à Dieu du fond de son âme : Seigueur, au moment où nous vous demandons le plus grand de tous
les biens, n'ayez pas égard à mes offenses, mais à la
foi de votre Eglise; que la ferveur des uns supplée a
l'indifférence des autres, que la justice et la sainteté
de mes frères vous touche plus que la misère de mon
pauvre cœur ; et si vous nous exaucez, ô Père saint,
à cause de votre Fils qui se place entre vous et les
pécheurs, exaucez-nous, Médiateur plein de miséricorde, en considération de la foi et de la sainteté de
votre Eglise que nous plaçons sous vos yeux, mettant
notre indignité personnelle à l'abri des mérites du
corps entier et de l'ensemble d'une famille qui vous
est chère.

Et daignez la pacifier, cette Eglise, *et la réunir :*
c'est-à-dire, daignez lui donner la paix avec vous et
l'union entre tous ses membres. Voilà le double bien
que nous demandons ici et qui constitue la religion
tout entière ; car le but essentiel de la religion est
d'unir les hommes avec Dieu et d'unir les hommes
entre eux ; toute la loi et les prophètes sont contenus
dans ces paroles : Vous aimerez le Seigneur votre
Dieu de tout votre cœur, vous aimerez le prochain
comme vous-même ; faites cela, et vous vivrez. Voilà
donc encore une fois ce que nous demandons à Dieu
si souvent dans la liturgie sacrée, voilà ce que nous
nous souhaitons mutuellement par le baiser de paix,
et le gage que nous allons en recevoir dans la communion au sacrifice : 1° la paix, cette paix que Jésus-
Christ a méritée sur la croix, qu'il a laissée dans les
sources de la grâce par le canal des sacrements, et
cette paix qu'il donne dans le ciel comme prix et récompense de celle que nous aurons gardée avec lui

sur la terre ; 2° l'union des chrétiens entre eux, la charité mutuelle qui ne fait ici-bas de tous les fidèles qu'un cœur et qu'une âme, et qui nous donne la juste confiance d'être un jour réunis dans la maison de Dieu comme les enfants d'une même famille. Daignez donc, Seigneur, pacifier ainsi votre Eglise et la réunir ; mais donnez-nous cette paix et cette union fraternelle ; *selon votre volonté*, non-seulement la paix de votre grâce, l'union du pardon et du support mutuel, mais encore la paix de votre gloire et de votre bonheur, et la société éternelle d'une charité bonne et pleine de joie. Que nous soyons unis à Dieu et entre nous, comme vous le voulez, comme vous l'avez demandé à votre Père dans la prière que vous lui avez adressée, après avoir dit à vos apôtres : Je vous laisse la paix ; je vous donne ma paix ; que cette paix de Dieu, que cette paix des frères nous donne en ce moment la bénédiction, et dans le siècle futur la vie qui en est la récompense. Nous vous demandons cette grâce, ô Sauveur tout-puissant ; formez en nous des cœurs de bonne volonté, remplis du désir de faire votre volonté sainte, *vous qui, étant Dieu*, pouvez tout accorder, puisque vous *vivez et régnez dans les siècles des siècles. Ainsi soit-il.*

A la messe basse, quand elle n'est pas dite pour les morts, on se contente de cette prière de la paix sans en donner le baiser ; mais à la messe solennelle cette oraison est suivie d'un baiser de paix par lequel on se souhaite les uns aux autres tout ce qui vient d'être détaillé dans la prière qui précède. Nous avons déjà vu l'antiquité respectable de ce rit solennel qui remonte au temps où la multitude des fidèles ne formait qu'un cœur et qu'une âme ; il ne s'agit plus

que d'examiner en peu de mots comment ce baiser de
paix se donnait autrefois, comment on le donne aujourd'hui, pourquoi l'Eglise l'a établi avant la communion, et quels sentiments doit produire en nous cette
pieuse cérémonie.

Les apôtres avaient recommandé ce saint baiser,
et l'on voit dans saint Augustin de quelle˙manière
cela se pratiquait. « Après l'Oraison dominicale, on
dit : La paix soit avec vous, et les chrétiens s'embrassent mutuellement ; c'est un signe de paix, une
marque de vraie amitié entre personnes égales, entre
les fidèles qui se regardent tous comme frères, comme
enfants du même Père qui est dans les cieux, et de la
même Mère qui est l'Eglise ; mais ce que les lèvres
représentent doit avoir son effet dans la conscience,
c'est-à-dire que comme vos lèvres s'approchent de
celles de votre frère, votre cœur doit se trouver uni à
son cœur. » Toutes les personnes du même sexe se
donnaient le saint baiser les unes aux autres, les˙
hommes de leur côté, les femmes du leur ; et c'était la
principale raison pour laquelle les deux sexes étaient
séparés dans l'Eglise selon les *Constitutions apostoliques*, afin qu'il n'y ait en cette cérémonie qu'une
charité toute pure et toute digne de Dieu. Cette coutume n'a pas varié jusqu'au milieu du treizième siècle,
quoiqu'on l'ait peu à peu restreinte aux hommes
seuls, quand les places des deux sexes n'ont plus été
si exactement distinguées ; puis, à cette époque, on
vit s'introduire l'usage de donner la paix aux laïques
avec un instrument qu'on appela *l'osculatoire, la
paix, la table de la paix, le symbole de la paix.* Cependant le clergé, selon le rit romain, a conservé
une partie de l'ancien usage en s'embrassant, et l'on

s'est contenté de présenter au peuple l'osculatoire appelé simplement *la paix*. Plus tard, on a encore abandonné ce dernier rit, et l'on s'est borné à présenter l'instrument de paix aux marguilliers, qui, comme nous l'avons dit, sont les députés et les représentants d'une paroisse, et à ceux qui sont à la sainte table pour communier, parce qu'ils viennent participer à une paix plus abondante et plus efficace en approchant des très-saints mystères, qui sont le lien de la charité envers Dieu et envers nos semblables. Aujourd'hui, selon le rit parisien surtout, on ne donne plus la paix qu'au clergé, et encore à l'aide de l'osculatoire ; il n'y a que dans la cérémonie des ordinations que les différents ministres du sanctuaire s'embrassent réellement. Or, voici comme la chose se pratique ordinairement aux grand'messes : Le prêtre, en finissant la prière que nous venons d'expliquer, baise l'autel pour recevoir la paix plus immédiatement de Jésus-Christ qui en est l'auteur, le prince et le Dieu. Pendant quelque temps on a même baisé l'hostie ; ailleurs, le calice ou le corporal, ou la palle, ou la patène ; mais ce qui s'est plus généralement observé, et ce qui s'est toujours conservé à Rome, c'est de baiser l'autel ou la pierre sacrée qui est le siége du corps de Jésus-Christ. Ensuite le prêtre baise les instruments de paix qui lui sont présentés par le diacre à genoux, pour communiquer à ces symboles la paix de Dieu et l'union fraternelle qu'il vient de puiser au trône de la grâce et de la miséricorde. Ces instruments sont ordinairement deux petites tables de métal avec une poignée, et représentent d'une part le Sauveur en croix et de l'autre le Seigneur ressuscité, indiquant ainsi que la paix que nous nous souhaitons nous a été acquise par la mort de Jésus-Christ et qu'elle a été consommée et ratifiée par sa résurrection. Le prêtre dit au diacre : *Que la paix soit avec vous, mon frère, et avec la sainte Eglise de Dieu.* Je l'ai puisée, pour ainsi dire, sur la bouche de Dieu même, je vous la transmets ; portez-la, mon frère, à la sainte société des enfants avec qui nous ne sommes qu'un même corps et une même paix, nous tous qui participons au même pain et au même calice. Le diacre donne la paix aux ministres de l'autel, et les derniers clercs, qu'on appelle acolytes, la portent à tout le clergé suivant le rang et la dignité de chacun ; et chaque fois qu'on présente l'instrument à baiser, on dit : *La paix soit avec vous;* et l'on répond : *Et avec votre esprit.* Enfin on encense le clergé par ordre, comme il a été fait à l'offertoire ou à la préface. Cet encensement, dans la circonstance actuelle, nous rappelle le parfum des vêtements de Jacob que sentit avec joie Isaac son père en l'embrassant, et qui l'invita de suite à bénir son fils et à lui dire : La douce odeur de mon fils est semblable à celle d'un champ couvert de fleurs que le Seigneur a béni ; que Dieu lui donne de la rosée du ciel et de la graisse de la terre, l'abondance du vin et du froment! Il rappelle, et ce chaste baiser donné à l'âme fidèle au livre des Cantiques au milieu des parfums les plus exquis, et cette bonne odeur de Jésus-Christ que nous devons répandre en tout lieu, en conséquence de cette paix, et cette ferveur de dispositions qui doit être plus vive aux approches de l'heureux moment de la communion sacramentelle. Combien donc cette pratique du baiser de la paix est convenable dans cette partie du sacrifice ! Qu'il est juste de se souhaiter la paix avec Dieu avant d'approcher de l'Eucharistie, qui exige si rigoureusement l'état de grâce dans ceux qui la reçoivent ! Qu'il est utile de renouveler par un signe extérieur l'unité des esprits dans le lien de la paix, au moment de participer au sacrement d'union et d'amour ! Sans cette union avec Dieu par la charité, on mange et on boit son jugement et sa condamnation : sans cette union avec les hommes, non-seulement on ne peut pas communier, on ne peut pas même se joindre à l'oblation ; et si notre frère a quelque chose contre nous, il faut laisser son présent devant l'autel pour aller auparavant se réconcilier avec lui. Aussi cette recommandation a-t-elle paru si essentielle, que l'Eglise grecque a marqué le baiser de paix avant l'oblation ; on le pratiquait de même autrefois dans les Gaules, et le baiser de la patène à l'offrande peut y suppléer encore ; mais à Rome, dans plusieurs églises latines, on a jugé à propos de placer ce souhait mutuel après l'Oraison dominicale, comme l'indique saint Augustin ; et afin, dit le pape Innocent Ier, que l'on confirme immédiatement avant la communion tout ce qui a été dit, opéré et demandé pendant les saints mystères. Or, voici la suite que met l'Eglise dans cette partie de la liturgie : elle demande trois fois au Seigneur la paix avec lui et avec le prochain, elle nous la fait souhaiter mutuellement et du fond du cœur, puis elle nous en donne non plus le signe, mais le gage réel dans la participation à l'Eucharistie.

Faisons donc en esprit ce que l'on faisait extérieurement pendant qu'on se donnait la paix : et lorsque le prêtre dit l'oraison qui suit l'*Agnus Dei*, renouvelons l'amour pour tous nos frères, et attirons en nous

par cette dilection celle de Jésus-Christ, en qui nous
ne pouvons vivre de sa grâce que par l'amour qu'il a
tant recommandé. On connaîtra, disait-il, que vous
êtes mes disciples à la charité que vous aurez les uns
pour les autres.

Mais, dira-t-on peut-être, après avoir médité sur
ce fonds si riche des paroles et des cérémonies de la
messe, comment exciter dans son cœur tant de sentiments si divers et si profonds ? comment même se
les rappeler dans la si courte action du sacrifice ?
Vous avouez donc qu'elle est détruite, cette difficulté
avancée si témérairement par l'ignorance et la légèreté, que les prières de la liturgie sont sèches et
froides, qu'une grand'messe est d'une longueur
insupportable, qu'il est impossible de tenir son
esprit attentif pendant l'action solennelle ? Il faut
donc reconnaître que, si l'on voulait entrer dans
l'esprit de l'Eglise, les paroles saintes fourniraient à
la méditation de l'esprit et aux plus pieux sentiments
du cœur ; qu'une messe basse serait trop courte, et
une messe solennelle à peine suffisante aux réflexions
qui naissent avec abondance d'un sujet si fécond ;
que tout jusqu'au moindre mouvement des cérémonies parlerait à la foi des fidèles, et que le culte
extérieur des rites expliqués et compris serait un
langage expressif qui suffirait à entretenir dans l'âme
les plus dignes et les plus religieuses émotions.
Toutefois, n'allons pas nous imaginer qu'il faille ainsi
penser à tout, épuiser toute méditation pendant le
sacrifice. Aujourd'hui quelques souvenirs de cette
connaissance se réveilleront, une autre fois d'autres
souvenirs soutiendront l'attention et la ferveur ; peu
à peu cette connaissance s'étendra, se perfectionnera

sans effort, et l'on sera étonné que cette étude devienne facile et naturelle autant que consolante et précieuse dans ses résultats. Qu'on nous permette une simple comparaison. Quand une personne apprend à lire, c'est un travail pénible de se rappeler à tout moment et chaque lettre et leur disposition dans chaque mot; mais lorsque la lecture est devenue facile et d'un usage parfait, on ne s'inquiète plus ni des lettres ni de leur assemblage, on est tout entier au sujet que l'on lit et au charme de l'ouvrage. Il en sera de même de la connaissance et de l'étude des prières et des cérémonies de la messe. Pour rompre l'esprit à cette méditation, il y aura d'abord travail et fatigue; le *Manuel* qui en traite paraîtra dans les commencements ne pas procurer de joie; mais qu'on s'y habitue, que l'on s'exerce à cette étude des choses saintes avec plus d'affection de cœur que de contention d'esprit, bientôt on en recueillera des fruits pleins de paix, les pensées naîtront naturellement d'un sujet si vaste, l'âme exprimera sans peine ce qu'elle aura conçu avec calme et plénitude, et l'onction intérieure de la grâce qui ne vient que de Dieu nous instruira de toutes choses.

§ VI. — Des Oraisons pour la communion.

On se contentait dans les premiers siècles, pour se disposer à la communion, des prières qui ont précédé; mais plusieurs saints n'ont pu voir approcher ce redoutable moment sans être saisis de respect et d'un saint tremblement, et sans éprouver le besoin de demander encore et la rémission de leurs fautes pour participer dignement, et les grâces d'une préparation fervente pour participer avec le plus grand fruit.

Parmi toutes les oraisons que ce sentiment de dévotion introduisit à ce moment de la messe, l'Église
en a choisi deux, qui depuis six à sept cents ans ont
été regardées comme venant d'une haute antiquité.

Les fidèles qui se disposent à communier ne sauraient mieux faire que d'entrer dans l'esprit des
oraisons que le prêtre va réciter, au lieu de tant
d'autres formules d'actes ou de prières. Car si ces
prières, comme celles de la *Journée du Chrétien*,
par exemple, sont pleinement autorisées, il vaut
mieux alors les réserver pour la préparation avant
la messe et pour l'action de grâces qui doit la suivre,
et s'appliquer à chaque oraison et parole de la liturgie, dont l'onction si touchante suffit au prêtre à
l'autel et ne saurait être jugée insuffisante au chrétien à la table sainte. Si au contraire ces prières
et ces actes sont pris dans des livres peu autorisés,
il est à craindre que le peuple fidèle ne s'accoutume
à lire des sentiments d'une piété transcendante qui
sont démentis par le cœur, à faire des protestations
qui ne conviennent guère à sa faiblesse et qui dé-
couragent bientôt, parce que l'on trouve impraticable
ce qu'une ferveur mal réglée nous avait fait pro-
mettre à l'ombre du sanctuaire. Les prières de l'E-
glise n'exposeront jamais à ces inconvénients, parce
qu'elles sont parfaitement mesurées à notre état et à
nos besoins, et parce qu'elles expriment dans le plus
vrai sens les dispositions que nous devons apporter
à la divine Eucharistie. Réservez donc, chrétiens, tout
livre étranger à la sainte liturgie pour le temps qui
précède ou qui suit la messe de communion ; dans
cette messe, suivez mot par mot les paroles de l'E-

glise, pénétrez-vous bien du respect qu'elles méritent, du seus qu'elles renferment, de l'onction qui les accompagne ; et alors, comme le prêtre, vous trouverez dans ces accents si purs et si touchants tout ce que vous devez dire au Seigneur, qui vient régner sur votre âme et en prendre possession.

La pureté de conscience est la disposition essentielle et indispensable pour communier ; les autres dispositions de foi vive, d'humilité profonde, de désir et d'amour, ne sont que secondaires, et leur défaut rendrait seulement la communion tiède et presque sans fruit, tandis que le péché mortel la rendrait indigne et sacrilége. Aussi l'Eglise s'applique-t-elle d'abord à demander dans ces deux prières cet état de grâce si nécessaire, se réservant ensuite d'exciter dans le cœur des fidèles les autres sentiments de dévotion et de piété. Dans la première oraison, elle demande à Jésus-Christ la vie de la grâce, non pas telle que la donne le baptême ou la pénitence, mais telle que la nourrit, la fortifie et l'augmente l'Eucharistie, la vie de la grâce solide et confirmée, stable et courageuse, persévérante et éternelle.

Seigneur Jésus-Christ, dit-elle encore en s'adressant au Sauveur consacré pour nous donner cette vie précieuse, au maître qui a acquis sur nous tout droit en nous la procurant sur le Calvaire, *Fils du Dieu vivant*, de ce Dieu qui est le principe de la vie spirituelle, qui vous la communique par nature et par essence, avec le pouvoir de la communiquer aux hommes par grâce et par adoption ; Fils éternel et tout-puissant, *qui par la volonté du Père*, dont la charité vous a envoyé et livré pour nous, *et par la coopération du Saint-*

Esprit dont l'amour pour les hommes a formé le corps de la victime dans le chaste sein de Marie, et coopère sans cesse à changer le pain de l'autel en ce corps adorable, afin qu'il soit offert pour donner la vie à nos âmes ; *avez donné par votre mort la vie au monde,* en attachant à la croix avec votre corps l'obligation de mort éternelle que nous avions contractée par le péché, en effaçant par votre sang les dettes énormes que notre orgueil y avait souscrites, en la déchirant et la détruisant par la séparation de votre corps et de votre âme, et par la destruction de la victime, qui s'était, pour ainsi dire, identifiée cette funeste obligation, et l'avait endossée à défaut des débiteurs insolvables, et qui, en mourant à la place des pécheurs, avez fait rétracter l'arrêt de mort et leur avez rendu la vie.

Le Prêtre intéresse dans ce considérant la Trinité tout entière, qui a contribué à nous donner la vie en Jésus-Christ et par Jésus-Christ sur la croix, et qui contribue à nous l'appliquer sur l'autel ; mais cette vie doit déjà habiter dans l'âme du fidèle qui s'approche des saints mystères, et l'Eglise ne va en demander que la confirmation et l'abondance.

Délivrez-moi par ce saint et sacré corps et par votre sang que le Saint-Esprit a formé et qu'il vient de produire encore par la transsubstantiation, que le Père a donné pour nous et qu'il nous donne encore tous les jours, que vous avez livré sur la croix et que vous immolez sans cesse au ciel et sur la terre, par ces dons de vie ineffable que nous possédons, que nous contemplons, que nous allons nous incorporer pour nous appliquer les mérites de votre mort ; délivrez-moi *de toutes mes iniquités,* non-seulement des péchés que j'ai pleurés et expiés dans la pénitence, mais aussi de tout ce qui s'oppose à la vie de mon âme, de tout ce qui peut me détourner de Dieu ; *et de toutes sortes de maux*, des peines qui me porteraient au mal, des dangers et des épreuves qui m'environnent, de l'illusion, de l'erreur, de l'ignorance, des vrais malheurs en cette vie dont l'iniquité est la source et le principe ; car nulle adversité ne saurait nous nuire, si nulle prévarication ne domine en nous. *Et faites que je m'attache toujours inviolablement à votre loi*, que je ne m'écarte jamais de vos commandements et de mes devoirs, puisqu'on ne peut entrer à la vie qu'en gardant les divins préceptes. *Et ne permettez pas que je sois jamais séparé de vous;* que je m'unisse à votre volonté sainte comme le frêle arbrisseau s'attache à l'arbre vigoureux ; que vous soyez le principe de mes pensées, de mes désirs et de mes actions ; que l'union que je contracte avec vous sur la terre, à travers les voiles et les symboles eucharistiques, ne soit que l'essai de cette union éternelle par laquelle je vous posséderai dans le ciel, face à face, sans ombre et sans nuage ; que notre amour pour vous, ô mon Dieu, soit assez vif et assez puissant pour nous faire dire avec l'Apôtre : Qui nous séparera de la charité de Jésus-Christ ? Ce ne sera ni le présent ni l'avenir, ni la vie ni la mort ; et pour nous faire répéter avec le Prophète : Il m'est bon de m'attacher au Seigneur ; qu'ai-je à désirer au ciel, et que puis-je vouloir sur la terre, sinon vous qui êtes le Dieu de mon cœur et mon partage pour l'éternité, *vous qui vivez et régnez avec le Père et le Saint-Esprit?*

Malgré ces hautes et courageuses protestations de fidélité, malgré ce généreux défi que nous portons

24

à toutes les créatures de nous séparer jamais de Dieu, promesses et défi que nous croyons inébraulables dans l'accès de la ferveur et dans l'épanchement de l'âme avant la communion, l'Eglise, qui connaît notre faiblesse et notre inconstance, s'inquiète comme une mère tendre et expérimentée de l'avenir de ses enfants. Elle ne saurait oublier ce qui se passa au cénacle ; elle entend toujours avec effroi cette voix de Pierre qui disait avant la communion : Quand tout le monde vous abandonnerait, je ne vous abandonnerai pas ; quand il faudrait subir la prison et la mort, je ne vous renoncerai jamais : et cette même voix du prince des apôtres qui, quelques heures après la réception de l'Eucharistie, disait avec serment et avec imprécation à la vue d'une simple servante : Je ne connais point cet homme, je ne sais ce que vous me dites de ce Jésus de Nazareth, je ne suis point de ses disciples. L'Eglise nous rappelle donc ce qu'une triste expérience ne devrait pas nous faire si tôt oublier ; et, dans cette seconde prière, elle demande que le corps de Jésus-Christ, non-seulement nous délivre du péché et de ce qui nous y conduit, mais encore qu'il soit le plus heureux préservatif contre ce qui pourrait à l'avenir nous faire perdre la vie de la grâce ou l'afaiblir en nous :

« Seigneur Jésus-Christ, faites que la réception de » votre corps, que je me propose de prendre à votre » autel, tout indigne que j'en suis, » car, bien que je me sois éprouvé avant de manger ce pain des anges, bien que ma conscience ne me reproche rien de grave et de mortel, je ne suis pas pour cela justifié, ni digne de vous recevoir ; quand je me croirais comblé de toutes sortes de grâces et riche de vertus, comme cet ange de l'Église de Laodicée(1), je puis me faire illusion, et entendre de votre bouche cette parole de vérité, que je suis incontestablement pauvre, nu, aveugle et misérable. Je reconnais donc de plus en plus mon indignité présente et surtout ma fragilité pour l'avenir, et je vous conjure que cette communion *ne tourne pas à mon jugement et à ma condamnation*, que je ne signe pas de votre sang, qui donne la vie, mon arrêt de mort; que je redoute de m'incorporer vos vengeances comme la nourriture est inséparable de celui qui l'a reçue, dès qu'elle a passé dans sa chair et dans ses veines. Mais comment cette nourriture de grâces et ce breuvage de vie peuvent-ils devenir un principe de mort et de condamnation? Comme la nourriture la plus saine et la plus exquise devient un germe de maladie et de mort, si elle est reçue dans un estomac vicié et dans un sang corrompu. Ce que l'Église exprime parfaitement dans la prose du Saint-Sacrement : Les méchants le reçoivent comme les bons, avec cette différence que les uns y trouvent la mort et les autres la vie : *Mors est malis, vita bonis.* Mais, Seigneur, ce n'est pas assez de ne pas boire le poison aux sources sacrées de la vie, pas même assez de boire la vie à longs traits aux sources du Sauveur: il faut prévoir l'avenir, la longueur et les dangers du voyage ; il faut puiser l'eau qui rejaillit jusqu'à la vie éternelle ; que la réception de votre corps, dirai-je donc encore, non-seulement ne tourne pas à ma condamnation, *mais que par votre bonté* et votre miséricorde infinie, qui surpasse tous mes besoins, *il me*

(1) Apoc. III.

serve, ce saint et sacré corps, *de défense pour mon âme et pour mon corps*, de défense pour mon âme contre tous les péchés mortels, de défense pour mon corps contre toutes les attaques d'une chair de péché qui livre à mon esprit de rudes combats ; qu'il imprime à mon âme le courage et la force, qu'il imprime à mon corps ce même courage contre la mollesse et la concupiscence ; que l'aiguillon du péché vienne se briser contre votre corps uni au mien, et que si, dans les justes dispositions de votre providence, vous permettez que cet aiguillon mortel transperce ma chair, qu'il s'y émousse et qu'il ne pénètre jamais jusqu'à mon âme ; alors la vertu trouvera sa perfection dans le sein de la faiblesse, et la participation de votre chair adorable nous fortifiera contre le démon et contre nous-mêmes. Qu'elle me serve encore cette chair sacrée, *et de remède salutaire* appliqué sur les blessures pour les cicatriser, communiqué à la langueur spirituelle pour la faire disparaître, et pour réparer les forces que nous perdons par les légères infidélités de chaque jour ; qu'elle soit le pain quotidien qui répare les faiblesses quotidiennes, qui nous préserve, comme un régime salutaire, du danger de la convalescence, du malheur de la rechute et de la défaillance dans le chemin de la vie ; et que la force de cette nourriture divine nous fasse marcher sûrement et arriver heureusement jusqu'à la montagne de Dieu, c'est-à-dire jusqu'au ciel où nous serons rassasiés de sa gloire et enivrés de son bonheur. Voilà toutes les grâces que nous vous demandons, ô Seigneur Jésus-Christ, *qui étant Dieu* égal à votre Père, digne d'être invoqué, non-seulement comme médiateur, mais comme principe de tout bien, *vivez et régnez* de cette vie dont nous devons vivre sur la terre, et par laquelle nous régnerons dans le ciel, *avec le Père en l'unité du Saint-Esprit*, dans tous les siècles des siècles. Ainsi soit-il.

Ces deux oraisons, et les prières qui vont suivre pour la communion du prêtre et des fidèles, regardent ceux qui communient sacramentalement ; on ne peut mieux faire, quand on a le bonheur de participer à l'Eucharistie, que de s'y unir absolument et de se nourrir du suc divin qu'elles renferment, mais qu'il faut savoir exprimer ; cependant, comme la plupart assistent à la messe sans recevoir la communion, et que tous néanmoins doivent prendre au moins une part spirituelle au sacrifice, nous nous réservons de parler de cette communion de cœur et de désir après la participation sacramentelle du prêtre et du peuple, et d'apprendre comment, dans ce cas, on doit remplir saintement et efficacement le temps qui s'écoule depuis la paix donnée jusqu'aux dernières oraisons.

§ VII. — De la communion du prêtre.

Il est donc enfin arrivé l'heureux moment de la consommation du sacrifice, mais il est arrivé aussi le moment de redoubler les désirs d'y participer. Jésus-Christ a souhaité avec ardeur de manger cette nouvelle pâque avec ses disciples, et les disciples de ce Dieu d'amour doivent soupirer après cette pâque précieuse qui est la vie de nos âmes, et dire avec David : Mon cœur et ma chair ont tressailli d'empressement après le Dieu vivant, qui a tué la mort par sa mort, et qui nous donne, dit saint Augustin,

la vie qui est la mort de la mort. Mais n'oublions pas
que la communion dépose Jésus-Christ dans notre
cœur, comme son corps a été déposé dans le sépulcre
avec cette différence, que ce corps divin qui a
été mis au tombeau, était privé de la vie de l'âme,
quoique la divinité lui fût toujours demeurée unie ;
tandis qu'à l'autel nous recevons le corps de Jésus-
Christ immolé et avec des signes de mort, et tout a
la fois glorieux et vivant. C'est ce que l'Eglise nous a
déjà indiqué dans la fraction de l'hostie qui exprime
la mort, et dans le mélange des deux espèces sacramentelles qui représente la résurrection. Or, dans
cette mystérieuse sépulture, il faut qu'il en soit de
nos âmes comme du sépulcre du Seigneur ; et remarquons que le Seigneur descend avec bonté de l'autel
jusqu'à nous, comme on le descendit de la croix ;
qu'il doit être enseveli dans un cœur pur, exempt de
toute faute mortelle, comme il fut enseveli dans un
linceul blanc ; qu'il est déposé dans un tombeau neuf,
comme le vin eucharistique doit être serré dans des
outres neuves et non dans un cœur vieilli par le
péché ; que ce cœur pur doit être ou créé dans la
justice ou renouvelé dans la pénitence ; que le tombeau est creusé dans le roc, comme l'âme doit être
affermie dans les voies de Dieu, et ne pas ressem-
bler à cette terre légère qui ne sait retenir la semence
divine ; qu'il est enseveli avec des aromates et des
parfums, comme l'âme doit réunir à la pureté les
autres dispositions ferventes de foi, de désir, d'humilité et de bonne odeur d'édification ; que l'on roule
une grosse pierre à l'entrée du sépulcre, comme
nous devons fermer notre cœur aux créatures et en
défendre l'entrée au péché après la communion ;

que cette pierre est scellée, comme nous devons apposer à notre âme le sceau de nos résolutions et de nos promesses ; enfin que ce sépulcre est gardé, comme nous devons environner notre volonté généreuse de toute vigilance et des moyens efficaces qu'elle suggère et qu'elle sait employer. Souvenons-nous surtout que Jésus-Christ ne descend au tombeau que pour ressusciter, que c'est dans les bras de la mort qu'il reprend une nouvelle vie qu'il ne quittera plus, et qu'il descend dans nos âmes en état de mort et d'immolation pour nous faire mourir à nous-mêmes et au péché, mais en même temps dans un état véritablement glorieux pour nous faire vivre à Dieu et à la justice. Il doit donc, ce Dieu, sortir de nos âmes et se montrer ressuscité ; notre cœur, comme une terre aride et sans eau, doit s'ouvrir pour recevoir cette céleste rosée, mais elle ne doit pas l'absorber tout entière, il faut que la semence de Dieu se montre au-dehors, et que la terre bonne et très-bonne fasse germer le Sauveur ; c'est-à-dire, que le fruit de la communion doit se montrer par une vie chrétienne et par une conduite édifiante, que ce ne doit plus être nous qui vivions, mais Jésus-Christ qui vive en nous, qui apparaisse dans nos pensées par ses pensées, dans nos jugements par ses jugements, dans nos désirs par ses désirs, dans notre volonté par sa volonté, dans nos actions par ses vertus ; c'est-à-dire, que la communion doit produire en nous quelque chose du mystère ineffable de l'Incarnation. Dans ce mystère, l'âme humaine était régie par la divinité, de façon à ce qu'il n'y avait qu'une seule personne pour deux natures, et de même, jusqu'à un certain point, la personne du Fils de

Dieu par la communion doit absorber notre personnalité, de sorte que notre vie soit la vie d'un Dieu. Quelle magnifique idée de la communion ! et cependant elle est juste ; elle n'est pas puisée dans une perfection imaginaire, dans une mysticité impraticable ; elle n'est que le résultat tout naturel de cette parole profonde : Je vis de la vie d'un Dieu, ou plutôt ce n'est plus moi qui vis, c'est Jésus-Christ qui vit en moi : or que dans une chair mortelle et sujette au péché, je vive ainsi d'une vie divine, c'est ce que je dois à la foi du Fils de Dieu, qui m'a aimé jusqu'à se livrer pour moi, et qui est mort pour tous, afin que ceux qui vivent ne vivent plus pour eux-mêmes, mais pour celui qui est mort et ressuscité pour eux.

C'est dans ces sentiments et avec ces hautes pensées que nous allons méditer la communion du prêtre et des fidèles. Nous avons déjà vu comme l'Eglise s'est appliquée dans les prières précédentes à demander l'essentiel de la pureté du cœur, de la persévérance dans cette sainteté, et du grand préservatif contre tout ce qui peut la perdre ou l'affaiblir. Elle a préparé ainsi à son Seigneur un tombeau neuf et un linceul blanc ; elle va s'occuper maintenant des autres dispositions de ferveur et joindre à l'essentiel la richesse de l'embaumement.

Le premier élan qu'elle fait jaillir du cœur de son ministre et de ses enfants, est un cri de désir si naturel à l'homme en présence du bien suprême : *Je prendrai le pain céleste*, dit le prêtre en disposant dans ses mains l'hostie pour se communier, je prendrai le pain du ciel descendu du ciel, le même qui est la nourriture des anges et des saints, à l'exception du voile qui le cache encore à nos faibles yeux : je prendrai ce pain des enfants, ce pain du voyageur, que le pauvre, le petit et l'esclave a le droit de manger ; cette parole exprime toute la grandeur de l'action qu'il va faire, toute l'excellence du don auquel il va participer, et en même temps toute la vivacité de ses désirs, toute l'ardeur de son âme plus violente que la soif du cerf qui court après l'eau des fontaines ; car il ajoute : *Et j'invoquerai le nom du Seigneur ;* invoquer, c'est appeler en soi, *in se vocare,* dit saint Augustin. Le nom du Seigneur, c'est la majesté de Dieu, Dieu lui-même. Le prêtre dit donc : J'invoquerai, j'appellerai en moi, j'attirerai de toute l'énergie de mon besoin, de toute l'ardeur de la faim et de la soif spirituelle qui me dévore, mon Dieu, seul capable de l'apaiser, et de remplir de biens l'étendue de mes désirs ; car il est ma force, mon soutien et ma vie ; je suis arrivé haletant d'impatience, je parais enfin devant sa face, et mon âme tombe de d'éfaillance et ne refleurira que lorsqu'elle sera inondée de toute la plénitude de Dieu.

Cette faim spirituelle doit précéder la nourriture divine ; malheur au chrétien dont le cœur se soulèverait de dégoût ou d'indifférence à la vue d'une table si délicieuse et d'un pain qui renferme toute suavité ! Cette faim doit exister comme nécessairement, quand la plus profonde misère se trouve en présence d'une si riche majesté qui se livre pour ainsi dire à discrétion ; mais ce même sentiment doit faire naître aussitôt chez l'homme le souvenir de son indignité ; il ne peut mesurer le besoin qu'il a de Dieu, sans mesurer à la fois la distance infinie qui sépare le Créateur de sa créature, et passant du désir à

l'humilité, il s'incline, frappe sa poitrine et son cœur
plein de misères et de péchés, en disant par trois fois :

« Seigneur, je ne suis pas digne que vous entriez
» dans ma maison, mais dites seulement une parole,
» et mon âme sera guérie. »

Le prêtre a entendu comme le centenier cette
étonnante parole : Je viendrai et je le guérirai ;
comme Zachée : Descendez, il faut que je m'arrête
dans votre demeure. Cette parole de bonté réveille
toute la foi de son humilité, et il s'écrie en reconnaissant son cœur parfaitement indigne : Non, Seigneur, quels que soient mon besoin et mon désir,
non, je me trompe, je me suis abusé, non je ne suis
pas digne que vous entriez dans mon cœur ! Quelle
proportion entre le Roi de gloire, de vérité et de
sainteté, et une créature si terrestre, si dominée par
les sens, si vile, si déraisonnable ! Si les cieux des
cieux ne peuvent vous contenir, comment logeriez-
vous dans ce corps, dans cette maison de boue qui a
si souvent mérité d'être réduite en poussière ? Sans
vous anéantir ainsi, Seigneur, usez plutôt de votre
toute-puissance, de ce pouvoir souverain qui d'un
mot a créé l'univers; dites donc simplement une
parole, et mon âme que vous avez formée d'un seul
acte de votre volonté, sera renouvelée, guérie, comblée de grâces. Plaise au Seigneur que nous pronon-
cions ces paroles avec les sentiments du centenier,
et que nous méritions d'entendre cet éloge : Je n'ai
jamais rencontré une foi si vive, une humilité si sincère et si agréable à mes yeux ! Aussi est-ce pour cela
que l'Eglise nous fait répéter jusqu'à trois fois cette
protestation, comme pour nous dire que nous devrions la répéter sans cesse, et pour nous apprendre

que c'est là notre meilleure et notre grande préparation ; car, comprenons-le bien, notre foi, quelque
vive qu'on la suppose, est bien faible pour ce mystère ineffable, notre désir bien languissant en comparaison d'un bien si excellent, notre pureté bien
imparfaite ; et quand nous aurions la sainteté des
anges et de Jean-Baptiste, nous ne serions jamais
dignes de recevoir un si grand sacrement. A l'égard de
tous ces sentiments, épuisons toutes nos forces, nos
louanges et notre amour, nous n'en atteindrons jamais
la hauteur ; il n'y a que l'humilité, que la reconnaissance de notre indigne misère, qui puisse en un sens
égaler ce bienfait ; c'est dans cet abîme que nous
pouvons nous enfoncer sans mesure, et du fond de
cet anéantissement attirer l'abîme de la miséricorde
de notre Dieu ; c'est pour cela qu'un mot suffit à l'E-
glise pour marquer sa joie, son désir, son bonheur,
son empressement, et qu'elle répète trois fois et sans
fin : *Seigneur, je ne suis pas digne.*

Toutefois, le prêtre sait la volonté formelle de Jésus-Christ de venir en nous, l'ordre exprès qu'il
nous a fait de manger sa chair et de boire son sang,
sous peine de n'avoir pas la vie en nous ; et, après
avoir proclamé solennellement son indignité, il
prend avec une frayeur mêlée de quelque confiance
le corps adorable, et ajoute en même temps :

Que le corps de Notre-Seigneur Jésus-Christ (il fait
le signe de la croix avec l'hostie, voulant dire que le
corps de Notre-Seigneur Jésus-Christ qui a été immolé sur la croix, est le même qu'il tient entre ses
mains), *garde mon âme pour la vie éternelle. Ainsi
soit-il.* Malgré toutes les promesses que j'ai faites et
que je renouvelle, malgré toute ma vigilance, c'est

ce Dieu que je conjure de veiller lui-même sur moi,
d'être une sentinelle avancée sur mes lèvres et une
garde fidèle sur mon cœur ; car, si le Seigneur ne
garde pas la ville, c'est en vain que l'on veille à
sa défense. Soyez donc, ô mon Dieu et ma force, et
mon salut, et le sceau de mes résolutions ; veillez,
Seigneur, sur cette âme où vous devez régner et dont
vous prenez possession ; gardez-la du péché, de la
tiédeur, de l'inconstance ; gardez-la dans cette vie,
et jusqu'à la vie éternelle, jusqu'à ce qu'elle parvienne à cette sainte patrie qui ne connaît ni les em-
bûches des ténèbres ni les fraudes et les artifices de
l'ennemi.

Alors le prêtre, au comble de ses vœux, s'unit
cœur à cœur à son Dieu, et, pendant le peu de temps
nécessaire pour prendre les espèces sacrées, il s'a-
bîme dans la méditation et s'entretient intérieurement avec Dieu comme un ami avec son ami. Cependant ces moments heureux doivent être courts ; car
la messe n'est qu'une *action* qui est toujours remplie
ou par ce qu'il faut faire ou par ce qu'il faut réciter.

Il sort donc, comme malgré lui, de cette extase
d'admiration et d'amour ; il relève cette tête qui re-
posait avec tant de douceur sur le cœur de Jésus dans
ce nouveau cénacle, il ouvre les yeux comme étonné
de se retrouver encore sur la terre, et son cœur
exhale la plénitude de reconnaissance qui l'inonde.

Que rendrai-je au Seigneur, dit-il avec l'accent
embrasé du Prophète, *pour tous les biens qu'il m'a
faits?* Sa gratitude est si vive et si empressée, qu'il
semble ne pas apercevoir les moyens de remercier
son Dieu : il semble s'adresser à toutes les créatures,
au ciel et à la terre, à toutes les forces de son cœur,

et ne rien trouver qui soit en harmonie et en proportion avec ce qu'il a reçu. *Que rendrai-je au Seigneur?*
Indépendamment de ses bienfaits innombrables, il
vient de me permettre de monter à l'autel, d'offrir,
de consacrer, de recevoir son corps adorable, et
avec ce don tous les biens de l'âme et du corps, de
la terre et du ciel, sont entrés dans mon âme. *Que
rendrai-je au Seigneur?*

Le prêtre en même temps recueille avec la patène
les parcelles qui peuvent s'être détachées de l'hostie
sur le corporal pour les réunir et les déposer dans le
calice, et, approchant cette coupe sacrée, il continue :
Je sais un moyen de m'acquitter envers le Seigneur
de tous les biens qu'il m'a faits, *je prendrai le calice
du salut*, ce calice de bénédiction qui a été offert et
versé en action de grâces ; voilà le meilleur et le seul
moyen de remercier dignement mon Dieu ; je l'ai
reçu, je le recevrai encore ; l'Eucharistie sera elle-
même ma reconnaissance, je m'acquitterai de la possession de Dieu par un nouvel acte de possession,
c'est un abîme de biens qui sera comblé par un a-
bîme de grâces que j'appellerai en moi, *et j'invoquerai le nom du Seigneur*, pour remercier jusqu'au plus
intime de mon cœur, par la visite de Dieu même, l'insigne faveur de la visite de mon Dieu. Oui, j'attirerai
de nouveau, j'appellerai en moi, *j'invoquerai le Seigneur* lui-même *en chantant ses louanges*, en le bénissant dans tous les ouvrages de ses mains, en invitant
mon âme et tout ce qu'il y a au dedans de moi à le
bénir, en m'étonnant, bien plus qu'Elisabeth, de
l'honneur que je reçois, que mon Dieu daigne venir
en moi. La mère de Jean-Baptiste s'extasiait que la
mère du Rédempteur vînt la visiter ; nos louanges

25

doivent être plus vives, parce que le bienfait de la communion est plus grand ; il ne saurait être égalé que par les transports de celle qui portait un Dieu dans son sein, et qui s'écriait ravie d'admiration et d'amour : Mon âme exalte le Seigneur, mon esprit tressaille dans le Dieu de mon salut, parce qu'il a regardé ma bassesse ; que toutes les générations proclament mon bonheur : car le Tout-Puissant a fait de grandes choses en moi, et son nom est saint et digne de toutes louanges. J'invoquerai donc de nouveau le Seigneur en chantant ses miséricordes, *et je serai à couvert de mes ennemis*, à l'abri des ruses du démon, des séductions du monde, des combats de la chair, des illusions du cœur, des dangers de l'esprit ; j'espérerai à l'ombre de ses ailes jusqu'à ce que le torrent de l'iniquité soit passé ; il s'arrêtera et suspendra son cours empoisonné devant ce sang précieux, jusqu'à ce que je passe dans la terre des vivants promise à ma fidélité. Qui me procurera donc, Seigneur, vous dirai-je avec les paroles brûlantes d'Augustin, la grâce de goûter pleinement le repos qui se trouve en vous ? Quand pourrai-je obtenir que vous veniez dans mon cœur, et que vous me transportiez hors de moi par une sainte ivresse, afin que j'oublie tous mes maux, que je triomphe de tous mes ennemis, et que je m'attache à vous seul comme à mon unique bien?

Dans ces sentiments, le prêtre fait le signe de la croix avec le calice, en disant : « Que le sang de » Notre-Seigneur Jésus-Christ, qui a été répandu sur » le Calvaire, garde mon âme pour la vie éternelle, » ainsi soit-il. » Que ce sang, bien mieux que celui de l'agneau pascal appliqué extérieurement sur les portes des Hébreux, préserve mon cœur de la vengeance céleste de l'ange exterminateur, m'arrache à la servitude du démon par la rémission des péchés, me mette en la liberté des enfants de Dieu, garde mes pas dans le désert de cette vie, et m'introduise dans la terre où coule non le lait et le miel, mais le fleuve impétueux de délices et de bonheur qui réjouit la cité de Dieu. A ces mots le ministre du Seigneur prend le sang précieux, parce qu'il doit consommer le sacrifice sous les deux espèces, Jésus-Christ ayant dit aux prêtres, dans la personne des apôtres : Buvez tous de ce calice.

§ VIII.—De la communion du peuple, et de la communion spirituelle.

C'est ici le temps propre de communier les assistants qui veulent participer à la table sainte, et il est recommandé avec soin de ne pas différer de donner la communion après la messe ; il est en effet convenable que l'on participe avec le prêtre au sacrifice qu'il vient d'offrir et que les fidèles ont offert avec lui, et que les oraisons qu'on dit à la fin de la messe au nom de tous, servent d'action de grâces immédiate à tous ceux qui ont communié avec le prêtre.

Le rituel romain ajoute : à moins que quelque cause raisonnable n'oblige de différer après la messe. Le grand nombre de communiants a été regardé comme une de ces causes raisonnables, surtout si une assemblée nombreuse était obligée d'attendre la fin de la messe sans communier. Ainsi, dans les églises où l'on ne donne la communion qu'après la messe, et où cet usage est approuvé par les supérieurs légitimes, c'est un souvenir de l'ancienne ferveur, et de la grande piété des chrétiens ; et ceux qui sont témoins de cette pratique ont de quoi s'édifier, et sujet de gémir qu'un usage autrefois nécessaire soit devenu sans but, par l'effet de la tiédeur et de l'indifférence. On ne permet de communier avant la messe qu'aux infirmes ou pour de très-graves raisons, et bien qu'aux premiers siècles les fidèles communiassent souvent sans assister au sacrifice, et qu'ils emportassent dans leurs maisons la sainte Eucharistie pour y communier, quand la violence des persécutions ne permettait qu'à grande peine de se réunir, il ne convient pas d'imiter aujourd'hui ce que la nécessité contraignait de faire, lorsqu'il était impossible ou fort difficile d'assister à la messe. C'est à l'Eglise de régler tous ces points de discipline, et de même qu'appuyée sur la plus antique tradition, elle exige un jeûne absolu depuis le commencement du jour où l'on communie jusqu'après la communion, encore que Jésus-Christ ait donné l'Eucharistie à ses apôtres après le souper légal : de même elle exige que l'on communie immédiatement après le prêtre, hors le cas de nécessité, bien qu'elle permît librement d'en user autrement dans les jours de ses combats, et à ses enfants qui fuyaient, loin des assemblées chrétiennes, dans les solitudes, pour trouver le calme et l'union plus parfaite avec Dieu.

Dans les temps anciens, le diacre, avant la communion, criait pour la seconde fois : Les choses saintes sont pour les saints, *Sancta sanctis* : et après la communion du célébrant, tous les prêtres assistant au sacrifice et celui qui l'avait célébré distribuaient au peuple le corps de Jésus-Christ. Pour cela ils passaient dans toute l'Eglise, où chacun demeurait à sa place pour éviter la confusion du trop grand nombre ; et ils étaient suivis des diacres qui offraient à chacun le précieux sang dans le calice. D'abord on donnait aux hommes le corps de Jésus-Christ, qu'ils recevaient sur la main droite étendue et qu'ils portaient de suite à leur bouche ; puis on le distribuait aux femmes également dans la main, mais par modestie elles la couvraient d'un petit linge qu'on appelait pour cette raison *dominical,* ou linge destiné à recevoir le Seigneur. Les ministres de l'Eglise communiaient à l'autel ; le peuple hors du sanctuaire ; et nous conservons encore cette distinction aujourd'hui. Il est plus probable que le peuple communiait debout comme les prêtres ; cependant, dès que le nombre des communiants devint moins nombreux et permit qu'on s'approchât de la table dressée au pied du sanctuaire, il paraît que l'usage de communier à genoux s'établit généralement. En donnant la sainte Eucharistie le prêtre disait simplement ce mot si grave et si solennel : *Le corps de Jésus-Christ.* Et le peuple répondait : *Amen,* je le crois, c'est la vérité même.

Depuis, l'Eglise a trouvé de très-grands inconvénients à cette manière de communier, elle l'a modifiée, et voici ce qu'on pratique de nos jours : lorsqu'après l'avertissement donné par la clochette au *Domine, non sum dignus,* il se présente quelqu'un pour communier, le répondant ou les ministres récitent, au nom des communiants, le *Confiteor ;* le célébrant, après avoir pris le précieux sang, retire du tabernacle le vase des hosties consacrées pour les fidèles, et qu'on appelle *ciboire,* du mot latin *cibus,* nourriture, c'est-à-dire vase contenant la nourriture divine ; à moins qu'il n'ait consacré de petites hosties dans le cours de la messe, ou que n'en ayant consacré qu'un très-petit nombre, il se serve de la patène pour donner la communion. Il est à remarquer que le plus souvent les fidèles communient à des hosties consacrées plusieurs jours auparavant, et cependant ils communient au sacrifice, parce que celui auquel ils assistent est absolument le même que celui dans lequel les hosties ont été consacrées, le même identiquement que celui du Calvaire, dont seulement les actes d'oblation sont renouvelés et multipliés. Ensuite le prêtre se tourne vers la table sainte, récite le *Misereatur*, puis *Indulgentiam*, en bénissant de la main ceux qui y sont à genoux, prêts à recevoir la sainte Eucharistie. Il prend entre ses doigts l'hostie sacrée, l'élève à la vue des assistants en disant : *Voici l'Agneau de Dieu*, dont vous venez d'invoquer la miséricorde et la paix, *voici celui qui efface les péchés du monde*, que vous venez de confesser, de déplorer, et dont on vous a souhaité l'indulgence, l'absolution et la rémission . Il dit par trois fois : *Seigneur, je ne suis pas digne* ; après quoi il communie chacun, en mettant sur la langue une hostie; les prêtres revêtus d'une étole, le diacre et le sous-diacre qui servent à l'autel, la reçoivent sur le plus haut degré, les autres clercs sur le plus bas, les simples fidèles à la balustrade de communion, sur laquelle est étendue une nappe qu'ils doivent tenir entre les mains, de peur de quelque accident ; et encore pour obvier au malheur de laisser tomber à terre la divine Eucharistie, le diacre, à la grand'messe, porte la patène près de la bouche de chaque personne qui communie. En donnant la communion, le prêtre fait un signe de croix avec l'hostie, comme il l'a pratiqué pour lui-même, et pour rappeler que c'est le même corps du Seigneur qui a été immolé sur le Calvaire, en disant à chacun : *Que le corps de Notre-Seigneur Jésus-Christ* (dans le diocèse de Paris et dans quelques églises, celui qui communie doit répondre ici *Amen*, cela est vrai, je le crois de tout mon cœur) *garde votre âme pour la vie éternelle.*

Aujourd'hui l'Eglise ne permet plus aux fidèles la communion que sous la seule espèce du pain, réservant aux seuls prêtres, et encore quand ils disent la messe, de communier sous les deux espèces. Elle a pu sur ce point changer le rit antique : car elle a appris de l'Apôtre, comme nous l'avons déjà dit, que pour annoncer la mort du Seigneur par le sacrifice, il fallait manger le pain sacré *et* boire le calice du salut, mais que pour la participation à l'Eucharistie, il suffisait *ou* de manger ce pain, *ou* de boire ce calice, puisque alors on participe au corps et au sang de Jésus-Christ, qui est réellement tout entier sous chacune des deux espèces sacramentelles. Elle a pu retrancher le calice aux fidèles, puisque l'antique usage même ne l'accordait pas dans toutes les circonstances, et que par conséquent il n'a jamais été jugé nécessaire. Ainsi, on donnait la communion aux petits enfants sous la seule espèce du vin; dans quelques églises on les communiait sous la seule espèce du pain, quand ils approchaient de l'âge adulte. Nous lisons que dans les premiers siècles les fidèles emportaient chez eux le corps de Jésus-Christ, le conservaient dans les voyages pour se communier en cas que la persécution vînt fondre tout à coup, et nous ne lisons jamais rien de semblable par rapport à l'espèce du vin. On ne gardait l'Eucharistie pour les malades que sous l'espèce du pain; quelquefois on communiait dans l'église sans qu'on célébrât la messe, et alors on ne communiait que sous l'espèce du pain conservé de la veille, comme le prêtre le fait encore parmi nous le Vendredi-Saint à la messe des *présanctifiés*. De plus, l'Eglise a dû retrancher le calice à ses enfants pour des raisons très-graves, et quand elle a porté ce décret, l'usage en était déjà tombé en désuétude : la plus forte raison a été le danger continuel et presque inévitable de répandre le précieux sang en donnant ainsi le calice, et le transportant çà et là.

C'est pour le même motif des inconvénients de la profanation que l'on ne donne plus l'Eucharistie dans la main, mais dans la bouche ; il y avait trop à craindre de la maladresse des uns, du mouvement peu assuré des autres, et d'ailleurs dans une foule on se heurte inévitablement, et l'on a trouvé plus sûr et plus convenable de déposer la sainte hostie sur la langue des fidèles.

L'usage de réciter avant la communion le *Confiteor* et les autres prières que nous venons de rapporter, est venu de plusieurs causes : 1° de la condescendance qu'on a eue de donner la communion hors le temps du sacrifice, et dans ce cas on a cru devoir en user comme pour l'administration des malades retenus au lit, pour lesquels on récite toutes ces formules, et de faire, à défaut du sacrifice, une espèce de messe abrégée, où l'on trouve la préparation dans le *Confiteor* et les prières pour la rémission des péchés, l'offrande et l'élévation de l'hostie, la préparation à la communion dans le *Domine, non sum dignus,* la

communion en réalité, que l'on fait suivre de la bénédiction du prêtre quand elle est reçue hors de la
messe ; 2° de l'introduction de cet usage à la grande
messe, parce que le peuple chantant l'Introït pendant la confession des péchés, le *Sanctus* pendant
la consécration, l'*Agnus* Dei pendant les oraisons
avant la communion, on a cru devoir suppléer à ce
qu'il n'avait pas dit effectivement en reprenant les
prières pour lui seul ; 3° de la convenance de répéter
ces prières pour ceux qui communient, afin de leur
apprendre que, dans ce cas, c'est en leur nom spécialement que le prêtre les a prononcées, et qu'il est juste
de leur donner cette heureuse distinction, puisqu'ils
se distinguent des autres fidèles en communiant réellement au sacrifice.. De là, cet usage de la messe
chantée a passé à la messe basse, et les chrétiens qui
communient ne doivent pas oublier combien ils doivent entrer dans toutes les prières depuis l'*Agnus
Dei*, puisque, encore qu'ils puissent les suivre et s'y
unir, l'Eglise les leur fait réciter de nouveau pour
s'assurer de la ferveur de leurs dispositions. Relisez
donc, fidèles, ce que nous avons dit de toutes ces paroles embrasées de l'Eglise, méditez-les bien, et
quand vous avez le bonheur de communier, appli-
quez-vous simplement à produire dans vos âmes les
heureux sentiments qu'elles expriment.

Ceux qui ne communient pas et qui doivent ressentir la douleur d'être privés de cette nourriture
divine, peuvent, il est vrai, se dispenser de dire
les prières depuis l'*Agnus Dei*, puisqu'elles ne conviennent pas à leur privation, mais ils doivent néanmoins toujours communier *spirituellement*, et alors
appliquer ces oraisons dans le sens de la communion

de désir ; de même que le prêtre ne sacrifie pas seul et que tous les chrétiens offrent avec lui le sacrifice, de même, jusqu'à un certain point, il ne communie pas seul, et tous les assistants communient d'intention avec lui et doivent participer aux fruits de la communion qu'il fait pour lui et pour tout le peuple. C'est ainsi que tous, sans exception, doivent s'unir à la participation de la victime, sinon réellement, du moins de cœur et de désir : c'est ce qu'on appelle la *communion spirituelle*. Au sacrifice de la croix il n'y a pas eu manducation de la victime ; mais qui doute qu'il n'y ait eu union d'esprit et de cœur de la part de Marie, de l'apôtre saint Jean, des saintes femmes, et même de ce pécheur qui se convertit à la droite de Jésus-Christ, et de ces autres pécheurs qui s'en retournaient en se frappant la poitrine et en disant : Cet homme était vraiment le Fils de Dieu ? Or, c'est à ces divers sentiments que nous devons nous unir dans la communion spirituelle ; renouveler une foi vive, une douleur profonde du péché qui nous éloigne, une détestation de cette tiédeur qui nous arrête, une résolution de sortir de l'état où nous sommes, d'en prendre les moyens, et de vivre de manière à mériter de communier, et de communier souvent ; appeler Jésus-Christ dans nos cœurs par les désirs les plus ardents et les larmes les plus sincères, sentir le besoin de sa présence et de sa communication intime, invoquer les fruits que la communion du prêtre doit produire dans tout le peuple fidèle, envier le sort des heureux enfants qui reçoivent leur Dieu ; enfin, répéter sans cesse comme la Chananéenne et comme le Centenier : Non, Seigneur, il n'est pas bon, il n'est pas juste de prendre le pain des enfants et de le jeter aux chiens; mais les petits chiens mangent les miettes qui tombent de la table du maître, je vous demande sinon votre corps, du moins les bénédictions qu'il répand sur ceux qui en approchent avec amour. Non, Seigneur, je ne suis pas digne que vous entriez dans mon âme, j'en suis très-indigne, je le sens vivement et je le déplore; mais dites seulement une parole qui produise une crise salutaire, qui détruise le péché qui dissipe ma langueur, et mon âme sera guérie, et, cherchant la guérison parfaite dans le sacrement de pénitence, elle pourra, après une épreuve suffisante, s'approcher de vous et être remplie des biens de votre maison.

Voilà ce que devraient éprouver en ce moment les chrétiens qui ne communient pas, ce qu'ils doivent répéter sans cesse depuis la paix donnée jusqu'à la fin de la communion des fidèles. Ah! s'il en était ainsi, si la communion spirituelle était faite avec cette sincérité et cette ferveur, qu'elle conduirait bien vite à la réception sacramentelle, et quels fruits abondants de conversion et de salut on retirerait de la messe entendue et suivie dans ces dispositions!

§ IX. — Des ablutions.

Après avoir pris le précieux sang, et après avoir donné la communion, le prêtre reçoit d'abord du vin dans le calice pour le purifier, et c'est ce qu'on appelle la dernière *ablution*. Purifier un vase, la bouche et les doigts, c'est en ôter ce qui ne doit pas y rester; en ce sens on nomme purification l'ablution du calice, de la bouche et des doigts du prêtre avec de l'eau et du vin, qui se fait pour qu'il n'y reste rien du corps et du sang de Jésus-Christ. Durant les douze premiers siècles, ces ablutions ne se faisaient pas communément ; on se contentait de se laver les mains et de laver le calice, et on jetait l'eau dans un lieu destiné à cet usage et appelé piscine ou lavoir. Mais dans la suite, pour un plus grand respect, les prêtres ont jugé à propos de prendre ces ablutions dans lesquelles il peut y avoir quelque particule du corps et du sang de Jésus-Christ, et l'Eglise a confirmé cet usage en en faisant une règle et une obligation.

Le prêtre donc reçoit du vin dans le calice pour le purifier, en disant : *Faites, Seigneur, que nous recevions avec un cœur pur ce que nous avons pris par la bouche :* ces paroles sont une espèce de communion spirituelle, qui doit tenir l'âme en union à Dieu par une vive reconnaissance de sa grâce; et par une grande attention à tout ce qui peut la conserver ; *et que ce don temporel devienne pour nous un remède éternel.* C'est ici une haute et grave instruction pour ceux qui ont communié : la présence sacramentelle n'est que de quelques instants, mais le remède doit opérer sans cesse ; l'union à la chair de Jésus-Christ par les saintes espèces est passagère, mais l'union à l'âme, aux vertus, à l'esprit de Jésus-Christ, doit durer toujours ; il en est de la communion comme de la nourriture ordinaire, qui remplit, il est vrai, dans le moment, et dont les effets ne se font sentir que par la digestion ; comme d'un remède qui agit sur une partie, et dont l'effet salutaire doit s'étendre ensuite sur l'ensemble de la santé. Le but de la nourriture n'est pas d'être déposée dans l'estomac, mais de se diviser et de se répandre dans toutes les parties du corps, de manière qu'elle se change en notre chair et notre sang, et qu'elle porte dans tous les canaux de la vie la force et la santé; de même le but de l'Eucharistie n'est pas que notre Dieu demeure quelques instants en nous par sa présence réelle, mais que sa vie, son esprit et sa grâce circulent, pour ainsi dire, dans toutes les parties de notre être, et qu'un remède si puissant opère jusque dans l'éternité: selon cette parole du Sauveur que l'on ne saurait trop méditer après la communion : Celui qui me mange doit vivre pour moi, ma vie doit être sa vie, il doit être consommé en moi, et me demeurer toujours uni comme je suis uni essentiellement à mon Père : *ut sint unum sicut et nos unum sumus* (1).

Le prêtre prend ce vin dont il a purifié le calice ; puis il reçoit encore dans le même vase du vin et de l'eau sur les doigts qui ont touché le corps de Jésus-Christ ; il boit également cette seconde ablution en disant :

Que votre corps que j'ai reçu, ô Seigneur, et que votre sang que j'ai bu, demeurent attachés à mes entrailles, pour être mon remède éternel, mon préservatif et ma défense inséparables ! Les aliments naturels ne serviraient de rien s'ils ne faisaient que passer, s'ils ne se résolvaient pas en sucs nourriciers, qui se répandent dans notre substance ; nous demandons aussi que l'aliment de nos âmes s'attache à ce qu'il y a de plus intime en nous, à nos affections, qui sont nos entrailles spirituelles ; et que par notre

(1) Joan. XVII.

fidélité ce suc divin se répande et se communique à toutes les facultés de l'âme pour les faire vivre de la vie de la grâce. *Afin qu'il ne reste en moi aucune tache de mes péchés,* que les forces spirituelles soient entièrement réparées par ce remède et ce breuvage composé de la chair et du sang d'un Dieu, *après avoir été nourri par des sacrements si purs et si saints.* Comment en effet le crime habiterait-il avec la sainteté même, la lumière avec les ténèbres, Jésus-Christ avec le démon, la faiblesse avec la force du Seigneur, la maladie en présence de celui qui est le remède et le médecin tout ensemble? Préservez-moi, Seigneur, de ce monstrueux assemblage; coupez, brûlez, effacez, détruisez, agissez en maître absolu; mais surtout créez en moi un cœur pur, et renouvelez jusqu'au fond de mes entrailles l'esprit de droiture et d'innocence, et confirmez à jamais ce que vous venez d'opérer en nous dans votre saint temple, *ô vous qui vivez et régnez dans tous les siècles des siècles,* et que nous supplions de vivre en nous sur la terre et de régner sur nous dans le ciel, *ainsi soit-il.*

La rubrique marque que l'on peut offrir, selon les usages des lieux, du vin et de l'eau aux fidèles qui ont communié, et ce rit assez ancien se pratiquait encore il n'y a pas longtemps aux jours des longs offices et des communions générales; il ne se pratique presque plus qu'à la cérémonie des *Ordinations.* Ce vin et cette eau étaient offerts pour avaler plus facilement la sainte hostie qui pourrait s'attacher au palais, et pour prévenir la défaillance occasionnée par le jeûne eucharistique, qui est de précepte rigoureux et qui se prolongeait davantage dans les grandes solennités,

Après les ablutions, le prêtre, ou les ministres de l'autel, essuient le calice avec le purificatoire, qui est le linge employé à cet usage, et l'on remet tout dans l'ordre qui a été observé pour la préparation. Pendant ce court espace la piété suggérera facilement à ceux qui ont communié, et à ceux qui se sont excités à la communion spirituelle, quelque pensée pieuse, quelque aspiration fervente pour demander à Dieu les fruits abondants du sacrifice, et le calice recouvert, en leur représentant le tombeau de Jésus-Christ que l'on ferme, leur dira quelque chose des précautions à prendre pour conserver Dieu dans leur cœur, et pour en fermer l'entrée au péché. D'ailleurs l'*antienne de la communion* que l'on va lire, ou que l'on chante pendant ce temps, fournira à la simple méditation les sentiments les plus convenables et les résolutions les plus précieuses.

§ X. — De l'antienne de la Communion.

Pendant que l'on essuie le calice, qu'on le couvre, et qu'on plie le corporal, le servant porte le missel du côté de l'Epître et le place comme à l'introït : nous avons dit que c'était le côté de l'autel qui convenait le mieux au livre, parce qu'il est à proximité du siége du célébrant. On y laisserait toujours le missel, si une raison mystérieuse n'avait déterminé à lire l'Evangile vers le nord, et si depuis l'offertoire il ne fallait dégager la partie de l'autel où l'on apporte les oblations et les burettes. Le prêtre va du côté où le livre vient d'être transporté, lire l'antienne appelée *communion,* parce que le chœur à la grand'messe la chante pendant que les fidèles communient. Autrefois le célébrant ne lisait pas cette antienne aux messes solennelles, parce qu'il ne récitait point en particulier ce qui était chanté par le chœur, et établi uniquement pour combler les intervalles. C'est la remarque que nous avons faite en parlant de l'introït et du graduel.

L'antienne appelée *Communion* est un verset ordinairement tiré des psaumes, quelquefois des autres livres de l'Ecriture sainte, et on la nomme Antienne, parce qu'on la répétait alternativement après chaque verset du psaume dont elle était prise, lequel était continué pendant la distribution de l'Eucharistie, jusqu'à ce que le célébrant ou le diacre fissent signe aux chantres de dire le *Gloria Patri* à la fin de la communion du peuple ; c'était donc le cinquième psaume que l'on récitait à la messe, et qui était chanté en antienne, comme le psaume de l'entrée et de l'offertoire. Nous voyons cet usage dans les catéchèses de saint Cyrille de Jérusalem, qui nous dit qu'en distribuant la communion on entendait chanter: *Goûtez et voyez combien le Seigneur est doux ;* dans les constitutions apostoliques, qui marquent que l'on doit chanter le psaume 33 d'où ce verset est tiré ; dans saint Augustin, qui déclare que de son temps l'Eglise de Carthage introduisit la coutume de faire réciter des hymnes tirées des psaumes pendant l'oblation et la distribution des dons sacrés. Dans la suite des temps, on n'a conservé du psaume que son antienne, elle a été regardée comme une hymne d'action de grâces, comme un moyen de continuer la communion spirituelle, et de nourrir les sentiments que la présence de Jésus-Christ doit exciter dans nos âmes, et le prêtre a dû dire lui-même cette antienne avec le peuple après avoir communié.

Voici quelques-unes des paroles que l'Eglise nous met à la bouche après avoir participé à la table sainte : Le Verbe s'est fait chair et il a habité parmi nous. Est-il donc croyable que Dieu daigne habiter sur la terre avec les hommes? Ah! je me réjouirai dans le Seigneur, je tressaillerai en Jésus qui est mon Dieu. Ils trouvèrent l'enfant, ils l'adorèrent en se prosternant, et lui ayant offert leurs présents, ils retournèrent dans leur pays par un autre chemin. Siméon le reçut dans ses bras, et, bénissant Dieu, il s'écria : C'est maintenant que vous laisserez aller en paix votre serviteur, parce que mes yeux ont vu votre salut. Toute la foule cherchait à le toucher, parce qu'une vertu sortait de lui et guérissait tous les malades. Le Seigneur est au milieu de vous, il combattra vos ennemis, il vous en délivrera, le Dieu des vertus est avec vous. Cherchez et vous trouverez, le Seigneur est bon pour l'âme qui le cherche. J'ai trouvé celui que j'aime, et ne m'en séparerai pas. M'aimez-vous plus que les autres, vous à qui j'ai tant donné? Seigneur, vous connaissez toutes choses, vous savez que je vous aime.

Que ces paroles sont vives et pénétrantes! que leur méditation porte de charme dans un cœur qui vient d'être rempli de son Dieu! et quels désirs ardents elles peuvent exciter dans l'âme même qui n'a pas eu le bonheur de s'unir à cette divine nourriture! Et comprend-on que les fidèles négligent cette source féconde de piété que l'Eglise a fait jaillir exprès en ce moment, pour aller, sous le prétexte d'une intention générale de s'unir au sacrifice, se li-

vrer au goût d'une dévotion particulière? Qu'il est
rare, disait, il y a déjà longtemps un pasteur (1) pénétré de l'importance d'attacher les chrétiens aux
prières et aux pratiques de la liturgie, qu'il est rare
de voir ce qu'on appelle *une dévotion catholique!* ∧

(1) M. Dantecour, curé de Saint-Etienne-du-Mont, à Paris.

CHAPITRE VI.

—

De l'action de grâces après le sacrifice.

Cette dernière partie comprend la Postcommunion et les autres prières jusqu'à la fin de la messe.

Nous avons vu jusqu'ici combien l'*action* du sacrifice de nos autels était en rapport avec les diverses circonstances de la triple scène du cénacle, du calvaire et du ciel; le rapprochement a été très-sensible dans les plus petits détails : ainsi, par exemple, ces sentiments de ferveur que produit l'antienne de la communion peuvent encore nous rappeler les parfums que préparaient et composaient les saintes femmes, après que le Seigneur eut été mis au sépulcre, pour suppléer plus dignement aux soins de sa sépulture, que l'on avait été forcé d'abréger.

Quant à l'action de grâces publique par laquelle l'Eglise termine son sacrifice, nous en trouvons le modèle et l'usage au cénacle, d'où Jésus-Christ et ses apôtres ne sortirent qu'*après avoir récité l'hymne* de la reconnaissance (1) ; au Calvaire, d'où l'on descendit après sa mort en se frappant la poitrine, et en proclamant qu'*il était le Fils de Dieu* (2) ; au tombeau, auprès duquel *demeura* Marie-Madeleine retenue par la violence de son amour (3) ; et au ciel, où *l'action*

(1) Matth. xxvi. — (2) *Ibid.* xxvii. — (3) *Ibid.*

de grâces retentit éternellement au pied du trône de
Dieu et autour de l'autel de l'Agneau (1). Aussi, dit
saint Cyrille dans son explication de la liturgie,
attendez l'oraison dernière pour remercier Dieu qui
vous a rendus dignes de ses mystères ineffables ; et
saint Augustin nous assure qu'après qu'on a participé à ce grand sacrement, tout finit par l'action de
grâce : *gratiarum actio cuncta concludit* (2). Profi-
tons donc sérieusement de cette dernière partie de
la messe ; elle est précieuse par les sentiments qu'elle
exprime et par les instructions qu'elle renferme ;
c'est le moment de recueillir les fruits, d'assurer la
conservation et de puiser la vie qu'ils doivent produire. D'ailleurs, que la reconnaissance est juste et
digne, raisonnable et salutaire, après un bienfait
aussi immense ; évitons le reproche que Jésus-Christ
adresse aux lépreux qu'il avait exaucés: *Tous n'ont-ils
pas été guéris, où sont-ils donc* (3)? Méritons bien plutôt
la bénédiction qu'il confirme au Samaritain qui était
revenu sur ses pas pour rendre gloire à Dieu, et ne
quittons pas la table du Seigneur avec cette précipita-
tion et cette indifférence qui serait une insulte et un
outrage pour le dernier des hommes qui nous aurait
conviés.

ARTICLE PREMIER.

De l'oraison appelée Postcommunion.

Dans cette prière, qui est précédée et suivie du
salut ordinaire que le prêtre donne à l'assemblée au
commencement de chaque partie de la messe, l'Eglise

(1) Apoc. vii. — (2) Epist. cxlix. — (3) Luc. xvii.

a en vue de célébrer le mystère de la résurrection
de Jésus-Chrsit, de le rappeler aux fidèles, de demander pour eux le fruit de cette vie nouvelle à laquelle ils doivent participer avec Jésus-Christ, et qui
doit être en eux le principe de la vie éternelle dont
ils ont reçu le gage dans la communion. Jésus-Christ
en effet ne meurt sur la croix que pour ressusciter ;
sur l'autel son corps adorable n'a de la mort que les
apparences, il est réellement glorieux et vivant ; s'il
descend dans nos cœurs sous ces symboles de mort,
c'est pour détruire en nous le péché ; mais il y pénètre avec toute la vie qu'il a reprise et qu'il ne quitte
plus, pour que nous vivions à la justice et à la sainteté, pour qu'ayant part à l'autel à la résurrection première, à sa grâce, nous ayons part au ciel à la résurrection dernière dans sa gloire ; c'est la haute méditation qui doit nous occuper dans ce moment.

Le prêtre baise l'autel ou la pierre sacrée, que l'on
appelle le *sépulcre* en style de liturgie ; c'est de ce
siége de la victime glorieuse et immolée tout ensemble qu'il puise la vie qu'il va annoncer et souhaiter
à l'assemblée. Il se tourne donc vers ses frères qu'il
salue, ce semble, avec plus d'affection encore parce
que son cœur est plein de la charité de Dieu, avec
plus de respect encore parce qu'il voit dans les fidèles le tombeau du Dieu vivant et le sanctuaire du
Seigneur ressuscité. Le *Seigneur soit avec vous*, leur
dit-il ; ici ce n'est presque plus un souhait qu'il
forme, c'est une réalité qu'il vénère, c'est, pour
ainsi dire, l'ange du Seigneur qui annonce que le
Tout-Puissant a fait de grandes choses : Je vous salue,
ô vous qui êtes pleine de grâce, le Seigneur est avec
vous ; ou, s'il exprime un vœu, c'est pour ses frères qui

n'ont communié que de désir et d'affection, c'est pour
confirmer par ses vœux ce qui existe déjà, ce qui a
été opéré dans les autres si merveilleusement ; c'est
enfin Jésus-Christ lui-même, dont il est le ministre
et l'ambassadeur, qui se présente à ses disciples réunis dans un même lieu le jour même de sa résurrection, et qui leur dit avec amour : Que la paix soit
avec vous. Le peuple, qui s'unit toujours au sacrificateur, répond à son souhait : *Et avec votre esprit,*
car vous avez le même bonheur que nous, l'affection
que vous nous portez est appréciée et réciproque,
notre père est votre père, notre Dieu est votre Dieu.

Ici, tout se récite à haute voix et même avec chant :
car c'est le mystère de la joie, du triomphe et de la
vie : le célébrant retourne au livre et dit la *Postcommunion*, ou l'oraison après la communion, que l'on a
appelée autrefois l'*oraison pour finir*, après laquelle
on ferme le missel.

Cette prière se récite de la même manière et avec
les mêmes cérémonies que la Collecte ; elle renferme
toujours une action de grâces solennelle pour la participation à l'Eucharistie, mais c'est une reconnaissance qui n'est pas stérile, qui demande encore, et
qui exprime tout le fruit de la messe. On ne saurait
trop méditer ces oraisons après que l'on a communié ;
outre la grâce et l'onction inséparables des prières
de l'Eglise, on y trouverait la source la plus féconde
de pieuses méditations, de sentiments sublimes, de
résolutions admirables, et tout cela dans la vraie mesure de l'Esprit de Dieu et dans la juste expression
de sa volonté.

En général, la Postcommunion se réduit à remercier le Seigneur du bonheur d'avoir participé aux

saints mystères, et à lui demander la grâce d'en conserver le fruit ; mais en entrant avec l'Eglise dans les
détails de ses demandes et de ses vœux, que de richesses on découvre ! Elle conjure le Dieu qui vient
d'habiter au milieu de ses enfants, de faire mourir
dans leurs cœurs tout ce qui est corruption et péché,
de n'y laisser vivre que ce qui peut le servir et lui
plaire, de conserver toujours en nous le fruit d'un si
grand mystère, de nous prévenir et de nous accompagner par la grâce de sa visite, de nous préparer
dans ce remède les forces de marcher vers le ciel, de
nous vivifier de sa vie, de nous donner et le don de
la persévérance et l'effet de l'éternel bonheur, de
nous comuniquer l'accroissement de la vie spirituelle,
la sainte fervenr qui nous fasse trouver des délices
dans l'acte et surtout dans le fruit de la communion,
et un amour plus vif et plus grand, parce qu'il nous
a donné plus qu'aux autres. Seigneur, dit-elle, nous
avons reçu le sacrement de bonté, le signe d'unité,
le lien de charité : accordez-nous donc de posséder la
paix que nous venons de donner à nos frères, et de
garder soigneusement celle que vous nous avez
donnée. Donnez-nous votre vie, vous qui avez pris
notre mort et qui l'avez tuée. Seigneur notre Dieu,
qui renouvelez chaque jour le sacrifice offert une fois
sur la croix, faites que toutes les fois que nous célébrons vos mystères, nous ressentions sans cesse un
nouvel effet de votre rédemption. Demeurez toujours avec nous sur la terre, et que nous méritions de
demeurer toujours avec vous dans le ciel. Fils de Dieu
élevé au-dessus de la terre, attirez à vous et nous et
tous nos désirs par la vertu ineffable du sacrifice de
·la croix et de l'autel auquel nous avons participé.

Donnez-nous la charité persévérante d'être en vous, de vivre de vous, de n'avoir de mouvement que vers vous, afin que, de cette table de l'exil et du pèlerinage, nous passions au banquet éternel de la céleste patrie.

Ces oraisons sont terminées comme la Collecte et la Secrète par l'invocation du souverain médiateur Jésus-Christ, *qui vit et règne dans tous les siècles.* Mais après cette conclusion, l'Eglise ajoute dans les féries de Carême une prière distincte de la Postcommunion, que l'on appelle *oraison sur le peuple.* Il est évident que la Postcommunion regarde principalement le prêtre et les fidèles qui ont communié ; elle est tout ensemble pour eux une action de grâces et une bénédiction ; elle terminait autrefois toutes les prières de la messe, n'était suivie que du renvoi de l'assemblée, et ce n'est, comme nous le disions, que depuis très-peu de temps qu'on donne à la fin une bénédiction spéciale. Or, l'Eglise, avec son cœur de mère, a cru entendre ses enfants qui n'avaient pas communié, lui dire avec tristesse, mais sans envie : N'avez-vous donc qu'une seule bénédiction, ne pouvez-vous ne nous en réserver aucune? et touchée de cette demande, elle a ajouté à sa prière d'action de grâces une prière de bénédiction sur tout le peuple. Elle l'a séparée de la précédente, parce qu'il convenait de mettre cette distinction entre ses enfants fidèles et ceux qui n'avaient peut-être qu'une bien faible volonté de le devenir; elle veut que les premiers y participent au moins autant que les seconds, et si elle a réservé cette prière distincte pour les jours de la semaine pendant le Carême, quoiqu'elle l'eût appliquée précédemment à tous les jours de l'année, c'est qu'elle a cru ne devoir pas prodiguer son indulgence, et devoir ne la montrer avec plénitude que dans ce temps favorable qui précède la Pâque, pour que tous les chrétiens se préparent plus sûrement à s'unir à l'Agneau immolé pour leurs péchés, et vivant pour leur justification. Comprenons de là qu'un excellent moyen de se disposer à la communion pascale est d'assister à la messe tous les jours de Carême, et que si nous y assistons dans cette vue, si conforme à l'esprit de l'Eglise, nous devons réciter, comme faite pour nous, cette *prière sur le peuple*, incliner nos têtes, et surtout humilier nos cœurs en demandant à Dieu de les changer, de les purifier, de les sanctifier.

Cette oraison est donc une véritable bénédiction, la seule qu'on donnât autrefois en terminant, puisque l'évêque qui bénissait l'assemblée le faisait à la fraction de l'hostie (comme quelques églises le pratiquent encore aux messes pontificales); et ce qui le prouve, c'est qu'avant de la réciter le prêtre ou le diacre dit à haute voix : *Humiliez vos têtes en présence de Dieu*, comme il dit : *Humiliez-vous pour la bénédiction*, avant que l'évêque bénisse. Ce qui le prouve encore, ce sont les expressions dont elle est remplie : car de même que l'on a béni les communiants en demandant les fruits de la réfection spirituelle, on bénit tout le peuple en souhaitant la victoire aux soldats de Jésus-Christ, dit Amalaire, dans le combat qu'ils ont à soutenir contre l'ennemi du salut. En voici un exemple pris du premier samedi de Carême : « Seigneur, qu'une bénédiction abondante descende sur votre peuple, que l'indulgence et la consolation lui soient accordées : que

26

» la foi sainte croisse dans son cœur, et que l'éter-
» nelle rédemption soit confirmée en lui! » A ces accents touchants, n'entendez-vous pas Jacob bénissant
tous ses fils d'une bénédiction spéciale; Moïse bénissant tout Israël à la vue de la terre promise, et surtout Jésus-Christ, les mains étendues sur son Eglise,
la bénissant en montant au ciel? Avec quelle ferveur
donc nous devons nous y unir, en répondant du fond
du cœur : *Amen, Ainsi soit-il.*

Le prêtre revient enfin au milieu de l'autel, il le
baise encore : car il a une nouvelle grâce à y puiser,
c'est la grâce du mystère de l'Ascension, qui doit
consommer et l'holocauste dont le parfum s'élève
avec Jésus-Christ jusque dans le ciel, et les fruits du
sacrifice qui doivent attirer nos cœurs là où ce Dieu
entre comme notre chef, prépare des places à ses
membres, et nous invite à habiter d'avance d'esprit
et de cœur. Oui, telle a été la grande consommation
du sacrifice de la croix, et comme celui de la messe
est la même oblation que celle du calvaire, il doit
avoir la même fin et le même but. Il ne suffit pas de
remporter de l'autel une volonté morte au péché par
la grâce de la mort de Jésus-Christ, un cœur vivant
de la vie de Dieu par les mérites de la résurrection
de Jésus-Christ, il faut encore remporter, et la bénédiction qu'il laisse à la terre en la quittant, et la persévérance qui fait arriver au ciel par les fruits de sa
divine ascension ; et bien que l'Eglise ait renouvelé
dans l'oblation et dans la consécration le souvenir et
l'effet de ces trois principaux mystères, il faut encore
qu'après la communion elle en imprime la réalité,
parce que, en vertu de la messe et surtout de la
communion, nous devons mourir au péché, vivre de

la grâce, et aller au ciel. Qu'est-ce donc que la messe, ô mon Dieu, si elle doit produire d'aussi heureux effets ! et comment assistons-nous à ce sacrifice qui a fait tant de martyrs et de saints, et qui ne semble produire aujourd'hui que des chrétiens lâches et indifférents ! C'est dans cette grande pensée de l'ascension, qui élève nos cœurs vers les choses d'en haut, que le prêtre donne à l'assemblée ce dernier salut, comme le Sauveur en cette circonstance donna au monde sa dernière bénédiction ; comme le Maître, il étend les mains avec tendresse, et il dit : *Que le Seigneur soit avec vous,* que son Esprit repose dans vos cœurs, qu'il vous bénisse, qu'il vous attire à lui, qu'il demeure à jamais dans vos âmes et que vous demeuriez éternellement dans la gloire !

Les fidèles doivent faire le même souhait au sacrificateur, qui doit offrir d'abord pour lui et ensuite pour les autres ; *et avec votre esprit :* tous ensemble, cherchons et goûtons les choses d'en-haut, transportons-nous de cet autel de la terre à l'autel sublime du ciel, où Jésus-Christ est assis à la droite de Dieu, absorbant et détruisant la mort, afin que nous devenions héritiers de la vie éternelle. Tout ce qui est du sacrifice étant consommé, le diacre, ou le prêtre, tourné toujours vers les fidèles, fait à haute voix, et même en chantant, le renvoi de l'assemblée, à moins qu'un autre office ou cérémonie ne doive suivre la célébration de la messe.

ARTICLE II

De l'*Ite, missa est,* ou du renvoi de l'assemblée.

Après l'instruction qui suit l'évangile, on faisait la

messe ou le renvoi des infidèles, des pécheurs, des catéchumènes et des pénitents, par ces paroles : Les choses saintes sont pour les saints ; à la fin du sacrifice, on faisait la *messe* ou le renvoi des fidèles qui avaient eu le bonheur d'y assister. Mais quelle différence dans ces deux graves cérémonies, tellement frappantes pour la multitude, qu'elle a appelé l'oblation, *le renvoi*, l'action où l'on congédie ! L'une se faisait dans les larmes et les gémissements, l'autre dans la consolation et la joie : l'une avec des paroles assez dures qui reprochaient à l'assemblée son indignité et sa misère, l'autre avec un accent solennel qui annonçait que les richesses de Dieu étaient épuisées pour les hommes ; l'une qui était l'ombre de la séparation terrible des justes et des pécheurs au tribunal de Dieu, l'autre qui était l'avant-goût et le gage de la bénédiction des élus, et de leur mise en possession du royaume céleste.

Tertullien et saint Cyprien parlent du renvoi du peuple après les *solennels* ; dans les temps de persécutions, il se faisait avec précaution pour éviter le bruit et la foule ; mais au quatrième siècle, quand les assemblées chrétiennes se firent en pleine paix, le congé fut donné solennellement ; les constitutions apostoliques, les liturgies de saint Jacques, de saint Basile, de saint Chrysostome et l'archevêque de Vienne Avitus, vers l'an 500, marquent ce renvoi à la fin du sacrifice ; depuis que l'Eglise a permis à tous ses enfants sans distinction d'assister à ses mystères, c'est le seul renvoi qu'elle ait conservé avec le nom de *messe*, qui est resté comme le terme propre de son oblation.

A la messe basse, le prêtre donne lui-même ce

congé, tourné vers le peuple, et après avoir dit : Que
le Seigneur soit avec vous ; c'est comme le dernier
adieu en quittant ses frères. A la messe haute, le
diacre, qui est le héraut du sacrificateur, et qui
donne tous les avertissements nécessaires aux fidèles,
est chargé de chanter ce renvoi ; mais le prêtre lui
en donne la commission, parce que c'est au nom du
président que la séance doit être levée ; c'est pour
cela que le célébrant demeure tourné vers le peuple,
comme pour dire au diacre de se tourner aussi, et
de publier le congé ; de plus, à Paris, il dit tout bas
au premier ministre de l'autel les paroles du renvoi,
et, en certains diocèses, le diacre en demande à genoux l'autorisation. A la messe pontificale, le diacre
fait le renvoi en tenant à la main la crosse de l'évêque, c'est-à-dire le bâton pastoral, la houlette de
l'autorité, ce qui marque clairement qu'il congédie
avec l'autorisation du pontife, président-né de la
réunion des fidèles.

Pour exprimer ce renvoi, le prêtre ou le diacre
disent : *Ite, missa est, allez, c'est le renvoi ;* c'est-
à-dire : Il est permis de sortir, vous pouvez vous en
aller ; et dans les anciennes liturgies grecques, on
disait : Allez en paix, sortons en paix. Dans les assemblées profanes, on disait : Il est permis de se
retirer, congé aux peuples. Et l'assemblée et le
chœur répondent au prêtre ou au diacre : *Rendons
grâces à Dieu.* Aujourd'hui on ne fait pas toujours
ce renvoi à la fin du sacrifice, on l'omet dans l'avent,
depuis la Septuagésime jusqu'à Pâques, et dans les
jours où l'on ne dit pas le *Gloria in excelsis,* et pour
deux raisons : 1° Parce que c'est un signe de concours, de solennité et de joie, qui ne convient pas

aux jours de pénitence, de tristesse spirituelle, et aux jours simples qui n'attirent pas l'assemblée des fidèles dans le temple. 2° Parce qu'en ces jours, la messe était suivie de quelques prières ou offices auxquels on voulait que le peuple assistât, comme nous en voyons quelque vestige dans l'usage de réciter vêpres immédiatement après la messe aux féries du Carême ; dans ces circonstances, on ne voulait pas renvoyer l'assemblée ; et au lieu du congé ordinaire, on dit sans se tourner vers le peuple : *Bénissons le Seigneur*, ce que l'on doit faire en tout temps, selon le Psalmiste. Les fidèles néanmoins répondent alors : *Rendons grâces à Dieu*. Aux messes des morts on ne donne pas non plus le congé, on n'invite pas même à bénir le Seigneur et à le remercier, on dit simplement : *Qu'ils reposent en paix*, en se tournant vers l'autel, et pour réponse : *Ainsi soit-il* ; parce que l'Eglise est tout occupée de procurer le repos éternel aux âmes du purgatoire, parce que la joie et la solennité seraient peu assorties au deuil de ses enfants, et que ces messes sont ordinairement suivies de l'inhumation ou de quelques prières qui doivent déterminer les assistants à ne pas se retirer.

Faisons maintenant quelques simples réflexions sur ces paroles : *Allez, c'est le renvoi ;* et sur la réponse : *Rendons grâces à Dieu*.

Allez, mes frères, vous pouvez sortir et vous en aller : vous avez assez de grâces, assez de lumières, assez de force. Allez, disait l'Eglise dans les premiers siècles, allez devant les tribunaux, vous devez avoir le courage d'y confesser Jésus-Christ ; allez au fond des cachots, vous avez la liberté des enfants de Dieu ; allez aux tourments et à la mort, vous êtes fortifiés

du pain céleste et enivrés de la coupe du salut. Allez,
dit-elle aujourd'hui à ses enfants, c'est le renvoi dans
votre intérieur, au milieu du monde, de vos travaux, de vos devoirs, de vos épreuves et de vos
peines ; allez, vous avez puisé la force aux sources
mêmes de la force de Dieu ; le Seigneur est votre lumière et votre salut, que pourriez-vous craindre ?
Ite, missa est. Allez, le sacrifice est achevé, la messe
est dite, tout ce que Dieu pouvait vous faire entendre est entendu ; tout ce qu'il pouvait vous
donner est donné ; tout ce que vous pouviez lui demander, est accordé : tout est consommé, tout est
accompli, les mystères de sa religion depuis sa naissance jusqu'à son ascension glorieuse ont été renouvelés, le fruit vous en est appliqué ; allez, le sacrifice
est complet, la grâce est obtenue ; mais allez accomplir ce qui manque à la passion de Jésus-Christ,
par la coopération que vous devez y donner ; allez
avec cette grâce de conversion et de salut à la source
de la pénitence, c'est là que vous compléterez votre
réconciliation, et qu'il ne vous manquera plus rien.
Allez, vous avez trouvé Jésus-Christ, vous lui avez
offert ses dons et vos présents ; mais retournez par
un autre chemin ; vous alliez dans le monde par le
chemin du monde, vous alliez à vos affaires par le
chemin de la perdition, vous retourniez à vos peines
par le chemin du péché ; allez donc maintenant dans
le monde, à vos travaux, à vos épreuves; mais retournez par le chemin du ciel que Jésus-Christ vient de
vous faire connaître, de vous frayer, et dans lequel il
vous invite à marcher, en remontant vers les éternelles demeures, *Ite, missa est.* Allez, l'ambassade
solennelle a été faite pour vous à Dieu, la victime de

la légation est montée pour vous vers le trône de la miséricorde ; ce saint ange de Dieu a emporté avec lui vos suppliques, vos pétitions, vos vœux, vos hommages ; mais il veut emporter vos esprits et vos cœurs, afin que vous ne viviez plus au péché et à vous-mêmes, mais à la justice et à Dieu. Allez, toute gloire, tout honneur est rendu, toute reconnaissance est payée, tout pardon est obtenu ou traité heureusement, toute prière est exaucée ou sur le point de l'être si vous voulez faire quelques pas pour le Seigneur ; allez en paix, allez avec confiance, suivez la voie d'une vie nouvelle, et le chemin qui conduit au bonheur : *Ite, missa est.* Allez, c'est Jésus-Christ qui vous dit, en mourant sur la croix, que tout est consommé, que vous ne pouvez désirer rien de plus, que tous les moyens de salut sont entre vos mains. Allez, c'est ce Dieu lui-même qui vous bénit du haut du ciel, et qui vous dit non pas d'enseigner les nations, mais d'édifier les peuples, non pas de conférer les sacrements, mais de vous presser d'aller les recevoir, non pas de diriger les fidèles dans les observances du Seigneur, mais d'être fidèle à sa loi sainte et à celle de son Eglise, et qui vous assure qu'à ce prix il est et sera tous les jours avec vous. Allez, c'est l'Ange de l'Ascension qui vous demande pourquoi vous resteriez ici, ce que vous feriez à considérer le ciel où la victime est portée, tandis que vous devez marcher dans les voies de la providence et de vos devoirs pour y arriver ; qui vous déclare que ce Jésus qui monte tous les jours de l'autel de la terre à l'autel sublime du ciel, et qui en descend à chaque action du sacrifice pour venir prendre nos hommages et nos demandes, viendra de même un jour pour nous prendre à jamais avec lui, ou pour nous éloigner à jamais de sa présence, et que notre grande application à la suite de chaque messe ou renvoi, est de mériter d'entrer dans cette assemblée où l'on ne congédiera plus, et où l'on entendra au lieu d'*Ite, missa est*, ces paroles : Venez, les bénis de mon Père, possédez le royaume qui vous a été préparé par ma grâce, ouvert par mon sang, et que vous obtenez par votre fidélité.

Allez donc, fidèles, emportez avec vous la victime sainte dans votre cœur, emportez sa foi, son amour, sa grâce, le don de la persévérance, le gage du ciel ; gardez le tout soigneusement et avec vigilance : *Ite, missa est.* Mais il est une victime que Jésus-Christ a dû emporter au ciel et que vous ne devez pas reprendre, ce serait un vol sacrilége et une rapine dans l'holocauste : c'est votre cœur que vous lui avez donné et qui lui appartient à tant de titres ; il l'emporte dans les cieux, ne le retirez pas à vous par une vie mondaine de dissipation et de péché, consentez avec joie à cet heureux échange de l'alliance du Seigneur, souscrivez au contrat : il se donne à vous, mais vous vous êtes donnés à lui ; laissez donc entre ses mains saintes et divines ce cœur qu'il vient de reprendre et de reconquérir ; laissez le péché sur les marches du sanctuaire où vous l'avez confessé, déploré ; n'en emportez que l'aveu, le regret et la résolution de l'éviter, et encore allez ensevelir tout cela dans le secret de la pénitence, et sortez de l'église avec la paix de Dieu commencée par le sacrifice, consommée par le sacrement du pardon. *Ite, missa est.*

Le peuple répond à ces accents de bénédiction : *Nous rendons grâces à Dieu*, comme les disciples qui,

après avoir été bénis de Jésus-Christ montant au ciel,
s'en retournèrent comblés de joie, louant et bénissant
Dieu. *Grâces à Dieu* pour son bienfait inénarrable;
comme si les fidèles disaient : Nous louons le Seigneur avec effusion de cœur, avec tout l'épanchement de la reconnaissance, pour la faveur d'avoir assisté et participé aux saints mystères, et avec la résolution la plus forte d'en conserver les fruits et de marcher d'une manière digne de Dieu.

ARTICLE III.

*Additions à la messe introduites par la dévotion des prêtres
et du peuple, et autorisées ensuite par l'Eglise.*

§ I. — De la prière *Placeat*.

Tout se terminait autrefois par le congé donné à
l'assemblée chrétienne; car la prière : *Recevez favorablement, ô Trinité sainte*, est assez récente, et encore au quinzième siècle elle devait être dite par le
prêtre en son particulier après avoir achevé, mais
elle ne faisait pas partie de l'ordinaire de la messe.
Dans les endroits même où l'on donnait la bénédiction en quittant l'autel, cette bénédiction se faisait
avant le *Placeat*, afin qu'il fût toujours regardé
comme une conclusion finale. Enfin le Missel romain
ordonna de la réciter avant de bénir les fidèles; mais
pour garder quelque vestige de l'origine de son
institution, le prêtre la dit secrètement, et incliné
devant l'autel comme il convient à son indignité, dont
il fait encore profession en présence de l'adorable.
Trinité.

Le sacrifice a commencé par l'invocation de la Trinité sainte ; cette invocation en a été comme la dédicace ; on a jugé convenable de terminer aussi heureusement qu'on avait commencé, en s'adressant aux trois personnes divines après l'oblation, au Père à qui l'on a offert, au Fils que l'on a immolé, au Saint-Esprit par qui la victime est consumée, et ses mérites répandus dans nos cœurs, afin, comme dit ailleurs l'Eglise, que toute action et surtout *l'action* par excellence commence toujours, se poursuive, et s'achève au nom et par la vertu du Dieu trois fois saint. Cette piété, qui retient le prêtre à l'autel et les fidèles dans le temple après le renvoi, peut rappeler encore la conduite des disciples qui, après avoir quitté Jésus-Christ montant au ciel, ne se contentèrent pas de s'en retourner dans la ville avec joie, en louant et remerciant le Seigneur, mais persévéraient tous ensemble, dit saint Luc, dans le cénacle, occupés de la prière, et appelant ainsi la force d'en-haut et la venue de l'Esprit-Saint, dont l'effusion sur les fidèles va nous être figurée par la bénédiction du prêtre.

La prière *Placeat* est une espèce de récapitulation de tout ce qui vient de se passer, et un accent de persévérance pour demander la conservation des fruits d'un si excellent mystère.

Recevez favorablement, ô Trinité sainte, par qui nous avons commencé cette grande action, *l'hommage de ma parfaite dépendance*, puisque Jésus-Christ a été pour moi et pour ses enfants le suprême adorateur en esprit et en vérité, et qu'élevant son corps adorable vers le ciel j'ai pu dire réellement que toute gloire, que tout honneur était rendu à Dieu ; *et ayez pour agréable le sacrifice que j'ai offert aux*

yeux de votre majesté, quoique j'en fusse indigne. La
victime n'a pu manquer d'être agréable ; mais l'offrande que j'ai faite de cette victime pourrait n'être
pas agréée à cause de mon indignité et de ma bassesse ; le Pontife sans tache n'a pu manquer d'être
exaucé, mais le prêtre environné de faiblesses pourrait être repoussé à cause de ses fautes. *Faites* donc
par votre miséricorde que mon indignité et mes
crimes ne mettent aucun obstacle à l'application des
mérites de l'oblation ; faites *que ce sacrifice me soit*
propitiatoire et à tous ceux pour qui je l'ai offert, que
nous ayons tous dignement adoré, remercié, apaisé
et sollicité le Dieu de toute grâce , je vous en conjure, ô Trinité adorable, *par Jésus-Christ Notre-*
Seigneur. Ainsi soit-il.

§ II. — De la dernière bénédiction.

Presque toutes les prières que le prêtre fait pendant le sacrifice, sont autant de bénédictions pour les
assistants, parce qu'on y demande continuellement
que Dieu répande sur eux ses bénédictions et ses
grâces ; la messe est par elle-même le principal
moyen de conférer les dons célestes, et le principe
efficace des secours surnaturels qui nous disposent à
recevoir la grâce sanctifiante dans les sacrements :
c'est pour cela qu'elle a été instituée. Jésus-Christ s'y
offre pour la sanctification des fidèles ; le prêtre demande qu'elle leur profite pour le salut et la vie
éternelle, qu'elle nous fasse jouir de la paix du Seigneur, et vivre éternellement parmi ses élus ; or,
cette paix est la vraie source des bénédictions. Le
prêtre la demande de nouveau à la fin du *Pater*, et,

faisant un signe de croix avec une partie de l'hostie qu'il tient entre ses doigts, il dit à tous les fidèles : *Que la paix du Seigneur soit toujours avec vous.* Voilà la bénédiction du saint Sacrement à laquelle on doit avoir le plus de dévotion, comme faisant partie du sacrifice, d'où découlent et la bénédiction céleste et la grâce, et qui est efficace par elle-même pour le juste et pour le pécheur. Mais, quoique la bénédiction que l'on donne à la fin de la messe ne fasse pas partie du sacrifice, on ne doit pas laisser d'en faire un très-grand cas, puisqu'elle est donnée par un prêtre qui vient de consommer les saints mystères, et de s'unir si particulièrement à Jésus-Christ par la communion. Aussi les peuples ont-ils toujours eu beaucoup de dévotion à cette bénédiction dernière du célébrant, soit qu'il la donne au milieu ou à la fin de la messe.

Autrefois, les évêques seuls bénissaient l'assemblée comme représentant plus vivement Jésus-Christ, le pontife éternel et l'évêque de nos âmes : ils le faisaient, au témoignage de saint Augustin, entre l'Oraison dominicale et la communion, et en étendant la main sur le peuple ; on en usait de même dans les Gaules, et de là la bénédiction pontificale qui se donne après la fraction de l'hostie à Paris et en plusieurs cathédrales de France. Mais outre la bénédiction générale inséparable du sacrifice, et la bénédiction particulière de l'évêque avant le *Pax Domini*, on en donnait une autre en terminant la messe ; il y en a une longue et très-belle dans les constitutions apostoliques immédiatement avant le congé, et une immédiatement après dans les liturgies de saint Chrysostome et de saint Basile. Dans l'Eglise d'Occident,

27

on ne voit d'autre bénédiction finale du temps des papes saint Gélase et saint Grégoire que des oraisons intitulées : *Bénédictions sur le peuple après la communion*, et l'on a donné ce nom à la postcommunion elle-même et à la prière *sur le peuple* qui la suivait avant le renvoi des fidèles ; ainsi dans le Sacramentaire grégorien, on lit le dimanche après l'Epiphanie : *Conservez, Seigneur, votre famille, et purifiez-la par l'abondance de vos bénédictions.* Nous avons conservé ce reste d'usage aux fériés du Carême, comme il a été observé plus haut. Cependant le pape ou l'évêque, allant de l'autel à la sacristie, disait : *Que Dieu vous bénisse,* et le chœur répondait : *Ainsi soit-il.* Ce ne fut qu'après le onzième siècle que les simples prêtres crurent devoir bénir le peuple à la fin du sacrifice en l'absence de l'évêque ; la coutume s'en établit bientôt, les fidèles y attachèrent une grande dévotion, et l'on se contenta dans les derniers siècles de mettre une distinction entre la formule de la bénédiction de l'évêque et de celle que le prêtre pouvait donner à la fin de la messe.

Sans entrer dans toutes les variations qu'a subies le cérémonial de la dernière bénédiction, nous dirons seulement ce qui se pratique de nos jours. Si l'évêque célèbre les saints mystères, il dit à haute voix ou il chante les versets *Sit nomen... Que le nom du Seigneur soit béni, Adjutorium nostrum... Notre secours est dans le nom du Seigneur.* Puis il fait trois signes de croix sur l'assemblée, *Que le Dieu tout-puissant vous bénisse, le Père, le Fils et le Saint-Esprit.* S'il officie pontificalement, il a sur la tête la mitre et la crosse à la main en donnant cette bénédiction. Le chœur répond aux deux versets qui précèdent. *Main-*

tenant et dans tous les siècles... Qui a fait le ciel et la terre... et à la fin, *Ainsi soit-il.* Le prêtre, en terminant le sacrifice, dit seulement d'une voix intelligible, mais sans chanter, même à la messe haute et solennelle : *Benedicat vos...* et ne fait qu'un signe de croix sur les fidèles avec la main ; autrefois il se servait pour cela ou du calice, ou de la patène, ou de la croix. Cependant l'usage des diocèses n'est pas uniforme sur ce point : ainsi, à Paris, les curés aux grand'messes chantent les deux versets qui précèdent, mais en commençant par *Adjutorium* et le reste, en n'exprimant toutefois qu'un signe de croix sur l'assemblée. Tout prêtre fait la même chose, s'il donne la bénédiction du saint Sacrement, et de plus exprime trois signes de croix avec l'ostensoir. Nous nous bornerons à expliquer les prières et cérémonies de la dernière bénédiction, telles qu'elles se font à la messe basse.

Le prêtre, ayant dit la prière *Placeat,* baise l'autel comme pour dernier adieu, et comme pour prendre sur le trône de la miséricorde le souhait de grâce qu'il va faire, il élève les mains et les yeux vers le ciel pour attirer les bénédictions de l'autel sublime où l'Agneau victime est remonté, il rejoint les mains comme possesseur des faveurs du salut qu'il vient de puiser et d'attirer, il salue la croix, source de tant de mérites qu'il va répandre, et, se tournant vers les fidèles, il exprime sur eux le signe de la Rédemption qui vient d'être consommée dans les fruits du sacrifice, en disant : *Que le Dieu tout-puissant* qui a fait le ciel et la terre, et qui a tout pouvoir pour vous combler de ses bienfaits, *vous bénisse :* qu'il vous accorde toutes les grâces de l'oblation, tous les secours

que vous y êtes venus chercher, toutes les demandes
que vous avez présentées à l'autel, et que vous soyez
ainsi bénis par Dieu, *le Père* à qui nous avons sacrifié
comme à notre créateur et au principe de notre être,
et le Fils que nous avons offert comme notre victime et notre Sauveur, *et le Saint-Esprit* par qui
nous avons immolé un Dieu à un Dieu et qui nous applique les fruits de l'oblation comme sanctificateur de
nos âmes. Et l'on répond : *Ainsi soit-il.* Ce qui revient à cette parole de l'Apôtre qui termine le saint
office : Que la grâce de notre Seigneur Jésus-Christ,
que la charité de Dieu et la communication du Saint-
Esprit, soit toujours avec vous, *Amen.* Aux messes
des morts, le prêtre se contente de baiser l'autel
pour dernier salut de grâce et d'adieu, et omet la bénédiction, parce qu'à ces messes on retranche la joie
et la solennité, parce que le souhait n'est que pour
les assistants et que l'Eglise dans ces messes n'est
occupée que du soulagement des âmes du purgatoire, enfin parce que les défunts ne peuvent plus
être bénis, n'appartenant plus à la juridiction de l'E-
glise de la terre.

Remarquons au sujet de cette bénédiction dernière
(que la dévotion des peuples a introduite à chaque
messe, et que l'Eglise a autorisée dans les sièles derniers) que les fidèles, qui dans la messe viennent
d'engager, comme Jacob, une espèce de combat
contre le Seigneur, entre sa justice irritée par leurs
offenses et apaisée par la sainte Victime, et sa miséricorde vaincue par l'oblation et méritée par la participation qu'ils y ont prise, sortent de cette lutte forts
contre Dieu même, de la justice duquel ils ont
triomphé; qu'on peut leur dire, comme l'ange à

Israël : Partez maintenant, laissez la maison du Seigneur; le temps de marcher vers la patrie à travers
les travaux, les devoirs, les peines et les dangers du
voyage, est arrivé : si vous avez été forts contre Dieu,
combien plus le serez-vous contre les hommes,
contre le monde, la chair et le démon ! Et les fidèles
semblent répondre à l'ange du Seigneur dans la personne du prêtre : Nous ne vous quitterons pas que
vous ne nous ayez bénis, et que les effets de cette
bénédiction ne viennent confirmer toutes les grâces
du sacrifice et toute la ferveur de nos résolutions.
Remarquons encore que les fidèles qui, pendant
l'oraison *Placeat*, persévéraient dans la prière à
l'exemple des apôtres pour être revêtus de la force
d'en haut, attendent cette bénédiction comme la
grâce de la descente du Saint-Esprit, que ce rit peut
rappeler à la piété. En effet, quels besoins n'eurent
pas les disciples de cet Esprit sanctificateur ! Instruits à l'école de Jésus-Christ, vivifiés par le sacrifice
de Jésus-Christ, rendus participants de la chair de
Jésus-Christ dans le cénacle, quelle n'était pas encore au jour même de l'Ascension leur difficulté à
croire, l'incrédulité de leurs esprits, la dureté de leurs
cœurs, la faiblesse de leur courage, la vanité de leurs
pensées ! Malgré la communion, ils ne devinrent des
hommes nouveaux que lorsqu'ils furent remplis de
l'Esprit-Saint, et qu'ils eurent reçu dans le cénacle la
vérité de ses lumières, l'onction de sa grâce, la force
de sa consolation. Il en est de même de notre misère;
qu'elle est grande, même après la participation à la
nourriture divine; que notre force est facile à
ébranler, même après les plus divins secours ! L'Esprit de Dieu seul, qui enseigne toute vérité, qui aide

toute faiblesse, qui se répand dans notre âme comme
l'esprit de Jésus-Christ qui nous anime, après que
sa chair a été mêlée à la nôtre et que nous sommes
devenus ses membres, l'Esprit de Dieu seul peut
assurer les fruits du sacrifice, les conserver en nous,
consumer l'holocauste composé de Dieu et de nos
cœurs, et consommer la sanctification qui est le
grand but du renouvellement de la scène du Calvaire.
Or, c'est à ce mystère que nous voulons participer
par la dernière bénédiction qui rappelle la descente
et l'effusion de l'Esprit-Saint. A la messe nous prenons un Dieu en nourriture, mais c'est à l'Esprit de
Dieu de nous faire vivre de sa vie, et d'accomplir en
nous cette parole profonde du Sauveur: *Celui qui me
mange, vivra pour moi* (1). Demandons donc avec ferveur à la dernière bénédiction, que les jours de la
Pentecôte soient accomplis en nous, que le Père et
le Fils nous envoient leur promesse, que l'Esprit-
Saint qui procède du Père et du Fils survienne en
nous, mette nos résolutions et leur faiblesse à l'ombre
de la vertu du Très-Haut ; qu'il soit comme la rosée
salutaire qui féconde la terre de notre cœur, afin que
la semence divine qui y a été déposée par le sacrifice
et par la communion puisse germer, produire le Sauveur dans une vie sainte et chrétienne, et porter des
fruits qui demeurent pour la vie éternelle ; affermis-
sant en nous ce qui a été opéré dans le saint temple,
fortifiant l'homme intérieur, nous enracinant dans
l'amour divin et nous remplissant de toute la plénitude de Dieu.

(1) Joan. vi.

§ III. — Du dernier Evangile.

Enfin, il ne suffit pas d'avoir participé à l'esprit du Seigneur, il faut vivre de cet esprit et selon cet esprit, dans l'amour, dans la grâce de Dieu, dans l'accomplissement de sa loi sainte et de sa volonté. Si quelqu'un n'a pas l'esprit de Jésus-Christ, il ne lui appartient pas, dit l'Apôtre : c'est un membre privé de la vie, qu'il faudra retrancher ; et ceux-là, ajoute-t-il, qui sont animés, régis par son esprit, sont véritablement les enfants de Dieu, et conséquemment les héritiers de Dieu et de sa gloire. Si donc nous vivons à l'autel de cet esprit, marchons par l'impulsion de cet esprit ; que notre vie soit la vie des enfants de Dieu, puisque nous mangeons à la table de ses enfants. Voilà le sommaire et la perfection de la vie spirituelle, et voilà la haute et dernière instruction que l'Eglise a voulu nous donner à la messe, et que nous trouvons, avec une récapitulation admirable de toute la religion et de toutes les grâces du sacrifice, dans la récitation du début de l'Evangile selon saint Jean.

La lecture de cette partie de l'Evangile est la dernière addition qui ait été faite à la liturgie sacrée ; il y a plus de cinq cents ans que beaucoup de prêtres l'ont récitée tout bas en commençant leur action de grâces, comme il se pratique encore dans quelques diocèses, à la messe haute, où le prêtre dit l'Evangile saint Jean en particulier, en se retirant de l'autel à la sacristie : la dévotion du peuple les a portés à le réciter tout haut à l'autel même. A la fin des cérémonies du baptême, on dit cet Evangile à cause de ces paroles : *Il leur a donné le pouvoir d'être faits les enfants de Dieu, à ceux qui croient en son nom et qui sont nés de Dieu :* mais ces paroles, et celles qui précèdent, et celles qui suivent, le *Verbe s'est fait chair, et il a habité parmi nous,* ne conviennent pas moins après l'auguste sacrifice, c'est le fruit de la vie de Dieu. Saint Augustin avait appris qu'un platonicien disait du commencement de cet Evangile qu'il devrait être écrit en lettres d'or dans tous les lieux d'assemblées, et les chrétiens, bien mieux que les anciens philosophes, ont joint à l'admiration qu'il excite, la vénération d'une tendre dévotion. Ils le portaient écrit sur leur cœur, ils voulaient qu'on le déposât avec leurs corps dans le tombeau, ils le récitaient dans les dangers, ils désiraient qu'on le dît sur eux dans les maladies : de là l'usage des rituels de faire dire l'Evangile saint Jean sur la tête des malades, après qu'ils ont reçu les derniers sacrements. Cette dévotion les portait à l'entendre tous les jours à la messe, ils le recommandaient expressément dans leurs fondations ; une si louable coutume fut bientôt regardée comme une loi, et l'autorité du saint pape Pie V, au seizième siècle, régla qu'on réciterait cet Evangile à la fin de la messe, et avant de quitter l'autel. Il n'y a d'exception à cette règle que le cas où l'on doit dire l'évangile du jour, ou celui du dimanche, à cause d'une fête qui n'a pas permis de célébrer la messe propre du dimanche ou du jour privilégié, et les fidèles sont avertis de cette rubrique par le transport du missel au côté gauche de l'autel après les dernières oraisons.

Ce dernier Evangile se récite donc du même côté et à la même place que le premier, avec le même préambule du salut : *Que le Seigneur soit avec vous,* et de l'annonce : *Commencement de l'Evangile selon*

saint Jean ; seulement on a omis la solennité des cérémonies. On fléchit le genou à ces mots : *Et le
Verbe s'est fait chair :* le prêtre ne baise pas le texte
sacré, parce qu'il le récite le plus souvent par cœur
et quelquefois en marchant. A la fin on répond :
Rendons grâces à Dieu, comme nouvelle et dernière
conclusion de tout le sacrifice, ainsi qu'il se pratiquait
à l'annonce du renvoi de l'assemblée.

Méditons les paroles divines dans le sens d'une récapitulation de tous les mystères renouvelés à la
messe, dans le sens du fruit de la vie de Dieu et de la
vie de ses enfants que nous devons recueillir à l'autel,
et dans le sens de la conclusion la plus admirable et
de l'action de grâces la plus sublime après le saint
sacrifice.

Au commencement était le Verbe, donc il était avant
tout commencement et de toute éternité, puisqu'il
existait déjà au commencement de toutes choses :
donc il était l'être nécessaire, possédant toutes les
perfections dans un degré infini, puisqu'il est éternel.
Et le Verbe, cette parole, cette pensée éternelle de
Dieu, *était en Dieu,* non pas comme la pensée dans
notre âme, qui n'est autre chose que notre âme pen-
sante, mais subsistant en lui-même indépendamment
de son principe qui est le Père, engendré du Père,
mais ayant sa distinction personnelle, et formant en
Dieu, dans l'unité de l'essence et de la nature divine,
la seconde personne de l'adorable Trinité, le Fils
coéternel et consubstantiel au Père, et distinct du
Père par la propriété de sa personne. *Et le Verbe
était Dieu* comme le Père et le Saint-Esprit, égal à
Dieu en toutes choses : ce que l'Eglise professe clairement par ces trois mots : unité dans la nature,

propriété dans les personnes, égalité dans la majesté
et dans toutes les perfections. Quelle sublimité dans
ce début ! et qui peut suivre le vol rapide de l'aigle
pour aller fixer ainsi la lumière dans le foyer de la
lumière même ! Que ces accents au moins, qu'une
bouche mortelle ne peut prononcer et pour la méditation desquels l'esprit de l'homme ne saurait suffire, transportent dans cette haute région nos esprits
et nos cœurs, et, à l'ombre du respect et de l'adoration
la plus profonde, publions la gloire du grand Dieu
qui vient de s'immoler et de se livrer pour nous.

Après que saint Jean a marqué ainsi en traits de
feu l'éternité du Verbe, sa distinction personnelle et
sa divinité, il ajoute : *Ce Verbe était dans le principe
avec Dieu.* Ce n'est pas ici une simple répétition de
ce qui a été dit, c'est une vérité nouvelle et profonde
que l'évangéliste apporte du ciel à la terre : il veut
marquer la société du Verbe et ses rapports avec les
divines personnes. Les Pères ont remarqué que saint
Jean entend par *le principe,* dans lequel le Verbe sub-
siste, Dieu le Père, qui s'appelle simplement *principe*
parce qu'il est le principe sans principe. Ainsi donc
quand saint Jean nous dit que le Verbe *était dans le
principe,* c'est-à-dire dans le Père, *avec Dieu,* on
peut entendre par cette parole, avec le Saint-Esprit ;
autrement il y aurait abondance inutile de mots. Il
est donc dans le Saint-Esprit, comme il est dans le
Père, comme le Père est en lui ; le Père est le principe, le Fils est engendré du Père, le Saint-Esprit
procède du Père et du Fils ; chaque personne est distincte dans une même nature, mais chaque personne
est appelée *Dieu,* possède les caractères essentiels de
la Divinité, elles sont entre elles et à elles-mêmes leur

centre et leur demeure. Répétons donc avec l'admiration du ciel : Saint, Saint, Saint est le Seigneur. Après nous avoir révélé le mystère sublime du Verbe en lui-même et en Dieu, l'évangéliste nous apprend sa toute-puissance dans les œuvres de la création, et toutes les merveilles de cette Sagesse éternelle en faveur des hommes.

Toutes choses ont été faites par lui; il a tout créé, et ne l'a jamais été lui-même, ce qu'il importait d'établir contre les hérétiques qui niaient la toute-puissance et la divinité du Verbe; mais l'écrivain sacré n'exclut pas en parlant ainsi le concours tout puissant du Père et du Saint-Esprit, qui ont créé de concert avec le Fils, puisqu'il ajoute : *Et rien n'a été fait sans lui de ce qui a été fait.* Donc il n'agissait pas seul, mais en société avec les deux autres personnes divines. *En lui était la vie ;* c'est dans cette pensée et cette sagesse de Dieu que toutes choses vivent et demeurent d'une manière inaltérable, c'est là où tout ce qui a été fait est vie et raison, ordre et sagesse ; à peu près, mais d'une manière plus ineffable et plus parfaite, comme un édifice est dans la pensée de l'architecte qui le bâtit avec ses dimensions, la régularité de ses proportions, l'ensemble de ses parties et la richesse de ses détails. C'est encore dans cette sagesse et cet ordre éternel des pensées de Dieu que se trouve le principe de la vie sprituelle et intérieure de l'homme, par laquelle nous vivons pour Dieu de la vie de Jésus-Christ par la charité habituelle que l'Esprit-Saint répand dans nos cœurs : *et cette vie était la lumière des hommes :* cette sagesse était leur lumière aussi bien que leur vie, c'est elle qui leur découvre toutes les vérités, et la vérité est la vraie vie de l'âme. En moi, dit la Sagesse, est toute l'espérance de la vie et de la vertu. Par cette lumière de vie et cette vie de lumière, nous croyons, nous espérons, nous dirigeons nos pas dans la voie du salut, nous distinguons les objets, nous voyons les choses telles qu'elles sont, dans leur vrai rapport avec Dieu, la brièveté du temps, l'impor- tance de l'éternité, la beauté de la vertu, l'énormité du vice : nos pensées, nos désirs, nos motifs et nos actions réglés par cette lumière, forment une vie pure et sainte, digne de Dieu et des enfants de la lumière ; car le fruit de la lumière est dans la bonté, la justice et la vérité, qui nous portent à faire ce qui plaît à Dieu.

Et la lumière luit dans les ténèbres ; car autrefois, avant la venue du Verbe incarné, nous étions ténè- bres par l'état du péché, et néanmoins du sein du Père la sagesse éclairait et se réfléchissait sur les hommes qui ne voulaient point fermer les yeux à son éclat. *Et les ténèbres ne l'ont pas comprise,* tant les hommes étaient charnels, occupés des choses sensi- bles, entraînés vers la terre, et ne comprenant rien à ce que cette sagesse leur prescrivait pour régler leur vie. Cette lumière intérieure ne suffisant pas, cette raison émanée de la raison divine étant obscurcie par l'ignorance et les passions, Dieu fit succéder d'âge en âge un ministère extérieur et sensible qui réveillait les hommes au bruit des menaces et des promesses du Seigneur ; enfin *il y eut un homme envoyé de Dieu,* comme les autres prophètes, mais avec une mission plus éclatante, *qui s'appelait Jean-Baptiste ;* sa mis- sion est marquée comme une époque très-remar- quable : c'est l'an quinzième de l'empire de Tibère- César ; il se fit écouter avec respect, et montra du doigt Celui qui était la lumière et la vie. *Il vint* donc *pour servir de témoin, pour rendre témoignage à la lumière, afin que tous crussent par lui,* et qu'ouvrant les yeux à la vérité, ils eussent la sagesse des enfants de Dieu et l'héritage de son bonheur. *Il n'était pas la lumière,* cet envoyé, *mais il était venu pour rendre témoignage à* Celui qui était *la lumière ;* son autorité fut si grande, qu'il fut obligé de déclarer hautement qu'il n'était point le Christ, et que l'Evangile nous affirme encore qu'il n'était pas la lumière.

Cette lumière qu'annonçait Jean-Baptiste, comme l'aurore annonce le soleil, *était la vraie lumière qui éclaire tout homme venant en ce monde ;* qui nous éclaire dans l'ordre naturel et dans l'ordre du salut, car toute science et intelligence viennent de la science et intelligence divines, et Dieu est le Père des lumières, et le Verbe l'empreinte de sa gloire, la splendeur de sa substance, Dieu de Dieu, lumière de lumière, qui éclaire tout esprit, comme le soleil éclaire tous les yeux. *Il était dans le monde,* ce Verbe éternel ; il y était par la raison gravée dans le cœur de tout homme et qui n'est qu'un reflet de la souveraine intelligence. *Et le monde a été fait par lui,* et il avait imprimé sur les œuvres de la création un cachet si visible de puissance, de sagesse et de bonté, que les hommes auraient été inexcusables de ne pas reconnaître Dieu à des marques si frappantes de sa divinité, et de ne pas le bénir de concert avec les cieux et le firmament qui publient sa gloire : *et* cependant *le monde ne l'a pas connu ;* les hommes, ses créatures, ont ouvert les yeux, et l'œuvre ne leur a pas révélé l'ouvrier suprême, ils n'ont rien compris à ce sublime langage du monde matériel, et sont devenus semblables aux animaux que les merveilles et les bienfaits de la création laissent insensibles. Abandonnant pour quelque temps le monde à sa corruption toujours croissante, *il est venu chez soi* dans son héritage choisi, et environné de tant de soins par le ministère de Moïse et des prophètes, *et les siens ne l'ont pas reçu :* le peuple juif privilégié de Dieu a méconnu le Verbe incarné, l'a méprisé, persécuté, et a demandé à grands cris qu'on l'ôtât de devant ses yeux, qu'on le mît à mort, ne voulant pas qu'il régnât sur lui. *Mais il a donné à tous ceux qui l'ont reçu,* Juifs ou Gentils sans exception, qui ont voulu se soumettre à sa loi sainte, à sa vérité et à sa grâce, le pouvoir d'être faits enfants de Dieu et les héritiers de son bonheur, à ceux qui croient en son nom, et dont les âmes peuvent être sauvées par la parole sainte déposée dans leurs cœurs comme un germe de salut ; qui ne sont par nés du sang, ni du désir de la chair, ni de la volonté de l'homme, mais de Dieu même. Cette seconde naissance, cette régénération spirituelle par laquelle nous sommes faits les enfants de Dieu, jouissant de nos titres et de nos droits au ciel, n'a rien de commun et de semblable avec cette première naissance temporelle qui nous donne tel ou tel titre, tel ou tel héritage : ici, l'adoption de Dieu n'est attachée ni à l'illustration du sang, ni à la noblesse de la chair, ni aux désirs des parents pour nous établir avantageusement, ni à la volonté de l'homme, à ses moyens, à ses talents, ou aux ressources de son génie, car la chair et le sang ne posséderont jamais le royaume des cieux : cette régénération ne vient que de Dieu même, c'est de Dieu qu'il faut naître pour devenir ses enfants et ses héritiers ; de Dieu, c'est-à-dire de ses pensées par la foi, de sa volonté par l'obéissance aux préceptes, de sa grâce par la fidélité et les moyens sensibles auxquels il a attaché cette grâce dans les sacrements. Et, pour donner ce pouvoir admirable et ce droit divin, LE VERBE S'EST FAIT CHAIR, il s'est fait enfant des hommes pour que nous devînssions, par la plus ineffable substitution, enfants de Dieu ; il s'est fait semblable à nous par la participation de notre nature, pour que nous devînssions semblables à lui par la participation de la nature divine : il a pris un corps et une âme comme les nôtres qu'il a unis à sa divinité dans une seule et même personne, pour que nous nous unissions à lui par adoption et par grâce en l'unité de sa personne, comme les prémices de notre pauvre nature lui sont substantiellement unies dans l'Incarnation. Il s'est fait chair, dit le texte sacré, pour mieux exprimer par ce mot de *chair* l'abaissement et l'anéantissement du Verbe, qui a pris, non-seulement l'âme de l'homme, mais son corps, cette chair si faible et si sujette à la corruption. *Et il a habité parmi nous*, vivant au milieu des hommes, sur cette terre d'exil, de peines et de contradictions, éclairant le monde, le sanctifiant, passant en guérissant et en faisant du bien, terminant son pèlerinage par l'institution d'un bienfait qui le fait demeurer à jamais avec nous et en nous avec tous les fruits de sa vie et de sa mort. Comprenons-nous quel moyen admirable le Seigneur a pris pour nous rendre ses enfants, quel espace son amour a franchi pour habiter au milieu des hommes ? Mesurons la distance des deux termes : le Verbe, Dieu éternel, seconde personne distincte en Dieu, égal à sa majesté, créateur de toutes choses, vie et lumière incréées, s'est fait chair : et ce Dieu qui habite une lumière inaccessible a habité parmi nous ! *et nous avons vu sa gloire, qui est la gloire du Fils unique du Père,* nous l'avons vue par la sublimité de sa doctrine et de ses vertus, par l'éclat des miracles qui ont prouvé sa mission, par la manifestation qu'il en a donnée sur le Thabor et jusque sur le Calvaire ; et ce Verbe fait chair est *plein de grâce et de vérité :* plein de vérité pour nous instruire et nous montrer le chemin du ciel ; plein de grâce pour nous attirer et nous élever jusqu'à lui ; en sorte que participant à notre nature, il nous donne de sa plénitude, et que participant nous-mêmes à sa divinité, nous recevons de la plénitude de Dieu, comblés que nous sommes ici-bas par sa grâce et inondés que nous serons dans le ciel par sa gloire.

Il était impossible de terminer plus dignement le sacrifice de la messe que par la récitation de ce début de l'Evangile ; c'est la plus digne expression de ce qui vient de s'y passer, c'est la récapitulation parfaite des mystères qu'il renferme et des biens qu'il confère ; c'est la méditation la plus propre à l'action de grâces après la messe et après la communion. Car nous y trouvons trois points de réflexion : 1º Quel est celui qui vient à nous par le sacrifice et la communion ? c'est le Dieu éternel, créateur de toutes choses, notre vie et notre lumière, qui s'est incarné de nouveau sur l'autel et dans nos cœurs, voilà notre victime et notre nourriture. 2º Chez qui vient habiter ce Dieu si grand par le sacrifice et par la communion ? chez des hommes assis dans les ténèbres et à l'ombre de la mort, préférant souvent les ténèbres à la lumière et la mort à la vie, ayant le plus grand besoin de la gloire de Dieu et refusant de la reconnaître, résistant à tous les bienfaits du Seigneur, et plus occupés des avantages de la naissance, des projets d'ambition et des ressources de leurs travaux, que de l'adoption divine et de l'héritage des cieux. 3° Enfin pourquoi ce Dieu vient-il habiter ainsi parmi les hommes? pour être leur Dieu, leur rédempteur, leur hostie de propitiation, leur vie, leur lumière; pour leur donner comme fruit de son oblation et de son sacrement le pouvoir de renaître de Dieu et de son esprit, et le droit de partager sa gloire. Quel riche fonds de méditation et de reconnaissance après la messe ! Quelle source inépuisable d'adoration et de foi, d'humilité et de reconnaissance, d'amour et de résolution d'une vie chrétienne et sainte !

A la fin du dernier Evangile, quel qu'il soit, on répond : *Rendons grâces à Dieu,* afin que, malgré les belles et touchantes additions faites au renvoi de l'assemblée, la messe se termine toujours par l'action de grâces, comme après l'*Ite, missa est.* Grâces à Dieu qui vient de s'immoler pour nous et de se donner à nous ; oui, c'est bien là le sentiment qui doit remplir nos cœurs avant de quitter l'autel et de sortir du temple. Nous y sommes entrés pour l'action de grâces solennelle, où un Dieu adore, remercie, apaise et sollicite un Dieu ; nous en sortons par l'action de grâces envers ce Dieu qui adore et qui est adoré, qui remercie et qui est béni dignement, qui fléchit et qui est apaisé, qui demande et qui est prié de manière à ce que nous recevions dans l'étendue de nos désirs. Grâces à ce Dieu qui vient de paraître au milieu de nous, et d'habiter en nous plein de grâce et de vérité. — 1. Plein de vérité, car il fait succéder la réalité de l'oblation pure et sans tache à l'ombre et à la figure des victimes de la loi de nature et de la loi mosaïque : car il a donné le plus noble soutien au sacrifice de l'homme moral et intérieur ; et maintenant c'est en vérité que nous offrons à Dieu notre cœur, parce que nous le lui offrons par un Dieu devenu semblable à nous, et que cette offrande ne peut être refusée. Car toute vérité est contenue dans le sacrifice de la loi de grâce, tout y est enseigné : le dogme, depuis l'unité de Dieu dans la trinité des personnes jusqu'à l'utilité de l'invocation des saints ; la morale, depuis le grand précepte de l'amour du Seigneur jusqu'aux dernières conséquences de ce commandement dans l'union de l'âme avec Dieu ; les sacrements, depuis la grâce qui y dispose jusqu'à l'effusion de la grâce qui nous y purifie et nous y perfectionne ; le culte, depuis l'adoration suprême, jusqu'au plus faible symbole de ferveur et de zèle ; la prière, depuis la sublimité de l'Oraison dominicale jusqu'à la simplicité de cette parole, *Ainsi soit-il ;* la suite de la religion, depuis le péché originel et le sacrifice d'Abel jusqu'à la dernière assemblée du monde au pied du tribunal de Dieu, jusqu'à la consommation de ses élus autour du trône de la miséricorde et de l'autel de l'Agneau. Car, comme nous le remarquions en commençant, la messe est un cours public de vérités religieuses, qui est dévoloppé à l'intelligence par la profondeur des prières liturgiques, et à la simplicité de la foi par le langage énergique des rites et des cérémonies ; en sorte que nous pouvons dire, avec le concile de Trente (1), que la messe contient de grandes instructions pour le peuple fidèle ;

(1) Sess. ii.

et, avec Tertullien, que c'est moins un banquet de religion qu'une école de tous les devoirs et un enseignement de toutes les vérités ; *plenum veritatis.* — 2. Plein de grâce : puisque c'est un Dieu qui s'offre et s'immole à un Dieu, et qu'une telle victime ne peut manquer de tout nous obtenir. Plein de la grâce de sa venue, qui a fait exaucer la préparation de nos cœurs ; plein de la grâce de son ministère public, qui nous a instruits et préparés au sacrifice; plein de la grâce de ses souffrances et de sa mort, qui nous a fait mourir au péché et désirer d'accomplir en nous ce qui manque à sa passion ; plein de la grâce de sa résurrection, qui nous introduit dans la justice d'une vie nouvelle ; plein de la grâce de son ascension, qui change en une vie céleste nos désirs charnels et nos affections terrestres ; plein de la grâce de sa bénédiction dernière, qui assure le fruit de nos promesses et qui confirme ce que son amour a commencé en nous ; plein de la grâce de son esprit, qui nous remplit de la lumière de la vie et de la consolation des enfants de Dieu ; plein de sa grâce qui convertit à l'autel, qui sanctifie au tribunal de la pénitence, qui consomme l'union à la table sainte, et qui couronne au dernier jour : *plenum gratiæ.* Encore une fois et mille fois grâces à Dieu pour le don inénarrable qu'il vient de nous faire et qui comprend tous les biens ; grâces à Dieu qui nous fait passer de cette table du voyage au banquet éternel de la patrie. Disons donc avec l'Eglise en terminant toute action de grâces : Nous vous louons, Dieu et Seigneur, Père et source éternelle de tout être ; les cieux et la terre sont remplis de l'éclat de votre gloire et de la splendeur de votre majesté. Nous vous louons avec les anges et les puissances du ciel, avec la multitude des prophètes et le chœur des apôtres, avec l'armée des martyrs et l'universalité de votre Eglise sainte. Nous vous adorons, Fils unique du Père, roi de gloire, Seigneur Jésus-Christ, qui avez pris notre nature, brisé l'aiguillon de la mort, ouvert aux fidèles le royaume des cieux ; qui êtes assis dans la gloire, et qui viendrez un jour nous juger et nous demander compte de tant de bienfaits. Ah ! nous vous conjurons de secourir vos serviteurs que vous avez rachetés de votre sang. Nous vous bénissons, Esprit consolateur, principe de toute sanctification ; mettez-nous au nombre de vos saints, sauvez votre peuple, bénissez votre héritage, conduisez-nous, élevez-nous jusque dans l'éternité bienheureuse. Dieu trois fois saint, ayez pitié de nous ; répandez sur nous, Seigneur, vos miséricordes selon l'espérance que nous avons mise en vous et dont vous venez de donner à nos âmes un gage si précieux. Mon Dieu ! j'ai espéré en vous, que je ne sois pas confondu à jamais : je chante vos bontés au lieu de mon exil, c'est toute ma consolation ; je chanterai vos miséricordes dans l'éternité, et ce sera ma récompense en passant de l'autel de la terre à l'autel sublime du ciel.

FIN.

TABLE DES MATIÈRES.

TABLE DES MATIÈRES.

TABLE DES MATIÈRES.

FIN DE LA TABLE DES MATIÈRES.